Erwin Payr
Am Wege

Erwin Payr

Am Wege

Erinnerungen und Betrachtungen eines Chirurgen

Aus dem Nachlaß herausgegeben von
Joachim Krebs

Johann Ambrosius Barth
Leipzig · Berlin · Heidelberg

Herausgeber

Dr. med. Joachim Krebs
Koppelweg 1
27721 Ritterhude

Die Deutsche Bibliothek – CIP Einheitsaufnahme

Payr, Erwin:
Am Wege: Erinnerungen und Betrachtungen eines Chirurgen/
Erwin Payr. Aus dem Nachlass hrsg. von Joachim Krebs. –
Leipzig; Berlin; Heidelberg: Barth, 1994
ISBN 3-335-00388-8

Printed in Germany
Satz: K+V Fotosatz, Beerfelden
Druck und Verarbeitung: Grafischer Großbetrieb Friedrich Pustet, Regensburg

ISBN 3-335-00388-8

Inhalt

Geleitwort

Ein Enkel ERWIN PAYRs, der Internist Dr. JOACHIM KREBS, verdient Dank und Respekt, die Autobiographie seines Großvaters für kommende Ärztegenerationen erhalten zu haben. Dadurch wird das Andenken an einen Meister unseres Faches bewahrt.

ERWIN PAYR, Ordinarius in Greifswald (1907), Königsberg (1910) und Leipzig (1911), Präsident der Deutschen Gesellschaft für Chirurgie 1929 und Ehrenmitglied unserer Gesellschaft seit 1940, war eine Chirurgenpersönlichkeit mit großer Ausstrahlung und umfassendem Wissen. Er gehörte zu denen, die den Weltruf der deutschen Chirurgie im ersten Drittel unseres Jahrhunderts mitbegründet haben.

Nicht allein seine 322 wissenschaftlichen Veröffentlichungen mit zum Teil richtunggebendem Inhalt (Bedeutung der Physiologie und Biochemie für die Chirurgie!) sind Grundlage für seine Reputation, sondern auch seine meisterhafte Darstellungskunst, Rhetorik, große persönliche Ausstrahlung und bedingungslose Hingabe an seine Patienten. Diese Eigenschaften machten ihn zu einem verpflichtenden Vorbild für eine ganze Ärztegeneration. Er kann es auch für die heutige sein.

Die Deutsche Gesellschaft für Chirurgie fühlt sich geehrt, ERWIN PAYR zu ihren ehemaligen Präsidenten zählen zu dürfen.

Prof. Dr. WILHELM HARTEL
Generalsekretär der Deutschen Gesellschaft für Chirurgie
München

Vorwort des Herausgebers

ERWIN PAYR ist heute nur noch wenigen ein Begriff. Dabei gehört er zu den ganz großen deutschen Chirurgen im ersten Drittel des 20. Jahrhunderts, die damals auch über den engeren Kreis ihrer Fachwelt hinaus bekannt waren. Taucht in unseren Tagen das Manuskript seiner bisher unveröffentlichten Memoiren auf, so stellt sich die Frage, ob sie angesichts der inzwischen vergangenen langen Zeit und des bereits vorliegenden umfangreichen Schrifttums noch publiziert werden sollten. Hierfür sprechen, wie ich meine, mehrere Gründe:

Erstens spiegeln PAYRs Memoiren die Wahrnehmungen eines bedeutenden Zeitzeugen wider. 1871 in Innsbruck geboren, studierte er dort und in Wien Medizin und wurde in Wien und Graz zum Chirurgen ausgebildet. 1907 übernahm er den Lehrstuhl seines Faches in Greifswald, 1910 in Königsberg und 1911 schließlich in Leipzig. Dort blieb er mit einigen Unterbrechungen bis zu seinem Tode 1946. In diesem zeitlichen und räumlichen Rahmen bewegen sich seine Schilderungen. Sie behandeln beispielsweise das Fakultäts- und Studentenleben in der kleinen norddeutschen Universitätsstadt Greifswald vor dem Ersten Weltkrieg, wo es damals, wie zu erfahren ist, ein einziges Automobil gegeben hat. Kriegserlebnisse in Belgien und Frankreich aus der Zeit zwischen 1914 und 1916 werden dargestellt, zu denen auch Begegnungen mit gekrönten Häuptern gehört haben. PAYR berichtet von den bürgerkriegsartigen Auseinandersetzungen nach dem Ersten Weltkrieg, die in Leipzig insbesondere während des KAPP-Putsches 1920 durchaus dramatisch verlaufen sind. Es finden sich Berichte vom Einbruch der Nationalsozialisten in den Kliniks- und Universitätsbetrieb 1933 und von den Bombenangriffen auf Leipzig 1943 bis 1945. Insgesamt erweist sich PAYR als ein Mann, der Vergangenes anschaulich zu vergegenwärtigen versteht und dabei auch seinen Sinn für Humor nicht verbirgt.

Zweitens sind PAYRs Memoiren ein bemerkenswertes medizinhistorisches Dokument. Sie liefern zahlreiche Einblicke in klinische Arbeit, Lehre und Fakultätsbetrieb seiner Zeit. Begegnungen mit zeitgenössischen chirurgischen Größen wie BILLROTH, KOCHER oder SAUERBRUCH werden geschildert und zahlreiche Fakultätskollegen sowie Mitglieder der beiden Chirurgenschulen in Wien im ausgehenden 19. und beginnenden 20. Jahrhundert in teils köstlicher

Weise charakterisiert. Der Weg in die moderne Chirurgie ist an zahlreichen Beispielen ablesbar. So waren, als PAYR studierte, die Röntgenstrahlen noch nicht entdeckt. Auch zu Beginn seiner klinischen Tätigkeit mußten Knochenbrüche noch ohne dieses Hilfsmittel erkannt werden, und es ist beeindruckend zu erfahren, was alles dennoch bereits diagnostiziert wurde. Als PAYR 1897 gefragt wurde, ob er einer Frau einen im großen Gallengang eingeklemmten Gallenstein entfernen könne (vgl. S. 35), stützte sich die präoperative Diagnose allein auf die Kenntnis von Vorgeschichte und körperlichem Untersuchungsbefund. Richtungweisende Labor-, Ultraschall- oder endoskopisch-radiologische Befunde, die heute zum selbstverständlich gewordenen diagnostischen Rüstzeug gehören, waren noch nicht verfügbar. PAYR stellt dar, wie Narkose und örtliche Betäubung in einer Zeit durchgeführt wurden, in der es bereits eine hochentwickelte chirurgische Technik, aber noch keine Anästhesie als eigenes Fachgebiet gab. Die Organisationsform seiner Klinik erscheint aus heutiger Sicht autoritär. So wird an Beispielen aus verschiedensten Bereichen deutlich, welche vielfältigen Veränderungen sich in den letzten hundert Jahren in der Medizin allgemein und insbesondere in der Chirurgie vollzogen haben.

Drittens schließlich vertritt PAYR in seinen Memoiren ein auch heute noch vorbildliches ärztliches Berufsethos. Hierbei geht es ihm um ein menschliches Arzttum, das durch Freundlichkeit und Einfühlung des Arztes in die Lage des Patienten gekennzeichnet ist. Diese Haltung wird an zahlreichen eingestreuten Episoden und Bemerkungen erkennbar und insbesondere in einem abschließenden Kapitel „Über den Arzt und seinen Umgang mit Kranken" dargelegt. PAYR hat die Ethik des ärztlichen Tuns während seines gesamten Wirkens an verantwortlicher Stelle sehr bewußt im Blick gehabt und sich diesem Themenkreis nicht erst in den Memoiren zugewandt. Dabei sind gewisse Formulierungen in seinen Veröffentlichungen über Jahrzehnte hinweg zu verfolgen. So schildert er 1912 seinen Lehrer NICOLADONI als einen „Sonnenstrahl am Krankenbette" (4), hebt 1932 hervor, daß der Chirurg KÜTTNER „Sonne an das Bett seiner Kranken" (7) gebracht habe und schreibt schließlich in den Memoiren, der Arzt solle zu seinen Kranken „immer einen Sonnenstrahl" an ihr Bett mitbringen (vgl. S. 199). In der Königsberger Antrittsvorlesung 1910 äußert der damals 39jährige PAYR programmatisch: „Es ist mit der glatten Heilung per primam wohl die Pflicht des Chirurgen, aber nicht immer die des Arztes erfüllt. Und so werde ich, soweit es meinen Kräften entspricht, auch bemüht sein, Sie dem warmen Empfinden eines guten Arztes nahe zu bringen ... Sie sollen am Krankenbett auch die Art des Umganges mit kranken Menschen lernen, Sie sollen sehen, wie man fragt, wie man untersucht und dem Kranken gegenüber sich äußert; stets werden Sie an der meiner Leitung unterstellten Klinik sehen, daß dem Recht, das *jeder* Kranke auf eine *freundliche, humane Behandlung* hat, in weitgehendster Weise Rechnung getragen wird." (3) In seinem Nachruf auf den Internisten FRIEDRICH KRAUS hebt PAYR hervor, dessen Beispiel zeige, „daß man ein ganz großer Gelehrter und Forscher sein kann und *trotzdem* ein gottbegnadeter, sofort vertrauenerweckender, einfühlungsfähiger und auch das Menschliche erfassender *Arzt.*" (10) Ein solches Arztbild sucht PAYR immer wieder zu verwirklichen, wobei er betont, der Arzt übe einen „schönen, aber entsagungsvollen Beruf" (2) aus, welcher besonders durch ein Übermaß an Verantwortung belastet sei (vgl. S. 205). In den Memoiren faßt er seine Auffassung vom humanen Arzttum noch einmal zusammen. Sie hat ihre Gültigkeit bis heute nicht verloren.

PAYR dürfte mit der Aufzeichnung dieser Lebenserinnerungen 1942 oder 1943 begonnen haben. Wie einer Notiz im Originalmanuskript zu entnehmen ist, war er im Frühjahr 1944 mit den autobiographischen Schilderungen bei der Gegenwart angelangt. Verschiedene Schreibmaschinentypen und Papiersorten zeigen, daß der weitere Bericht, der bis zur Mitte des Jahres 1945 reicht, nicht zusammenhängend, sondern in mehreren Abschnitten verfaßt worden ist. Bei der Darstellung seiner Studentenjahre hat PAYR eine Autobiographie ausgiebig herangezogen, die bereits 1924 erschienen war und in der auf 43 Druckseiten über Werdegang, Arbeitsgebiete und Auffassungen Rechenschaft abgelegt wird (6). Es gibt hier absatzweise weitgehende Textübereinstimmungen. Passagen aus einer 1933 erschienenen Arbeit „Aus dem Lehrbetrieb eines chirurgischen Klinikers, Gedanken und Meinungen" (8) sind in das Kapitel über Schule und Schüler eingegangen. Im übrigen stellt das Buch jedoch ein selbständiges Werk dar. Vielleicht ist PAYR durch ANTON VON EISELSBERGs 1938 erschienene Memoiren „Lebensweg eines Chirurgen" (1) (vgl. S. 21) dazu angeregt worden, die eigenen Lebenserinnerungen „Am Wege" zu nennen.

PAYR starb am 4. April 1946 im Alter von 75 Jahren. In den ersten Nachkriegsjahren sichteten seine Frau und seine Tochter das von ihm selbst nicht mehr abgeschlossene Manuskript, stellten es zusammen und leiteten es dem Verlag zu, mit dem die Herausgabe der Lebenserinnerungen bereits vereinbart war. Unter der Ungunst der damaligen Verhältnisse kam jedoch eine Veröffentlichung nicht zustande. In der Folgezeit ruhte das Manuskript an verschiedenen Orten und gelangte schließlich in meine Obhut. Durch Anfragen aus der Chirurgischen Universitätsklinik Leipzig nach Materialien über PAYR wurde ich wieder darauf aufmerksam und beschloß schließlich, es einer Veröffentlichung zuzuführen. Hierfür erschien es erforderlich, das vorhandene Material zu straffen und teilweise auch umzugruppieren. Das Ergebnis der in dieser Weise vorgenommenen Überarbeitung liegt hier nun vor. Es läßt an den Satz denken, den PAYR dem Vorwort seines Hauptwerkes „Gelenksteifen und Gelenkplastik" (9) vorangestellt hat: „Habent sua fata libelli – Bücher haben ihre eigenen Schicksale" (12).

Viele haben zum Zustandekommen dieses Buches beigetragen. Mein besonderer Dank gilt dabei Herrn Generalsekretär Prof. Dr. WILHELM HARTEL. Auf

sein Betreiben hin hat sich die Deutsche Gesellschaft für Chirurgie zu einer
großzügigen finanziellen Unterstützung bereit erklärt, welche die Druckle-
gung der Memoiren PAYRs erst ermöglichte. Ebenso danke ich ihm für das
Geleitwort, das er diesen Memoiren voranstellt. Herzlich zu danken habe ich
all denen für ihre Hinweise und Ratschläge, die das Manuskript oder Teile dar-
aus durchgesehen haben: Herrn Dipl.-Biol. REINHOLD BUTTER, Abteilung
für Geschichte der Medizin der Universität Greifswald, Herrn Dr. KLAUS GI-
LARDON, Karl-Sudhoff-Institut der Universität Leipzig, Herrn Prof. Dr.
HEINZ-PETER SCHMIEDEBACH, Abteilung für Geschichte der Medizin der
Universität Greifswald, Herrn Prof. Dr. CHRISTIAN FRANK SCHWOKOWSKI,
Klinik und Poliklinik für Chirurgie der Universität Leipzig, Frau INGE
STEIGLEDER und Herrn Prof. Dr. GERD KLAUS STEIGLEDER, Köln, Herrn
Prof. Dr. ULRICH TRÖHLER, Institut für Geschichte der Medizin der Univer-
sität Göttingen, Herrn Prof. Dr. Dr. UWE JENS WASSNER, Bremen und
Herrn Prof. Dr. HELMUT WYKLICKY, Institut für Geschichte der Medizin
der Universität Wien. Sehr herzlich für eine überaus angenehme Zusammen-
arbeit danken möchte ich schließlich Frau Dr. BARBARA ZIMMERMANN-
SCHULT vom Johann Ambrosius Barth Verlag, Leipzig · Heidelberg. Dieses
traditionsreiche Haus knüpft mit der Aufnahme der Memoiren PAYRs in sein
Programm an zwei Veröffentlichungen von ihm an, die dort bereits vor über
siebzig Jahren verlegt worden sind (5, 11).

JOACHIM KREBS

1. EISELSBERG, ANTON VON: Lebensweg eines Chirurgen. Innsbruck-Wien: Tyrolia
   1938
2. PAYR, ERWIN: Was soll die chirurgische Klinik dem angehenden Arzte auf seinen
   Lebensweg mitgeben? Einführende Worte bei der Übernahme der chirurgischen
   Klinik in Greifswald. Med. Klinik 3 (1907) 1415–1417
3. PAYR, ERWIN: Grundlagen und Arbeitsrichtung der modernen Chirurgie in ihrer
   Bedeutung für den klinischen Unterricht (Einleitende Worte bei der Eröffnung des
   neuen Hörsaales an der Königlichen Chirurgischen Klinik in Königsberg). Med.
   Klinik 7 (1911) 359–362
4. PAYR, ERWIN: Zur Erinnerung an C. NICOLADONI. Med. Klinik 8 (1912)
   2012–2013
5. PAYR, ERWIN: Der frische Schädelschuß. Leipzig: J. A. Barth 1922
6. PAYR, ERWIN: Die Medizin der Gegenwart in Selbstdarstellungen. Hrsg. v. L. R.
   GROTE. Leipzig: F. Meiner 1924, S. 121–164
7. PAYR, ERWIN: HERMANN KÜTTNER †. Münch. med. Wschr. 79 (1932) 2087–2089
8. PAYR, ERWIN: Aus dem Lehrbetrieb eines chirurgischen Klinikers; Gedanken und
   Meinungen. Arch. klin. Chir. 176 (1933) 559–567
9. PAYR, ERWIN: Gelenksteifen und Gelenkplastik. Bd. I. Berlin: Springer 1934
10. PAYR, ERWIN: FRIEDRICH KRAUS (1858–1936) als Mensch, als Arzt, in seiner Ein-
    stellung zur Chirurgie. Med. Welt 10 (1936) 542–543
11. PAYR, ERWIN und CARL FRANZ: Handbuch der ärztlichen Erfahrungen im Welt-
    kriege. Leipzig: J. A. Barth 1922
12. TERENTIANUS MAURUS: De syllabis 1287

Erinnerungen

Herkommen, Kindheit und Jugend

Von meiner Heimat Tirol und der Payrsburg

Ich bin im Februar des Kriegsjahres 1871 geboren. Mein Geburtsort ist Innsbruck, die Hauptstadt von Tirol. So bin ich Tiroler und liebe meine Innsbrucker Bergheimat noch heute über alles. Wir Tiroler sind Deutsche, welche gerade ihr Deutschtum durch ein halbes Jahrtausend mit ungeheuren Opfern immer wieder vertreten und im Kampfe gegen andere verteidigt haben. In den Alpenländern des damaligen Österreich hatte man wohl das Gefühl, ein Vollblutdeutscher zu sein, aber je weiter man sich der Kaiserstadt Wien näherte, umso mehr vermischten sich die verschiedenen Nationen, was ich in den drei Jahren, die ich dort verlebte, immer wieder empfand. Mein Elternhaus war bis in das Knochenmark deutsch gesinnt.

Mein Vater hatte mir wiederholt erzählt, daß es in der Meraner Gegend eine Stammburg von uns PAYRs gäbe, die er in jungen Jahren einmal aufgesucht habe. Diese Burg Payrsberg, auch die Payrsburg genannt, wurde wahrscheinlich von einem sehr früh aus Bayern eingewanderten Geschlecht erbaut und ist nach ihm benannt. Die Italiener haben sie nach dem Frieden von St. Germain als Castel del Bavaro bezeichnet.

Ich lernte meine Stammburg, eine prachtvoll gelegene Ruine genau in der Mitte zwischen Bozen und Meran, im Jahre 1938 näher kennen. Sie ist nicht ganz leicht zu erreichen, da sie mindestens 300 m über dem Etschtal auf steilem Felsen liegt. Durch mehrfache und sehr eingehende Erkundigungen erfuhr ich in Meran im Parkhotel, wo wir damals wohnten, daß man bei kluger Organisation ganz gut lebend auf die Payrsburg gelangen könne. Wir fuhren zunächst mit einem Kraftwagen nach Nals, einem kleinen Dörfchen zwischen Bozen und Meran. Hier war die Kunst zu Ende. So erkundigten wir uns bei einem Bauern, ob man mit einem Landwägelchen auf die Payrsburg hinauffahren könne, was er unbedingt bejahte. Es wurden zwei kräftige Haflinger Rosse vor ein kleinstes Wagengebilde gespannt, in dem gerade meine Frau und ich Platz hatten. Dann ging es auf einem holprigen und staubigen Wege in die Höhe.

Dieser Weg war nur für Holzfuhren berechnet und verlief unmittelbar am
Rande des steil abfallenden Berges. Dabei war er so schmal, daß von einem
Ausweichen vor einem entgegenkommenden Gespann keine Rede gewesen wäre. Der Fuhrknecht teilte uns mit, daß nur in der Mitte des Weges zur Burg
eine Ausweichstelle vorhanden sei. Meine Frau fürchtete, nicht lebendig oben
ankommen zu können und sagte, daß ein einziger Fehltritt der Pferde uns un-
rettbar in den Abgrund stürzen müsse. Ich erklärte ihr, daß Haflinger Rosse
ebensowenig einen Fehltritt begehen, als ein mit guten anatomischen Kenntnissen begabter Chirurg wichtige Gefäße und Nerven durchschneidet. Außerdem gab ich ihr ein paar Baldrianetten, und so kamen wir nach etwa 3/4 Stunden Fahrt an der Burg an. Der Burghof und die Trümmer der Ruine boten ein
Bild unglaublicher Verwahrlosung. Man konnte mit etwas Mut und Geschicklichkeit in die alte Burg hineinklettern, in der ein Teil der Wohnräume sowie
die Ställe noch benutzbar sind. Von der Burg aus eröffnet sich ein äußerst loh-
nender Fernblick auf die Berge, in das tief unten liegende Etschtal, bis nach
Bozen wie auch nach Meran. Wegen der herrlichen Weinberge, welche zur
Burg gehörten, war früher oben viel Weinkelterei betrieben worden. Es wächst
dort ein geradezu gefährlich guter Wein. Das wußten die Ratsherren von Bozen und Meran ganz genau und pilgerten in der Regel am Sonnabend in kleineren und größeren Gruppen zur Payrsburg hinauf. Dort betranken sie sich derart, daß sie am selben Tage nicht mehr in ihr Heim zurückkehren konnten.
Daher waren Lagerstätten für die Payrsburger Weinleichen aufgeschlagen, die
wir natürlich auch besichtigten. Auf dem Rückweg nach Nals kamen wir zu
der ursprünglich auch dem PAYRschen Geschlecht gehörenden Schwannburg.
Wir fanden einen geradezu entzückenden, mit Efeu bewachsenen Burghof und
ein trauliches Stübchen mit allerlei Gerät. In den späten Nachmittagsstunden
kehrten wir nach Nals zurück. Meine Frau war inzwischen auch wieder ganz
friedlich geworden. Wir konnten uns nun mit dem Schwannburger Wein reichlich für die ausgestandenen Strapazen trösten. Ich glaube nicht, in meinem Leben schon einmal einen so edlen Tropfen Tiroler Weißweins getrunken zu haben.

Meine Eltern

Mein Vater, Sekretär der Handelskammer und später Professor für Staatsrech-
nungswissenschaft an der Universität Innsbruck, war ein Urtiroler. Wiewohl
Jurist, betrieb er in gewissem Rahmen naturkundliche Studien. So war er ein
leidenschaftlicher Schmetterlingssammler und besaß eine damals in Innsbruck
einmalige, geradezu herrliche Sammlung, welche Exemplare sämtlicher in
Österreich und Süddeutschland vorkommender Arten enthielt. Später wurde
ich sehr häufig mit meinen Schwestern auf die nächtlichen Schmetterlingsfän-
ge meines Vaters mitgenommen, wozu er eine geradezu geniale Methode erfun-

den hatte. Mit einer kleinen Diebslaterne bewaffnet zogen wir in den Wald. Die Schmetterlinge flogen dem Licht zu. Ein Baum wurde mit etwas Apfeläther besprizt, wo sie sich niederließen. Eine kleine Pappschachtel, welche ebenfalls mit Apfeläther parfümiert war und auf der einen Seite ein Gespinst als Verschluß trug, wurde über das ahnungslose Tier gestülpt, das damit gefangen war. Zuhause spannte der Vater dann die Schmetterlinge auf, ordnete sie in wundervolle Kästen ein, katalogisierte sie und verglich sie mit anderen Exemplaren. Er scheute sich nicht, weite Reisen zu unternehmen, um seltene Exemplare zu bekommen. Wegen eines bestimmten Schmetterlings aus der Bärenfamilie fuhr er eigens ins Engadin.

Meine überaus geliebte und verehrte Mutter, eine geborene SAUTER, war ebenfalls Tirolerin. Ihr Vater hatte den Beruf eines Forstmanns ausgeübt und sehr viel Sinn für die Natur gehabt. Es gab in ihrer Familie mehrere Wundärzte und Naturforscher. So war ein Onkel von mir ein hervorragender Botaniker, welcher sogar mehrere Pflanzengattungen neu entdeckte. Meine Mutter hatte vor mir drei Mädchen das Leben geschenkt. In der Kriegszeit 1870/71 war es ihr heißer Wunsch gewesen, daß das zu erwartende Kind ein Knabe, Arzt und Chirurg werden solle, da die damaligen Schilderungen, insbesondere auch der Belagerung von Paris durch die deutsche Armee, das ungeheure Elend des Krieges gezeigt hatten. Sie kannte jede Pflanze und jedes Tier und erklärte mir schon in frühester Jugend die Zusammenhänge der Natur. Dabei war sie auch sprachlich außerordentlich begabt, so daß sie beispielsweise ein französisches ihr unbekanntes Werk sofort ins Deutsche übersetzen konnte und es auch vorlas. Durch ihre weit über dem Durchschnitt liegende Begabung vermochte sie, die in jeder Lüge enthaltene Schwäche schon in dem Augenblick zu entdecken, in dem sie zu Gehör gebracht wurde. So war es unmöglich, meiner Mutter die Unwahrheit zu sagen. Wir Kinder versuchten auch nie, irgendetwas zu beschönigen oder zu verbergen, da wir uns sagen konnten: Die Mutter weiß es ja doch. Zugleich war sie eine unendlich gütige Frau.

Kindheitserlebnisse

Kindheitseindrücke aus der Stadt Innsbruck und ihrer Umgebung stehen noch sehr lebhaft vor mir. Die sogenannten Lauben, das sind auf einer Seite offene, gegen Regen und Schnee schützende Gänge, waren bereits damals ein besonderes Charakteristikum der noch kleinen Stadt mit ihren nur etwa 22 000 Einwohnern. Das „Goldene Dachl", von FRIEDRICH MIT DER LEEREN TASCHE gestiftet, um der Bevölkerung zu zeigen, daß seine Tasche doch noch nicht ganz leer sei, war in meiner Kindheit wie heute das Schaustück von Innsbruck. Deutlich erinnere ich eine große Feuersbrunst, welche ich als etwa 8jähriger Knabe gesehen habe. Eine sehr große Spinnfabrik war in Brand geraten und trotz aller Bemühungen der Feuerwehren aus Innsbruck und Umgebung nicht zu retten gewesen. Damals erweckten auch die zahlreichen Drehorgelspieler, welche in den Morgenstunden von Haus zu Haus zogen, meine Aufmerksamkeit. Ich weiß noch, wie ich meine Mutter fragte, welche Bewandnis es mit ihnen habe und zur Antwort erhielt, dies seien ehemalige Soldaten, welche im Krieg von 1866 gegen die nichtsnutzigen Italiener einen Arm verloren hätten und sich durch ihr Musikantentum einen kümmerlichen Lebensunterhalt zu erwerben suchten. Sie fügte damals hinzu: „Weil sich eben die Menschen nie vertragen können!"

Am Sonntag bestand in meinem Elternhaus die Gepflogenheit, einen Ausflug in das Mittelgebirge zu machen, der uns besonders häufig auf die sogenannte Winterburg führte. Dabei machte mich meine Mutter auf alle Blumen, Sträucher und Bäume aufmerksam, so daß ich tatsächlich schon in früher Kindheit gute Kenntnisse der Pflanzenwelt erwarb. Im Sommer ging unsere Familie während der Monate Juli und August in der Nähe von Innsbruck in die Sommerfrische. Ein besonders beliebter Aufenthaltsort war das schöne Dorf Igls, von welchem aus wir sehr häufig den etwa 1/2 Stunde entfernten Lansersee besuchten, der allerdings wegen tückischer kalter Quellen nicht ganz ungefährlich ist. Dort lernte ich rudern, das Schwimmen erst etwas später. Sehr gern gingen wir im Sommer auch in das entzückend gelegene Seefeld, das von Zirl aus auf einer steilen Bergstrasse zu erreichen ist und nahe an der Grenze gegen Bayern zu liegt. Es war damals ein schlichtes einfaches Bergdorf mit vier Gasthöfen – der „Post", dem „Klosterbräu", dem „Lamm" und der „Weißen Rose". In Seefeld wäre beinahe ein vorzeitiges Ende meiner chirurgischen Laufbahn erfolgt. In meinem Wissenstrieb untersuchte ich einmal das ganze Haus und fand eine nur angelehnte Holztür, welche in einen dunklen Raum führte. Dort war die sogenannte Jauchegrube. Ich trat nichtsahnend hinein, versank gleich bis zum Halse und wurde durch die Ammoniakdämpfe halb betäubt. Ich hatte aber doch noch so viel Lebenskraft, um mich am Rande festzuklammern, einen Aufzug zu machen und aus der üblen Brühe zu entrinnen. Unvergeßlich ist es mir, wie ich, eine scheußliche braune Spur hinterlassend, in den „Gasthof zum Klosterbräu" zu meiner Mutter ging und ihr das Vorkommen meldete. Mehrmalige warme Bäder genügten kaum, um mich wieder halbwegs salonfähig zu machen, während der Anzug trotz aller Waschkünste als verloren bezeichnet werden mußte. Die Sache sprach sich natürlich in dem kleinen Örtchen Seefeld herum, und ich bekam den Spitznamen „Der Jauchengrubenbua aus Innsbruck".

Erste Berührungen mit der Medizin

Mein Interesse für medizinische Dinge erwachte schon sehr früh. Eine meiner allerersten Erinnerungen knüpft sich an ein Gipsmodell des menschlichen

Kopfes und Rumpfes, das mit Farben bemalt im Schaufenster einer Buchhandlung ausgestellt war. Von diesem Gipsmodell brachte mich mein Kinderfräulein beinahe nicht fort.

Einen sehr großen Eindruck machte auf mich im 6. Lebensjahr der erste Anblick einer Leiche. Eine an Magenkrebs verstorbene Frau, eine gute Freundin meiner Mutter, wurde beerdigt, und dabei sah ich das bis aufs äußerste abgemagerte Gesicht und die wachsgelbe Blässe des Antlitzes. Damals war der Magenkrebs noch nicht operativ heilbar, aber ich weiß genau, daß ich meine Mutter auf der Heimfahrt fragte, ob man ein solches Ding, welches als Krebs bezeichnet werde, nicht durch eine Operation entfernen könne. Meine Mutter, welche außerordentlich belesen war und bereits von den Großtaten Billroths in Wien gehört hatte, sagte mir darauf: „Es gibt einen Mann, der es wahrscheinlich wird machen können. Wenn du einst einmal, wie es mein Wunsch ist, Arzt und Chirurg bist, so wirst du diesen Eingriff auch machen können!"

Den ersten Begriff von einem chirurgischen Eingriff bekam ich während eines Ferienaufenthalts in Igls. Der Bauer, bei dem wir wohnten, klagte plötzlich über heftige Schmerzen im Unterleib, hatte keine Stuhlentleerung mehr und befand sich offenbar in Lebensgefahr. Es handelte sich um einen sogenannten eingeklemmten Bruch. Der erste Assistent der Chirurgischen Klinik in Innsbruck, Dr. REINER, den ich später näher kennenlernte, wurde gerufen und brachte den eingeklemmten Darm glücklich, allerdings unter fürchterlichem Gebrüll des Bauern, wieder in die Bauchhöhle zurück. Ich weiß noch genau, daß ich danach meine Mutter fragte, ob man bei einem derartigen Eingriff nicht unempfindlich gemacht werden könne, worauf sie mir sagte, daß dies sicherlich in einem Krankenhaus möglich sei, aber nicht in einer Bauernstube, in der der Arzt allein zu arbeiten habe.

Venedig

Mein Verhältnis zur Elementarschule war nicht schlecht. Allerdings empfand ich den täglich zweimaligen Gang zur Schule als einen unangenehmen Zwang. Später wechselte ich zum humanistischen Gymnasium meiner Vaterstadt. Der Schulbesuch erfuhr 1882/83 eine längere Unterbrechung, nachdem ich eine schwere Diphtherie durchgemacht hatte, welche anfangs einen nicht unerheblichen Schaden in meinen beiden Beinen zurückließ. Zur Förderung der Erholung unternahm meine Mutter mit mir eine mehrmonatige Reise nach Venedig, die auf mich einen besonders tiefen Eindruck machte.

Mein Vater hatte mir empfohlen, auf der Fahrt nach Venedig in der Umgebung von Verona auf gewisse eigentümliche Erdhügel zu achten. Nach dem Verlust von Venetien, das ja bis zum Jahre 1866 zu Österreich gehört hatte, waren von den Italienern dort nämlich zahlreiche unterirdische Forts erbaut worden, aus denen hier und da ein Kanonenlauf heraussah. Beeindruckt war ich auf der Fahrt auch von der mehrere Kilometer langen Eisenbahnbrücke von Mestre, welche nach Venedig herüberführt.

In Venedig selbst war für mich natürlich alles neu. Der Verkehr in der auf Pflöcken erbauten Stadt vollzog sich zum großen Teil auf Gondeln, deren Führer, die Gondoliere, ganz eigentümlich monotone Zurufe ausstießen. Da ich nach meiner Diphtherie noch etwas schwach auf den Beinen und anfangs am Markusplatz einmal zusammengeklappt war, mußten wir auf ärztliches Geheiß zunächst alle Tage mit kleinen, als Vaporetti bezeichneten Dampfschifflein auf den Lido hinausfahren. Dort war es herrlich! Der Anblick des freien Meeres, das ich zum ersten Mal in meinem Leben sah, überwältigte mich. Ich konnte mich nicht sattsehen, suchte im Sand nach Muscheln und Seesternen und fand gelegentlich auch andere kleine Seetiere. Während sich meine Mutter hauptsächlich mit Lektüre beschäftigte und ihre Briefe nach Hause schrieb, spielte ich im Sande.

Mit der Zeit, als es mir mit meinem Beinwerk besser ging, konnten wir Streifzüge durch die Stadt und ihre Umgebung unternehmen. Oft waren wir auf dem Markusplatz, wo damals wie heute zahllose Tauben die Staffage für die Bilder von hochzeitsreisenden Ehepärchen abgaben. Wir suchten die Markuskirche auf, machten auch einen Besuch in den niederträchtigen Bleikammern und fuhren gelegentlich im Hafen herum. Dabei besichtigten wir die hochinteressante Glasfabrik Murano, wo ich zum ersten Mal sah, wie Glas aus heißflüssigem Zustand zu Gebrauchsgegenständen geformt wird. Obwohl es so viele Jahre her ist, erinnere ich mich noch genau an den Dogenpalast und die Seufzerbrücke, ebenso auch an die öffentlichen Gärten mit den wunderbaren südländischen Pflanzen, welche mir meine Mutter mit Begeisterung erklärte. Auch an die Rialtobrücke kann ich mich noch ganz genau erinnern. Ein wunderschönes, in Bronze gegossenes Denkmal des italienischen Staatsmannes CAVOUR steht noch deutlich vor mir, an dessen Fuß mir meine Mutter den tragischen Ausgang des Krieges von 1866 erklärte, nach dem Österreich trotz der großen Siege bei Custozza und in der Seeschlacht bei Lissa das schöne Venetien abgeben mußte. Sehr genau ist mir auch der Glockenturm, der Campanile, in Erinnerung. Wenn man ihn von unten ansieht, kann man sich des Gedankens, daß er eines Tages umfallen wird, kaum erwehren. Gegen Ende meines Ferienaufenthaltes konnte ich ihn besteigen. Man bemerkt den Aufstieg auf der schiefen Ebene aus Ziegelsteinen kaum. Der Ausblick von oben auf den Markusplatz und über die Stadt ist herrlich.

Außerordentlich stark beeindruckte mich während meines Aufenthaltes in Venedig der Trauerzug für RICHARD WAGNER. Meine Mutter hatte eine Gondel gemietet, mit der wir bis ganz in die Nähe des Palazzo Vendramin, seines Sterbehauses, fuhren. Unzählige Gondeln waren aufgefahren. Die Trauermusik entstammte selbstverständlich WAGNERs Werken. Zahlreiche Reden wurden gehalten. Dann wurde der Sarg in eine eigens dafür gebaute Gondel verladen und zur Bahn geführt. Auf der Rückreise besuchten wir Verona und sahen uns das herrliche Amphitheater an. Es machte einen gewaltigen Eindruck auf mich. Meine Mutter schilderte mir, daß dort Kämpfe zwischen wilden Tieren und Gladiatoren stattgefunden haben. Sie erzählte mir auch die deutsche Heldensage des DIETRICH VON BERN. Das Theater bot ursprünglich Platz für 22 000 Zuschauer. Ich war schon kräftig genug, um einen Teil der Treppen hinaufsteigen zu können.

Gries

Drei Jahre nach der Venedigreise war ich wieder einmal krank. Ein überängstlicher Innsbrucker Arzt hatte bei mir einen angeblichen Lungenspitzenkatarrh gefunden und meinen Eltern geraten, mit mir nach Gries bei Bozen zu gehen. Dort verbrachte ich mit meiner Mutter mindestens 6 bis 7 wunderschöne Frühlingswochen, und zwar in einem Sanatorium, welches dem Innsbrucker Arzt Dr. KÖLLENSPERGER gehörte. Er nahm sich unser mit besonderer Freundlichkeit an und verordnete mir tägliche kleine Spaziergänge auf dem nahegelegenen Guntschnaberg. Bei diesen Gängen lernten wir eine Aristokratin, die Gräfin HILDEGARD USEDOM kennen, deren Vater, Mitglied des preußischen Herrenhauses, kurz vorher gestorben war. Sie war eine ungewöhnlich große, prachtvoll gewachsene und auch sehr schöne Frau, die mir einen bleibenden Eindruck machte. Begleitet wurde sie von ihrer Mutter, einer Engländerin, die einen heißgeliebten Hund namens Mylady hatte und ziemlich gut deutsch sprach. Auch bei den Mahlzeiten waren wir öfter mit den Damen zusammen. Die Gräfin USEDOM erzählte mir wißbegierigem Jungen viel vom Hofleben in Berlin und vor allem über BISMARCK, den sie, ganz im Gegensatz zu ihrer Mutter, glühend verehrte. Sie machte mir den ungeheuren Einfluß OTTO VON BISMARCKs auf die preußische und deutsche Geschichte deutlich. Das sind Dinge, die sich dem kindlichen Gemüt unvergeßlich einprägen. Schon früher hatte mich ein prächtiges Buch über den deutsch-französischen Krieg mit einschlägigen Bildern des Herrschers, des Kronprinzen, der Heerführer MOLTKE und ROON beeindruckt, das mein erster Lesestoff gewesen war. Von der sicher harmlosen Bronchitis, die zu einem Lungenspitzenkatarrh gestempelt worden war, erholte ich mich rasch und vollständig. Der Vater holte uns nach erfolgreicher Kur ab.

Die letzten Jahre im Gymnasium

Nun ging es wieder ins Gymnasium. Mir hat das humanistische Gymnasium außerordentlich viel gegeben. Allerdings hatte ich durch meine vielen Erkrankungen doch allerlei versäumt, so daß ich zunächst nur ein mittelmäßiger Schüler war. Am Innsbrucker Gymnasium lehrten damals ganz ausgezeichnete Professoren von zum Teil wissenschaftlich so hohem Rang, daß sie direkt von der Lateinschule an Universitäten berufen wurden. In besonderer Erinnerung ist mir hierbei der Mathematikprofessor FRANZ HOCEVAR, welchen ich etwa 15 Jahre später in Graz als Ordinarius für Mathematik und Physik wiedersehen sollte. Zwei weitere Lehrer beeindruckten mich in besonderer Weise. Der eine war der Religionsprofessor Dr. CAJETAN HELFER, von dem ich kürzlich beim Aufräumen eine Schrift über das Duell aus dem Jahre 1887 fand, in der er sich in geistvoller Weise mit dem Zweikampf auseinandersetzte, welchen er als Katholik natürlich ablehnte. Die kleine Schrift heißt: „Das Duell vor dem Forum der Vernunft". HELFERs Klugheit bestand vor allem darin, daß er uns Jungen in der streng katholischen Stadt Innsbruck durchaus nicht mit das Gedächtnis belastenden Einzelheiten und dogmatischen Fragen quälte, sondern das herausstellte, was für ein jugendliches Gehirn wirklich interessant und lehrreich sein kann. Dieser ausgezeichnete Mann hat viel zu meiner religiösen Einstellung beigetragen. Über die Jungenstreiche, welche in der Klasse manchmal vorkamen, ging er stets mit souveräner Ruhe hinweg. Er war ein Edelmann in des Wortes wahrster Bedeutung. Der andere Lehrer, den ich hier hervorheben will, war ein Professor STANGER. Er brachte uns die griechische Sprache bei, so liebenswürdig, so human, daß ich immer voller Dank an ihn denke. Seine Vorträge über die Ilias und die Odyssee waren meisterhaft.

Der Sommer vor dem letzten Schuljahr im Gymnasium ist mir in sehr lebhafter Erinnerung. Meine jüngere Schwester – ich wuchs mit zwei Schwestern auf, nachdem die dritte bereits in meinem Kleinkindalter an den Folgen von Scharlach gestorben war – hatte sich mit einem Vollbutengländer verlobt. Dies war ein zwar sehr hübscher und gepflegter Mann mit ausgezeichneten Manieren, der jedoch keinen ernstlichen Willen zur Arbeit erkennen ließ. Sein Vater wollte zunächst die junge Ehe finanzieren, erklärte aber kurz vor der geplanten Hochzeit, nicht über genügend Geldmittel zu verfügen. So wurde die Verlobung gelöst. Darauf beschlossen meine Eltern, es war im Juli und ein heißer Sommer, in diesem Jahr mit uns weiter fort zu reisen. Wir setzten uns auf die Bahn und fuhren zuerst zu dem herrlichen Millstetter See in Kärnten. Nach einigen Tagen übersiedelten wir an den Wörthersee, wo wir in der Nähe von Klagenfurt im Gasthaus Mayernigg eine sehr angenehme Bleibe fanden. Dort wurde viel Wassersport betrieben. Einmal wäre bald ein großes Malheur passiert. Ein paar Jungen, unter denen ich eine große Rolle spielte, hatten es zuwege gebracht, eine in der Nähe gelegene Boje von ihren schweren Eisenketten loszureißen und umzudrehen. Nun mußte aber bis 2 Uhr diese Boje wieder in Ordnung sein, weil da ein hübscher großer Personendampfer, der den Wörthersee befuhr, kommen sollte. Ein paar ältere Männer, darunter ein sehr sympathischer und netter Arzt aus Graz, Dr. EDUARD MIGLITZ, waren uns glücklicherweise behilflich. Allein hätten wir das Kunststück nicht fertig gebracht. Mit Herrn Dr. MIGLITZ bin ich später während meiner Zeit in Graz wiederholt beruflich zusammengekommen. Er besaß dort in der Nähe ein Sanatorium, das wir sehr oft besuchten. Er war sicher ein guter Arzt, hatte etwas vom Wesen eines Zauberers und behandelte hauptsächlich hysterische Weiber mit glänzenden Erfolgen. Bei Mayerniggs wohnte im übrigen Tür an Tür mit uns auch ein junger Arzt aus Innsbruck. So wurde wegen meiner damals schon sehr ausgeprägten Neigung zum Arztberuf viel über Medizin gesprochen, und ich habe vieles gehört und gelernt. Auch sonst trafen wir dort auf sehr nette Leute – einen deutschen Obersten, ein paar junge Wiener Ehepaare, einen hohen Regierungsbeamten und eine Familie ROTTENBILLER aus Budapest mit ihren zwei sehr hübschen Töchtern MARGIT und RISSA. Die Seele des Ganzen war der Oberst, welcher sich jeden Tag irgendetwas Neues ausdachte, um uns zu unterhalten. Ungefähr alle 14 Tage machte die ganze Gesellschaft einen gemeinsamen Ausflug nach Klagenfurt. Ein schmaler Kanal führte vom Wörthersee direkt bis zur Hauptstadt Kärntens. Ein uralter Raddampfer namens Karinthia brachte uns dorthin. Es wurde nachmittags Kaffee getrunken und Kuchen gestopft und auch gelegentlich ein Museum oder sonst etwas Sehenswertes in Augenschein genommen. Am Abend ging es dann meist in fröhlicher Stimmung zurück. – Meine entlobte Schwester LEOPOLDINE hat später den Oberlandesgerichtsrat MAX VON POTH geheiratet, einen sehr klugen Mann mit der erstaunlichen Körpergröße von zwei Metern.

Schöne Sommermonate gingen vorüber, und das letzte Schuljahr folgte. Trotz der verschiedenen Aufenthalte im Süden wegen meiner Erkrankungen war ich in der Lateinschule zuletzt doch ordentlich vorwärts gekommen. So mußte ich die Reifeprüfung wegen trefflicher Leistungen nur in drei Fächern ablegen. Diese Reifeprüfung ist mir noch heute in lebhafter Erinnerung. Sie war etwas Mildes, Angenehmes und Menschliches – eine typisch österreichische Angelegenheit. Natürlich wurde nach Abschluß der Prüfung eine Abschiedskneipe gehalten. Alle Professoren waren bei dieser Kneipe anwesend, und es ergab sich ein geradezu reizendes Beisammensein mit den ehemaligen Lehrern. Der Religionsprofessor Dr. CAJETAN HELFER erinnerte in seiner humorvollen und gütigen Weise an einige unserer kleinen Verfehlungen, die sich während der vergangenen Jahre in den Unterrichtsstunden zugetragen hatten. Als wir gegen 1 Uhr nachts aus dem Gasthaus aufbrachen, waren die Straßen, obwohl es tags zuvor brütend heiß gewesen war, mit etwa 10 cm Neuschnee bedeckt.

Studienjahre

Mein Entschluß, Medizin zu studieren, stand absolut fest. Zwar hätte es mein Vater, Jurist mit Leib und Seele, außerordentlich gern gesehen, wenn ich Jura studiert hätte. Aber ich hatte nun einmal gar keine Neigung zur Jurisprudenz. So schrieb ich mich im Herbst des Jahres 1889 in die medizinische Fakultät in Innsbruck ein. Meinem Vater sagte ich davon zunächst gar nichts, sondern teilte ihm erst nach einem halben Jahre mit, daß ich Mediziner geworden sei. Er fand sich, wenn auch ungern, mit dieser Tatsache ab. Allerdings hatte er eine Abneigung gegen medizinische Gespräche, welche sich mit Leichen, Präparierübungen und ähnlichen Dingen befaßten. Ich war selbstverständlich klug genug, diese Themen nicht bei den häuslichen Mahlzeiten aufzutischen.

Meine Lehrer in Innsbruck

Es waren damals etwas kleine Verhältnisse in der Tiroler Landesuniversität, an der ich die ersten Studienjahre verbrachte. Dennoch handelte es sich bei meinen Innsbrucker Lehrern in der medizinischen Fakultät zum Teil um bedeutende Leute.

Gerade im Jahre 1889 war ein neuer Anatom, mein nachmaliger Freund, Professor WILHELM ROUX, aus Breslau berufen worden. Er stammte aus Jena, wo sein Vater Fechtlehrer an der Universität gewesen war. ROUX kam als noch verhältnismäßig junger Mann nach Innsbruck, voll von Ideen und neuen Gedanken, die weit entfernt waren von der schon etwas verstaubten beschreibenden Anatomie der übrigen Fachvertreter. Er hat einen außerordentlich großen Einfluß auf mich gewonnen, und ich fühlte mich durch ihn mächtig angezogen. So bewunderte ich an ihm, daß er bei jeder neu auftretenden Frage eine ursächlich begründete Antwort suchte. Die Entwicklungsmechanik und die vergleichend anatomischen Ausblicke dieses schöpferisch veranlagten Forschers machten für den jungen Mediziner die als Tatsachenlehre etwas trockene Zergliederungskunst sofort zu dem mit heller Begeisterung betriebenen Hauptinhalt des Studiums. Die Gelegenheit zu engerer Fühlung mit dem bewunderten Lehrer ergab sich bei Arbeiten außerhalb des Präpariersaales im Institut. Ich gewann dabei Einblicke in dieses für die Chirurgie ebenso wie für die gesamte Medizin so überaus wichtigte Fach, die vielleicht über den Durchschnittserwerb des Studierenden nicht unerheblich hinausgingen. Ich lernte anatomisch denken. Ich habe von diesem ideenreichen Mann viele und wertvolle Anregungen für mein späteres fachliches Arbeiten mitgenommen. Seine Lehre von der funktionellen Anpassung eröffnete immer wieder neue Gesichtspunkte für die Heilkunde. Es war ein gewaltiger Unterschied zwischen diesem, auf völlig selbständigen Wegen wandelnden und die Anatomie im Zusammenhang mit der Biologie darstellenden Forscher und den übrigen nahezu rein gestaltlich beschreibenden Vorlesungen. Von ROUX habe ich die Grundlagen des naturwissenschaftlichen Denkens empfangen. Eine gewisse Vorliebe für anatomische Fragen hat sich in mir seit diesen Jahren erhalten, meine und meiner Schüler Technik maßgeblich beeinflußt.

Professor für Physiologie war MAXIMILIAN VON VINTSCHGAU, ein grundgü-
tiger Mann. Während des zweiten Studienjahres hatte ich das Glück, Hilfsassis-
stent an seiner Lehrkanzlei zu werden, was mir Gelegenheit gab, mich unter
der Führung des damaligen Assistenten Dr. KARL STAINER mit dem Gebrauch des Mikroskopes und den Hauptgrundlagen der normalen Gewebelehre vertraut zu machen. Das Mikroskop wurde mir ein Freund, den ich mein
ganzes Leben lang schätzte und nie ganz in das Austragstübchen verlegte. Dieser Erwerb hat meine späteren Arbeitsgebiete stark mitbestimmend beeinflußt. Die Neigung zu mikroskopischen Untersuchungen ist mir bis heute treu
geblieben. Ich habe es oft beklagt, nicht mehr Zeit für sie erübrigen zu können. Damals aber erwarb ich die Grundlagen für die Kenntnis der pathologischen Gewebelehre, die ich mir dann unter der Führung meines heiß geliebten
Lehrers Professor ANTON WEICHSELBAUM in Wien aneignen sollte. Doch
darüber später! Jedenfalls arbeitete ich mich im Physiologischen Institut rasch
und leicht in die Gewebelehre ein und beteiligte mich im sogenannten histologischen Kursus am Unterricht.

Das Medizinstudium begann zugleich mit Vorlesungen über Zoologie, Botanik, Physik, Chemie und Mineralogie. Der Professor der Zoologie hieß CA-
MILLO HELLER und war ein kritischer alter Herr, der uns von der Zoologie
systematisch das Notwendigste beibrachte, ohne jedoch naturwissenschaftlich
irgendwie tiefer zu schürfen. Ich habe ihn aber trotzdem gern gehabt und er
mich auch. Ein junger, aus Wien kommender Botaniker namens EMIL HEIN-
RICHER was ebenfalls ein Systematiker, der vor allem ganz bestimmte Pflanzen in sein Herz geschlossen hatte. Eine davon hieß Vaucheria und spielte in
jeder Vorlesung eine große Rolle. Ein richtiger Hochschullehrer für angehende
Ärzte war er allerdings nicht, denn von der Bedeutung der Pflanzen für die
Heilkunde hatte er keinen Dunst. Die „Experimentalphysik für Mediziner"
hörte ich bei LEOPOLD PFAUNDLER, einem echten Deutschen und von reinen Idealen beseelten Naturforscher. Edelste Sachlichkeit ließ in ausgezeichneten Vorlesungen einen denkenden künftigen Arzt zahllose wichtige Beziehungen zur Heilkunde erkennen. Mechanik und Elektrizitätslehre erschienen mir
als besonders reiche Fundgruben. Auf das Tiefste beklage ich heute noch, daß
ich damals, trotz sehr guter Vorlesungen und praktischer Vorführungen in
Chemie bei CARL SENHOFER und WILHELM LOEBISCH nicht die Zeit fand,
mich auch in diesem für die Medizin so bedeutungsvollen Wissensgebiet
gründlicher zu unterrichten. Wie oft hätte ich späterhin bessere Chemiekennt-
nisse notwendig gehabt. In habe immer wieder versucht, die schmerzlich emp-
fundenen Lücken auszufüllen, was mir auch in gewissem Maße gelang. Gern
erinnere ich mich noch des mit meiner Familie befreundeten, als lyrischer
Dichter ungleich bedeutenderen Mineralogen ADOLF PICHLER, der eine
schwärmerische Verehrung für meine geliebte Mutter empfand. Er zog mit einem langen, grauen Rock mit ganz weiten Taschen in die Berge, um Steine zu

sammeln. Einmal war irgendwo in der Nähe von Innsbruck ein Mord geschehen. Ein landstreifender Polizist griff den Hofrat und Professor auf und sagte:
„Sie haben wohl den X. erschlagen, denn in der einen Tasche haben Sie Steine
und in der anderen einen Hammer?" PICHLER wurde auf die Polizei in Innsbruck geschleppt, wo sich herausstellte, daß er ein ganz berühmter Professor
der Universität war.

Zu Beginn der klinischen Semester in Innsbruck lernte ich einen anderen,
ebenso hell wie ROUX und PFAUNDLER im akademischen Leben leuchtenden
Stern kennen, der eine gewaltige Anziehungskraft auf die studierende Jugend
ausübte. Dies war CARL NICOLADONI, mein Vorbild als Lehrer, mein genia-
ler späterer Meister im Fach der Chirurgie. Von ihm habe ich wohl die stärksten, besonders meine engeren fachlich entscheidenden Eindrücke empfangen.
Ein ideenreicher, die Herzen der Jugend durch seine hohe Lehrbegabung be-
geisternder Führer, ein edler Arzt, ein großzügiger Operateur mit plastischem
Sehen und selten kunstbegabter Hand, eine machtvolle Persönlichkeit. Die
eindrucksvolle Art seines glänzenden Unterrichts ist mir unvergeßlich. Er
lehrte uns vor allem das Sehen und die geringfügigsten Veränderungen der äu-
ßeren Formen ursächlich zu begründen. Diese streng logische Analyse eines
Falles nur mit Auge und Maßband bei erst spät und schonend einsetzendem
Gebrauch der tastenden Hand war ein Gewinn für Lebenszeit. Vielen meiner
Schüler konnte ich diese Art der schonenden, möglichst schmerzlosen Untersuchung weitergeben. Die Röntgenstrahlen, die es damals noch nicht gab, haben es uns jetzt so viel bequemer gemacht. Es ist mit ihnen aber auch leider
sehr viel von der Gründlichkeit der klinischen Untersuchung verloren gegangen. NICOLADONIs Familie stammte aus der Gegend des Lago Maggiore und
war von dort nach Wien ausgewandert. Mit seiner Ausnahme widmeten sich
alle dem Beruf des Schornsteinfegens. Ich hatte das Glück, schon während meiner Studentenzeit persönlich mit ihm bekannt zu werden. Seine musikalisch
hoch begabte Schwester erteilte meiner ältesten Schwester CAROLINE Klavier-
unterricht.

Weniger Glück hatte ich im Anfang meiner klinischen Semester mit der inneren Medizin. Mein Professor in diesem Fach, PROKOP FREIHERR VON ROKI-
TANSKY, war ein Sohn des berühmten pathologischen Anatomen, der gesagt
haben soll: „Ich habe vier Söhne, zwei heilen und zwei heulen, aber die heulenden verdienen viermal soviel als die heilenden!" Die „heulenden" Söhne waren berühmte Opernsänger geworden. Professor PROKOP VON ROKITANSKY
wußte im klinischen Unterricht gar nicht recht mit der Tiroler Landbevölkerung umzugehen. Mit leicht näselnder Sprache erklärte er die Sache nicht gerade schlecht, aber keineswegs eindrucksvoll.

Im 3. Studienjahr war ich eine Art Famulus bei ROUX in der Anatomie. Dort
konnte ich außerhalb der gewöhnlichen Arbeit im Sektionssaal Präparate an-

fertigen und mich über viele anatomische Dinge in eingehendster Weise unterrichten. ROUX wollte mich später gern als Assistent an seinem Institut haben, jedoch zog mich die Chirurgie unter NICOLADONI zu mächtig an, als daß ich mich mehrere Jahre der „kalten Klinik" hätte verschreiben wollen.

Während dieser Zeit in Innsbruck machte ich die ersten Versuche über die Resorption des Magnesiummetalls im Tierkörper, ein Vorgang, der mich später als Chirurg zu einer meiner ersten großen experimentellen Arbeiten über die Gefäßnaht führte. Durch die Tatsache des Verbrennens dieses eigenartigen Metalls in der Flamme mit leuchtend weißem Glüheffekt auf die hohe Oxydationsfähigkeit aufmerksam gemacht, faßte ich schon damals den Plan, es für Zwecke der praktischen Medizin (aufsaugungsfähige Prothesen aller Art) zu benutzen. Dies war eigentlich die erste Entdeckung, die ich in meinem jungen Medizinerleben machte.

Die Umgebung von Innsbruck

Während der Studienzeit in Innsbruck unternahm ich zahlreiche Ausflüge in die nähere und weitere Umgebung meiner Vaterstadt, die mitten in den Bergen liegt. Wenn man in der Maria-Theresien-Straße steht, so sieht man die gewaltigen Berge der Nordkette zum Greifen nahe vor sich. Ebenso schön ist der Ausblick nach dem Süden, wo die Ausläufer der Stubaier Alpen prachtvoll zu sehen sind.

Schon die allernächste Umgebung der Stadt bot unglaublich viele und sehr erfreuliche Ausflugsziele – so zum Beispiel das am Inn gelegene Mylau. Dort befand sich das großartige Gasthaus Dollinger, das damals ein sehr beliebtes Ziel der Universitätslehrer und auch des Jungvolkes war. Auf dem Wege nach Mylau gab es unter den Bogen der Innbrücke, über welche die Bahn nach dem benachbarten Städtchen Hall führte, interessante Tiere zu sehen, vor allem einen Eisvogel. Hall war einer meiner Lieblingsausflugsorte. Wir fühlten uns in der echten alten Tiroler Stadt stets außerordentlich wohl. In der Nähe von Hall lag ein reizendes Landhaus, genannt Taschenlehen, wo mein geliebter Lehrer NICOLADONI mehrere Sommer verbrachte. Wir waren dort öfter eingeladen. Von Hall konnte man mit einer Bahnfahrt von ungefähr nur zwölf Minuten Dauer wieder nach Innsbruck zurückkommen. Ein anderes Ausflugsziel war das geradezu herrliche Schloß Ambras. Besonders gemocht habe ich den Berg Isel, einen Schauplatz der Tiroler Freiheitskämpfe im Jahre 1809, von Innsbruck aus in einer Stunde zu erreichen. Auf dem nächstgelegenen höheren Berg nach Süden hin, dem Patscherkofel, einem Berg von etwa 2250 m Höhe, bin ich häufig gewesen. Sein Nachbar nach Osten ist der Glungezer. Von dort aus sieht man großartig die Berge der Nordkette aufragen, vor allem die herrliche Rumerspitze. Auch in diese Bergwelt der Nordkette über Innsbruck unter-

nahm ich weite Ausflüge, und zwar oft gemeinsam mit meinem Freund EMIL
KNOLL. Hier gab es Stellen mit einer geradezu beispiellos schönen Aussicht
auf die Stubaier Gletscher und weit in das Oberinntal und das Unterinntal
hinein. Das gilt besonders für den jetzt sehr beliebten Ausflugsort Hafelekar,
welchen man mit einer Drahtseilbahn in einer guten Viertelstunde erreichen
kann. Die Ausflüge in das Gebiet der Nordkette boten mir als für Naturge-
schichte begeistertem Menschen immer wieder außerordentlich erfreuliche
Anregungen. Insgesamt ist mir die nähere Umgebung von Innsbruck gerade
seit meiner Studentenzeit als ebenso lieblich wie großartig in unauslöschlicher
Erinnerung geblieben.

Gelegentlich führten die Ausflüge auch weiter von Innsbruck fort. So war im
Unter-Inntal ein prachtvoller Bergausflug zu machen, die Besteigung der Hohen Salve. Hierzu mußte man morgens ungefähr um 4 Uhr aus dem Bett, wofür man jedoch mit einer wunderbaren Fernsicht entschädigt wurde. Eine andere und dabei etwas anstrengende Bergpartie ging in das sogenannte Kühtai,
das sich nicht ganz leicht erreichen ließ, dort aber eine wunderbare Gelegenheit für Verpflegung und Übernachtung bot. Der Aufenthalt dort gehört zu
meinen schönsten Erinnerungen. Die größeren Touren unternahm ich meist
in der Begleitung meines Jugendfreundes und Assistenten der Chirurgischen
Klinik Dr. FRANZ WINKLER. Überall bekam man einen guten Tiroler Land-
wein zu trinken.

Damals gab es im Tiroler Ländlein sehr viele interessante Pflanzen und auch
seltene Tiere. Man traf auf Gemsen, gelegentlich auch Hirsche, viel Rehe, Au-
erhähne, Edelmarder, Wiesel und Murmeltiere, welche dort „Murmenteln" genannt werden. Das Fett dieser während der Winterszeit schlafenden Tiere galt
unter dem Titel „Murmentelschmalz" als Heilmittel gegen Rheumatismus und
Gliederschmerzen aller Art, weshalb ihnen die Bauern mit größter Begeisterung nachstellten, wenn sie beim Erwachen der Frühlingssonne wieder mun-
ter wurden. Ich lernte damals auch die Spuren und Fährten der verschiedenen
Tiere kennen, was ich später als Jäger nutzen konnte.

Ferienaufenthalte in der Nähe von Meran führten mich damals mit dem großen Physiker und Philosophen ERNST MACH zusammen. Er war zuerst Professor der Physik in Prag, wo er an der Möglichkeit arbeitete, aus einem Mili-
tärgewehr abgefeuerte fliegende Geschosse zu fotografieren. Er zeigte mir wunderbare Bilder, welche die Kompression der Luft durch das rasend schnell aus
dem Gewehrlauf austretende Geschoß erkennen ließen. Später kam MACH als
Professor der Philosophie nach Wien. Er schrieb dort ein Buch, das für mich
von größter Bedeutung geworden ist. Es heißt „Erkenntnis und Irrtum", und
ich habe aus ihm gelernt, auf wie nahe beieinander liegenden Pfaden Erkenntnis und Irrtum wandeln, welche Sorgfalt dazu gehört, zwischen beiden zu un-
terscheiden und wie außerordentlich leicht man trotz sicherer Grundlagen

und Voraussetzungen irren kann. Bei Meran durfte ich ihn bei seinen Spaziergängen begleiten. Sie gehören zu den schönsten Erinnerungen meiner Jugendzeit. MACH hatte Gefallen an mir gefunden und riet mir, in der Medizin möglichst physikalisch zu denken. Meine Vorliebe für die Physik wurde durch ihn sehr gefördert, und ich habe von ihm auf diesem Gebiet sehr viel gelernt. Ebenso machte er mir klar, wie wichtig es ist, sich nicht von falschen Voraussetzungen auf Irrwege verleiten zu lassen. Ich bin auch später in Wien noch gelegentlich mit MACH zusammengekommen. Nach meiner Überzeugung war er einer der besten Köpfe seiner Zeit.

Ein Jahr in Wien

Das vierte Studienjahr, 1892 bis 93, verbrachte ich in Wien, nachdem NICOLADONI mir den Rat gegeben hatte, dort einmal zwei Semester zu studieren. So kam ich als kaum Einundzwanzigjähriger in die damals mit Recht als herrlich gepriesene Reichshauptstadt und Kaiserstadt an der Donau mit ihren die Studenten magnetisch anziehenden großen Lehrern und Forschern, mit dem unvergleichlichen Krankengut ihrer Kliniken und Institute, mit ihren für den in engem Gesichtskreise aufgewachsenen Provinzler neuen Eindrücken eines lebhaft pulsierenden Großstadtlebens.

In der Chirurgie machten die Persönlichkeit und die Klinik THEODOR BILLROTHs, seine operative Kunst und besonders die Technik der Magen- und Darmnähte auf mich einen gewaltigen Eindruck und wirkten wie ein Naturereignis von unbekannter Schönheit. Die Sprache des Meisters war leise, aber eindringlich und überzeugend, das Dargebrachte von unvergleichbarer Abgeklärtheit. Wie auf einen Wink mit dem Zauberstab erschienen während der Vorlesung im gegebenen Augenblick herrlich lehrhafte Präparate, Wandtafeln und mikroskopische Bilder. Die pathologische Anatomie als Grundlage der Chirurgie und der Klinik überhaupt wurde mir erst hier in ihrer Bedeutung völlig klar. Ich sah, daß ich mich vor einer Beschäftigung mit der praktischen Chirurgie als Lebensinhalt mit der Pathologie auf das Gründlichste zu befassen hatte. Zunächst aber ließ ich manche andere Unterrichtsstunde vorübergehen, um von der Chirurgie, der nun einmal mein Herz gehörte, nichts zu versäumen.

Der Hörsaal war klein und nicht sehr zweckmäßig angeordnet. Die Studenten in den ersten Bankreihen, unter denen auch ich mich stets befand, sahen aber gut. BILLROTH operierte nicht sehr viel, jedoch mit größter Sicherheit und klassischer Ruhe. Man hatte unbedingt den Eindruck, einen ganz großen Meister vor sich zu haben. Leider war er damals schon durch eine überstandene schwere Lungenentzündung in seiner Gesundheit stark angegriffen und mußte sich sehr schonen. Dennoch hatte er seine Mannschaft, auch den schon recht

bekannten 1. Assistenten VON EISELSBERG nicht ausgenommen, an den NI-
COLADONI mir einen Empfehlungsbrief mitgegeben hatte, fest am Zügel. Eine leise Bemerkung, ein Wink mit dem Finger, ein mildes Lächeln genügten.
Herrschermanieren oder Aufgeregtheiten gab es bei ihm nicht. Seine klassische Ruhe war berühmt. Ich konnte mich auch in seiner Vorlesung wiederholt
davon überzeugen. So sprach er einmal über den Narkosetod, als ihm von einem Assistenten der bedrohliche Zustand des zu Operierenden gemeldet wurde. Ein Blick auf den daliegenden Patienten genügte. Er sagte nur: „Wie hier
zum Beispiel!" Alle Wiederbelebungsversuche waren vergeblich.

Vor einer Operation, für welche sich BILLROTH mit aller Sorgfalt gewaschen
und desinfiziert hatte, kamen einmal zwei Assistenten mit einer großen, mit
Sublimatlösung gefüllten Waschschüssel auf ihn zu und sagten: „Herr Hofrat,
Sie haben eben ihre schwarze Kneiferschnur berührt!" Die anderen Assistenten
trugen alle nur sterile Operationsmäntel, während BILLROTH sich eine Schür-
ze aus Billroth-Batist umbinden ließ. Bei dieser Gelegenheit sagte er zu uns
Studenten: „Sehen Sie, meine Herren, wie meine Assistenten mich quälen!"
Die Asepsis war BILLROTH eben doch im Jahre 1893 noch nicht ganz in
Fleisch und Blut übergegangen, denn die Kneiferschnur war selbstverständlich
nicht keimfrei gemacht worden. Es kam wohl auch gelegentlich vor, daß während einer schwierigen Operation der Kneifer selbst samt der schwarzen
Schnur in das Operationsfeld fiel. VON EISELSBERG betupfte dann die von
dem Kneifer getroffenen Stellen sofort mit antiseptischen Mitteln und schüttelte nur seinen bereits früh ergrauten, schönen Kopf. Es ist merkwürdig, wie
lange es dauerte, bis die damaligen großen Leuchten der Chirurgie die Grund-
prinzipien der Asepsis in die Tat umsetzten.

Bei einem pathologisch-histologischen Kursus lernte ich meinen Lehrer und späteren väterlichen Freund ANTON WEICHSELBAUM kennen. Er beschäftigte sich
mit mir in liebevollster Weise und zeigte mir schon nach kurzer Zeit, daß ich
auf dem richtigen Wege war, wenn ich pathologische Anatomie und Gewebelehre gründlich erlernen wollte. Die Bekanntschaft mit diesem ganz hervorragenden Lehrer und edlen, grundgütigen Menschen erwies sich für mich später als
überaus bedeutungsvoll. Er war damals Prosektor im Rudolfspital im 3. Bezirk
in der Boerhavegasse, wo ich nicht ganz leicht hingelangen konnte. WEICHSEL-
BAUM gestattete mir aber, mich dort am Sektionsbetrieb zu beteiligen. In den
Nachmittagsstunden konnte ich an einem guten Arbeitsplatz meine erste wis-
senschaftliche Arbeit über ein selbstgewähltes Thema ausführen. Sie behandelte
„Pathologie und Therapie des Hallux valgus". Ich habe in ihr die von ROUX in
Innsbruck empfangenen Lehren über die funktionellen Veränderungen der
Knochenarchitektur an einem praktischen Beispiel der Pathologie angewandt.
Ich konnte dabei auch eine der ersten Untersuchungen über die Entstehung von
Schleimbeuteln vorlegen. Mit dieser Arbeit wollte ich meinen Dank gegenüber
meinen Eltern dafür zum Ausdruck bringen, daß ich in Wien studieren durfte.

Von den inneren Klinikern hörte ich bei KARL NOTHNAGEL und EDMUND
VON NEUSSER. Beide waren führende Meister in ihrem Fach, wobei sich der
Erstere besonders als viel erfahrener Lehrer erwies, während der Letztere mehr
zu selbständigem Denken anregte. Die entscheidende Schlußfolgerung blieb
bei ihm meist unausgesprochen. Gerade seine Klinik zeigte mir, daß ich außer
der pathologischen Anatomie auch in der inneren Medizin über das Durch-
schnittswissen des praktischen Arztes hinaus ausgebildet sein mußte, bevor ich
an mein auserkorenes Fach, die Chirurgie, herantreten durfte. In seiner Klinik
lernte ich Professor NORBERT ORTNER kennen, der uns geradezu vorbildlich
im Abklopfen und Behorchen der Organe des Brustkorbes unterrichtete. Er
behandelte mich später während einer Lungenentzündung in freundschaftli-
cher Weise.

Ich war in Wien nicht ganz ohne privaten Verkehr. Eine Freundin meiner
Mutter, ein Fräulein MARIE MAGES, und ihr Bruder FRANZ luden mich sehr
häufig am Sonntag zu einem herrlichen Mittagessen in den Matschackerhof
ein. FRANZ MAGES war ein Unikum, übergroß mit einem langen, grauen
Vollbart und gebückter Haltung. Er sah aus wie der Lothario im Mignon und
hatte etwas eigentümliche Gewohnheiten. Das wunderbare Rindfleisch, das
ihm vorgesetzt wurde, zerkaute er nur und warf es mit einer äußerst geschickten Bewegung in eine Ecke des kleinen Speisesaales. Die Kellner wußten darum, wurden reichlich entlohnt und fanden deshalb weiter nichts daran. Nach
einem der ausgezeichneten Sonntagsessen fragte FRANZ MAGES mich einmal,
warum eigentlich der Mensch immer ißt und trinkt. Ich bemühte mich, ihm
dies mit meinen physiologischen Kenntnissen klarzumachen. Er lächelte aber
nur milde und sagte: „Das ist nicht die Hauptsache. Der eigentliche Grund ist,
daß man zum schwarzen Kaffee und zur Virginia kommt!".

Studienabschluß in Innsbruck

Im fünften Studienjahr ging es wieder nach Innsbruck. Es gab noch zahlreiche
Dinge zu lernen. So mußten Vorlesungen über Frauenheilkunde und Geburts-
hilfe, über Augenheilkunde sowie über Hautkrankheiten und Geschlechtslei-
den gehört werden. Damals im Jahre 1893/94 war die Anzahl der Prüfungsfä-
cher noch geringer als später. Immerhin wurde aber gerade zu der Zeit in Innsbruck ein Lehrstuhl für Hals-Nasen- und Ohren-Krankheiten errichtet. So oft
es ging, stahl ich mich in die Chirurgische Klinik.

Innsbruck hatte den großen Vorteil, daß man auch als Student schon an das
Krankenbett herandurfte und nicht, wie an den ganz großen Universitäten, bis
zum Abschluß der Studienzeit die Patienten immer nur von den hochgelege-
nen Bänken des Hörsaals aus zu sehen bekam. Überdies bestand damals in nahezu allen Kliniken stets ein großer Mangel an Assistenten, so daß es sich als

notwendig erwies, ältere Studenten vor allem auch im Operationssaal zu Assi-
stentendiensten heranzuziehen. Bei NICOLADONI gab es nur zwei Assistenten. Zusätzlich war gewöhnlich auch ein Militärarzt zur Klinik abkommandiert. Natürlich reichte dies nicht aus, um mit dem Chef das recht große Krankengut der Klinik zu bewältigen und die zahlreichen Aufgaben des ärztlichen
Dienstes zu erledigen. So lernte ich schon als Student sehr gut zu narkotisieren
und Zähne zu ziehen. Oftmals bot sich mir die Gelegenheit, bei Operationen
zu assistieren. Das hatte zur Folge, daß ich bei Studentenmensuren ein angesehener „Mensurbader" wurde und dabei sehr interessante Beobachtungen machen konnte.

Nachdem die Examina fast alle mit Auszeichnung bestanden waren, wurde ich
am 19. Dezember 1894 zum Doktor der gesamten Heilkunde promoviert. In
Österreich brauchte hierfür im Gegensatz zu Deutschland keine Doktorarbeit
geschrieben zu werden und man erlangte zu gleicher Zeit auch schon die Berechtigung zur Ausübung der ärztlichen Praxis. In Deutschland mußte hierfür,
was sicher sehr nützlich war, erst ein praktisches Jahr abgeleistet werden.

Wien

Nach meiner Promotion ging ich auf NICOLADONIs Rat abermals nach
Wien und bezog hier Anfang Januar 1895 wieder meine alte Studentenbude
in der Wickenburggasse, in der ich schon während des vierten Studienjahres
gewohnt hatte. Trotz der Fürsprache WEICHSELBAUMs war es allerdings nicht
möglich, sogleich an einer der Chirurgischen Kliniken im Allgemeinen Krankenhaus eine Stelle anzutreten.

Die beiden Chirurgenschulen in Wien

In Wien gab es damals schon seit einem Jahrhundert zwei Lehrstühle für Chirurgie, und im Laufe der Zeit hatten sich auch zwei Chirurgenschulen herausge-
bildet. Ich will sie hier aus meiner heutigen Sicht etwas ausführlicher darstellen und auf ihre weitere Entwicklung eingehen.

Die eine Schule war von THEODOR BILLROTH begründet worden. Er hatte
seine chirurgische Ausbildung bei BERNHARD VON LANGENBECK in Berlin
erhalten und 1860 zunächst das Ordinariat für Chirurgie in Zürich übernommen. Nachdem FRANZ SCHUH, ein glänzender Operateur, ideenreicher
Mann und ausgezeichneter akademischer Lehrer 1865 leider viel zu früh gestorben war, wurde BILLROTH nach einer längeren Zwischenpause im Jahre
1867 an seine Stelle an die II. Chirurgische Klinik in Wien berufen. Damit ging

ein neuer Stern auf, der eine mächtige Anziehungskraft auf alle begabten Mediziner und jüngeren Ärzte ausübte. Die besten Köpfe der damaligen Zeit rissen sich um die Assistentenstellungen an seiner Klinik, da sich schon nach ganz kurzer Zeit nicht nur sein unvergleichlicher Ideenreichtum, sondern auch seine Fähigkeit zur Schulbildung zeigte.[1] Seine ersten Schüler, welche an ausländische Hochschulen berufen wurden, waren CZERNY, ein Deutschböhme, und GUSSENBAUER, ein Kärntner Bauernsohn. VINCENZ VON CZERNY kam nach Heidelberg und blieb dort bis zu seinem Tode. CARL GUSSENBAUER sollte schließlich BILLROTHs Nachfolger an der II. Chirurgischen Klinik in Wien werden. Im Laufe der Zeit blühte die BILLROTH-Schule mächtig empor, und zwar besonders durch die ausgezeichneten Assistenten WÖLFLER, MIKULICZ und EISELSBERG. ANTON WÖLFLER war in Graz und Prag Ordinarius, JOHANN FREIHERR VON MIKULICZ-RADECKI in Krakau, Königsberg und Breslau. ANTON FREIHERR VON EISELSBERG wurde zuletzt an die I. Chirurgische Klinik in Wien berufen.

Als ich 1895 wieder nach Wien kam, war BILLROTH im Jahr zuvor gestorben und der Lehrstuhl von seinem Schüler GUSSENBAUER übernommen worden. GUSSENBAUER hatte schon in jungen Jahren einen Ruf nach Lüttich erhalten. Bei seiner Berufung war gefordert worden, daß er seine Vorlesungen unbedingt in französischer Sprache abhalten müsse. Er ging nach Paris, nahm sich zwei junge Franzosen und verpflichtete sie, nur französisch mit ihm zu sprechen. Innerhalb eines knappen halben Jahres lernte der hochbegabte Alpensohn die französische Sprache so ausgezeichnet, daß er im Herbst eine geradezu glänzende Antrittsvorlesung hielt. Die Belgier hatten im Anfang ein gewisses Mißtrauen gegen den Deutschen und griffen ihn in der Tagespresse gelegentlich an. Da wollte es ein Zufall, daß das Kind des angriffslustigsten Tintenkulis an schwerer Diphtherie erkrankte. GUSSENBAUER wurde gerufen und rettete dem Kinde durch den geschickt ausgeführten Luftröhrenschnitt das Leben. Nun trat natürlich Frieden zwischen der Presse und dem neuen Professor ein, der sich durch seine operative Geschicklichkeit in kürzester Zeit größtes Ansehen erwarb. GUSSENBAUER war aber nicht sehr lange in Lüttich. Nachdem er dort drei Jahre gewirkt hatte, folgte er 1878 einem Ruf als Ordinarius an die deutsche Universität in Prag. 1894 kam er als Nachfolger BILLROTHs nach Wien. Die Wiener nannten ihn den Hofrat GUSCHLBAUER. Es gab in damaliger Zeit nämlich einen ganz berühmten Volkssänger dieses Namens, und das Wort GUSSENBAUER lag ihnen weniger als der Name des Lieblings der kleinbürgerlichen Bevölkerung. GUSSENBAUER war ein Meister der Technik und

---

[1] Vgl. auch PAYR, ERWIN: Der Einfluß THEODOR BILLROTHs auf die Deutsche Chirurgie. Gedenkrede zur Wiederkehr des 100. Geburtstages am 26. April 1929, gehalten auf der 53. Tagung der Deutschen Gesellschaft für Chirurgie in Berlin am 3. April 1929. – Münch. med. Wschr. 76 (1929) 695–697.

glänzender Operateur. Augenzeugen berichten, daß er bei eiligen Operationen gelegentlich das Messer zwischen die Zähne nahm und dann unbehindert mit den Händen weiteroperierte. Er war ein außerordentlich fleißiger Mann, der sich dabei recht selbstbewußt gab und sehr viel auf Form hielt. So kam eines Tages ein eleganter Offizier in die Klinik und sagte zu ihm: „Herr Professor müssen sofort zu Exzellenz kommen!" Darauf antwortete GUSSENBAUER: „Erstens Herr (so sprach er immer die Leute an), wer bin ich? Zweitens Herr, wer sind Sie? Drittens Herr, wer ist Exzellenz? Und viertens Herr, zu wem muß GUSSENBAUER kommen?" Darauf entschuldigte sich der Adjutant höflich, wurde belehrt, daß nicht ein einfacher Professor, sondern ein Hofrat mit ihm spräche und nannte den Namen seines erkrankten hochrangigen Vorgesetzten. GUSSENBAUER war ein Mann von etwas rauhen Umgangsformen und auch gegenüber seinen Assistenten wenig höflich. In Prag sagte er einmal zu seinem Schüler KARL BAYER, der damals schon längst außerordentlicher Professor und bei den Patienten sehr angesehen war: „Sie können ja noch nicht einmal das Messer halten!" Eine irgendwie bedeutende Schule vermochte GUSSENBAUER nicht zu bilden, zumal er seinen Schülern zwar ihr Handwerk beibrachte, an ihren wissenschaftlichen Arbeiten aber nicht allzuviel Interesse nahm. Lediglich BAYER erfand eine ganze Anzahl von neuen und sinnreichen Operationen wie zum Beispiel die Z-förmige Verlängerung der Achillessehne. Wohl zog GUSSENBAUER in Wien eine Anzahl sehr tüchtiger Assistenten heran. Sie brachten es aber alle nur bis zum Professorentitel und zum Primarius an einer der vielen Krankenanstalten. Zum Teil mag das allerdings auch daran gelegen haben, daß im alten Österreich nur sehr wenige Ordinariate für Chirurgie bestanden.

Der zweite Schüler BILLROTHs, der in Wien auf einen chirurgischen Lehrstuhl berufen wurde, war ANTON FREIHERR VON EISELSBERG. Er hatte zunächst einen Ruf nach Utrecht erhalten und kam von da für vier Jahre nach Königsberg, wo ich später seinen Spuren noch begegnete. Im Jahre 1900 übernahm er die I. Chirurgische Klinik in Wien. EISELSBERG stammte aus altem Militäradel, war ein fein gebildeter Mann, sprach gut französisch und englisch und hatte auch in Paris studiert. Er war ein sehr geschickter, ausgezeichneter Operateur, dazu überaus fleißig und hielt auch seine Schüler zu wissenschaftlichen Arbeiten an, ohne allerdings selbst ideenreich zu sein. So zehrte er noch eine ganze Anzahl von Jahren an den Arbeitsplänen seines Lehrers BILLROTH. Als diese aufgearbeitet waren, beschäftigte er sich fast nur mit technischen Dingen. Seine besten Arbeiten sind jene über Schilddrüsenprobleme. BILLROTH hatte ihn angeregt, sich mit dem Einfluß der Schilddrüse auf den Organismus zu beschäftigen. So fand er bei Tierversuchen mancherlei Interessantes – etwa über die Wachstumsstörung nach frühzeitiger Schilddrüsenentfernung oder über das Verhalten verpflanzter und dauernd eingeheilter Schilddrüsen und Nebenschilddrüsen. EISELSBERG hat auch die Kropfchirurgie mit

Eifer betrieben und ein dickes Buch über die Erkrankungen der Schilddrüse geschrieben. Damit war dann seine Forschertätigkeit auf diesem Gebiet beendet. Während seiner mittleren Lebensperiode beschäftigte er sich hauptsächlich mit bauchchirurgischen Aufgaben. In späteren Lebensjahren wandte er sich mit Eifer der Hirnchirurgie zu. Seine guten bakteriologischen Kenntnisse verwertete er für die praktische Chirurgie. EISELSBERG war ein Diplomat, vor allem in der Weise, wie er seine Schüler auf Lehrstühlen im In- und Ausland unterbrachte. Es gelang ihm schließlich, alle österreichischen Chirurgenlehrstühle mit seinen Schülern zu besetzen, wobei er den Ruhm der BILLROTH-Schule nutzte. Von seinen Schülern sind besonders RANZI (Wien), SCHÖNBAUER (Wien), DENK (Wien), VON HABERER (Köln), LAMERIS (Utrecht), CLAIRMONT (Zürich) und SCHÜRCH (Basel) zu nennen. EISELSBERG war eine sehr liebenswürdige Persönlichkeit und erfreute sich deshalb in Kollegenkreisen großer Beliebtheit. Er schrieb ein Buch über seine Lebenserinnerungen, welches ich „Das Buch der tausend Freunde" genannt habe, weil er darin immer wieder erzählt, wie ihn seine treuen Schüler und Freunde auf seinen Konsultationsreisen überall begrüßten und zu Frühstücken, Mittag- oder Abendessen einluden.

Die zweite Wiener Chirurgenschule war zu BILLROTHs Zeiten die des Freiherrn JOHANN VON DUMREICHER, der den Lehrstuhl an der I. Chirurgischen Klinik innehatte. DUMREICHER lieferte zwar manche guten Beobachtungen, war aber selbst kein wirklich bedeutender Chirurg. Allerdings hatte er das Glück, ausgezeichnete Köpfe als Assistenten zu haben, von denen vor allem meine beiden Lehrer ALBERT und NICOLADONI zu nennen sind.

EDUARD ALBERT trat 1880 die Nachfolge seines Lehrers an und leitete die I. Chirurgische Klinik in Wien, als ich 1895 nach dort kam. Wie viele Chirurgen in der zweiten Hälfte des vorigen Jahrhunderts zeigte er eine ganz ausgesprochene Neigung für orthopädische Fragen. So hat er auf dem Gebiet der Orthopädie auch Grundlegendes geschaffen. Seine Arbeiten über die Skoliose sowie über den Platt- und Klumpfuß sind Meisterstücke ersten Ranges. Die „Bindung" von Gelenken durch Knochenversteifung (Arthrodese) in Fällen, bei denen eine Führung unsicherer Gelenke mehr Schaden als Nutzen stiftet, ist bleibender Besitz unseres Faches geworden. ALBERT zeichnete sich – was übrigens ebenso für NICOLADONI galt – durch großen Ideenreichtum aus, womit sich die DUMREICHERsche Schule insgesamt hervortat. Bei einem Chirurgen kommt es ja nicht nur darauf an, daß er ordentlich und sauber operiert, sondern auch, daß ihm etwas Neues einfällt. Hiernach richtet sich vor allen Dingen sein Ansehen. In diesem Sinne war auch ALBERTs Schüler VON HOCHENEGG ein bedeutender Nachkömmling der DUMREICHERschen Schule. ALBERT hatte einen schönen Tod. Am Abend seines 60. Geburtstages legte er sich völlig wohl zu Bett und wurde in der Nacht vom Herzschlag getroffen. Der damalige Minister KALLAY schrieb in das Kondolenzbuch: „Der

Herr dieses Hauses ist heute Nacht gestorben. Sein Tod war so schön wie sein
Leben."

Als GUSSENBAUER im Jahre 1903 gestorben war, schlug die Fakultät CZERNY
aus Heidelberg, MIKULICZ aus Breslau, GARRÉ aus Bonn und an vierter Stelle, gleichsam als fünftes Rad am Wagen, ALBERTs Schüler HOCHENEGG für
die Nachfolge an der II. Chirurgischen Klinik vor. CZERNY war schon 61 Jahre alt und wollte nicht nach Wien. MIKULICZ wurde von der Regierung nicht
berufen, da er einem österreichischen Minister vor Jahren einmal gründlich die
Wahrheit gesagt hatte (das war in den Personalakten verzeichnet geblieben).
Also wäre der Schweizer GARRÉ an der Reihe gewesen. Der Minister bereitete
alles für die Berufung vor und begab sich zum Kaiser, der zu ihm aber nur
sagte: „Und HOCHENEGG?" Dem war folgendes vorausgegangen: Etwa ein
Jahr zuvor hatte der Leibarzt Hofrat KERZL den schweren Verdacht, daß bei
dem alten Kaiser von Österreich ein Mastdarmkrebs bestehen könne. Er hatte
untersucht und einen sehr harten Knoten im Darm gefühlt, über dessen Natur
er sich jedoch nicht schlüssig werden konnte. HOCHENEGG war schon damals in Wien als der erste Fachmann für die Chirurgie des Mastdarmes bekannt und wurde auf Empfehlung des Leibarztes zu Sr. Majestät gebeten. Er
untersuchte den Kaiser sehr sorgfältig und fand nur einen ungeheuren Kotballen, welcher sich so fest im Darm eingekeilt hatte, daß der Stuhlgang auf
größte Schwierigkeiten stoßen mußte. HOCHENEGG führte die Behandlung
sehr klug und zart durch, zuerst mit warmen Öleinläufen, dann mit Wasser-
klystieren und dann wieder mit Öl. Der Kotballen zerteilte sich und konnte
eines Tages mit dem Finger und mit gleichzeitigen Spülungen herausgeholt
werden, ohne dem hohen Herrn größere Beschwerden zu machen. Der Kaiser
war über das sichere Auftreten HOCHENEGGs hocherfreut und schenkte ihm
sein ganzes Vertrauen. Nun blieb auch der Lohn für die Beseitigung eines angeblichen Mastdarmkrebses nicht aus. Wenn man einem Kaiser mit Erfolg den
Enddarm ausräumt, so wurde das im Hause Habsburg nicht vergessen. Der
Unterrichtsminister mußte mit seiner Mappe wieder nach Hause fahren,
GARRÉ ein Entschuldigungsschreiben senden und HOCHENEGG berufen. Die
Rückstellung HOCHENEGGs an die vierte Stelle war selbstverständlich ein
Werk seines Gegners EISELSBERG, welcher viel lieber einen Ausländer als den
in Wien bereits berühmten und ungeheuer geschätzten HOCHENEGG, den
Chirurgen des hohen Adels, als seinen Kliniknachbarn gesehen hätte. So aber
wurden HOCHENEGG und EISELSBERG, die, beinahe gleichaltrig, zu gleicher
Zeit Assistenten der beiden chirurgischen Kliniken gewesen waren, Nachbarn
im alten Allgemeinen Krankenhaus in der Alser Strasse in Wien. Die beiden
blieben auch für die Zukunft die „feindlichen Brüder".

JULIUS VON HOCHENEGG ist durch die von ihm entwickelte sakrale Methode der Ausrottung des krebsigen Mastdarmes weltberühmt geworden. Er hat
diesen Eingriff in einem halben Tausend von Fällen mit sehr gutem Erfolg aus-

geführt. Die Darmchirurgie beherrschte er meisterhaft und hat auch die Hirnchirurgie in späteren Lebensjahren noch glänzend gelernt. Seine Hypophysen-
operation mit dem Rückgang der Akromegalie ist ein Meisterstück ersten Ranges. Er konnte alles, was er wollte. HOCHENEGG hat nicht übermäßig viel
veröffentlicht, aber was er schrieb, ist gut und sorgfältig durchdacht. Durch
neue Eintagsfliegen ließ er sich nicht ablenken. Seine Arbeiten über die Appendizitis sind ausgezeichnet. Die Lehrbegabung HOCHENEGGs war, ähnlich
der seines Lehrers ALBERT, völlig überragend, nicht zu vergleichen mit der
des Freiherrn VON EISELSBERG. HOCHENEGG legte das Hauptgewicht auf die
Praxis des Faches. Er lehrte die Studenten Sehen, Fühlen und den erhobenen
Befund logisch zu einer richtigen Diagnose auszubauen. Er war EISELSBERG
an Lebensklugheit, Findigkeit, Erfassung des Tatsächlichen und dem Suchen
nach den geeigneten Wegen zur Erreichung eines Behandlungszieles überlegen.
Die beiden klinischen Vorstände der I. und II. Chirurgischen Klinik waren,
wie schon gesagt, keine guten Freunde. HOCHENEGG hat beispielsweise eine
eigene Abteilung für Harnerkrankungen eingerichtet und mit einem hierfür
besonders befähigten Mann besetzt, was ihm der andere nie ganz verzeihen
konnte. Auch HOCHENEGG hatte ausgezeichnete Schüler, dabei aber das Unglück, einige von den besten durch einen frühzeitigen Tod zu verlieren. Er erzog seine Schüler zu glänzenden Chirurgen, ohne den Ehrgeiz zu haben, sie
überallhin als ordentliche Professoren mit dem Bogen der akademischen Pfeil-
schießerei zu überpflanzen. Sie wurden fast alle angesehene Primarärzte in
Wien und in anderen Städten Alt-Österreichs. HOCHENEGGs Praxis war ungeheuer groß. Er hat eine gewaltige Zahl von Mitgliedern des österreichischen
Kaiserhauses und des österreichischen Hochadels operiert. Im Herrenhause,
dessen Mitglied er geworden war, kämpfte HOCHENEGG dagegen an, daß die
praktischen Ärzte, welche einen Chirurgen zu einem operativen Fall riefen,
finanziell an der Angelegenheit erheblich beteiligt waren. Das war eine französische Sache und wurde in Paris als Dichotomie bezeichnet, d.h. Zweiteilung.
Es erhob sich ein furchtbarer Zeitungsstreit für und wider die Ethik solchen
Vorgehens. Die anständigen Chirurgen waren auf der Seite HOCHENEGGs. In
der Familie hatte er mancherlei Unglück. Seiner Frau mußte wegen unerträgli-
cher Schmerzen ein Bein amputiert werden, und seinen einzigen Sohn verlor
er zu Beginn des Weltkrieges in Galizien. Er starb hochbetagt nach Vollendung seines 80. Lebensjahres.[2]

---

[2] HOCHENEGG hat PAYR dazu gewonnen, bei zwei Auflagen eines Lehrbuches als
Mitherausgeber zu wirken, das ursprünglich von ihrem gemeinsamen Lehrer ALBERT
begründet und dann zunächst durch HOCHENEGG allein betreut worden war:
HOCHENEGG, J. v. u. E. PAYR: Lehrbuch der speziellen Chirurgie und Operationslehre, begründet von E. ALBERT. Berlin-Wien (Urban & Schwarzenberg) 1. Aufl. 1918,
2. Aufl. 1927

Internistisches Volontariat

Da in der Chirurgie nicht sofort eine Ausbildungsstelle als, wie es damals hieß, „Operationszögling" frei war, nutzte ich nach meiner Übersiedelung nach Wien Anfang 1895 die Zeit, um mich zunächst in Innerer Medizin weiter auszubilden. Ich trat als Volontär in die II. Medizinische Klinik ein, welche damals von EDMUND VON NEUSSER geleitet wurde. Dort hatten wir sehr viel zu tun. Vor der Assistentenvisite waren Anamnesen und Befunde zu erheben und die Untersuchungen von Blut, Harn und anderem Material selbst vorzunehmen. Dabei lernte ich natürlich sehr viel und verdanke dieser Ausbildungszeit in der Inneren Medizin an einer ganz großen Klinik vieles, was mir später als Chirurg immer wieder zustatten kam.

Mein Lehrer NEUSSER begab sich nur sehr selten auf die Krankenstationen. Er war ein geradezu fabelhafter Diagnostiker, wobei nur mit Bedauern festzustellen ist, daß er bei ganz komplizierten Fällen zwar die Diagnose stellte, uns aber nicht erklärte, wie er auf sie kam. So erlebten wir eines Tages einen außerordentlich interessanten Fall. Es handelte sich um einen Mann vom Balkan, der in und unter der Haut eine große Zahl von etwa haselnußgroßen Geschwülsten hatte. Wir alle, etwa zwanzig Leute, untersuchten ihn und kramten in unserem Gedächtnis und Kenntniskästlein nach, was das sein könnte – etwa die Aussaat einer verborgenen bösartigen Neubildung. Da erschien NEUSSER, sah sich den Mann an und fragte die Frau des Patienten: „Hat ihr Mann öfters Weinkrämpfe?" Darauf sagte sie höchst erstaunt: „Jawohl, Herr Hofrat, er weint oft ohne allen Grund!" Darauf sagte NEUSSER zu unserem allergrößten Erstaunen: „Cysticercus cellulosae!" Das sind Finnen eines gar nicht so seltenen Bandwurms, genannt Taenia solium, welche als kleine Bläschen im Unterhautzellgewebe, in den Muskeln und beispielsweise auch im Gehirn auftreten. Der Patient zog darauf aus seiner Brusttasche ein Blatt Papier hervor, auf welchem der mikroskopische Befund eines bereits an einer anderen Klinik herausgeschnittenen Knötchens verzeichnet war und der die Diagnose NEUSSERs bestätigte. Wir waren alle überrascht und fragten den Hofrat, wie er die Diagnose habe stellen können. Er lächelte aber nur und sagte: „Kleine Geheimnisse!" Offenbar hatte der viel erfahrene Internist bei dieser seltenen Erkrankung einmal beobachtet, daß die Leute bei Befall des Gehirns zum Weinen geneigt sein können und dies in seinem Gedächtnis eingeprägt. Seine Vorlesungen waren gut, aber nicht, wie man sagt, von großer Form und wurden mit sehr leiser Sprache gehalten. NEUSSER hat mehrere wichtige Dinge entdeckt, aber seine ganze Liebe gehörte der Musik, und ich glaube, daß er jede freie Stunde des Tages am Klavier saß. Er galt als meisterhafter Spieler der Chopinmusik. Einmal wurde er nach dem kaiserlichen Schlosse Schönbrunn gerufen und erschien im schwarzen Gehrock. Der Oberhofmeister, Fürst MONTENUOVO, sagte, daß es üblich sei, am Krankenbett Sr. Majestät im „doppelt geschwänzten

Festkleid" zu erscheinen. NEUSSER sagte darauf ganz kühl: „Nun, dann fahre ich eben mit meinem Wagen wieder nach Haus und werde ihnen meinen Frack herausschicken!" Der hohe Würdenträger gab daraufhin nach.

Operationszögling bei EDUARD ALBERT

Eigentlich hatte ich mich um eine Stelle an der II. Chirurgischen Klinik bei GUSSENBAUER bemüht. Ich war dann aber froh, daß mir mein väterlicher Freund, der Pathologe WEICHSELBAUM, dabei behilflich sein konnte, in die I. Chirurgische Klinik zu kommen. Zum Sommersemester 1895 trat ich als Operationszögling bei Professor EDUARD ALBERT ein – der wichtigste Wendepunkt meines fachlichen Entwicklungsganges. Ich legte das Operationszöglingsexamen offenbar sehr zur Befriedigung von ALBERT ab und begann meine Ausbildung zum Chirurgen an seiner Klinik.

Der Operationssaal- und Stationsdienst war eine harte Schule. Ich kann nicht sagen, daß ich mich an der Klinik ALBERT restlos glücklich gefühlt hätte. Die Operationszöglinge waren außerordentlich verschiedener Herkunft. Ich mußte mich in diesem Gewirr von Nationalitäten erst etwas zurechtfinden. Die anderen waren sicher diplomatisch besser veranlagt als ich in vielen Dingen ahnungsloser Innsbrucker. Es gab natürlich auch kleine Reibereien, welche sich aber immer wieder abschliffen, da wir nun einmal an einen Wagen gespannt waren. Hierbei spielten auch die Assistenten eine gewisse Rolle, welche dieselbe Stellung wie in Deutschland die Oberärzte hatten und so als Vertreter des Chefs unbedingte Befehlsgewalt besaßen.

ALBERT war gewöhnlich sehr ernst, konnte aber gelegentlich doch auch einmal fröhlich sein und sich über Streiche seiner Jungmannschaft mit einem herzlichen Lachen hinwegsetzen. Er war damals, als ich bei ihm arbeitete, krank, deprimiert und operierte nur einfache Sachen. Wenn es stark blutete, übergab er meist die Operation einem der Assistenten, ging fort und fuhr mit einem anderen Assistenten in die Umgebung Wiens. So habe ich an seiner Klinik neben vielem Nützlichem auch gelernt, wie man es als Operateur nicht machen soll. ALBERT war wohl ein ideenreicher und erfahrener, nicht aber unbedingt gottbegnadeter Operateur. Die Vorlesungen des Meisters stellten allerdings einen sich täglich erneuernden Genuß dar. Ich habe von ihm für meine spätere Lehrtätigkeit sehr viel gelernt. Er hatte in seinem Vortrag und in seinem ganzen Auftreten zwar etwas Theatralisches an sich, wirkte jedoch außerordentlich stark auf uns junge Ärzte ein. Der Hörsaal in der Klinik ALBERTs war immer bis auf das letzte Plätzchen gefüllt. Einmal kam ESMARCH, der Erfinder der künstlichen Blutleere, aus Kiel zu Besuch. ALBERT führte ihn in den Hörsaal und rief: „Auf, auf, von den Bänken, der große ESMARCH steht vor Euch!" Im Umgang mit den Patienten war ALBERT geradezu phänomenal. So brachte einmal eine Frau ein kümmerliches, etwa 8jähriges Kind mit einer tuberkulösen Hüftentzündung. ALBERT zog eine 10-Gulden-Banknote aus der Tasche und sagte zu der Frau: „Kaufen Sie ihrem Kinde Milch, Eier und Butter und schicken Sie es aufs Land, dann wird es schon wieder gut werden!"

Der 1. Assistent an der Klinik ALBERT war in damaliger Zeit zunächst JULIUS SCHNITZLER – ein sehr begabter Mann, aber unruhiger Geist. In einem reizenden kleinen Heft mit dem Titel „Karbol-, Jodoform- und Sublimatpsalm" hieß es über ihn: „Vor Wissen wackelt ihm der Kopf". Ich habe viel von ihm gelernt, und wir sind auch nie ganz auseinander gekommen, sondern haben immer wieder einmal Briefe getauscht. Er verfolgte meine weitere Entwicklung stets mit Freude und warmer Anerkennung. Nach seinem Abgang an ein städtisches Spital wurde KARL EWALD 1. Assistent. Er war ein ruhiger ausgezeichneter Operateur, der mir zeigte, wie man es macht. Bei ihm habe ich die erste tadellose Magenresektion gesehen und auch gelernt, wofür ich mich ihm noch heute zu Dank verpflichtet fühle. Er wurde mir auch zu einem leuchtenden Vorbild in seiner vornehmen Ruhe und höflichen Form gegenüber den Mitarbeitern. Ich erinnere mich nicht, daß er während meiner Arbeitszeit in der Klinik des großen Chirurgen ALBERT ein einziges Mal in der Form entgleist wäre. EWALD war ein liebenswürdiger und hochgebildeter Mann von großer Sachlichkeit und Bescheidenheit, der später Professor und Primarius wurde. FRIEDRICH VON FRIEDLÄNDER hatte den Posten des 2. Assistenten inne. Er war zwar sehr begabt, fleißig und geschickt, gleichzeitig aber Neurotiker, eine Herrschernatur und beim Operieren ohne Hemmungen. Wenn er schlechte Laune hatte, konnte er mörderisch schimpfen. VON KUNDRAT schließlich, ein Neffe des berühmten Pathologen gleichen Namens, war 3. Assistent und dabei der schwächste von den Assistenten der Klinik. Gutmütig, harmlos und anständig in der Form, erwies er sich als schlechter Menschenkenner und auch sonst nicht gerade als Meister. Er schlug später eine Beamtenlaufbahn ein.

Horizonterweiterungen

Im Jahre 1897 schickte die Akademie der Wissenschaften eine Expedition zur Erforschung der Pest nach Indien. Zwei mir befreundete Mitarbeiter WEICHSELBAUMs nahmen an ihr teil. Ich erhielt eine der für längere Zeit frei gewordenen Stellen am Pathologisch-anatomischen Institut im Allgemeinen Krankenhaus und sah nun auch meinen Wunsch in reichem Maße erfüllt, Erfahrungen am Sektionstisch zu sammeln. Mit pathologischer Gewebelehre hatte ich mich ja schon eingehend beschäftigt. Um das, was nach Rückkehr der Indienfahrer mit mir geschehen sollte, machte ich mir nicht viel Sorgen. Ich hatte das Empfinden, daß sich schon etwas Passendes finden würde. Der Dienst am Pathologischen Institut war anstrengend und insofern nicht ganz angenehm, als die Kliniker schon Punkt 7 Uhr morgens zu ihrer Sektion in das Institut kamen. Besonders die Klinik GUSSENBAUERs war in dieser Beziehung recht anspruchsvoll.

Fast jede freie Minute verbrachte ich während der Wiener Jahre im ärztlichen Lesezimmer. Das war eine geradezu hervorragende Einrichtung, in der in einem angenehm erwärmten und gut beleuchteten Raum sämtliche medizinischen Zeitschriften aller Fächer ausgelegt waren. Dort lernte ich, was man Literaturkenntnis nennt. Ich habe nicht nur das gesamte chirurgische Schrifttum, sondern auch vieles aus Innerer Medizin und Frauenheilkunde gelesen und mir kurze Auszüge aus den wichtigsten Arbeiten gemacht.

Erst sehr spät am Abend ging ich in das von den Ärzten des Allgemeinen Krankenhauses ungemein beliebte Restaurant „Zum Riedhof" in der Wickenburggasse, also nur ein paar Schritte von meiner Wohnung entfernt. Dort traf man immer nette und welterfahrene Leute, von denen ich sehr viel gelernt habe. So brachte mir ein Rechtsanwalt aus Tirol bei, höchstens die Hälfte, wenn möglich noch weniger, von dem zu glauben, was in den Zeitungen stand. Das wird damals in Österreich genauso gewesen sein wie späterhin in Deutschland.

Gesellschaftlichen Verkehr hatte ich im Hause des Hofzahnarztes Dr. HILLISCHER, eines fabelhaft interessanten Menschen. Ich war ihm bereits als Student bei MAGES begegnet und lernte bei ihm nun eine ganze Anzahl bedeutender Männer Wiens kennen, so den berühmten BRAHMS. Auch mit WEICHSELBAUM verkehrte ich persönlich. Er besaß in Weidling am Bach, einem sehr hübschen Vorort Wiens, ein reizendes Häuschen mit großem Garten. Ich traf dort allerlei Leute, von denen ich mich besonders an eine Vertreterin des absoluten Antialkoholismus erinnere, welche meinem lieben guten WEICHSELBAUM völlig die Freude am Genuß eines guten Glases Weines verdarb. Ich glaube aber, daß er später davon wieder geheilt worden ist.

Nach einer ziemlich ernsthaften Lungenentzündung war ich etwas schwach geworden und bekam von meinen Eltern eine Flasche Kognak zum Geschenk. Obwohl ich ihn nur in ganz geringen Mengen genoß, verminderte sich der Inhalt der Flache in unwahrscheinlicher Schnelle. Ich kam dann darauf, daß die Frau des Schneidermeisters, bei dem ich wohnte, auch eine Liebhaberin des Kognaks sein mußte, und bestrich den Rand der Flasche mit einer starken Höllensteinlösung. Als ich am nächsten Tag nach Hause kam, wurde ich vom Meister mit den aufgeregten Worten empfangen, daß seine Frau vergiftet sei. Ich sah mir ihren Mund an und merkte sofort, wie der Hase gelaufen war. Die gute Meisterin hatte aus der Flasche getrunken und sich dabei die Lippenschleimhaut mit der Höllensteinlösung etwas verätzt. Nach drei oder vier Tagen war es wieder gut. Sie war aber anständig genug zu sagen: „Herr Doktor, ich werde Ihren Kognak in Zukunft nicht mehr trinken!"

Graz

An der Klinik von CARL NICOLADONI

An meinen von Innsbruck her schon wohlbekannten und bewunderten Lehrer NICOLADONI waren inzwischen Berufungen nach Prag wie auch nach Graz ergangen. In einer depressiven Stimmungsperiode hatte er sich trotz der Bedeutung Prags nicht dazu entschließen können, in diese eigentümliche Stadt mit 30000 Deutschen und 450000 Tschechen zu gehen, und sich denn für Graz entschieden. Während ich nun 1897 junger Assistent bei WEICHSEL-BAUM an der Pathologischen Anatomie in Wien war, erhielt ich ein Telegramm von NICOLADONI aus Graz, ob ich die frei gewordene Stelle eines ersten Assistenten an der schönen Klinik annehmen wolle. Ich sagte selbstverständlich zu.

Die Chirurgische Klinik Graz verfügte über mehr als 300 Betten in einem zwar alten, aber doch prachtvoll eingerichteten Krankenhaus. NICOLADONI hatte das Erbe des BILLROTH-Schülers WÖLFLER angetreten, welcher die Klinik ganz ausgezeichnet in Schuß gehalten und auch hervorragendes Personal herangezogen hatte. Ich bekam eine wunderschöne Wohnung im Krankenhaus mit Aussicht auf den feenhaft schönen Stadtpark. Das Ziel meiner Wünsche war erreicht, an der Seite eines geliebten und hochverehrten Lehrers in einer sehr großen Klinik chirurgisch tätig sein zu können.

CARL NICOLADONI hatte seine Hauptfreude an der Bekämpfung von Erkrankungen der Knochen, Gelenke und des Bewegungsapparates überhaupt. Seine genialste Idee war wohl die sogenannte Sehnentransplantation, die heute als Sehnenauswechselung bezeichnet wird. Dieser Heilplan gipfelt darin, arbeitsfähige Muskeln mit den zugehörigen Sehnen an die Stelle von gelähmten Muskeln zu überpflanzen. Es ist ein Verfahren, das erst 16 Jahre später von einem Herrn DROBNICK wieder ausgegraben und zur chirurgischen Allgemeinheit gebracht wurde. Eine weitere Großtat NICOLADONIS war die Daumenplastik bei völligem Verlust des Daumens durch Verletzung. Als plastisch sehender Chirurg hatte er dabei zunächst den Plan gefaßt, bei Daumenverlust aus der Brusthaut eine Walze zu bilden, in die später ein Knochenspan aus dem Schienbein als Stütze eingepflanzt werden sollte. Damit hatte er nicht viel Glück, denn die rouladenförmige Hautwalze war anfänglich zu groß. Zwei Patienten in Innsbruck, welche mit diesen etwas abenteuerlichen Hautwalzendaumen herumliefen, verlangten von ihm die Entfernung, was er selbst aber ablehnte. Es fand sich jedoch ein anderer Chirurg, welcher das NICOLADONI-sche Meisterstück ohne Bedenken abschnitt. Später kam ihm die glänzende Idee, den abgeschlagenen Daumen durch die zweite Zehe zu ersetzen, was er erstmals bei einem 5jährigen Knaben ausführte. 17 Tage lang mußte das Kind mit stark gebeugtem Kniegelenk im Gipsverband festgehalten werden, bis die Zehe an ihrem neuen Wirkungsort angeheilt war. Dann wurden auch die Sehnen freigelegt und mit jenen des Daumenstummels vereinigt. Ich habe das Kind späterhin noch mehrmals untersucht. Der allerdings etwas zu kleine Daumen wuchs und war gut zu gebrauchen. NICOLADONI bezeichnete diesen Eingriff als Anticheiroplastik, da die alten Griechen den Daumen Anticheiro genannt hatten (ich selbst habe eine solche Transplantation in einer ganzen Anzahl von Fällen ausgeführt, dazu aber, weil mir die zweite Zehe zu klein erschien, die „große" verwendet. Das ging ganz ausgezeichnet! Der Eingriff wurde berühmt, da der erste Operierte, der seinen rechten Daumen im Weltkrieg verloren hatte, als späterer Bankbeamter mit dem nur um einige Millimeter zu kurzen Daumen Banknoten zählen konnte und den Verlust des wertvollen Fingers gar nicht mehr merkte). Sehr bedeutend sind NICOLADONIs Arbeiten über die Bedeutung des hinteren Schienbeinmuskels und der Sohlenmuskel für den Plattfuß und über den Hammerzehenplattfuß. Das Skolioseproblem reizte ihn mächtig. Er schrieb darüber eine Anzahl geistvoller Arbeiten und verfaßte ein prachtvolles Werk über die Architektur der skoliotischen Wirbelsäule, dessen Abschluß er aber leider nicht mehr erleben sollte. NICOLADONI gelang es, sich allmählich, wohl nicht ganz unbeeinflußt von den BILLROTHschen Magenoperationen, auch auf die Bauchchirurgie umzustellen. So ging die Chirurgie von Magen und Darm gleichfalls nicht leer aus und wurde durch seine Gedankengänge befruchtet. Gemeinschaftlich mit seinem hochbegabten Assistenten FINOTTI hat er ein anatomisch glänzend erdachtes Verfahren über die Behandlung des nicht ordnungsgemäß herabgestiegenen Hodens erfunden und technisch in bewundernswerter Weise ausgearbeitet. Er nannte das Verfahren Orchidopexie, auf deutsch Hodenannähung. Es ist ganz eigentümlich, daß diese großartige Methode zunächst in Deutschland so wenig Anklang gefunden hat und daß ungefähr 25 verschiedene, zum größten Teil wenig erfolgreiche und vor allem nicht anatomisch erdachte Methoden veröffentlicht wurden, bis endlich in der urologischen Operationslehre meines Freundes und Hallenser Kollegen FRITZ VÖLCKER NICOLADONIs Verfahren noch einmal trefflich beschrieben worden ist. Ganz besonders bemühte sich NICOLADONI um die Radikaloperation der Unterleibsbrüche nach dem Verfahren von BASSINI. Er konnte bereits im Jahre 1893 einen Bericht über 100 ohne Todesfall an der Innsbrucker Klinik operierter Leistenbrüche vorlegen. Auch über die Chirurgie der Ohrspeicheldrüse hat er Wertvolles erarbeitet. So erstreckte sich der Ideenreichtum NICOLADONIs letztlich auf alle Gebiete der operative Chirurgie. Es ist schade, daß er einen großen Teil seiner schönsten Ideen in einem in Deutschland nur sehr wenig gelesenen Journal, der „Wiener medizinischen Presse", zum Abdruck bringen ließ. Ebenso ist zu bedauern, daß er leider Melancholiker war und häufig unter einer bedrückten Stimmungslage litt. [3]

---

[3] Fußnote siehe Seite 30

Das Krankengut der Grazer Klinik war unglaublich reich. Auch Verletzungen und Unglücksfälle aus der Stadt wurden zu uns gebracht. Ein sehr großes Betätigungsfeld unserer Klinik war die Behandlung der Leistenbrüche, welche NICOLADONI meisterhaft lehrte. Unsere Operationszöglinge führten oft an einem Tage zusammen mit uns älteren Assistenten sechs bis zehn solcher Herniotomien aus. Die Bauernburschen kamen häufig etwas verlegen an die Klinik und sagten, sie hätten einen „Leibschaden". Ich fragte sie dann gewöhnlich: „Sie wollen wohl heiraten?", worauf die Antwort zu hören war, daß es einer jungen Frau gegenüber nicht angenehm sei, ein getragenes Bruchband abzulegen. Weiterhin waren geradezu zahllose Kropfoperationen auszuführen. Der Spruch „Wer keinen Kropf hat, ist kein echter Steirer" traf wirklich zu. Dort lernte ich nach NICOLADONIs Prinzip des anatomischen Operierens, zum Teil auch selbständig vorgehend, die einleitende Unterbindung aller vier Schilddrüsenschlagadern, nach deren Versorgung man den Kropf tatsächlich, wie der Amerikaner SENN gesagt hat, mit dem Verlust von nur einem Teelöffel Blut entfernen kann. Auch die Gallenwegschirurgie wurde eifrig betrieben.

Der operative Betrieb in der Klinik war äußerst anstrengend. Die beiden ersten Assistenten, welche ungefähr die Rolle der heutigen Oberärzte spielten, hatten abwechselnd 24 Stunden Dienst. Ich erinnere mich genau, daß ich einmal während der Sommerferien sieben Wochen das Krankenhaus nicht verlassen konnte. Insgesamt habe ich aber den Betrieb an der Klinik als höchst erfreulich empfunden.

Die Operationszöglinge wurden scharf zur Mitarbeit herangezogen. Einer von ihnen, ein trefflicher und hochbegabter Mann, war mein späterer langjähriger Freund JOSEF HERTLE, der ausgezeichnete Ideen hatte und schöne Arbeiten verfaßte. Er verfügte über eine begnadete Hand, operierte ruhig und sicher und war eine ungewöhnlich sympathische Persönlichkeit. Ich pflegte ihm immer zu sagen, daß er einen einzigen Fehler habe, den Besitz einer Million. Wenn er nicht so reich gewesen wäre, hätte er vielleicht noch etwas mehr gearbeitet. So aber fühlte er nie im Leben die Faust der Notwendigkeit in seinem Nacken. [4]

---

[3] PAYR hat seinen Lehrer NICOLADONI wiederholt gewürdigt: PAYR, ERWIN: Zur 25jährigen Docenten- und 20jährigen Professor-Jubelfeier Hofrath Professor C. NICOLADONIS. Festrede, gehalten in Graz am 15. Mai 1901.– Wien. klin. Wschr. 14 (1901) H.23
PAYR, ERWIN: Hofrat Prof. Dr. CARL NICOLADONI. Worte der Erinnerung an seine Hörer und Schüler. Im klinischen Hörsaale am 9. Dezember 1902 gesprochen.– Mitt. Ver. Ärzte Steiermark 40 (1903) 1–5 und Dtsch. Zschr. Chir. 68 (1903) I–XII
Zur Erinnerung an CARL NICOLADONI. – Med. Klin. 8 (1912) 2012–2013; PAYR, ERWIN: CARL NICOLADONI. – Chirurg 8 (1936) 325–331
[4] Vgl. auch PAYR, ERWIN: Nachruf auf Professor JOSEF HERTLE (Graz). – Münch. med. Wschr. 78 (1931) 1268

Schon im Wintersemester 1897 begann eine für mich außerordentlich wertvolle und zugleich reizvolle Tätigkeit. Bei der sehr großen Zahl von Medizinstudierenden in Graz erwies es sich nämlich als notwendig, Assistentenkurse abzuhalten, und zwar für Diagnostik, für Knochenbrüche und Verrenkungen sowie für Operationslehre. Ich lernte auf diese Weise, Vorlesungen und Kurse abzuhalten. Da ich offenbar eine gewisse Veranlagung für den Lehrberuf mitbrachte, erfreuten sich meine Kurse bei den Studenten allergrößter Beliebtheit. Es waren gewöhnlich 30 bis 40 Teilnehmer an jedem der drei Kurse. Im diagnostischen Kurs wurde den Studierenden gezeigt, wie man einen Kranken untersucht und mit ihm umgeht. Der sogenannte Frakturenkurs wurde in Graz ganz besonders gepflegt, da NICOLADONI das allergrößte Gewicht auf die richtige Erkennung und Behandlung von Knochenbrüchen und von Verrenkungen legte und auch bei seinen Prüfungen stets aus diesem Gebiet tiefgründige Fragen stellte. Er hatte mir und meinem Mitassistenten LUKSCH im Herbst 1897 einmal einen Probekursus vorgehalten, aus welchem wir ersahen, worauf es ihm besonders ankam. Die Röntgenstrahlen waren damals zwar schon seit zwei Jahren erfunden, die Bilder aber noch etwas kümmerlich. Sie zeigten durchaus nicht immer alles, was man sehen sollte und wollte. So mußte man ohne dieses Hilfsmittel, bloß durch das Betrachten, das Messen mit dem Maßband und die Funktionsprüfung, auch schwierige Knochenbrüche zu erkennen suchen. Dabei war es möglich, Brüche zu diagnostizieren, von denen man später behauptet hätte, daß man sie nur durch das Röntgenverfahren ermitteln könne. So erinnere ich mich genau, daß ich eine Längsspaltung des Schienbeines durch Beklopfen mit dem Perkussionshammer erkannt habe. Auch Abrisse von Knochenvorsprüngen und Muskelansätzen ließen sich bei logischem Einsatz des Denkapparates durch die klinische Untersuchung ermitteln. Der Abriß des kleinen Rollhügels am Oberschenkel beispielsweise wurde durch die Unmöglichkeit nachgewiesen, das passiv gebeugte Bein in seiner Stellung zu halten. Nur Dinge wie die Hand- und Fußwurzelbrüche waren damals noch ein unbefriedigend gelöstes Problem. Die Röntgenstrahlen sind eine wundervolle Erfindung, aber sie verleiten leider zu oberflächlicher Untersuchung. Auch mein dritter Kurs, der Operationskursus an der Leiche, war ebenso gut besucht wie die beiden anderen. Hierbei fand ich Unterstützung von unerwarteter Seite. Wir hatten in Graz an der Chirurgischen Klinik zuerst zwei und dann drei ganz ausgezeichnete Operationsgehilfen, von denen sich der eine, FRITZ LANGWIESER, durch besondere Intelligenz auszeichnete. Manuell sehr geschickt, war er beispielsweise auch ein Meister der Gipstechnik. Nun hatten wir, zur Klinik gehörig, ein eigenes kleines Lokal für Operationen an der Leiche. Als ich einmal in der Nacht gegen 2 Uhr operiert hatte, sah ich die Fenster dieses Raumes hell erleuchtet. Ich ging hinein und fand dort FRITZ LANGWIESER damit beschäftigt, den unmittelbar vor dem Staatsexamen stehenden Studenten noch einmal die Operationslehre beizubringen. Er war wohl etwas verlegen. Da ich aber immer ein großzügiger Vorgesetzter war, sagte ich weiter nichts, wünschte den Herrschaften einen „Guten Morgen" und ging in meine klinische Wohnung zurück.

Manchmal spielten sich bei der Ausbildung der Mediziner durchaus heitere Dinge ab. So hatten wir einen jungen Volontär, der außerordentlich fleißig, betriebsam und lernbegierig war, dabei aber etwas linkisch und nicht ganz leicht von Begriff. Da er meine Handfertigkeit bei der Einführung von Steinsonden in die Harnblase bewunderte, fragte er mich einmal, wie man das am besten lernen könne. Ich sagte ihm: „Das kann man nur lernen, wenn man sich selbst eine Steinsonde einführt!" Nachmittags nach der Visite fand ich ihn im Operationssaal auf dem Operationstisch liegend, eifrig bemüht, sich eine gut eingefettete Steinsonde einzuführen. Ich zeigte ihm dann noch einen zugehörigen Trick und er war selig. Derselbe Mann fragte mich einmal, wie es käme, daß wir so ausgezeichnete aseptische Wundheilungen hätten, wie sie an anderen Kliniken damaliger Zeit noch durchaus nicht die Regel waren. Ich sagte ihm, daß ich jeden Tag einmal mit einem Jodoformbläser durch das Schlüsselloch des Instrumentenschrankes eine kleine Menge des übel riechenden gelben Pulvers hineinblasen würde. Auf die Frage, ob er mir diese Arbeit nicht abnehmen könne, sagte ich „Ja", und wir trafen ihn nun morgens und abends regelmäßig mit seiner Schlüssellochbläserei beschäftigt.

In unserer Klinik in Graz waren oft Gäste, obwohl diese schöne Stadt eigentlich etwas außerhalb der gewöhnlichen Reisewege lag. Insbesondere Italiener, Holländer und Amerikaner kamen öfter zu uns. NICOLADONI freute sich über die ausländischen Besucher. [5]

---

[5] Im Zusammenhang mit diesen Besuchen hat PAYR an anderer Stelle folgende Episode beschrieben:
„Einmal hatten wir Besuch von 3 hervorragenden amerikanischen Chirurgen unter der Führung von NICHOLAS SENN; ich glaube, es war auch MURPHY dabei. Das war eine ganz verfluchte Geschichte, welche mir unvergeßlich bleiben wird. – Ein herrlicher Julitag des Jahres 1902! Am Vorabend hatten mir anläßlich meiner Ernennung zum a.o. Professor... meine Mitassistenten und die Operationszöglinge... eine in mehrfacher Hinsicht ungewöhnliche Feier bereitet. Mein teurer Lehrer war auch gekommen und hatte eine allen zu Herzen gehende, herrliche Rede... gehalten... Er ahnte nicht, wie sich das Fest weiter entwickeln werde. Kurz, als die amerikanischen Gäste am Morgen ankamen, waren nur NICOLADONI und ich anwesend. Nach einer kurzen Verständigung begannen wir beide schweigend, sämtliche notwendigen Verbandswechsel und kleineren Eingriffe vorzunehmen. Bis gegen Mittag dehnte sich diese Tätigkeit aus. Auf die erstaunte Frage, ob in Graz immer der Chef und der ‚Assistant Professor' allein die ganze Arbeit besorgten, sagte NICOLADONI nur ein kurzes: ‚Nein, nur heute!' Fügte hinzu: ‚Morgen werden Sie die gewohnte Arbeit sehen!' Am nächsten Tage war ein fabelhaftes Operationsprogramm aufgestellt und wurde von allen inzwischen Genesenen mit größter Begeisterung glatt erledigt." (PAYR, ERWIN: CARL NICOLADONI. Chirurg 8 (1936) 325–331)

Einer der Gäste bei unseren Operationen war der nahezu 70jährige Leibarzt des Königs der Belgier, Herr Dr. KÖPPEL. Er ärgerte mich und meinen Mitassistenten LUKSCH beim Operieren oft sehr, weil er im königlichen Dienste von Asepsis nichts gelernt hatte. So griff er, wenn ihn irgendetwas interessierte, mit ungewaschenen Händen auf den Instrumententisch und legte den Gegenstand dann nichtsahnend wieder hin. Nun mußten alle Instrumente wieder ausgekocht und neue sterile Tücher aufgelegt werden. Er entschuldigte sich immer sehr, aber mit der Zeit wurde sein Tun doch als lästig empfunden. So sterilisierten wir einmal seinen geradezu fürstlichen Pelzmantel, um ihm etwas Asepsis beizubringen, in den Ärmeln durch Einblasung reichlicher Mengen von Jodoformpulver. Er meinte danach treuherzig, daß ein Jodoformgefäß durch einen unglücklichen Zufall auf seinen Pelzmantel gefallen sein müsse. Dieser unglückliche Zufall hieß ERWIN PAYR. Später blieb er aus und starb nach längerer Erkrankung. Nun kam die große Überraschung! Eines Tages wurde ich mit meinem Mitassistenten zu einem Rechtsanwalt gebeten, welcher uns das Testament des Dahingegangenen vorlas. Es stand darin zu lesen: „Den beiden hervorragenden Assistenten der Klinik NICOLADONIs, welche stets außerordentlich liebenswürdig zu mir waren, mir alles mich Interessierende zeigten und auch durch mich veranlaßte Störungen im Betrieb niemals unfreundlich rügten, vermache ich den Betrag von 500 Gulden zu gleichen Teilen". Wir haben dem Manne seine aseptischen Fehltritte gern verziehen und ihm ein freundliches Andenken bewahrt.

Auch ich hatte Gelegenheit, mich an anderen chirurgischen Arbeitsstätten umzusehen. So schickte NICOLADONI mich einmal zu HANS KEHR, den Besitzer einer fast nur der Gallenchirurgie gewidmeten Privatklinik von großartiger Ausstattung in Halberstadt. Diese Klinik war mit geradezu herrlichen Wandmalereien geschmückt, welche alle Phasen eines „Gallenpatienten" von der Aufnahme bis zur Entlassung darstellten. Das vorletzte Bild zeigte den geheilten Patienten mit einer ungefähr $1\frac{1}{2}$ m langen Rechnung und einem dementsprechend langen Gesicht. Auf dem letzten Bild war der kleinste Sohn KEHRs dargestellt, der dem abziehenden Geheilten eine lange Nase machte. Ein hochbegabter Maler, der die Operation nicht bezahlen konnte, hatte sich seiner Dankesschuld in dieser bleibenden Weise entledigt. KEHR war ein sicherlich schöpferisch veranlagter Mann. Nachdem er seine erste Gallensteinoperation, noch dazu unter falscher Diagnose, ausgeführt hatte, spezialisierte er sich hierauf derart, daß er die deutschen Chirurgen mit seinen Zahlen reizen konnte. Als er Anfang dieses Jahrhunderts auf dem Chirurgenkongreß in Berlin einen Vortrag über 3 000 Gallenoperationen hielt, erhob sich ein unwilliges Scharren im Publikum, welchem solche unheimlichen Mengen von Gallenoperationen unfaßbar waren. Ich war drei Tage bei KEHR. Sein ganzes Wesen war von einem echten Humor durchzogen.

Die Zusammenarbeit mit den Assistenten der übrigen Kliniken war sehr harmonisch. Besonders gern erinnere ich mich FRITZ HARTMANNs, eines Assistenten des Neurologen GABRIEL ANTON und sehr begabten Mannes, der später selbst Ordinarius für das Fach der Geistes- und Nervenkrankheiten in Graz wurde. HARTMANN lebte mit uns Chirurgen auf freundschaftlichem Fuße, umsomehr, als er der Schwager meines Freundes JOSEF HERTLE geworden war. Befreundet war ich mit dem später bedeutenden Orthopäden ARNOLD WITTEK, mit dem Internisten FRANZ MAHNERT und mit FRITZ PREGL, welcher die Mikrochemie, das heißt die Bestimmung chemischer Substanzen aus kleinsten Versuchsmengen, erfand und der später den Nobelpreis erhielt. Ein ganzer Kreis jüngerer Ärzte und Kliniker hatte sich da zusammengeschlossen. Wir unterstützten uns gegenseitig mit Rat und Tat und wußten immer, an welche Stelle wir uns zu wenden hatten.

Anfang 1899 wurde ich Privatdozent für Chirurgie. Im gleichen Jahr fuhr ich erstmals zum Kongreß der Deutschen Gesellschaft für Chirurgie nach Berlin. Der Eindruck dieser Versammlung auf mich war gewaltig. Zum ersten Male sah ich alle die großen Männer unseres Faches, deren Werke ich oft zu Rate gezogen hatte, und hörte sie in Rede und Gegenrede. Am stärksten wirkte auf mich ERNST VON BERGMANN mit seiner kraftvollen Persönlichkeit, seiner herrlichen Rednergabe und seinem klaren, in wenige scharf geprägte Worte gefaßten Urteil, neben ihm aber auch THEODOR KOCHER mit seiner ruhig abgeklärten, überzeugenden Darstellung der Dinge.[6]

Die Grazer medizinische Fakultät

Der medizinischen Fakultät Graz gehörten damals eine Reihe bedeutender Köpfe an. Neben NICOLADONI war der hervorragendste Mann zweifellos der Internist FRIEDRICH KRAUS, mit dem ich bis zu seinem Lebensende im Jahre 1936 in Freundschaft verbunden bleiben sollte. Ich bin auch mit seiner Familie sehr bald in freundschaftliche Beziehungen getreten und habe später seine Kinder behandelt. Ebenso hat er im Laufe der Jahre sehr häufig mich, meine Frau und meine Kinder ärztlich betreut und stets mit absoluter Sicherheit beraten. KRAUS war ein genial veranlagter innerer Mediziner, welcher aus dem Sudetenland stammte. Aus Wien, wo er an der Klinik KAHLER Assistent gewesen war, hatte er nach Graz drei ganz ausgezeichnete Assistenten und Landsleute mitgebracht, die Herren KOSSLER, PFEIFFER und SCHOLZ. Ich war mit ihnen sehr viel zusammen. Wenn ich allerdings klinisch besonders schwierige Fälle hatte, wandte ich mich stets an KRAUS. Er war ein ausgesprochen chirurgisch

---

[6] Vgl. auch PAYR, ERWIN: THEODOR KOCHER† am 27.VII.1917 zu Bern im 76. Lebensjahre.– Ergebn. Chir. u. Orthop. 9 (1918) V–VII

eingestellter Internist. Im Sommer des Jahres 1897, als ich wegen längerer Ferien NICOLADONI vertrat, kam er einmal zu mir und fragte: „Herr PAYR, ich habe da eine Frau mit einem Stein im großen ausführenden Gallengang. Können Sie den herausmachen, ohne die Frau zu töten?" Ich sagte: „Ich hoffe es sicher!" Ich hatte damals in der Gallenchirurgie schon einige größere Operationen ausgeführt. Der Eingriff wurde von mir vorgenommen und war in knapp dreiviertel Stunden fertig. Die Frau genas. Damit war das Vertrauen von KRAUS zu meiner operativen Kunst endgültig besiegelt. Ich hatte im übrigen auch in Deutschland die erste Choledochotomie ausgeführt, während KÜMMELL in Hamburg erst 1898 über seinen ersten Fall berichtete. Diese Erstlingsoperation hätte ich natürlich mitteilen und mit der nötigen Aufmachung in Berlin breitschlagen sollen. So begnügte ich mich aber damit, die geheilte Frau dem Verein der Ärzte Steiermarks vorzustellen. Im Herbst desselben Jahres zeigte KRAUS mir ein paar Fälle von akuter Blinddarmentzündung im Frühstadium, das heißt innerhalb der ersten 24 Stunden. Ich sagte ihm, ich hielte es für unrichtig, diese Fälle zu verschleppen und zu warten, bis sich ein Abszeß entwickelt hätte oder gar eine Bauchfellentzündung. Darauf sagte er mir: „Lieber Freund, dann operieren wir eben diese Fälle!" Ich habe dann in kurzer Zeit zwölf derartige Patienten ohne einen einzigen Todesfall operiert. Auf dem nächsten Chirurgenkongreß sprach ich über die Frühoperation der Appendizitis. Ich hielt auch noch einen zweiten Vortrag in Berlin mit einem Bericht über 20 ohne Todesfall operierter Frühfälle. Nach kurzer Zeit war die Frühoperation der Appendizitis eine Selbstverständlichkeit geworden. Mein Lehrer NICOLADONI zeigte sich sehr erfreut, daß ich diesen neuen Weg beschritten hatte und sagte: „Wenn man auf ausgetretenen Wegen wandelt, so lernt man nichts Neues!" – Mit dem Abgang von FRITZ KRAUS 1903 nach Berlin war die Glanzperiode der Inneren Klinik in Graz erloschen.[7]

Eine andere hervorragende Persönlichkeit war der Physiologe ALEXANDER ROLLETT, welcher damals unbedingt der führende Mann in seinem Fache war. Er hatte zwei hervorragende Schüler, meinen nachmaligen Freund FRITZ PREGL und OSCAR ZOTH. ROLLETT besaß einen köstlichen Humor. Einmal prüfte er einen Studenten, der nur völlig ungenügende Antworten gab, weshalb er ihm mitteilte, daß er die Prüfung nicht bestanden habe. Der Student meinte: „Herr Professor, ich haben studiert in Paris und Genève!" Darauf sagte ROLLETT: „Ja, ist schon recht, aber geflogen sind Sie in Graz beim alten ROLLETT und jetzt hinaus!" Einmal kam ein Professor von der Technischen Hochschule zu ROLLETT und warb bei ihm um Unterstützung im Kampf gegen das Gift Alkohol. Darauf meinte ROLLETT: „Herr Professor, da ist bei mir nichts zu machen. Mein Vater ist 94 Jahre alt geworden und hat jeden Tag

---

[7] Vgl. auch PAYR, ERWIN: FRIEDRICH KRAUS (1858–1936) als Mensch, als Arzt, in seiner Einstellung zur Chirurgie.– Med. Welt 10 (1936) 542–543

einen Rausch gehabt. Ich bin auch ein Säufer und trinke jeden Tag einen halben bis einen Liter Wein. Wenn's einer verträgt, dann schadet Alkohol nichts!" Eine reizende Geschichte ist die von seiner Werbung. Er hatte sich um ein sehr hübsches Mädchen in Graz beworben, von ihr aber einen Korb bekommen. Der Kummer darüber dauerte nicht lange. Eines Tages ließ er seinen ausgezeichneten Institutsdiener WENDEL holen und sagte zu ihm: „Sie, WENDEL, Sie haben ja eine sehr nette Tochter, die MARIE. Ich möchte sie gern heiraten, weil sie mir gefällt. Aber eines sage ich Ihnen, ich bleibe der Professor und Sie bleiben der WENDEL, und jetzt holen Sie mir ein paar frische Frösche!" Die MARIE, ein sehr kluges Mädchen, wurde für ein Jahr in ein Pensionat in der Schweiz geschickt, lernte auch fremde Sprachen und wurde eine geradezu vorbildliche und taktvolle Professorenfrau, die ich außerordentlich schätzte. Eine ganze Anzahl von Kindern entstammte der glücklichen Ehe.

Unter den weiteren Fakultätsangehörigen war der Dermatologe ADOLF JARISCH eine prachtvolle Persönlichkeit. Er hat eine großartige Arbeit über „Die Blutgefäßversorgung des Hodens" geschrieben und war, ähnlich wie der Leipziger Chirurg THIERSCH, ein Meister der Injektionstechnik. HANS EPPINGER stand dem Pathologisch-anatomischen Institut vor und sollte später mein väterlicher Freund werden. Der allgemeine Pathologe RUDOLF KLEMENSIEWICZ, ein gebürtiger Grazer, verfügte über eine ungewöhnliche Rednerbegabung und konnte es zuwege bringen, eine ganze Stunde Vorlesung zu halten, ohne irgend etwas Wesentliches zu sagen. Als Gynäkologen während meiner ersten Zeit in Graz traf ich auf KARL Freiherrn VON ROKITANSKY. Er war der andere der beiden „heilenden" Söhne des großen Wiener Pathologen. Den Vertreter der Anatomie kannte ich von Innsbruck her. Er hieß MORITZ HOLL und blieb lange Zeit Junggeselle, bis er sich erst mit etwa fünfzig Jahren mit einer Serbin verlobte, während die beiden eine Sektion der Bauchhöhle ausführten – auch ein sonderbarer Ort. Der ausgezeichnete Vertreter der Augenheilkunde hieß MICHAEL BORYSIEKIEWICZ, dessen Namen die Studenten zu „Bori" stutzten. Befreundet war ich schon nach kürzester Zeit mit dem Psychiater GABRIEL ANTON, einem ideenreichen Mann aus dem Sudetenland, welcher großes Interesse für die Hirnchirurgie hatte und später in Halle einen geradezu genialen Eingriff, den „Balkenstich", zur Schaffung einer Passage des Liquors beim Hydrocephalus, also beim Wasserkopf, erfand.

Auch außerhalb der Fakultät gab es in Graz noch ein paar bedeutende Leute, so vor allem den Professor MÜLLER, welcher längere Zeit in Paris gearbeitet und sich besonders auf das Studium der Rückenmarksschwindsucht verlegt hatte. Ich bekam mit ihm öfter zu tun, weil er alle Schmerzen in den Beinen, vor allem auch bei Plattfuß, auf eine versteckte Tabes zurückführte und die Patienten mit Silberpillen behandelte, während sie durch gut gemachte Einlagen in kürzester Zeit beschwerdefrei werden konnten. Er war ein großer, stattlicher Mann mit einem schneeweißen Kaiserbart, stets gut gelaunt und voll Humor.

Privates

Das gesellige Leben in Graz war außerordentlich erfreulich. Von sogenannten
großen Abendgesellschaften mit vielgängigen Essen war nicht die Rede. Die
Einladungen erfolgten meist kurz durch Fernsprecher und waren außerordent-
lich heiter bei einfacher Kost, aber fast immer ausgezeichneten Weinen. Im
Kaffee am Stadtpark trafen sich alle irgendwie in Graz wohnenden Künstler,
Musiker, Schauspieler und Schauspielerinnen. Manche hatten ein bewegtes Leben hinter sich, und es war meist bekannt geworden, was für aufregende Zeiten
sie in ihrer Jugend erlebt hatten. Graz bildete einen Anziehungspunkt für viele
Ausländer. Besonders Ungarn studierten nicht selten an der Landesuniversität.
Sie vertrugen sich auch mit uns Deutschen sehr gut. Ich habe immer eine gewisse Sympathie für dieses Volk empfunden, welches eine geradezu vorbildliche Vaterlandsliebe an den Tag legte. Sie waren die besten Patrioten, die man
sich vorstellen konnte.

Eine sehr angenehme Erinnerung aus den Grazer Jahren ist mir der gelegentli-
che Verkehr mit dem steirischen Volks- und Bauerndichter PETER ROSEG-
GER, welchen ich auch einmal in seiner Heimat in der Obersteiermark in
dem Dorfe Krieglach aufsuchte. Mit seinen Söhnen, von denen einer Mediziner war, hatte ich öfter zu tun. ROSEGGER war ein einfacher, bescheidener
und schlichter Mann, furchtbar mager mit einem Asketengesicht, der aussah
wie ein hungriger Pfarrer. Seine Werke habe ich zum größten Teil gelesen und
viel aus ihnen gelernt.

Einen wunderschönen Ausflug unternahm ich mit meinem Lehrer NICOLA-
DONI und seiner Schwester nach dem Erzberg bei Eisenerz in der Obersteiermark mit dem tiefgrünen Leopoldsteiner See, der inmitten der Eisenerzalpen
wie ein leuchtender Smaragd liegt und einen sehr großen Eindruck auf mich
machte. Es fand sich dort ein entzückendes kleines Gasthaus mit einer Terrasse
unmittelbar am Ufer, wo man glänzend beköstigt wurde. Wir besuchten auch
den Tagewerk- und Stollenbau am Erzberg. Ganz besonders beeindruckten
uns die Hochöfen in dem nahe gelegenen Donawitz, welche Tag und Nacht
in Betrieb waren. Dort wurde nach den neuesten und besten Methoden Stahl
bereitet. In Donawitz gab es auch ein sehr hübsch eingerichtetes Werkskran-
kenhaus, das wir aufmerksam besuchten. Der Chefarzt war ein Schüler der
Grazer Klinik.

Im guten alten Österreich wurde die Ansicht vertreten, daß ein Assistent nur
für die Klinik zu denken, zu fühlen und zu arbeiten habe, da jede Ablenkung
dem klinischen Dienst abträglich sei. So durfte er üblicherweise auch nicht
heiraten. Als ich in Graz verlobt war und einmal bei meinem Chef NICOLA-
DONI leise anklopfte, ob ich nicht an die Eheschließung denken könne, meinte er mit einem eigentümlichen Lächeln: „I bin jo a nit verheirat!" Später er-

laubte er mir dann aber die Eheschließung, und ich konnte im Juli 1901 nach langer, schmerzlich empfundener Wartezeit meine Braut zum Altar führen. Die Trauung fand in dem mir besonders ans Herz gewachsenen Örtchen Zirl in Tirol statt, ebenso die anschließende kleine, sehr gemütliche familiäre Feier. Am Bahnhof in Innsbruck verabschiedeten wir uns dann mittags von den Hochzeitsgästen in gebührlicher Weise und fuhren mit der Arlbergbahn nach Bregenz. Nun hatte ich im selben Jahr auf dem Chirurgenkongreß einen großen Vortrag über die Vereinigung von Blutgefäßen mit einer aufsaugbaren Magnesiumprothese gehalten. Wegen meiner bevorstehenden Verheiratung war ich mit der Absendung des Kongreßberichtes an den gestrengen 1. Schriftführer Professor KÖRTE in Berlin etwas im Rückstand geblieben und hatte sogar ein Telegramm zur Beschleunigung erhalten. So blieb mir nichts übrig, als auf der ersten Strecke unserer Hochzeitsreise zwischen Innsbruck und Landeck die Korrekturen zu besorgen. Ein Glück, daß meine junge Frau mir dies nicht weiter übelnahm. In Graz gründeten wir dann ein zwar bescheidenes, darum aber nicht minder glückliches Heim. Zwischen dem Chef, seiner sehr musikalischen Schwester und dem jungen Ehepaar entwickelte sich sogar ein sehr nettes Verhältnis.

Nach NICOLADONIs Tod

Am 4. Dezember 1902 starb NICOLADONI mitten in der Nacht. Ich wurde eiligst gerufen, kam aber um ein paar Minuten zu spät. Damit begann für mich eine sehr ernste Zeit. Ich war kurz vorher zum außerordentlichen Professor ernannt worden und leitete nun ein halbes Jahr lang die verwaiste Klinik. VIKTOR VON HACKER aus Innsbruck und ich wurden zur Nachfolge vorgeschlagen. HACKER war 19 Jahre älter als ich. Der Vorschlag der Fakultät lautete, HACKER zwar an erster Stelle zu nennen, mich aber als eigentlich gewünschten Kandidaten zu bezeichnen. Meine Stelle wurde gekündigt. Der innere Kliniker FRITZ KRAUS hätte wohl sicher meine Berufung als Nachfolger durchgesetzt, war aber Anfang 1903 einem Ruf nach Berlin gefolgt und stand so als Fürsprecher nicht zur Verfügung. Schließlich wurde HACKER nach Graz berufen. Er erklärte mir bei seiner Ankunft zwar nicht unhöflich aber kühl, daß ein Verbleiben von mir an der Klinik unmöglich sei, da ich doch während der verschiedenen Erkrankungen NICOLADONIs und nach seinem Tode schon eigentlich der Chef der Klinik gewesen sei. Großzügig bot er mir an, daß ich noch einen Monat an der Klinik bleiben könne, worauf ich ihm zur Antwort gab, daß ich noch am selben Tage das Haus verlassen würde. Die Berufung HACKERs war für mich ein harter Schlag. Der ersten Enttäuschung folgte eine zweite und noch härtere. In Wien hatte mir der Unterrichtsminister HARTEL das durch den Weggang HACKERs frei gewordene Innsbrucker Ordinariat in sichere Aussicht gestellt. Es wurde dorthin dann aber HERMANN SCHLOFFER mit der Begründung berufen, daß sich eine ganze Anzahl von deutsch-nationalen Abgeordneten für ihn eingesetzt hätte. Das war die sogenannte Arminenpolitik, da SCHLOFFER „Alter Herr" der Burschenschaft gleichen Namens war. Diese Zurücksetzung kränkte mich sehr und war auch für meine in Innsbruck lebenden Eltern eine große Enttäuschung.

Ich saß nun gleichsam auf der Straße, war 32 Jahre alt, jung verheiratet, hatte kein Gehalt, nur geringes Vermögen und keine Stätte für wissenschaftliche Arbeiten. Heute muß ich die von mir damals für ein großes Unglück gehaltene Fügung als segensreich ansehen. Sie gab mir den unbeugsamen Willen zu stärkster Kraftentfaltung und zur Durchführung jener wissenschaftlichen Arbeiten, denen ich späterhin meine Wiederkehr in die akademische Laufbahn verdankte. Unerwartete Schwierigkeiten haben mich stets zu ganz besonderer Arbeitsleistung befähigt.

Zunächst hatte ich mich um die Privatpraxis zu bekümmern, welche dank des guten Rufes, den ich mir bei den Ärzten in Graz erworben hatte, in kürzester Zeit einen finanziell sicherstellenden Umfang erreichte. Es waren ja ein paar gute Sanatorien da, an welchen ich operieren konnte.

In Graz gab es, als ich dorthin kam, noch keine Privatkliniken. Dann jedoch erschien ein junger frischer Mann namens Dr. FRITZ WIESLER. Er eröffnete ein prachtvolles Sanatorium, in welchem Praktiker operieren konnten. Die Operationssäle und das übrige Haus waren glänzend eingerichtet und der ganze Betrieb mustergültig aufgezogen. WIESLER verstand es meisterhaft, die Zeiteinteilung der verschiedenen Operateure gegeneinander zu regeln. Es kam eigentlich nie zu Reibungen. Zwei glänzende Operationsschwestern waren da, die JOSEFA, ein arges Rauhbein, aber fabelhaft tüchtig, und die sanfte MARTHA aus dem Bayernlande, welche immer wieder begütigend wirkte. WIESLER selbst verfügte über eine gute chirurgische Ausbildung. Er war ein Meister der Narkose, ein liebenswürdiger, wohlgefälliger Mann, der mit Damen ausgezeichnet umgehen konnte und den gewandten Hausvater in entzückendster Weise spielte. Ich schätzte ihn außerordentlich. Da das Sanatorium WIESLER hervorragend gedieh, mußte selbstverständlich nach allgemeinen menschlichen Gesetzen eine Konkurrenz eröffnet werden. Dies geschah in Form des Sanatoriums der Baronin GONDOLA. Der Operationssaal war hier zwar nicht so zweckmäßig eingerichtet wie im Hause WIESLER. Die Operationssaalschwester im Sanatorium GONDOLA, eine sehr große Frau mit klugem Gesicht und eiserner Ruhe, entsprach aber geradezu dem Ideal einer Operationsschwester. Die Baronin war wohlerfahren in der Krankenpflege, eine ältere, gütige, reizende und liebenswürdige Dame, welche sich aller Kranken aufs Beste annahm und die Seele des Hauses darstellte. Der Hausarzt Dr. FRITZ HANSA ließ sich mit WIESLER wohl kaum vergleichen, aber für Narkosen und Assistenz bei kleinen Eingriffen doch sehr wohl gebrauchen. Schließlich entstand noch eine dritte Operationsstelle, das sogenannte evangelische Pflegeheim am Ruckerlberg, wunderschön gelegen in einem Park, mit einem zwar einfachen, aber doch genügenden Operationssaal versehen. Auch dort waren zwei gute Operationsschwestern, von welchen ich eine später mit nach Greifswald nahm. Der Chefarzt hieß Dr. KLOTZBECK. Er war ein netter, fein gebildeter Mann, mit dem man sich wohl vertragen konnte.

In diesen drei Einrichtungen also konnte ich operieren. Dabei war aber eine geradezu scheußliche Sache, daß ich immer meine eigenen Instrumente in die verschiedenen Sanatorien selbst mitbringen mußte. Das bedeutete Arbeits- und Zeitverlust. Ohne die treue Hilfe meiner Frau und meines damaligen Privatassistenten Dr. MARTINA wäre alles gar nicht durchführbar gewesen. Meine Frau hielt die Instrumente in Ordnung, kannte ein jedes und schickte sie, wenn einmal welche fehlten, 100%ig richtig mit dem mir den ganzen Tag zur Verfügung stehenden Fiaker in den betreffenden Operationssaal.

An eine Operation in dieser Zeit wurde ich später noch öfters erinnert. Ich hatte im evangelischen Pflegeheim etwa im Jahre 1905 meinen späteren Assistenten und langjährigen Oberarzt Dr. JOSEF HOHLBAUM operiert, dem bei einer Säbelmensur der Ellbogennerv völlig durchtrennt worden war. Ich führte mit feinsten Seidenfäden die Naht des Nerven aus, und wir hatten beide das große Glück, daß sich bereits nach 8 Wochen deutliche Zeichen der Wiederkehr der Nervenleitung einstellten. Ich habe den Arm HOHLBAUMs in den nachfolgenden 30 Jahren oft untersucht. Es war nicht der geringste Ausfall im Gebiet des Nervus ulnaris zu bemerken. Er wurde ein ganz hervorragender Operateur von ungewöhnlichem Geschick und verdankt dies der damaligen glücklichen Stunde.

Unvergeßlich ist mir aus jenen Jahren auch das sehr interessante Erlebnis mit einer Fehldiagnose. Ein etwa fünfzigjähriger Mann aus dem Marktflecken Fehring in der Oststeiermark kam mit furchtbaren Schluckbeschwerden zu mir. Er konnte nur noch dünne Suppen und Milch zu sich nehmen und war auf das Äußerste abgemagert. Ich stellte die Diagnose Speiseröhrenkrebs und riet zur Anlegung einer Magenfistel. Dabei konnte ich ihm auch einen anderen Kranken mit einer solchen Magenfistel zeigen, durch die eine sehr reichliche Ernährung in die Wege geleitet worden war. Diesen Patienten hatte ich auch eine kleine Stahlkugel verschlucken lassen, an der ein langer dünner Seidenfaden befestigt war. Die Kugel war dann mit einem eigens gebauten Handmagneten durch die Fistel nach außen gezogen worden, so daß der Faden zum Mund herein und durch die Magenfistel am Oberbauch wieder herauslief. Mit ihm konnten nun immer dickere Gummischläuche verbunden werden, die bald von unten nach oben und bald von oben nach unten gezogen wurden, wodurch sich die Speiseröhrenverengung aufweiten ließ. Ich schlug also eine solche „Sondierung ohne Ende" in Verbindung mit einer Magenfistel vor, was sich der Mann aus Fehring aber zunächst noch einmal überlegen wollte. Ich war aufs Äußerste erstaunt, als er sich nach drei Monaten wohl genährt und offenbar gesund bei mir vorstellte und mit höhnischem Lächeln sagte: „Herr Professor, wenn ich mir von Ihnen hätte den Bauch aufschneiden lassen, so wäre ich doch möglicherweise in die Binsen gegangen. Ich ging also lieber zu unserem Doktor in Fehring. Er gab mir eine Medizin, die mich innerhalb von vier Wochen vollständig heilte!" Der Mann hatte kein Carcinom, sondern eine Syphilis der Speiseröhre gehabt, eine wenigstens damals ungeheuer seltene Erkrankung. Auf Jodkalium war das Gumma in kurzer Zeit ausgeheilt und die Speiseröhre wieder durchgängig geworden. Ich habe mir das für mein ganzes Leben gemerkt und in allen meinen Vorlesungen über Speiseröhrenerkrankungen meinen Schülern gesagt, daß man stets vor dem Entschluß zur Magenfistel eine WASSERMANNsche Reaktion anstellen müsse.

Operiert habe ich auch auf Konsultationsreisen. Eine führte mich etwa im Jahre 1905 nach dem ungarischen Marktflecken St. Gotthard. Der Patient war ein zuckerkranker und furchtbar dicker Fleischermeister mit Brand eines Unterschenkels. Er hatte einen prachtvollen Laden mit einer riesigen Fensterscheibe, welchen ich mir sofort mit Hilfe von Dr. MARTINA als Operationssaal zurecht richtete. Der Eingriff ging ganz glatt vor sich. Der Dorfarzt machte die Narkose, und ich führte die Amputation unter andächtigem Zuschauen von mindestens 150 Erwachsenen und Kindern vor dem Schaufenster wie in einem Hörsaal in der Klinik durch. Der Mann hat den Eingriff bestens überstanden.

Experimentelle Arbeiten konnte ich dank der Großzügigkeit des Pathologen Hofrat HANS EPPINGER durchführen, der mir nun zum väterlichen Freund wurde. Er stellte mir nach meinem Abgang von der Klinik zwei gut eingerichtete Arbeitsräume in seinem Institut zur Verfügung. Auch hier erfreute ich mich der wertvollen Mitarbeit meines hochbegabten Privatassistenten und späteren Oberarztes Dr. MARTINA. Ich begann die Arbeit über die Überpflanzung der Schilddrüse in die Milz. Diese Studie war der Auftakt zu zahlreichen Arbeiten über die Frage der Gewebs- und Organtransplantation überhaupt. Zur selben Zeit entstanden experimentelle Arbeiten über die Ursache der Stieldrehung innerhalb der Bauchhöhle gelegener Organe, über Pankreaszellenembolie und Fettnekrose, über Thrombose und Embolie im Pfortadergebiet und über Lebernaht mit Magnesiumprothesen – Themen, die mich zum Teil noch durch Jahre hindurch beschäftigten. Zahlreiche Tierversuche wurden mit größter Sorgfalt durchgeführt, die zugehörigen mikroskopischen Untersuchungen gemacht. Die Arbeiten über Schilddrüsentransplantation waren sehr mühevoll. Ich mußte die Hunde, an welchen dieser Eingriff ausgeführt wurde, mit einem Fiaker abholen und nach der Operation wieder in einem geeigneten Unterkunftsort teils am frühen Morgen und teils am späten Abend außerhalb der Stadt abgeben, da sonst Aufsehen erregt worden wäre. Eine begeisterte Tierschutzfreundin kam einmal zu mir und überhäufte mich mit Vorwürfen

wegen Tierquälerei. Die Versicherung, daß die Eingriffe alle in Narkose gemacht würden, half nichts. Einmal entkam ein Hund mit frisch angelegtem
Verband und wurde von ihr in Empfang genommen. Es schien eine Zeitlang
beinahe unmöglich, solche Tierversuche fortzusetzen. Aber ich war findig genug, immer wieder neue, verborgene Aufenthaltsorte für die Versuchstiere zu
finden. Die Tierschutzfreundin drohte mir, meine Tierversuche in den Grazer
Tageszeitungen mitzuteilen. Ich konnte jedoch trotzdem die Versuche zu dem
notwendigen Abschluß bringen. Ich operierte auch an Katzen. Diese versorgte
meine junge Frau in der Mansarde unserer Mietswohnung mit rührender
Treue und Sorgfalt. Die kleinen Versuchstiere, Meerschweinchen und Kanin-
chen, konnte ich bei Freund EPPINGER unterbringen.

In die damalige Zeit fiel die erfolgreiche Überpflanzung eines großen Stückes
mütterlicher Schilddrüse in die Milz ihres schwer idiotischen Kindes, ein Fall,
welcher in die Tagespresse überging und sehr großes Aufsehen erweckte. Auch
die Behandlung der Blutgefäßgeschwülste mit Magnesiumpfeilen und plastische Operationen für zu große und abstehende Ohren wurden damals von mir
in die operative Chirurgie eingeführt. Weiterhin entstand eine Anzahl klinischer Publikationen, von denen ich nur die Aufzeigung einer durch Verwachsungen bedingten Knickungsstenose an der Milzflexur des Dickdarmes erwähnen will. Diese Knickung mit den beiden zugehörigen Krankheitsbildern des
Ventilverschlusses und der chronischen Stenose erregte Aufmerksamkeit und
wurde schon sehr bald als „PAYRsche Krankheit" bezeichnet, ein Titel, welcher mir durch das ganze Leben hindurch eine gewisse Freude bereitete.

Alle diese Arbeiten waren wohl die Grundlage für meine späteren Berufungen
an deutsche Universitäten.

Auch meine Lehrtätigkeit war nicht ganz unterbunden. Ich hielt gut besuchte
Vorlesungen über allgemeine Chirurgie, in denen ich gewöhnlich etwa 200
Hörer hatte. In diesem Kolleg bereitete ich die jungen Mediziner auf das in der
Klinik selbst zu Sehende vor und war vor allem bemüht, sie von Anfang an
in die Lehre der Asepsis einzuführen. Zugleich wurde auch die Blutstillung ge-
lehrt, die Anlegung der ESMARCHschen Binde und der Notverband.

In den Jahren 1906 und 1907 hielt ich durch jeweils drei Wochen hindurch gegen Ende des Sommersemesters den „Militärärztlichen und kriegschirurgischen Fortbildungskurs." Das war eine anstrengende Sache, da der Kurs schon
um 6 Uhr früh begann und bis 8 oder 9 Uhr vormittags dauerte. Die Zahl der
Zuhörer betrug gewöhnlich dreißig. Es waren hauptsächlich junge Oberärzte,
daneben aber auch Regimentsärzte. Meine Aufgabe bestand vor allem darin,
sie in den Grundlagen der Kriegschirurgie und Operationslehre zu unterwei-
sen. Bei der Operationslehre waren auch Operationsübungen an der Leiche im
Lehrplan eingeschlossen. Ich lernte bei dieser Gelegenheit die jungen österreichischen Militärärzte kennen, unter denen sehr nette Leute waren, mit denen

ich in meinem späteren Leben noch öfters in Berührung kam. Unter den Kursteilnehmern befanden sich neben Steiermärkern, Kärntnern, Salzburgern und Tirolern auch Slovaken, deren wenig deutschfreundliche Haltung uns schon damals spürbar war. So kam es infolgedessen auch nicht zu einem wirklich kameradschaftlichen Verhältnis zwischen allen Kursteilnehmern. Das geflügelte Wort lautete: „Er ist ja ein Schlovak". Im allgemeinen waren die österreichischen Sanitätsoffiziere nicht schlecht. Sie machten mehrere Kurse an verschiedenen Kliniken durch und kamen dadurch im Laufe der Jahre auch zu einem allgemein durchaus anerkennenswerten und sich später günstig auswirkenden Überblick über die Gesamtmedizin. Eine berühmte Geschichte soll in Graz passiert sein, wonach ein junger Militärarzt von einem Kegelabend zu einem frisch eingelieferten Kranken gerufen wurde. Der Sanitätsfeldwebel meldete den Fall und bekam die Weisung, dem Patienten einen Einlauf zu machen. Als nach einer Stunde die Sache nicht besser war, meldete der Sanitätsfeldwebel dies wieder und bekam den Auftrag, dem Patienten 10 Löffel Rhizinus zu geben. Der junge Militärarzt sagte zu seinen Kameraden: „Das ist doch sicher ein Simulant!" Nach abermals 2 Stunden kam der Feldwebel erneut und meldete gehorsamst: „Simulant ist gestorben!" Wenn diese Geschichte auch nicht wahr sein dürfte, so hat sie doch einen gewissen Hintergrund.

Vorträge hielt ich sehr fleißig im Verein der Ärzte Steiermarks über alle meine neuen Operationen, Heilpläne und Erfolge und gewann dadurch einen großen Kreis von praktischen Ärzten, welche mich als *den* Chirurgen in Graz ansahen.

Mein Tagewerk war schon außerordentlich anstrengend. Der Morgen und Vormittag gehörten der operativen Tätigkeit in den verschiedenen Privatkliniken, die bis gegen 2 oder 3 Uhr nachmittags dauerte. Ab 4 Uhr war Sprechstunde, wobei sich eine gewaltige Praxis entwickelte, welche einen großen Teil meiner Zeit in Anspruch nahm. Für wissenschaftliche Arbeiten mußten die Nachtstunden verwendet werden. Ich weiß noch sehr genau, daß ich mich häufig mit 4 bis 5 Stunden Schlaf begnügen mußte. So kam es durch Wochen hindurch vor, daß ich meine Kinder nur am Sonntag sah. Am Morgen schliefen sie noch, als ich zum Operieren loszog; am Abend waren sie, wenn ich spät heimkam, auch schon wieder im Bett. Tochter und Sohn waren im Alter nur ein Jahr auseinander. Ihre Erziehung in den ersten Kinderjahren lag, wie so häufig bei vielbeschäftigten Ärzten, ganz in der Hand der Mutter, die sie mit mustergültiger Treue und Liebe und voller Hingabe durchführte, wofür ich ihr heute noch unermeßlichen Dank schulde.

Geselligkeiten und Reisen

Trotz der vielen Arbeit hatte ich auch einen Kreis lieber Freunde gewonnen, zum Beispiel den Primarius FRANZ MAHNERT, einen ungeheuer erfahrenen

Arzt, der die Innere Abteilung des Städtischen Krankenhauses leitete. Ebenso befreundet war ich mit dem ausgezeichneten Gynäkologen VON KRONES, mit welchem ich in der Praxis viel zusammenarbeitete. Seine künstlerisch begabte Frau hatte eine wundervolle Stimme, und wir haben manche schöne Abendstunde gemeinsam mit dem feinfühligen Ehepaar genossen.

Im Sommer, der in Graz oft quälend heiß ist, weil es die Sonne durch viele Wochen allzu gut meint, gelang es gelegentlich nicht nur an Sonntagen, sondern auch wochentagabends, in die Umgebung, beispielsweise nach Judendorf, hinauszufahren. Man bekam dort in einem einfachen, aber ausgezeichneten Landgasthaus mit herrlichem Garten ein prächtiges Backhuhn um einen Gulden, dazu einen ganz blaßroten Wein, Schilcher genannt. Der aber hatte es in sich. Er war trotz seiner harmlosen Farbe doch stark und durfte nur in kleinen Mengen genossen werden. Es entwickelte sich sonst innerhalb ganz kurzer Zeit eine auffallende Fröhlichkeit, welche sehr nett und harmlos gewesen wäre, wenn sich nicht zugleich eine gewisse Unsicherheit der Beine eingestellt hätte. Erfreulich war bei diesem Getränk, daß es, auch in größeren Mengen genossen, die Menschen nicht rauf- oder streitlustig machte. Ähnliche Wirkungen wie der Schilcher hat der in Wien überaus geliebte Heurige.

Auch im übrigen fanden wir die nähere Umgebung von Graz überaus reizvoll. Dabei zog uns besonders das Gebiet des Hochschwab immer wieder an, aber auch sonst die ganze herrliche Bergwelt in der Umgebung der reizenden Stadt. Über das Wochenende fuhren wir öfter auf den Semmering und genossen die wundervolle Aussicht auf die steirischen Alpen vom Sonnenwendstein. Dabei wohnten wir gewöhnlich im Hotel Panhans, wo sich auch sehr viele Wiener Mediziner mit ihren Frauen und Kindern zum Ausspannen einfanden.

Im Jahre 1903 reisten wir während einer unfreiwilligen Arbeitsunterbrechung, die durch die Infektion an meiner einen Hand erforderlich geworden war, nach Pontresina. Dort hatten wir ein nettes Erlebnis. Als wir durch das steil ansteigende Dorf die Straße entlang gingen, kam uns ein ganz kleiner Pferdewagen mit einem kümmerlichen Pferdchen entgegen. Ich sah darin den berühmten Schweizer Chirurgen THEODOR KOCHER, welchen ich vom Chirurgenkongreß her kannte. Er ließ halten, begrüßte uns aufs Liebenswürdigste und sagte: „Hier ist es mir viel zu teuer, meine eigenen Landsleute ziehen mir das Fell über die Ohren. Ich gehe nach dem Bade Alvaneu, wo es nur die Hälfte kostet!" KOCHER war schon damals ein steinreicher Mann. Die Kropfkranken aus Deutschland, Österreich, Frankreich und Holland, aber auch aus der neuen Welt pilgerten zu ihm nach Bern, welches zu dieser Zeit „Das Mekka der Kropfigen" genannt wurde.

In schönster Erinnerung sind mir einige Frühjahrsreisen an die Adria. Die Schwester meiner Frau, die sonst bei meiner Schwiegermutter in Prag lebte, kam während dieser Zeit und betreute mit rührender Gewissenhaftigkeit unsere Kinder und den Haushalt, so daß meine Frau und ich uns unbesorgt dem Genuß des Reisens hingeben konnten. Abbazia (heute Opatija) und die Insel Brioni mit ihrer üppigen Vegetation und den interessanten römischen Ruinen waren Reiseziele. Einen tiefen Eindruck machte uns das romantische Ragusa (heute Dubrovnik), von wo aus wir die Mündung der Omla besuchten, die sich als stattlicher Fluß, ganz plötzlich aus dem Felsen kommend, in das Meer ergießt. Unvergeßlich wird uns auch die Fahrt an der Küste entlang nach Korfu bleiben, wo wir uns fünf Tage lang aufhielten. Dort trafen wir ganz unerwartet meinen Kollegen und späteren Freund HERMANN KÜTTNER mit seiner Frau und verlebten gemeinsam wunderschöne Stunden. Wir fuhren dann mit einem italienischen Dampfer nach Neapel, besuchten die berühmte „Blaue Grotte" auf Capri und wollten einen Ausflug nach Herculaneum und Pompeji unternehmen, als uns plötzlich ein Telegramm zu einem schwer erkrankten Kollegen nach Graz zurückrief. So hieß es, den raschesten Weg zur Heimfahrt zu wählen. In Rom, dessen Besichtigung noch auf unserem Reiseprogramm gestanden hatte, waren wir nur wenige Nachtstunden. Leider ist auch später niemals mehr eine Romreise zustande gekommen.

Anfang November 1904 machten wir ein paar Tage Ferien und fuhren nach dem herrlichen Budapest. Wir kannten es noch nicht und fanden es schöner als Wien. Wir sahen uns die Stadt mit ihren eindrucksvollen Sehenswürdigkeiten an – der Margaretheninsel, dem Parlamentsgebäude, dem Schloß, den Donaubrücken und den eleganten Kaufläden. Auf dieser Reise bekam meine Frau Schmerzen in der Blinddarmgegend. 1903, während ihrer 2. Schwangerschaft, hatte sie schon einen leichten, rasch vorübergehenden Blinddarmanfall gehabt. Nun aber nahmen die Schmerzen zu, und es stellte sich leichtes Fieber ein. Meine Untersuchung ergab eine einwandfreie Blinddarmentzündung. Wir fuhren deshalb noch in der Nacht nach Graz zurück. Am kommenden Morgen bat ich meinen Freund JOSEF HERTLE um seinen Beistand. Auch er bestätigte meine Diagnose. Vorerst sollte abgewartet werden, aber die Erscheinungen wurden von Stunde zu Stunde bedenklicher. So entfernte Freund HERTLE im Sanatorium WIESLER am Abend den schon durchgebrochenen Wurmfortsatz. Gottlob hatte sich ein Netzdeckel um den Bösewicht herumgeschlagen und so eine allgemeine Bauchfellentzündung verhindert, welche eine große Gefahr bedeutet hätte. Ein gütiges Geschick und die glückliche Hand des glänzenden Chirurgen erhielten mir meine geliebte Frau. Zu Weihnachten waren wir alle wieder glücklich beisammen und freuten uns nach den sorgenvollen Wochen über dieses schönste Weihnachtsgeschenk.

Neue Perspektiven

1906 schlich sich noch einmal ein Hoffnungsstrahl für die Erlangung einer klinischen Professur heran. FRITZ KRAUS war inzwischen in Berlin mit ERNST

VON BERGMANN eng befreundet. Dessen Sohn GUSTAV VON BERGMANN wurde Assistent bei FRITZ KRAUS. Diesem erzählte KRAUS oft von meinen operativen und forschenden Leistungen und schuf dadurch eine Verbindungsbrücke zwischen dem Vater BERGMANN und mir. Als sich nun die Frage auftat, wer in Heidelberg für die Nachfolge von CZERNY in Betracht komme, hatte ich in ERNST VON BERGMANN einen mächtigen Fürsprecher, der mich auch dem berühmten preußischen Ministerialdirektor Excellenz VON ALT-HOFF empfahl. Zwar wurde die Heidelberger Stelle durch den festen Zusammenhalt der BILLROTH-Schule mit ALBERT NARATH aus Utrecht besetzt. ERNST VON BERGMANN lud mich aber zu einer Besprechung nach Berlin ein. Sie ist mir unvergeßlich. Die warme Anerkennung dieses edlen, großzügigen Mannes bewies mir, daß ich den richtigen Weg gegangen war. Er versprach mir, sich für meine Berufung an eine reichsdeutsche Hochschule einzusetzen und hat mir den Weg zu meinem Lebensglück geebnet.

Zunächst aber übernahm ich Anfang 1907 die Leitung der Chirurgisch-gynäkologischen Abteilung im Stadtkrankenhaus Graz, nachdem der bisherige Primarius Dr. JURINKA plötzlich verstorben war. Es stand mir damit wieder ein klinisches Arbeitsfeld zur Verfügung. Mein Freund FRANZ MAHNERT hatte dies durchgesetzt. Über den ungeheuren Wert einer Spitalsabteilung für den Chirurgen ist wohl kaum ein Wort zu verlieren. Man braucht nur die Anzeigenstellungen eines Krankenhauschirurgen mit denen eines Privatarztes zu vergleichen, um die ungleich höhere Mannigfaltigkeit und Lehrkraft der Tagesarbeit des ersteren zu erkennen. Das Grazer Spital war ein altes, aber nicht schlecht eingerichtetes Haus. Ich erwarb mir nach allerkürzester Zeit die vielleicht bis dahin noch fehlenden Kenntnisse in der Untersuchungstechnik von Frauenkrankheiten. Während meiner Zeit an der Grazer Chirurgischen Universitätsklinik hatte ich bereits öfter gynäkologische Fälle zu operieren, was sich auch in der Privatpraxis fortsetzte. Trotzdem war es für mich ein Gewinn, nun intensiver gynäkologisch arbeiten zu können. So operierte ich mit besonderer Vorliebe gynäkologische neben den chirurgischen Fällen. JURINKA hatte zwei ganz außerordentliche Assistenten zurückgelassen, welche sich mir bald anpaßten und chirurgisches Arbeiten mit guter Technik lernten. Die Kropfchirurgie wurde mit Eifer betrieben, aber auch Brüche, Verrenkungen und Gelenkleiden waren im Krankengut des Hauses reichlich vertreten. MAHNERT, mein alter guter Freund, hatte die Innere Abteilung des Krankenhauses zu führen. Es war ein sehr schönes und erfreuliches Zusammenarbeiten mit ihm. Die Ordensschwestern waren von jener Eigenart, wie sie eben nur katholische Schwestern haben. Sie arbeiten ohne irgendeine Eile und ohne irgendeine Befristung, nur im Dienste ihres Glaubens. Keinerlei weltliche Ablenkungen ziehen sie von ihrer schweren Berufsarbeit ab.

Die Übernahme der Krankenhausabteilung brachte natürlich noch mehr Arbeit mit sich. Das Krankenhaus, die sehr große Privatpraxis, die wissenschaftlichen Forschungen, die Vorträge im Verein der Ärzte Steiermarks und zudem auswärtige Konsultationsreisen machten den Tag übervoll, so daß auch die Nacht noch mehr als vorher zur Erledigung der Pflichten herangezogen werden mußte. Mein Lebensschifflein aber schien in ein sicheres Fahrwasser gelangt zu sein. Ich war verständig genug, um mir zu sagen, daß eben nicht jeder Ordinarius werden könne und daß man mit dem Schicksal nicht hadern darf, wenn einmal die Würfel aus dem Becher gefallen sind.

Berufung zum Ordinarius

Aber es kam anders! Im Juli des Jahres 1907 erhielt ich einen Ruf nach Marburg, einen Monat später nach Greifswald. Als ich in Greifswald angekommen war, vermeldete ein Telegramm, daß ich in Kiel an erster Stelle vorgeschlagen sei. Zunächst aber ging es zu einer Besprechung nach Berlin. Zum ersten Mal stand ich vor dem sagenumwobenen, viel bewunderten und von manchem gefürchteten Ministerialdirektor ALTHOFF. Ich hatte den Eindruck einer ganz ungewöhnlich starken Persönlichkeit von imponierender Sach- und Menschenkenntnis. ALTHOFF saß bei seinem Schreibtisch mit einem grünen Lichtschirm auf der Stirn und sah sich seine Leute genau an. Er sagte zu mir: „In einigen Jahren werden sich die preußischen und deutschen Fakultäten um Sie reißen!" Großartig war sein Ratschlag für die erste Fahrt nach Greifswald: „Nehmen Sie den Abendzug um 7 Uhr, dann kommen Sie bei Nacht nach 10 Uhr an, und da sind bekanntlich alle Kühe schwarz. Bei Tage würde Ihre Frau – Sie haben sicher eine junge, hübsche Frau – zu sehr erschrecken. Und noch eines, gehen Sie gleich in den Speisewagen und bestellen Sie sich eine Kalbshaxe zum Abendbrot, es gibt nämlich nur vier!" ALTHOFF hatte damals zwei ausgezeichnete Mitarbeiter, die Geheimräte NAUMANN und ELSTER. NAUMANN war ein Genie in der Kenntnis der deutschen Kliniken, speziell der preußischen. Er wußte jeden Hundestall, jede kleine Einrichtung, die Bettenzahl und alles, was zu dem Betrieb einer Klinik gehört, auswendig. Zudem unterrichtete ihn der Blick in ein geradezu vorbildlich geführtes Journal im Augenblick über alles. Der Personalreferent ELSTER war eine ganz andere Natur – unterhaltsam, geistreich und im Umgang mit Frauen sehr gewandt. Wir gingen auch später oft mit ihm zu Tisch und vertrugen uns glänzend.

Ich entschied mich für Greifswald. Die Klinik war dort neuer und besser eingerichtet, das Krankengut größer. Ich wurde Nachfolger von PAUL FRIEDRICH. Kiel ließ ich inzwischen schwimmen, obwohl dort der Wirkungskreis und vor allem die Stadt doch noch wesentlich größer gewesen wären. Durch eine mir fast unfaßlich glückliche Fügung war ich über Nacht an das höchste Ziel meiner Wünsche gelangt. Ich hatte die feste Zuversicht, daß ich mich in meiner neuen Stelle durchsetzen würde, aber auch den festen Willen, mich des erwiesenen Vertrauens in jeder Weise würdig zu zeigen.

Im österreichischen Unterrichtsministerium war ich das letzte Mal gewesen, als mir im Jahre 1903 der damalige Minister HARTEL das nächste freiwerdende Ordinariat in Österreich versprochen hatte. Nun ging ich zum Sektionschef des Ministeriums, einem Ruthenen namens CWISKLINSKI, der mich mit den Worten empfing: „Herr Professor, ist sich wahr, was in „Neue Freie Presse" steht?" Ich antwortete: „Jawohl, Herr Sektionschef!" Er prägte darauf folgenden denkwürdigen Spruch: „Lieber Professor, ich gratuliere von Herzen. Ich will Ihnen nun was sagen: Greifswald ist ein kleiner Nest, und Sie werden dort viel Langeweile haben. Gehen Sie hin, machen Sie ein paar schöne Arbeiten und dann rufen wir Sie nach Österreich zurück." Er bot mir eine Zigarette an, worauf ich sagte: „Ich danke, auch für das!" Dieser Waisenknabe hatte offenbar geglaubt, daß ich, ohne irgend etwas gearbeitet zu haben, einen Ruf an eine preußische Hochschule bekommen hätte.

Der Abschied von Graz fiel mir schwer. Hatte ich doch dort zehn harte aber dabei glückliche Jahre meines jungen Lebens verbracht, meinen Hausstand gegründet und es waren dort meine beiden Kinder zur Welt gekommen.

Greifswald

Anfänge

Vor der Übersiedlung in die älteste preußische Universitätsstadt gingen wir zunächst auf den geliebten Semmering und verbrachten dort angenehme Tage. Ich mußte mich nach der ungeheuren Arbeit in Graz ja doch auch ein wenig erholen, und alles wollte überlegt sein. Im Oktober 1907 übersiedelten wir. Zunächst blieben wir noch einige Tage in Berlin und traten dann die endgültige Fahrt nach dem alten „Gryps" an. So wurde damals Greifswald von Studenten und Professoren genannt. Während des Umzugs wohnten wir in Greifswald im Hotel „Deutsches Haus" und wurden in der Morgenfrühe überrascht durch den lauten Ruf der Fischverkäuferinnen: „Huolt Hiring! Huolt Flundern!" Es erstaunte uns auch, daß große Mengen von Truthühnern, in Österreich Pockerln genannt, durch die Stadt getrieben wurden. Bald machten wir die Erfahrung, daß sehr viele von uns aus Österreich mitgebrachte Ausdrücke absolut nicht verstanden wurden. Ebenso waren uns die norddeutschen Ausdrücke fremd. So legte sich meine Frau eine Art von Wörterbuch an, in dem sie die verschiedenen Bezeichnungen für die Dinge des täglichen Gebrauchs oder etwa von Gemüsesorten aufschrieb. Mit solchen Hilfsmitteln und mit gutem Willen von beiden Seiten wurden die anfänglichen Schwierigkeiten bald gemeistert.

Die Wohnungsfrage erschien zunächst äußerst schwierig. Mietwohnungen gab es kaum, und mein Vorgänger FRIEDRICH sagte zu mir: „Sie werden hier sehr schwer eine Wohnung finden, es sei denn, daß Sie mir mein Haus in der Wilhelmstraße abkaufen." [8] In diesem „Chirurgenhaus" hatten bereits HEINRICH HELFERICH und AUGUST BIER vor FRIEDRICH gewohnt, und es war auch eine Zeitlang Privatklinik gewesen. Einstmals waren hier große Gastmahle gefeiert worden. Einer meiner Vorgänger hatte vier Wochen vor einer Abendgesellschaft den gewaltigen Speisezimmertisch mit Grassamen und frischer Ackererde versehen, so daß die Gäste vor einer grünen Wiese Platz nehmen konnten. Zu dem eigentlich ganz hübschen Haus gehörten eine geräumige Veranda, ein schöner Garten und aus BIERs Zeiten eine große Voliere. Wohin die Vögel gekommen waren, ließ sich nicht mehr ermitteln. Von meinem Vorgänger FRIEDRICH wurde der Preis des Hauses mit der Begründung erheblich erhöht, daß er eine ganze Menge eingebaut und neu eingerichtet hätte. Glücklicherweise hatte ich während der recht erfolgreichen Praxisjahre in Graz so viel erspart, daß ich mir den Kauf leisten konnte. Als dann der Möbelwagen unsere Sachen gebracht und meine Frau das Haus wohnlich gestaltet hatte, fühlten wir uns darin sehr wohl. Es lag auch von der Klinik nicht allzuweit entfernt.

Die Klinik in der Langefuhrstraße [9] war schön, gut eingerichtet und, wie fast alle staatlichen Bauten in Preußen, ein ordentliches Backsteingebäude. Man hatte vom Operations- und Hörsaal einen wunderbaren Ausblick in die umgebende Landschaft. Empfangen wurde ich von einem alten Totenwächter und Portier namens MERTENS, von dem die Sage ging, daß er dem Alkoholgenuß nicht abhold war. Im übrigen befand sich an der Klinik nicht eine einzige männliche Persönlichkeit für Hilfeleistungen. Auch für die Operationssäle war damals in Preußen im Etat keine männliche Hilfskraft vorgesehen. Es wurde alles von Schwestern besorgt. Die Oberin, eine würdige alte Dame, zeichnete sich dadurch aus, daß ihr aus einem Nasenloch stets ein Tröpfchen heraushing.

Meine Antrittsvorlesung behandelte das Thema: „Was soll die chirurgische Klinik dem angehenden Ärzte auf seinen Lebensweg mitgeben?" [10] Der Hörsaal war brechend voll. Auch zahlreiche Fakultätskollegen waren erschienen. Ich widmete zunächst meinen großen Vorgängern HELFERICH, BIER und FRIEDRICH ein paar Worte, wobei ich die Originalität von HELFERICH und BIER und die vorbildliche Lehrtätigkeit FRIEDRICHs hervorhob. Dann kam ich auf die Leitmotive meiner künftigen Tätigkeit zu sprechen, nämlich einerseits

---

[8] Heute: Erich-Böhme-Straße 41/42
[9] Heute: Friedrich-Löffler-Straße
[10] Vgl. PAYR, ERWIN: Was soll die chirurgische Klinik dem angehenden Ärzte auf seinen Lebensweg mitgeben? Einführende Worte bei der Übernahme der chirurgischen Klinik in Greifswald. Med. Klinik 3 (1907) 1415–1417

mein warmes und empfängliches Herz für die akademische Jugend und andererseits mein tiefernstes Mitleid mit den mir anvertrauten Kranken. Erste und
wichtigste Grundlage meines klinischen Unterrichts werde die Wahrheit sein,
indem die Dinge nicht so gezeigt würden, wie sie sein könnten, sondern so,
wie sie tatsächlich sind. Es solle in diesem Unterricht nicht um Examenswis-
sen, sondern um die Aneignung von Erfahrung gehen – wie chirurgisch Kranke aussehen und sich verhalten, wie ihr Leiden entsteht und sich entwickelt,
wie man sie untersucht und mit ihnen umgeht, wie man sie schließlich behandelt und was sich dabei erreichen läßt. Das Gesamtbild der Krankheit müsse
mit allen Sinnen erlebt und zu einem bleibenden Eindruck geformt werden.
Darüber hinaus komme es mir darauf an, ärztliches Denken zu vermitteln.
Der klinische Unterricht habe die Aufgabe, einen Überblick über das Fach zu
bieten und hierbei das praktisch Wichtige hervorzuheben. Dazu gehörten
Theorie und Praxis der Asepsis, elementare Dinge bei der allgemeinen operativen Technik und Wundbehandlung, Maßnahmen zur Schmerzaufhebung,
lebensrettende Maßnahmen wie etwa die Unterbindung wichtiger Gefäßstäm-
me zur Blutstillung oder der Luftröhrenschnitt bei Erstickungsgefahr und
schließlich die Erkennung und Behandlung von Knochenbrüchen und Verrenkungen. Ich schloß mit dem Wahlspruch ERNST VON BERGMANNs: „Das Leben soll nicht ein Mittel zum eigenen Glück, sondern eine Aufgabe zum Woh-
le anderer sein!"

Auch später war mein Kolleg immer ausgezeichnet besucht. Viele Ärzte aus
der Nachbarschaft waren nahezu täglich Gäste. Sie sahen viel Neues und waren
dafür dankbar, wie mir zahllose Briefe über Jahrzehnte bewiesen.

Meine Assistentenschaft verursachte mir, wenigstens im Anfang, etwas Sorge.
Immerhin fand ich eine Anzahl älterer Leute vor. Mein erster Oberarzt war
Professor KARL RITTER, ein in Greifswald zurückgelassener Schüler AUGUST
BIERs und ideenreicher, sehr fleißiger und rühriger Mann, der später an die
Akademie für praktische Medizin in Posen kam. Nach dem Ende des Ersten
Weltkrieges mußte er dort das Feld räumen und übernahm ein schönes Krankenhaus in Düsseldorf. Weiterhin traf ich auf den Assistenzarzt ERNST HEL-
LER, der mir dann nach Königsberg und Leipzig folgte und ein Chirurg allerersten Ranges wurde. SAUERBRUCH, der 1. Assistent bei FRIEDRICH gewesen
war, zog mit seinem Chef nach Marburg. Die dadurch frei gewordene Stelle
besetzte ich mit meinem Grazer Privatassistenten ALDO MARTINA. Er wurde
zweiter Oberarzt. Dieser prächtige junge Mann mit seinen blonden Haaren
und blauen Augen war ungeheuer fleißig, wissenschaftlich interessiert, technisch äußerst begabt, voll von neuen Gedanken und ein ausgezeichnet anatomisch arbeitender Chirurg. Er leistete mir hervorragende Dienste. Leider begann er in Greifswald häufig zu kränkeln. Nach einer schweren Grippe gerade
während des Chirurgenkongresses im Jahre 1908 bekam er einen bösartigen
Nackenfurunkel, an welchem er trotz aller Bemühungen seiner Kollegen

starb. [11)] Eine weitere Assistentenstelle besetzte ich mit dem fleißigen, klugen und ordentlichen PAUL ESAU, einem Schwager BIERs. Aus Berlin kam MARTIN KIRSCHNER zu mir, der mein bedeutendster Schüler werden sollte. [12)] Ein Militärärztekurs war auch in Greifswald abzuhalten und fand jeweils im März statt. Dabei erschienen 18 bis 24 Sanitätsoffiziere, meist Oberärzte und Oberstabsärzte. Sie wurden in allen Zweigen der Heilkunde und ganz besonders natürlich in der Chirurgie unterrichtet, auch mit Rücksichtnahme auf eine einstmalige Kriegschirurgie. Den Schluß des Militärärztekurses bildete eine Einladung in unserem Hause, bei welcher der älteste Sanitätsoffizier eine Dankrede schwang, während ich den jungen Aesculapschülern für ihre große Mühe und ihren Fleiß dankte und ihnen alles Glück für ihren ferneren Lebensweg wünschte. Dabei war auch immer eine Anzahl junger Damen geladen, welche zum Schluß des kulinarischen Teiles mit großer Freude das Tanzbein schwangen. Das war an allen preußischen Hochschulen so Sitte und Gebrauch.

[11)] Vgl. auch PAYR, ERWIN: Zur Erinnerung an Dr. ALDO MARTINA. Dtsch. Zschr. Chir. 93 (1908) 585–587

[12)] MARTIN KIRSCHNER erinnert sich später: „In Greifswald, für das sich PAYR entschied, begann nach der langen erzwungenen akademischen Ruhe und nach der Befreiung von dem Alpdruck der gedrosselten Zukunftsaussichten ein glückhaftes Aufatmen. Die Greifswalder Klinik wurde bald zu einer einheitlich ausgerichteten Arbeitsstätte, wo alle Mitarbeiter im Glanze des neu aufgehenden akademischen Gestirns freudig ihr Letztes hergaben. Denn es wurde von dem neuen Chef viel verlangt, und wer wie ich bereits als älterer Assistent, aber als Neuling der Chirurgie, in diesen unter Hochdruck stehenden Chirurgenkessel geriet, der hatte einen schweren Stand. Die Notwendigkeit, mit den zu den norddeutschen Sitten oft in Widerspruch stehenden Gewohnheiten der Österreicher auszukommen, machte die Lage oft noch schwieriger und verwickelter. Neben dem Chef gaben der als Oberarzt aus Graz mitgebrachte langjährige Mitarbeiter PAYRS MARTINA und die Operationsschwester ROSA der Klinik und dem Operationssaal durch ihre Österreichische Mundart (im Original: „ostmärkische Sprache") eine uns Preußen völlig ungewohnte Note. Aber alles wurde durch die überragende Persönlichkeit des Chefs zu einer einheitlichen Gemeinschaft zusammengeschweißt, und so gewann die Klinik PAYR in der kleinen Universitätsstadt und bald darüber hinaus ein besonderes Gepräge. Daneben aber war der klinische Stab den Vergnügungen, die Land und Leute boten, nicht unzugänglich... Einmal freilich griff der Tod mit erbarmungsloser Hand in den Bestand der Klinik und in dieses aufgeschlossene Leben: Der Oberarzt Dr. MARTINA, ein Mann von unübertrefflicher Gewissenhaftigkeit, der dem Chef, den Assistenten und den Kranken in jeder Stunde des Tages und der Nacht zur Verfügung stand, ging an einer eitrigen Allgemeininfektion innerhalb von wenigen Tagen während des Chirurgenkongresses 1908 zugrunde. Das Ende dieses vortrefflichen Mannes, der in dem nordischen Flachlande keine Wurzeln zu schlagen vermochte und unter einem dauernden Heimweh nach seinen Bergen in der Steiermark litt, hat uns alle tief erschüttert." KIRSCHNER, M.: ERWIN PAYR zum 17. Februar 1941. Chirurg 13 (1941) 97–101.

Die Greifswalder Medizinische Fakultät

Das Leben in der Fakultät war einträchtig und gemütlich. Von den medizinischen Fakultäten, die ich kennenlernte, erwies sich Greifswald als die einzige, in der der Dekan zu den Sitzungen stets eine gute Flasche Wein stiftete. Die Greifswalder Professoren und ihre Frauen waren bemüht, uns, die wir aus der südlichsten deutschen Universitätsstadt kamen, das Einleben zu erleichtern. Ich war stolz, unter meinen Kollegen führende Vertreter ihres Faches anzutreffen.

Der Pathologe PAUL GRAWITZ wußte einfach alles und war die größte Kanone. Sein Urteil über die Kliniker war treffend, denn er hatte ja Gelegenheit, sich bei den Leichenöffnungen von den diagnostischen Fähigkeiten der einzelnen Herren ein klares Bild zu machen. Flunkern gab es bei ihm nicht. Er hatte aber großes Verständnis für uns Kliniker und trat nicht als Richter, sondern als Berater auf. Ich habe sehr viel von ihm gelernt und kam oft und gern mit ihm zusammen. Er war ein humorvoller Mann und fand sich weise damit ab, daß er sein Leben lang in der kleinen Universitätsstadt bleiben mußte. Alles in allem genommen war er eine der angenehmsten Erscheinungen, die ich im Laufe meines akademischen Lebens kennenlernte.

Mein Nachbar von der Inneren Klinik, OSCAR MINKOWSKI, hatte wichtige Experimente zur Erforschung der Zuckerkrankheit durchgeführt. Er war hochbegabt, und es entwickelte sich sehr bald mit ihm und seiner sehr klugen Frau eine freundschaftliche Verbindung. Bemerkenswert erschien mir, daß MINKOWSKI und seine Frau sich erst vor ihrer Übersiedlung nach Greifswald taufen ließen.

Bakteriologe und Hygieniker war Geheimrat FRIEDRICH LÖFFLER, ein Schüler von ROBERT KOCH, den ich als wohlbeleibten, stets lebensbejahenden Mann und hervorragende Persönlichkeit kennenlernte. Er führte ein großes Haus, bis seine ungewöhnlich schöne Frau starb. In Greifswald beschäftigte er sich vor allem mit der Erforschung der Maul- und Klauenseuche. Die Regierung hatte ihm auf einer kleinen Insel ein Untersuchungsinstitut und eine Versuchslandwirtschaft eingerichtet. Meines Wissens ist es LÖFFLER nicht restlos gelungen, die Erkrankung zu ergründen, wenn er sich auch große Verdienste darum erwarb. Einmal passierte etwas sehr Unangenehmes. LÖFFLER hatte in seinem Institut mit Pestbazillen infizierte Ratten in Käfige eingesperrt, welche eines Tages durch die Unachtsamkeit eines Wärters entweichen konnten. Die ganze Stadt Greifswald, Professoren, Assistenten, Studenten und sonstige Jäger, begaben sich auf die Suche nach diesen gefährlichen Tieren. Es dauerte lange, bis auch die angeblich letzte Ratte durch einen wohlgezielten Schuß zur Strecke gebracht worden war.

Ein ganz feiner Kopf war HUGO SCHULZ, der Schwiegervater SAUERBRUCHs. Seines Zeichens Professor der Arzneimittellehre, genoß er als Homöopath einen ausgezeichneten Ruf in Pommern und wurde oft weithin zu Kranken gerufen. Er war sehr klug, hatte einen feinen Mutterwitz und konnte eine Tafelrunde geradezu glänzend unterhalten. Auch seine Frau war klug und paßte ausgezeichnet zu ihm. HUGO SCHULZ schrieb ein köstliches Buch: „Aus vergangenen Tagen – Erinnerungen eines Greifswalder Zeitgenossen", eine Quelle des Genusses für jeden, der einmal in Greifswald war. Er schildert darin die alte Universitätsstadt in humorvoller und geistreicher Weise mit ihren Gebräuchen, dem Rektoratswechsel, dem Universitätsball und dem großen Ball der Kaufmannskompagnie.

Mit dem Psychiater ERNST SCHULTZE arbeitete ich auf hirnchirurgischem Gebiet zusammen. Der Anatom ERICH KALLIUS wurde mein Freund auf Lebenszeit. Er war ein glänzender Lehrer, den die Studenten vergötterten. Der Gerichtsmediziner hieß OTTO BEUMER und hatte ein vorbildlich schlechtes Institut ohne Wasserabfluß. Wenn im friedlichen Greifswald einmal ein Mord geschah, floß das Sektionsblut auf die Straße. Der Augenarzt PAUL RÖMER war zugleich mit mir nach Greifswald gekommen. Er wollte den grauen Star durch die Verfütterung tierischer Linsen heilen, was sich aber als eine Enttäuschung herausstellte.

An der Chirurgischen Klinik hatte ich auch eine kleine Station für Hals-, Nasen- und Ohrenkranke, welche ein junger Mann, WILHELM LANGE, sehr geschickt und klug führte. Er entwickelte sich zu einem ausgezeichneten Operateur mit zarter Hand, kam später nach Göttingen und wurde etwa 15 Jahre danach auf das Ordinariat seines Faches in Leipzig berufen. LANGE hat meine Tochter wegen Mittelohrentzündung operiert.

Gesellschaftliches Leben in Greifswald

Alle Fakultäten verkehrten untereinander gesellig. Die Theologen waren mit ihren Bezügen so kümmerlich bestellt, daß manche von ihnen einen ganzen Monat von Hering und Kartoffeln leben mußten, um ihre Einladung geben zu können. Einer der Professoren machte seine Besuche prinzipiell am Bußtag. Für die unvermeidlichen gegenseitigen Einladungen in Professorenkreisen standen zwei Lohndiener, VANDERSEE und FRANZ, zur Verfügung. Beide waren in ihrem Fach erstklassig, FRANZ gefährlicher dadurch, daß er es verstand, sich nahezu die Hälfte der geöffneten Weinflaschen selbst einzuverleiben. Diese beiden Männer hatten auch sonst noch wichtige Funktionen zu erfüllen. Bei den Antrittsbesuchen führten sie den zweispännigen, schändlich schlecht gepolsterten Wagen von Haus zu Haus. VANDERSEE sprang in Windeseile die Treppen in den Häusern empor, läutete Sturm und gab die Visitenkarte ab mit den Worten: „Die Herrschaften sind doch sicher nicht zu Hause!" Wenn man irgendwo tatsächlich einen Besuch machen wollte, mußte dies auf einer eigenen Liste verzeichnet werden. Sonst ging es im Sturm weiter. Bei ungefähr 130 Besuchen war aber auch schon die bloße Wagenfahrt eine erhebliche Anstrengung.

Eine außerordentlich beliebte Einrichtung war der Klub „Erholung". Dort pflegten sich um 6 Uhr abends die Professoren, der Bürgermeister, einige hervorragende Bürger der Stadt, der Major des dort garnisonierenden Bataillons und auch aristokratische Gäste von den benachbarten Gutshöfen einzufinden. Es war das einzige Lokal, in dem ein gutes Billard zur Verfügung stand. Der Kneipraum war das Urbild der Gemütlichkeit. Freund GRAWITZ fehlte wohl nie und HUGO SCHULZ nur ausnahmsweise. Um 8 Uhr abends verschwand die „erste Serie". Nach dem Abendessen kamen dann der jüngere Bestand der Klubmitglieder und die alten Junggesellen dorthin. Die Unterhaltung wurde mit Vorliebe in Plattdeutsch geführt. Es gab besondere Originale. So besaß ein sehr bekannter Akademiker drei Perücken, eine mit kurzem, eine mit halblangem und eine mit langem Haar. Durch regelmäßigen Wechsel in ihrem Gebrauch gelang es ihm, jüngere Klubmitglieder zu täuschen. Ein behaglicher und niemanden verletzenden Humor kam im Klub reichlich zur Geltung. Sehr wichtig war der Abschluß von Wetten. Am berühmtesten wurde die Geschichte mit der Eisenbahnladung prachtvollen Blockeises aus Schweden. Ein alter ehrbarer Bürger wurde veräppelt, indem man ihm sagte, daß in diesem Eis der „Eiswurm" vorkomme, der den wissenschaftlichen Namen Anguillula glacialis habe. Als der alte Herr dies für einen aufgelegten Schwindel erklärte, kam es zur Eintragung einer Wette um die Existenz der Eiswürmer durch den Oberwettmeister. Der Witzbold holte sich ein gewaltiges Stück Eis vom Hafen nach Hause, zerschnitt ein Ende weißen Zwirns in ganz kurze Stücke, warf sie in das auftauende Eis und unterkühlte es wieder neu. Dann brachte er es in die Wohnung des alten Herrn, der zu seinem Schrecken feststellte, daß es tatsächlich „Eiswürmer" gab und so am anderen Abend seine Wette im Klub als verloren meldete. Das kostete ihn eine große Runde herrlichen Schnapses für sämtliche Klubmitglieder.

Unvergeßlich ist mir der Geburtstag Kaiser Wilhelms II. im Jahre 1908. In Festkleidung begaben wir uns in das Hotel „Preußenhof" und fanden dort eine schon sehr animierte Gesellschaft vor. Für einen richtigen Preußen galt es als Ehrensache, sich an Kaisers Geburtstag die Nase gründlichst zu begießen. Nach den notwendigen und meist recht guten Reden bekam man ein ungewöhnlich trefflich zubereitetes Abendmahl. Danach begann der Genuß durchaus nennenswerter Mengen von Alkohol. Das Ende der Feier war sehr spät, und der nächste Morgen brachte einen enormen Verbrauch an sauren Heringen. Unmittelbar vorher hatte der Kaiser die berühmte Rede gehalten: „Und wer uns dabei stört, den zerschmettere ich…!" Ich sprach hierüber einmal mit meinem Freund KALLIUS, der auch der Ansicht war, daß dieses Säbelgerassel zu einem bösen Ende führen werde.

Die Studenten

Die Studenten spielten in Greifswald neben den Professoren die ausschlagge-bende Rolle. Sie hießen bei der Bevölkerung alle „Dokters" oder „Doktings", auch wenn sie noch jahrelang von diesem Titel entfernt waren. Während mei-ner Greifswalder Zeit stieg die Zahl der dort Studierenden auf eintausend an, und der tausendste Student erhielt eine goldene Uhr. Für die Studenten war Greifswald damals sehr billig. Für 75 Pfennig bekam man einen erträglichen Mittagstisch, und wer dafür 1 Mark spendieren konnte, erregte schon den Neid der Besitzlosen. Gegenüber unserem Haus in der Wilhelmstraße lag das Haus eines sehr geschätzten Korps. Nächtliche Ruhestörungen durch die fröh-lichen jungen Leute kamen sehr häufig vor. Einmal standen zwei Damen zu einer endlosen Aussprache auf der Straße, als sich die Tür des Korpshauses öff-nete und zwei Studenten mit farbigen Mützen zwei Sessel mit den Worten vor die Damen hinsetzten, daß sie es nicht mit ansehen könnten, wenn Damen so lange auf der Straße stehen müßten. Darauf waren die beiden bald verschwun-den. Ein anderes Mal wurde ein Student wegen groben Unfugs zu mehreren Tagen Karzer verdonnert. Die Studenten inszenierten ihm einen großartigen Aufzug mit einer langen Wagenreihe durch die ganze Stadt. Darin fuhren zu-nächst die tieftrauernden Eltern, dann die heulende Braut. Es folgte der Übel-täter in einem eisernen Käfig mit unerhörten Mengen von Nahrungsmitteln. Den Schluß bildeten die Freunde und Verwandten. Im übrigen fochten die Stu-denten in Greifswald gern und viel. In früheren Jahren wurden gelegentlich auch Pistolenduelle zwischen den „Doktings" ausgetragen. Das war selbstver-ständlich eine höchst unerfreuliche und völlig überflüssige Sache. In meiner Zeit erwarb sich der sogenannte „Pistolenkoch", ein alter verkrachter Jurist, be-sondere Verdienste um das Nichtzustandekommen von Pistolenmensuren. Er hatte den Kasten mit den Mordwerkzeugen aufzubewahren und gab ihn mit den Worten: „Nee, Kinings" einfach nicht heraus. Berühmt war der Klub „Zur schiefen Fresse". Hierzu gehörten verbummelte ältere Studenten, die während ihrer zwanzig oder gar dreißig Semester so oft gefochten hatten, daß bei ihnen allen der Gesichtsnerv durchgeschlagen war und ihr Mund infolgedessen völlig schief stand. Ich brachte sie durch guten Zuspruch zu dem vorher immer wie-der aufgeschobenen Entschluß, ins Examen zu steigen. Keiner ist durchgefal-len.

Greifswalder Eigentümlichkeiten

Greifswald war eine Kleinstadt mit wenigen größeren und schönen Bauten, ein paar hübschen Villen und im übrigen mehr einfachen Wohnhäusern. Die Uni-versitätsklinik und die Institute hoben sich vom übrigen Baustil der Stadt sehr erheblich ab. Es gab auch ein sogenanntes Theater – einen großen, entweder eiskalten oder stark überhitzten Raum, in dem eigentlich alles, was zum Theater gehörte, improvisiert war. Erst lange nach meinem Abgang erhielt die kleine liebe Stadt ein wirklich schönes Theater mit allem neuzeitlichen Zubehör. Interessant war, daß sich auch einige Italiener aus der Gegend des Lago Maggiore als Konditoreibesitzer in Greifswald niedergelassen hatten. Ganz besonders berühmt war der Herr SPARACHNAPANE, in dessen Kaffeehaus die Studenten mit jungen Damen ihre Rendezvous hielten. Daneben gab es viele alte Gasthäuser wie das kleine „Wirtshaus Krüger" in der Fischstraße oder die Kneipe „Zum dreckigen Löffel", die auch ich gelegentlich mit meinem Freund KALLIUS oder mit Studenten besuchte. Ein prächtiges Volksfest war der „Schwedenulk", wohl noch eine Erinnerung an die Schwedenzeit, welche Greifswald durchgemacht hatte. Dabei wurden alle Vergnügungen, die es für Jung und Alt geben kann, in reichlichem Maße dargeboten. Es fand gegen Ende des Sommersemesters statt. An diesen Tagen war mein Kolleg schlechter besucht. Eine ganz andere Greifswalder Eigentümlichkeit war der Klub der „Beißzangen", bestehend aus etwa sechs bis zehn älteren Damen, welche das zwischen dem Katzenkopfpflaster emporsprießende Gras mit Messern, Scheren und Kratzinstrumenten beseitigen mußten. Sie waren zu gleicher Zeit eine Art Lokalblatt, denn sie wußten einfach alles.

Das Katzenkopfpflaster wurde besonders von den Damen, die aus Großstädten nach Greifswald gekommen waren, furchtbar beklagt, da es ihnen unerträgliche Fußschmerzen verursachte. Im Winterhalbjahr bestätigte sich überdies die Wahrheit des alten Studentenliedes, welches lautet: „In Greifswald, da weht der Wind so kalt." Zu dieser Zeit gleichen Greifswald und seine Umgebung einem Bierfilz und sind platt, grau und naß. Zu alledem kam die holde Weiblichkeit in Greifswald, was die Toilettenfrage anlangte, nicht ganz auf ihre Kosten. So war es ganz verständlich, daß man alle paar Wochen einen Anfall von „Morbus Grypsziensis", also von „Greifswalder Krankheit" bekam und nach Berlin fuhr. Das taten besonders MINKOWSKIs und wir. In Berlin verbrachten wir das Wochenende, genossen gute Theateraufführungen, versorgten unsere „besseren Hälften" mit den Gegenständen ihrer Wünsche und aßen gern und gut in gepflegten Gaststätten. Man hielt es nach einer solchen Auffrischung dann schon wieder einen Monat oder auch etwas länger in Greifswald aus. Später, als meine Privatpraxis größer geworden war, mußten solche Fahrten nach der Reichshauptstadt etwas eingeschränkt werden. Allerdings hatten sich meine jungen Leute dann soweit entwickelt, daß ich ihnen meine Vertretung anvertrauen konnte.

Ausflüge und Reisen

So klein Greifswald war, so gab es dort doch noch einen zweiten Chirurgen. Er hieß EGON HOFFMANN, hatte schon mehrere Generationen von Klinikern an sich vorüberziehen sehen und wußte von jedem das eigentlich Interessante zu erzählen. Von ihm erfuhr ich Dinge, welche ich in der Fakultät niemals gehört hätte. Er war ein echter Pommer, führte eine sehr gut gehende Privatklinik, die ziemlich weitab von meiner Klinik lag, hatte eine ausgezeichnete Landpraxis und genoß das Vertrauen weiter Kreise der Bevölkerung. Ich bin mit ihm sehr nahe zusammengekommen, da er ein ganz großer Jäger war und ich selbst von meiner Zeit in der Steiermark her dem edlen Weidwerk mit Leidenschaft huldigte. So bestiegen wir dann manchmal zur Jagdzeit am Nachmittag in Wieck, dem kleinen Hafen am Bodden, ein Segelboot und fuhren auf das Binnenmeer hinaus. Der Besitzer dieses Segelbootes und zugleich unser Jagdgenosse war der alte Fischer und Bootsmann DREWS, ein Original in jeder Beziehung. Er kannte alle Professoren, wußte auch über die Studenten gut Bescheid und führte uns sicher an die Stellen hin, wo man Wildschwäne, Taucher und sonstiges interessantes Getier, das hier überwinterte, erlegen konnte. Die getroffenen Tiere wurden von einem ausgezeichnet abgerichteten Hunde apportiert. Fast immer hatten wir das Glück, für die Heimfahrt genügend Segelwind zu haben, was nicht ganz gleichgültig war, da ich öfter um 6 Uhr abends noch Vorlesung zu halten hatte. Zweimal aber gab es eine völlige Windstille, so daß die Studenten leider vergeblich auf mich warteten. Sie war ein bißchen ein kaltes Vergnügen, diese Wasserjagd, aber sie machte mir viel Freude.

Von Mitte Mai an konnte man mit einigermaßen gutem Wetter rechnen. Dann ließen sich von Greifswald aus sehr schöne Fahrten in die nähere und weitere Umgebung machen. Sehr nett war ein Ausflug nach dem benachbarten Eldena, wo sich eine landwirtschaftliche Schule befand. Auf einem winzigen Dampfer fuhr man auf dem im Sommer meist übel riechenden Flüßchen Ryck an das Binnenmeer. Ein wunderbares Wochenende boten die Fahrten nach der Insel Rügen mit ihren Badeorten. Sehr beliebt waren im Sommer auch Ausflüge nach Heringsdorf. Von dort aus wollten wir eines Sonntags mit einem kleinen Schiff nach dem benachbarten Sommerfrischeort Ahlbeck fahren. Die Ostsee war recht stürmisch, aber trotzdem wagten wir die Fahrt, die nur etwa eine Viertelstunde dauern sollte. Kaum hatten wir abgelegt, als sich ein arger Gewittersturm mit wolkenbruchähnlichem Regenguß und schwerem Wellengang erhob. Der Kapitän, ein eigensinniger Pommer, behauptete, an der kleinen Landungsbrücke in Ahlbeck bei solchem Gewittersturm nicht anlegen zu können und deshalb bis zum Ostseenothafen Swinemünde fahren zu müssen. Eine Kajüte gab es nur für etwa 10 Leute. Alle anderen saßen im Freien und waren in wenigen Minuten bis auf die Haut durchnäßt. Die Damen trugen Hüte mit nicht farbechten Blumen, so daß die verschiedensten Nuancen über ihre Gesichter rannen. Die Kinder brüllten: „Mutti, muß ich jetzt sterben?" Nach einer halben Stunde kamen wir in Swinemünde an und fanden zum Glück eine geschlossene Droschke, die uns in einstündiger Fahrt zurück nach

Heringsdorf brachte. Ich wurde für eine Stunde ins Bett gelegt, bis mein Anzug getrocknet und geplättet war.

Gern unternahmen wir auch einen Ausflug nach dem nahen Stralsund, wo man sich zum ersten Male am freien Meer befand. Die prächtige Stadt mit ihren schönen Kirchen war auch durch ihre Häfen hochinteressant. Von dort aus führten Fähren für Eisenbahnwagen nach dem nahen Rügen. Das Einschieben der Waggons auf die kleinen, nur vier Wagen fassenden Fährboote war immer nett zu beobachten. Stralsund hatte auch ein ausgezeichnetes Krankenhaus mit einem tadellosen Chirurgen, der gute Ideen hatte, FRITZ BERNDT. Als ich von Greifswald wegging, sagte er treuherzig: „Jetzt wird es mir wieder besser gehen als während Ihrer Tätigkeit im alten Gryps!"

Kleinere Erholungsfahrten gingen nach Stettin und Rostock, einer reizenden norddeutschen Universitätsstadt mit dem unmittelbar in der Nähe gelegenen Badeort Doberan. Wir unternahmen die wunderschöne Fahrt dorthin mit dem einzigen Kraftwagen, der damals in Greifswald sein Dasein fristete.

Ein sehr hübscher Ausflug zu Pfingsten brachte uns nach Lund in Schweden und nach Malmö. Von dort fuhren wir nach Kopenhagen, einer herrlichen Stadt, in der es uns sehr gut gefallen hat. Ihr Farbenreichtum war geradezu imposant. Unvergeßlich ist mir das Museum, in dem die Werke des Bildhauers THORVALDSEN ausgestellt sind. Den größten Eindruck machte auf uns die Darstellung der Trauer. Wir trafen in diesem Museum den Königsberger Chirurgen LEXER mit seiner Frau und den Internisten LICHTHEIM, die uns von ihrer geradezu schauderhaft stürmischen Überfahrt berichteten. Im übrigen war in Kopenhagen das „Tivoli" das tollste, was wir in dieser Art bis damals gesehen hatten.

Als der Februar in Greifswald wieder einmal viel Nebel gebracht hatte, bekamen wir Sehnsucht nach dem sonnigen Süden. Wir fuhren nach Semesterschluß nach Nizza, besuchten das viel besprochene Monte Carlo und sahen uns auch ein Pferderennen an. Hierbei konnten wir die schönen Toiletten der Damen bewundern und uns an dem Temperament und der Begeisterung der Zuschauer über ihre Favoriten erfreuen. Sie feuerten ihre Jockeys ununterbrochen durch Zurufe an, stiegen auf Stühle und winkten mit Tüchern. Der Jubel war groß, wenn ein Liebling gewann. Ein hübsches Bild bot der Blumenmarkt, welchen meine Frau mit Vorliebe besuchte. Die Marktfrauen sprachen ein Gemisch von französisch und italienisch, doch konnte man sich leicht mit ihnen verständigen. Die kleinen Engländerinnen, die man damals sehr viel an der Riviera sah, trugen mit Vorliebe ganze Arme voll Blumen in ihre Behausungen. Sehr reizvoll war die Besichtigung der Parfüm-Fabrik in der Nähe von Nizza. Man fuhr, ganz ähnlich wie in Holland, durch große Blumenfelder mit herrlichsten Narzissen, Nelken, Rosen und bunten Wicken. Bizarr war der Anblick eines Pavillons mit künstlicher Eisbahn mitten unter Palmen. Ein großes

Ereignis war damals für Nizza der alljährlich stattfindende Blumenkorso am Kai mit den oft sehr kostbar geschmückten Wagen. Nicht selten trugen die Damen Toiletten, die zur Farbe ihrer Blumen abgestimmt waren. Damals waren noch Sonnenschirme gebräuchlich, die auch beim Korso eine große Rolle spielten. Es wurde den Preisrichtern nicht leicht gemacht, die schönsten Wagen zu bestimmen.

Kongreßbesuche

Auch durch Kongreßbesuche ergaben sich Reisen. So war es selbstverständlich, daß wir alljährlich immer fünf Tage zum Chirurgenkongreß nach Berlin fuhren. In Berlin fand im Langenbeckhaus in der Ziegelstraße im Jahre 1909 auch ein Orthopädenkongreß statt. Ich hielt dort einen Vortrag, wobei eine ganz großartige Geschichte passierte: Ich hatte damals schon meine ersten, völlig gelungenen Kniegelenksplastiken gemacht und fuhr mit meinen Tafeln, Zeichnungen und wunderschönen Präparaten in einer, wie es damals üblich war, pferdebespannten Droschke vom Hotel aus zum Sitzungslokal. Da ich diese Dinge nicht alle auf einmal in den Vorbereitungsraum des Langenbeckhauses schleppen konnte, ließ ich die Hälfte in der Droschke zurück und beging, in Unkenntnis der Seele der Berliner Droschkenkutscher, die Unvorsichtigkeit, den Rosselenker sofort zu bezahlen. Als ich wieder auf die Straße kam, war er mit seiner Rosinante und meinem kostbaren Material verschwunden. Ich ging natürlich zur Polizei und meldete den schweren Verlust an. Man teilte mir dort mit, daß die Herren Droschkenkutscher nach einem Dienst-Tag ein bis zwei Tage Urlaub nehmen und erst dann wieder auf ihrem Standplatz erscheinen. Am dritten Tag, als ich schon alle Hoffnung auf Wiedererlangung meiner unersetzlichen Röntgenplatten und Präparate aufgegeben hatte, teilte mir der außerordentlich liebenswürdige Polizeioffizier mit, daß eine größere Handtasche von einem Kutscher abgegeben worden sei. Der Offizier hatte den Pferdemann gefragt, warum er den Fund erst so spät abliefere, und folgende Antwort erhalten: „Ich habe die ganzen Sachen gepackt und in meine Stammkneipe getragen. Dort führte ich sie meinen Kameraden vor und sagte ihnen, daß es ja doch völlig wertloses und dummes Zeug sei. Einer aber meinte, es könnte am Ende doch was Wichtiges sein. Ich sollte es zum Fundbüro fahren und dort abgeben!" Jedenfalls fand ich es bezeichnend, wie gering der Spießer die wissenschaftliche Arbeit von Forschern und Ärzten einschätzte.

Im Frühjahr 1910 sprach ich in Wiesbaden mit großem Erfolg auf dem dort alljährlich stattfindenden Internistenkongreß über die PAYRsche Krankheit. Ich traf dort meinen lieben Kollegen Professor ORTNER aus Wien, der mit meiner Frau in meinem Vortrag gewesen war. Als sie sich gerne noch die weiteren Ausführungen der Herren Internisten angehört hätte, sagte er: „Aber gnä'

Frau, geh'n mer lieber in den Kurpark in die schöne Sonn'. Das, was die da
drin erzähl'n, kenn' mer ja im Herbst im Büchl lesen!", womit er den Kongreßbericht meinte.

Berufungen

Im Sommer 1910 erhielt ich einen Ruf nach Tübingen. Es gab dort damals nur
ein einziges einigermaßen gutes Hotel, in welchem jedoch kein Zimmer mit
einem Schlüssel abzusperren war. Auf unsere Frage erklärte die Wirtin em-
pört: „Bei uns Schwabe denkt kei Mensch ans Stehle!" Ich wurde von dem damaligen Ordinarius und abgehenden Professor, Exzellens PAUL VON BRUNS,
freundlichst empfangen, ebenso von seiner ungeheuer energischen Gattin, einer geborenen VON WEIZSÄCKER. Sie unterrichtete uns schon beim Mittagessen, wo wir zu wohnen hätten, was wir tun sollten und was in Tübingen üblich sei. Dabei erklärte sie auch, daß diese und jene Assistenten unbedingt im
Amt bleiben müßten, während andere Herren über die Klinge springen sollten. Ebenso bestimmte sie genau die Zahl der Assistenten, welche ich von
Greifswald im Bestfalle mitbringen konnte. Am Nachmittag waren wir im
Garten bei Kaffee und Kuchen versammelt, als der Abgesandte des Königs, der
später sehr bekannte Diplomat Herr VON KIDERLEN-WAECHTER, erschien,
um mich, meine politischen Anschauungen, meine Art mich zu geben, besonders aber auch meine Frau zu beschnuppern. Es schien auch alles zu seiner Zu-
friedenheit auszufallen.

Ich konnte mich nicht dazu entschließen, das kleine Greifswald mit dem noch
erheblich kleineren Neckarstädtchen zu vertauschen. Die Klinik war alt und
unbedingt erneuerungsbedürftig. Besonders die Krankensäle mußten im Vergleich zu meiner Greifswalder Klinik als dürftig bezeichnet werden. Hübsch
war nur die Privatstation. Ein alsbaldiger Neubau wurde zwar in Stuttgart mit
treuherzigem Augenaufschlag versprochen. Mein sehr lieber, charaktervoller
und prachtvoller Kollege FRANZ VON HOFMEISTER warnte mich aber und
sagte: „Bevor ich die neue Klinik nicht sehe, glaube ich nicht daran. Da
BRUNS in Tübingen bleibt, wird Ihnen die alte Frau Geheimrat das Leben
reichlich sauer machen!" Zur gleichen Zeit waren auch Aperturen in Königsberg und Zürich zu erwarten, für welche ich gute Aussichten zu haben glaubte.
So lehnte ich Tübingen ab, was von den Studenten in Greifswald gewaltig gefeiert wurde. Sie veranstalteten einen Fackelzug. Eine Abordnung von ihnen kam
zu uns ins Haus, wo bereits meine Kollegen mit ihren Frauen zu Gast waren.
Dann gingen alle Herren mit den Studenten zu einem großen Kommers, der
bis in die frühen Morgen dauerte und auf dem viele schöne Reden geschwun-
gen wurden. Die Studenten zogen zum Schluß auf den Marktplatz, wo sie einen „Salamander" rieben und die Gläser in den Brunnen warfen. Die Unent-

wegten begaben sich nach kurzer Pause noch zu einer Nachfeier nach dem kleinen Eldena.

Kurz nach der Ablehnung von Tübingen bekam ich den ehrenvollen Ruf als Nachfolger des berühmten Chirurgen RUDOLF KRÖNLEIN nach Zürich. Vieles reizte mich sehr – die herrlich große Stadt, die wundervollen Seen, der Anblick der Alpen, der alte, sehr gute Ruf der Universität, die ehemalige Lehrstätte BILLROTHs, die große Liebenswürdigkeit der Behörden. Es erschien mir als Alpensohn überaus reizvoll, in einer Stunde von Zürich auf den Rigi zu kommen, in ein paar Stunden nach dem geradezu paradiesisch schönen Engadin und in kürzerer Zeit über Interlaken in das Berner Oberland. Wir fuhren also nach Zürich. Bei dem kranken KRÖNLEIN wollten wir unseren Antrittsbesuch machen, konnten aber leider nicht empfangen werden. Die eigentlich prachtvolle Klinik hatte ungeheuer große, hohe Räume und breite Korridore und war schon in den 60er Jahren von SCHÖNLEIN erbaut worden. Das Operationshaus hatte später KRÖNLEIN geschaffen. Die Einrichtung dieses Hauses war ganz vortrefflich und die Anordnung der Räume ungemein praktisch. Die Patienten kamen durch einen Vorbereitungsraum und ein Narkosenzimmer, bevor sie in einen der beiden nebeneinander gelegenen Operationssäle gebracht wurden. Hieran schlossen sich ein Verbandsraum, ein Raum für das Erwachen des Patienten aus der Narkose und ein Warteraum für den Abtransport zur Krankenstation an. Das Licht war vollkommen neuzeitlich. Die Schwestern sprachen alle deutsch. Man gab sich alle Mühe, um mich zu gewinnen und bot ein gutes Gehalt.

Das alles wäre wunderschön gewesen, hatte aber doch auch mehrere erhebliche und scharfe Haken. Der erste hieß Prof. CARL SCHLATTER, war nahezu 20 Jahre 1. Assistent bei KRÖNLEIN gewesen und nun Polikliniker. Er hatte gute technische Kenntnisse, war fachlich sehr tüchtig und wollte die Krankheit seines Chefs benutzen, um die halbe Klinik für sich zu gewinnen. So hatte er bei der Kantonsregierung den Antrag gestellt, die Klinik zu teilen, womit er seinem alten Lehrer die Hälfte unter dem Stuhle herausziehen wollte. Das führte zu einem großen Streit. Ein Teil der Fakultät war für den alten, hochverdienten KRÖNLEIN, ein anderer Teil für den doch viel jüngeren SCHLATTER. Da ich mich unter gar keinen Umständen auf eine Teilung der Klinik einlassen wollte, SCHLATTER aber in einer unkündbaren Stelle war, so hätte es selbstverständlich vom ersten Tage an Reibungen und Unfrieden gegeben. Der zweite, noch schlimmere Haken war die Mitteilung, daß man immer nur für sechs Jahre als ordentlicher Professor angestellt wurde und die Kantonsregierung das Recht habe, einen durch seine politischen Einstellungen unbeliebten Professor mit einem einfachen Schreiben und einer kurzen Begründung pensionslos und ohne längere Frist zu entlassen. Man erklärte mir zwar mit freundlichem Lächeln, daß solche Entlassungen nur sehr selten vorkämen, aber sie waren eben doch mehrmals erfolgt. Ein Chemiker und ein Professor der Arzneimittellehre waren an die Luft gesetzt worden – teils wegen politischer Unbeliebtheit, teils aus anderen Gründen. Eine Möglichkeit, diese Verfügung zu umgehen, gab es nicht. Da man in Deutschland damals auf Lebenszeit angestellt war – die üble Einführung der Altersgrenze kam erst nach dem Jahre 1933 – war mir diese Regelung mehr als unsympathisch. Es ist unangenehm für einen selbstsicheren Mann vom Stamme des ANDREAS HOFER, auf einem Pulverfaß zu sitzen, bei dem man doch nie sicher wissen konnte, wann es explodiert, denn die politischen Verhältnisse waren damals in Zürich und ebenso in der ganzen Schweiz sehr schwankend. Der dritte Haken war das Sprachproblem. Beim ersten Besuch in der Klinik begrüßte uns ein junger Assistent in tadellosem Französisch. Als wir uns nach Wohnungen umsahen, wurden wir überall französisch angesprochen. Auch die Einrichtung der Wohnungen war ganz nach französischem Muster mit eingebauten Wandschränken. Wenn nicht französisch gesprochen wurde, dann Schwyzerdütsch, das nur ich verstand. Meine Frau, in Prag aufgewachsene Wienerin, meinte, das sei doch keine deutsche Klinik und keine deutsche Stadt mit soviel französischem Einschlag. Viertens war eine unangenehme Beigabe, daß von den etwa 400 Studenten in den klinischen Semestern mindestens ein Drittel Russinnen waren, welche mit den biederen Schwyzern häufig auf sehr vertrautem Fuße standen. Mit diesen Russinnen gab es politischen Streit, in welchen sich auch die Professoren der Universität mischten. Auch sonst war in Zürich nicht alles nach meinem Wunsch. Ich lehnte also ab,[13] erhielt aber nach wenigen Wochen einen neuerlichen Ruf nach Zürich. Herr ERNST, der Vertreter der Behörde, suchte mich zweimal an unserem Urlaubsort St. Moritz auf, um die Verhandlungen zum Abschluß zu bringen und brachte schon mein unterschriebenes Ernennungsschreiben mit. Er meinte, daß ich als Tiroler mich mit den Schweizern doch viel besser vertragen müßte als mit den Preußen. Das Ernennungsdekret blieb durch einen Zufall in meinen Händen, so daß ich heute eigentlich noch in Zürich als ordentlicher Professor der Chirurgie auftreten könnte. Ich konnte mich aber doch nicht zu dem Wechsel entschließen, zumal inzwischen Königsberg frei geworden war. Beim Abschied habe ich ERNST empfohlen, FERDINAND SAUERBRUCH zu berufen, der damals Oberarzt an der Chirurgischen Klinik in Marburg/Lahn war. ERNST gab auf mein Urteil so viel, daß er sofort die Berufung an ihn ergehen ließ. SAUERBRUCH verdankt mir also die Ernennung zum Ordinarius

---

[13] ERNST HELLER erinnert: „Während der Greifswalder Zeit, im Jahre 1910, erhielt PAYR einen Ruf nach Zürich. Er ist damals seiner neuen Wahlheimat treu geblieben. Den Jubel der Studentenschaft, der die kleine Universität drei Tage lang durchtobte, wird niemand vergessen, der ihn mit erlebt hat." (HELLER, E.: ERWIN PAYR zum Gedenken.– Zbl. Chir. 73 (1948) 451–453). Es ist denkbar, daß die hier erwähnte Feier der Studenten mit der identisch ist, die PAYR im Zusammenhang mit seiner Ablehnung des Rufs nach Tübingen schildert (vgl. S. 60/61).

und die Berufung an die Züricher Hochschule, an der er acht Jahre lang wirkte, bis er nach München kam.

In Königsberg stand ich nicht auf der Vorschlagliste der Fakultät, auf welcher infolge verwandtschaftlicher Verhältnisse drei andere Herren benannt waren. Insbesondere zwei Schwäger wollten ihren Verwandten nach Königsberg bringen, weshalb auch der Spitzname „Zweischwägervorschlag" kursierte. Das preußische Kultusministerium teilte mir jedoch mit, daß man mich gern nach Königsberg berufen und damit in Preußen halten würde. Sowohl ELSTER als auch NAUMANN wünschten dringend, daß ich in Preußen verbliebe und redeten mir mit Engelszungen zu, die Berufung nach Königsberg anzunehmen. Die endgültige Entscheidung konnte allerdings erst im Herbst fallen, da der Herr Minister bis dahin verreist war. Die Ernennung erfolgte dann im September 1910, als gerade in Königsberg die Naturforscherversammlung abgehalten wurde, der natürlich auch viele Chirurgen beiwohnten. Die Nachricht von meiner Berufung platzte wie eine Bombe in die Versammlung. Da das Ministerium den Vorschlag der Fakultät nicht berücksichtigt hatte, entstand einige Aufregung. Auch mein Vorgänger im Königsberger Amte, ERICH LEXER, war gegen den Vorschlag der Fakultät nach dort gekommen. Gerade er hätte also keine Ursache gehabt, sich über meine Berufung das Maul zu zerreißen. Aber die aufgeregten Geister beruhigten sich rasch.

So ging die Zeit in Greifswald zu Ende. Mein Haus in der Wilhelmstraße, das eigentlich immer schon das Chirurgenhaus gewesen war, fand bei meinem Nachfolger FRITZ KÖNIG keinen Anklang, weil er zufälligerweise eine schöne Mietwohnung fand. Schöne Jahre habe ich in dieser merkwürdigen Stadt verlebt, welche sich von allen anderen deutschen Städten dadurch unterschied, daß sie auch über Jahrzehnte in ihrer Bevölkerungszahl gleich blieb. Ich habe die drei Jahre in Greifswald in angenehmer Erinnerung, weil wir dort in der liebenswürdigsten Weise in das Wesen und die Gebräuche norddeutscher Hochschulen eingeführt worden sind.

Königsberg

Stadt und Klinik

Der Tausch nach Königsberg war in vieler Hinsicht gut. Die alte Königsberger Klinik hatte ein geradezu großartiges Krankengut, das zum erheblichen Teil aus dem benachbarten Rußland stammte und auf jeden Kliniker eine gewaltige Anziehungskraft ausüben mußte. Auch sonst waren die Lebensbedingungen in der altertümlichen, in einem in sich geschlossenen östlichen Kulturzentrum

liegenden Stadt denkbar angenehm. So verlebte ich dort ein sehr glückliches
Jahr, an das sich meine Gedanken immer wieder gern anknüpfen.

Die um das Schloß herum gelegene Stadt selbst war noch bis vor kurzem
Festung gewesen, weshalb hier Wohnungsknappheit herrschte. Im Zentrum
blieben fast nur die Kliniker. Die meisten anderen Professoren wohnten in den
gartenreichen Vororten, welche man mit Straßenbahnen leicht erreichen
konnte. Es war sehr schwer, in Königsberg ein passendes Heim zu finden. Konsul MINKOWSKI, der Bruder des Greifswalder Internisten, nahm sich in lie-
benswürdigster Weise unserer an und vermittelte uns in der Junkerstraße, nahe
am Schloßteich gelegen, eine hübsche Wohnung. Wir mußten uns allerdings
verpflichten, sie nach Ablauf von vier Monaten wieder frei zu machen. Bis dahin war uns aber in der Schönstraße in einem Neubau mit Zentralheizung eine
sehr hübsche Doppelwohnung versprochen, in welcher wir noch verschiedene
Ein- und Umbauten vornehmen lassen konnten.

Die Klinik war, wie mein Vorgänger ERICH LEXER sagte, „fei dreckig". Das alte, unter einem früheren Ordinarius namens SCHÖNBORN errichtete Gebäude
ruhte, ähnlich wie Venedig, auf soliden Holzpfählen von ziemlicher Höhe, so
daß unter ihm der eisige Wind ungehemmt durchpfeifen konnte. Angeblich
sollten hierdurch die „Miasmen", also Krankheitskeime, von den Krankenstu-
ben abgehalten werden. Der Kohlenverbrauch war infolge dieser törichten
Bauart einfach unglaublich hoch. Das Haus umfaßte vier große Krankensäle
und hatte keinen Nebenraum, kein Verbandszimmer wie auch kein Sterbezim-
mer. Der Operationssaal war gut und der neue Hörsaal schön, zweckmäßig,
ordentlich eingerichtet und für eine große Zahl von Studierenden berechnet.
Er wurde gerade bei meiner Ankunft vollendet.

Da die 180 Betten der Universitätsklinik natürlich nicht ausreichten, hatte sich
nicht sehr weit von ihr eine Metastase, also ein Ableger gebildet, der etwa weitere 150 Kranke aufnehmen konnte. Dies war ein äußerst einfach eingerichtetes
Haus, in dem hauptsächlich Russen und Polen für einen geradezu lächerlich
niedrigen Verpflegungssatz bei Brot und Zwiebeln hausten. Eine Art Pflege-
mutter betreute das Ganze. Einer der klinischen Assistenten besorgte den ärztlichen Dienst. Bei Operationen, bei denen es sich meist um Haemorrhoiden,
andere Aftererkrankungen leichterer Art, Krampfadern oder kleine Geschwülste handelte, wurden noch ein oder zwei Volontäre mit hinüber genommen.
Ich ging öfter einmal dort hin, besah mir diese Klinik zweiten oder besser gesagt dritten Ranges und holte gelegentlich den einen oder anderen Fall für das
Kolleg in die Universitätsklinik. Es gab in Deutschland keine andere chirurgische Klinik mit ähnlichen Einrichtung.

Da die Klinik selbst auch keine Privatstation hatte, mußte ich meine Privatpatienten in einer Privatklinik unterbringen. Sie lag nur ein paar Minuten weit
von der Universitätsklinik entfernt und befand sich in einem dreistöckigen

Hause. Die Besitzerin, Frau GERVAIS, war eine sehr kluge Arztwitwe. Sie verstand es großartig, mit den Ausländern umzugehen. Als sich beispielsweise eines Tages ein Mann von mir verabschiedete, bei dem ich eine sehr schwierige Darmresektion ausgeführt hatte, fragte ich Frau GERVAIS, ob er denn die Rechnung bezahlt hätte. Daraufhin sagte sie „Nein" und fügte hinzu: „Der Mann wird in drei Stunden wieder hier sein und alles bezahlen!" So war es auch. Diese Leute trugen ihren kostbaren Paß in den hohen Schaftstiefeln, wo sie eine Tasche, gerade groß genug für den Paß, etabliert hatten. Frau GERVAIS, mit den Gepflogenheiten dieser Herrschaften wohl vertraut, nahm immer den Paß aus seinem genialen Versteck heraus und hob ihn auf. Am Bahnhof merkte der geheilte Patient den Verlust des Schriftstückes, ohne das er niemals über die russische Grenze in die Heimat gekommen wäre. Er kam in die Klinik zurück, bezahlte seine Schuld ohne ein Wort zu sagen und verschwand wieder in der Richtung gegen das Land aller Reußen. Ich muß übrigens bemerken, daß unter diesen Leuten auch sehr dankbare Menschen waren. Einer, bei dem ich eine gewaltige Darmresektion von nahezu 3 m Länge gemacht hatte, schickte seine ganze Verwandtschaft an meine Klinik. Diese Anhänglichkeit erstreckte sich auch bis zum Weltkrieg nach Leipzig, wo ich noch mehrere Verwandte operiert habe.

Der Verkehr mit den jüdischen Kranken aus dem Osten war ziemlich schwierig. Auch hierfür gab mir der Konsul MINKOWSKI wertvolle Hinweise. Er weihte mich in die Ausdrücke und Gepflogenheiten der jüdischen Patienten ein, die sich in ihrem Verhalten gegenüber dem Arzt nach dem Talmud richten. Hierbei machte er mich auf ein Buch über „Medizinisches aus dem Talmud" aufmerksam, aus welchem ich sehr viel gelernt habe, insbesondere auch über die hygienischen Lebensregeln des jüdischen Volkes. Diesem hochinteressanten Werk war beispielsweise zu entnehmen, daß sich im Talmud die Anweisung findet, eine von Gott eingerichtete Körperöffnung dürfe nicht verschlossen werden. Umgekehrt sei es auch nicht erlaubt, dort eine Öffnung herzustellen, wo Gott keine gemacht habe. Es war infolgedessen sehr schwierig, russische Juden dazu zu bringen, sich einen künstlichen Darmausgang anlegen zu lassen. Man mußte dies dem Kranken mit größter Schläue beibringen und ihm sagen, es werde nur eine ganz kleine „Operaze" gemacht, um den kranken Teil zu besichtigen. Die Öffnung, die dazu nötig sei, werde später unbedingt wieder geschlossen.

Mit meinem Vorgänger LEXER führte ich bei meinem Eintreffen in Königsberg eine ganz kurze und sachliche Besprechung. Ich fand von ihm eine größere Anzahl von Assistenten vor. Der älteste war Privatdozent DRAUDT, der schon seit mehreren Jahren als Oberarzt an der Klinik arbeitete. Er war ein sehr geschickter und operationstechnisch geradezu glänzend ausgebildeter Mann, der allerdings wissenschaftlich keine rechten Ambitionen hatte. Dafür besaß er ausgezeichnete Kenntnisse der Kleinschmetterlinge und erfreute sich auf diesem Gebiete allgemeiner Anerkennung. Weiterhin übernahm ich den wissenschaftlich ungeheuer bestrebten PAUL FRANGENHEIM. Auch er brachte eine vorzügliche Begabung mit. Operationstechnisch wurde er erst bei mir zum Vollchirurgen ausgebildet. Von Leipzig aus bekam er später das Ordinariat in Köln. Dann war an der Klinik HANS BURKHARDT, ein sehr fleißiger, sympathischer, begabter und etwas kritisch veranlagter „Wüschteberger", dessen Vater in Stuttgart als Chirurg hohes Ansehen genoß. Weiter traf ich auf ANTON JURASZ, einen interessanten Kopf mit technisch überdurchschnittlicher Begabung, der allerdings leicht etwas aufgeregt und nervös reagierte. Sein Vater hatte das Ordinariat für Hals-Nasen-Ohren-Heilkunde in Heidelberg inne und war ein sehr nationalistisch gesinnter Pole, während seine Mutter aus dem Schwarzwald stammte. Schließlich fand ich zwei nette Militärärzte vor, die Herren BERGMANN und WILLEMS. Einige Assistenten nahm ich von Greifswald nach Königsberg mit, vor allem den so zuverlässigen ERNST HELLER. Dabei gab es noch eine Schwierigkeit. Ich wollte ursprünglich HELLER gern als Oberarzt haben. DRAUDT war aber an Lebens- und Dienstjahren älter als er. So mußte sich schließlich der gute HELLER, treu und bieder wie er immer war, mit der Stellung des 1. Assistenten begnügen. Ebenso kam der hochbegabte MARTIN KIRSCHNER aus Greifswald mit nach Königsberg. Die Herren aus den beiden Schulen befreundeten sich rasch und vertrugen sich glänzend. ERICH SONNTAG, späterer Polikliniker in Leipzig, ein ungeheuer zuverlässiger Mann, kam gerade zur Zeit der Übersiedlung zu mir, bald auch der in pathologischer Anatomie glänzend ausgebildete spätere Freund OTTO KLEINSCHMIDT, der fein gebildet, auch künstlerisch begabt und von tadelloser Wesensart war. Privatassistent wurde ADOLF EBNER, der als waschechter Ostpreuße seinen Namen als „ABNER" aussprach und oft des Abends meldete, daß es den Patienten „wasentlich basser" ginge. Die Schwester ROSA ATTENEDER aus Graz war mir über Greifswald auch nach Königsberg gefolgt und hielt das Haus in Ordnung. Für den Operationssaal hatten wir hier einen männlichen Gehilfen, welcher aber nur für gröbere Arbeiten zu gebrauchen war. Sonst versahen in Königsberg wie auch in Greifswald die Schwestern den weitaus größten Teil der notwendigen Hilfeleistungen.

Die Königsberger Medizinische Fakultät

Die Königsberger Fakultät bestand aus einer ganzen Anzahl fachlich bedeutender Leute. Der beste Kopf war damals der berühmte Internist LUDWIG LICHTHEIM. Ich lernte in ihm einen ungewöhnlich intelligenten Mann kennen, der die Dinge voraussah, welche da kommen sollten. Ein langer weißer Vollbart zierte sein kluges Antlitz. Er hatte den Spitznamen „Der groiße Porez", was ins Deutsche übersetzt ungefähr heißt: „Der große Herr". LICHTHEIM genoß ein sehr großes Ansehen bei der Bevölkerung und hatte eine riesige Praxis, vor allem auch aus dem benachbarten Rußland. Die Leute aus Kowno und Minsk kamen geradezu rudelweise zu ihm. Er arbeitete einträchtig mit mir zusammen, schätzte meine operative Technik und sandte mir aus seiner Klinik wie auch aus seiner Privatpraxis schöne Fälle zu. Eine großartige Geschichte mit meinem Assistenten JURASZ zeigte, was für ein guter Diagnostiker und Menschenkenner er war. JURASZ klagte eines Tages über heftige Kopf- und Genickschmerzen. Der alte LICHTHEIM wurde gerufen, schüttelte bedenklich den Kopf und sagte: „Wenn es bis morgen nicht besser ist, müssen wir eine Lumbalpunktion machen!" Als LICHTHEIM am nächsten Tage wieder erschien und aus seiner Rocktasche die für diesen Eingriff geeignete, aber offenbar unsterile Punktionsnadel hervorzog, erklärte JURASZ sofort, daß er sich schon viel, viel besser fühle und der kleine Eingriff sicher überflüssig sei. LICHTHEIM steckte mit einem milden Lächeln die Punktionsnadel wieder ein und entließ meinen Assistenten als geheilt. Er hatte sofort durchschaut, daß JURASZ im Krankenbett Theater spielte und es sich um nichts Ernsteres handelte. [14)]

Dann war ein Polikliniker da für innere Medizin, JULIUS SCHREIBER. Er hat sich große Verdienste dadurch erworben, daß er die Besichtigung des Mastdarmes mit einem geeigneten Sehrohr, genannt Rektoskop, teils ausbildete und teils sehr verbesserte. In einer Zeit, da das Röntgenverfahren des Dickdarmes noch nicht auf der heutigen Höhe stand, bedeutete die Möglichkeit, den Mastdarm und die höher gelegenen Darmabschnitte zu besichtigen, einen gewaltigen Fortschritt. Er hat ein schönes Buch mit glänzenden Abbildungen herausgegeben, welches erst später durch ähnliche Werke ein wenig überholt wurde. Es ist nicht ganz uninteressant zu hören, daß bereits HIPPOKRATES in seinem Buch über die Haemorrhoiden vom Mastdarmspiegel spricht. SCHREIBER war jünger als LICHTHEIM und wie dieser ein erfahrener Diagnostiker und guter Praktiker. Ich habe mit ihm eine ganze Anzahl von Patienten untersucht und behandelt.

Anatom war ein schon älterer Mann namens CHRISTIAN STIEDA, dessen Familie aus Dorpat stammte. Seine drei Söhne wurden alle Chirurgen. Er hatte ein schlechtes Institut, in dem ich während des Sommersemesters den Operationskursus an der Leiche abhalten mußte.

Als Pathologen traf ich in Königsberg FRIEDRICH HENKE an, der von seiner Frau, die früher Schauspielerin gewesen war, immer PETERCHEN genannt wurde. Er war Schwabe, ein sorgfältiger Arbeiter, angenehmer Kollege und aufrichtiger Charakter. Ich freundete mich mit dem freundlichen und gütigen Mann bald an, so daß wir auch familiär miteinander verkehrten und uns auch später

---

[14)] LICHTHEIM war besonders auf neurologischem Gebiet tätig und gab die „Deutsche Zeitschrift für Nervenheilkunde" heraus.

gelegentlich auf Reisen in Lugano, Wiesbaden oder München trafen. Wie GRAWITZ fühlte er sich niemals als Richter der Kliniker, sondern nur als deren Ratgeber. Ich habe mit HENKE viele fachliche Gespräche geführt und ihm auch die Anregung gegeben, wenn nötig mit einem Hauptmitarbeiter, ein umfangreiches Handbuch der speziellen pathologischen Anatomie und Histologie zu verfassen. Der Verleger dieses dann tatsächlich entstandenen, etwa 20bändigen Werkes, JULIUS SPRINGER in Berlin, erkannte mein Patenverdienst dadurch an, daß er mir jeden neu erschienenen Band mit einem Dankesbrief zusandte. HENKE ging, kurz nachdem ich auf den Lehrstuhl in Leipzig berufen worden war, nach Breslau und blieb dort bis zu seiner Emeritierung – immer fleißig, sorgfältig arbeitend und bestrebt, sein Bestes zu tun.

Ein äußerst kluger, witziger und geistreicher Mann war der Pharmakologe MAX JAFFÉ. Die Studenten hatten ihn wegen seiner gütigen Art gern. So fragte er einmal im Examen nach der Zusammensetzung eines Nährklystiers. Der Kandidat wußte nur etwas von Milch und einer Prise Kochsalz und brachte auf weiteres eindringliches Befragen des Prüfers, was noch dazu gehöre, schließlich noch „Sirupus Rubi Idaei – Himbeersirup" hervor. Darauf lächelte JAFFÉ milde und sagte: „Das ist ein Geschmackscorrigens, das bei einem Nährklystier nicht allzu viel Zweck haben dürfte!"

Ein sehr interessanter Mann war schließlich der Gynäkologe GEORG WINTER, hervorragend in seinem Fach und bis in die letzten Jahre ein führender Vertreter der Frauenheilkunde. Er schrieb eine ganze Anzahl bedeutender Werke und erwarb sich insbesondere Verdienste um die frühzeitige Erkennung des Gebärmutterkrebses. Seine Frau MARIA stammte aus Österreich und war früher eine der gefeiertsten Schauspielerinnen gewesen. Die Liebe zu den Brettern hat sie nie ganz verlassen. In Königsberg erlebten wir mit ihr eine Aufführung der Maria Stuart, welche geradezu ergreifend war. Sie war eine wirklich große Künstlerin.

Leben in Königsberg und früher Abschied

Das gesellige Leben in Königsberg war äußerst anregend, und alle Kreise verkehrten miteinander. Es wurde viel gute Hausmusik gepflegt, was meiner Frau, die als junges Mädchen viel gesungen hatte, natürlich große Freude machte. Es gab manch originelle Einladung. Ganz lebhaft erinnere ich mich noch an das Gartenfest bei einem Kollegen in Amalienau. Er hatte den hübschen Einfall, zu einer Rundreise nach Italien einzuladen und kleine Rundreisehefte drucken lassen. Beim Eingang empfingen uns Kinder in italienischer Tracht, die die Führung übernahmen. Man kam in eine Osteria, wo es in Öl gebratene Fische, Spaghetti sowie italienischen Wein gab. Unter anderen Überraschungen fand man im Garten einen großen Sandhügel, in dem die Gäste

„Ausgrabungen in der Umgebung Roms" vorzunehmen hatten. In der Dämmerung schaufelten wir alle vorsichtig, und jeder stieß auf einen anderen Fund. Unsere Ausgrabung bestand in einem kleinen Krüglein mit einem Spruch darin. Das Leben in Königsberg war auch durch die nahe Ostsee sehr reizvoll. Ganz besondere Anziehungspunkte bildeten die bekannten Badeorte Cranz, Rauschen oder Schwarzort.

An einem Sonntag im Mai 1911 fand ich unter meiner Post die Mitteilung, daß ich in Leipzig als erster für die Nachfolge von FRIEDRICH TRENDELENBURG vorgeschlagen sei, der sich nach Berlin zurückziehen wollte. Diese Nachricht erregte uns natürlich sehr. Der ehrenvolle Ruf nach Leipzig stellte mich vor eine schwere Entscheidung. Wir hatten uns eben erst in Königsberg eingelebt und unser Heim war gerade behaglich geworden. Gerne wären wir noch ein paar Jahre in der gastlichen Stadt geblieben. Im preußischen Ministerium suchte man mich auch zu halten und versprach mir nach Freiwerden Breslau. Zuletzt zog ich es aber doch vor, nach Leipzig zu gehen. Die Größe der dortigen Arbeitsstätte reizte mich, bei der es sich damals um die an Bettenzahl größte Chirurgische Klinik Deutschlands handelte. Auch lag Leipzig nicht nur meiner geliebten Alpenwelt so viel näher, sondern auch Prag, wo meine Schwiegermutter lebte. Der Abschied von Königsberg fiel uns schwer. Die Studenten brachten mir noch einen schönen Kommers. Dann hieß es wieder übersiedeln, zum dritten Mal in einem Jahr.

Erste Jahre in Leipzig

Anfänge

In Leipzig war eine Tante meiner Frau mit dem angesehenen Verlagsbuchhändler RICHARD REISLAND verheiratet. Das liebenswürdige, stets hilfsbereite Ehepaar stand uns nun mit seiner ausgezeichneten Ortskenntnis bei der Wohnungssuche zur Seite, und es gelang bald, etwas Passendes zu finden. Eine geräumige Doppelwohnung, nicht weit vom Johanna-Park in der Mozartstraße gegenüber dem Gewandhaus gelegen und kaum zehn Minuten vom Stadtinneren entfernt, sollte unser langjähriges Heim werden. Die Entfernung zur Klinik war auch nicht allzu weit.

Als der Abschied von Königsberg heranrückte, ging meine Frau zunächst mit den Kindern nach dem Ostseebad Cranz. Dann hieß es aber ans Packen denken. Der alte Königsberger Packer DREY, der uns schon zweimal übersiedelt hatte, wurde mitgenommen. Während ich nach Heidelberg zur Naturforscher-

Versammlung fuhr, brachte meine Frau die Kinder zu ihrer Mutter nach Prag. Sie war dort kaum angekommen, als sie die telegrafische Nachricht erhielt, die Möbel seien bereits in Leipzig eingetroffen und die Wagen müßten leer gemacht werden, da sie zu einem anderen Umzug in Jena gebraucht würden. In Leipzig waren aber noch allerhand Handwerker tätig und meine Leutchen – neben meiner Frau und dem Packer DREY auch unsere getreue ANNA, die als ganz junges Mädchen in Greifswald zu uns gekommen und über Königsberg mitgezogen war – hatten es nicht leicht. Als es zum Kistenauspacken kam, erschien am frühen Morgen unsere schöne, stattliche, gütige und kluge Tante BERTHA REISLAND, nahm eine große Schürze, band sie um und sagte nur: „So, da bin ich, wo kann ich helfen?" Nach einiger Zeit klopfte unser Packer meiner Frau leise auf die Schulter und meinte treuherzig: „Frau Professor, die Frau is jut, die behalten wir!" was natürlich großes Gelächter auslöste. Bald war das Wichtigste geschafft, so daß wir die Kindern kommen lassen konnten. Bei meiner Ankunft war es schon recht wohnlich geworden. Wenig später stand auch in meiner großen Bibliothek alles an seinem Platz. Ich habe dort manche Nacht gearbeitet, und sie war die Quelle meiner wissenschaftlichen Arbeiten und meine Freude.

Die Klinik hatte ich schon einmal zu Zeiten, als sie noch unter der Leitung meines Vorgängers TRENDELENBURG stand, auf der Rückreise von einem Kongreß gesehen, aber keinen allzu günstigen Eindruck von dem Bauwerk gewonnen. Als ich im Jahre 1911 den Ruf nach Leipzig erhielt, hatte ich Gelegenheit, das Haus ganz genau in Augenschein zu nehmen. Ich war daraufhin nach Dresden gefahren und hatte im Unterrichtsministerium erklärt, daß ich den Ruf nur annehmen könne, wenn mir die sofortige Ausführung von ganz erheblichen Erweiterungsbauten zugesichert werde. Dem war dann auch entsprochen worden.

Die Chirurgische Klinik Leipzig war im alten Krankenhaus St. Jacob in der Liebigstraße untergebracht. Zu ihr gehörte einerseits ein mehrgeschossiges Hauptgebäude, in dem sich der Operations- und Hörsaal sowie mehrere Räume für verschiedene Zwecke befanden. Andererseits umfaßte sie einen ausgedehnten eingeschossigen Komplex mit den Krankenstationen. Der mehrgeschossige Hauptbau der Klinik sah von der Liebigstraße her wie eine herrschaftliche Villa mit Balkonen aus, hatte einen ganz netten Vorgarten und seitlich eine weiter ausgedehnte Anpflanzung von Grünzeug. Im Untergeschoß lagen zwei Räume für Versuchstiere. Die Hunde belästigten nicht selten durch lautes Bellen die Kranken in den Stationen und den Betrieb im Operations- und Hörsaal. Das Erdgeschoß diente als Poliklinik. Man kam hier zunächst in einen stets finsteren Korridor, welcher nur in der Sommerzeit annähernd genügend Licht bot. Von ihm führte eine sehr steile Treppe in die erste Etage hinauf. Dort ging es durch einen schmalen und gleichfalls wenig hellen Korridor mit der Kleiderablage unmittelbar in den Operationssaal, der zugleich auch als Hörsaal für den klinischen Unterricht diente. Da dessen Tür nicht immer geschlossen war, konnte eigentlich jeder, der wollte, in den Operationssaal der Chirurgischen Klinik eintreten. Die Diener mußten sorgfältig achtgeben, um nicht fremde Elemente in diesen geheiligten Raum vordringen zu lassen. Es gab eine Deckenlampe, die aber für die Ausführung schwieriger Eingriffe völlig unzureichend war. Der Platz war sehr beengt und betrug nur etwa 15 qm, so daß es schon zu Schwierigkeiten führte, wenn gleichzeitig zwei in ihren Betten liegende Kranke hereingefahren wurden. Die Bänke für die Studenten waren amphitheatralisch angeordnet. Zwei Treppen führten bis hoch hinauf, und die Praktikanten, welche aufgerufen wurden, mußten sehr steil herabsteigen. Der Hörsaal hatte 166 Plätze. Seine Akustik war gut. Der Projektionsapparat stand allerdings nicht auf der Höhe der Zeit und gab nicht immer klare Bilder. Immerhin war er brauchbar, wenn er auch einen Teil des Raumes wegnahm, der ohnedies außerordentlich beengt war. Das Glasdach des Hörsaals hatte eine elektrisch angetriebene Verdunkelungsvorrichtung. Unter dem Amphitheater lag ein bogenförmiger Raum mit einem halbkreisförmigen Marmortisch, auf welchem Mikroskope und Präparate aufgestellt werden konnten. Im übrigen befanden sich im 1. Stock ein kleiner Raum mit dem Namen „Aseptischer Operationssaal", ein äußerst kümmerlich eingerichtetes Röntgenzimmer, ein kleines als Bibliothek gedachtes Zimmer, ein auch nicht riesiges Frühstückslokal für die Assistenten und das Zimmer des Direktors. Dies war groß, freundlich und nach Süden gelegen, hatte aber keine Nebenräume, welche unbedingt notwendig gewesen wären. Auch sonst war das Fehlen von Nebenräumen ein empfindlicher Mangel. Wenn man nun noch eine Treppe höher in den 2. Stock stieg, kam man in einen abermals finsteren Korridor. Er führte zu einem größeren Raum, welcher von meinem Vorgänger für die Herstellung von Fotografien bestimmt war. Er sah genau so aus wie ein fotografisches Atelier und war mit dunklen Vorhängen versehen. Neben diesem Raum befand sich ein ganz kleines „Labor", welches gerade ausreichte, um die allernotwendigsten Untersuchungen auszuführen. Es war bis dahin nicht üblich gewesen, an der Klinik selbst forschende Arbeit zu verrichten. Die Oberärzte und Assistenten meines Vorgängers machten dies an anderen Instituten, besonders in der Pathologie und Pharmakologie. Acht Krankenstationen lagen, wie schon gesagt, alle im Erdgeschoß und stammten aus den 60er Jahren des letzten Jahrhunderts. Über den Hauptkorridor in der Liebigstraße waren die Männerstationen, über einen weiteren Korridor die Frauen- und Kinderstationen zu erreichen. Die Stationen enthielten jeweils ungefähr 26 bis 30 Betten, und es ging von ihnen aus direkt in den Garten, so daß man im Sommer Kranke, für welche Licht und frische Luft besonders wichtig waren, ins Freie bringen konnte. Es fehlte an Absonderungsräumen für Schwerkranke, Sterbezimmern und an genügenden Badeanlagen. So war für septische und aseptische Fälle nur eine einzige Badevorrichtung vorhanden. Der sogenannte Verbandsraum war nur durch eine Gardine von dem Hauptraum abgetrennt, so daß die

Kranken, welche bei Verbandswechsel Schmerzen äußerten, von sämtlichen
Leuten gehört werden konnten.

Mit dem Umbau wurde bereits im Frühjahr 1912 begonnen. Er bestand besonders darin, daß ein neuzeitlicher, allen Anforderungen entsprechender großer
aseptischer Operationssaal nach meinen Anordnungen gebaut wurde. Dieser
Saal hatte ein doppeltes Oberlicht, das von einer Wasserspülung in reichlichem
Maße überflossen werden konnte, die in der Sommerzeit die Temperatur, wie
ich nachweisen konnte, um 7° Celsius herabsetzte. Man konnte bequem an 2
Tischen nebeneinander operieren und auch einen dritten in den Hintergrund
des Saales einschieben. Der kleine bisherige aseptische Operationsraum erhielt
die Funktion eines septischen Operationsraumes, in den die von der Straße
kommenden Schwerverletzten und Verunglückten gebracht wurden. In den
Hörsaal kamen seitlich stehende Ersatzlampen, so daß auch hier gute Beleuch-
tungsverhältnisse für die Operationen gegeben waren. Es bestand damit Gelegenheit, an drei Stellen zu operieren, nämlich erstens im neuen aseptischen
Saal, zweitens im septischen Operationsraum und drittens im Hörsaal. So waren die Operationsmöglichkeiten nun tatsächlich dem Riesenbetrieb, der sich
kurz nach meinem Amtsantritt in Leipzig entwickelte, gewachsen. Im
Hörsaal[15] wurde der alte Projektionsapparat pensioniert. Die Bilder, die der
neue, von Zeiss gelieferte Apparat an die Wand warf, waren erstklassig. Er
konnte in eine unter der untersten Sitzreihe angebrachten Vertiefung einge-
schoben werden, so daß er nunmehr keinen Platz für die Studenten wegnahm.
Dies war insofern wichtig, als die Zahl der Studenten bald nach meinem An-
tritt in Leipzig sehr bedeutend anwuchs und schon im Jahre 1912 300 oder sogar 330 betrug. So mußten viele oben im Hörsaal auf einer Art Rundgang ste-
hend das Kolleg anhören. Sie erreichten allerdings durch geringe Trinkgelder,
daß die Diener noch 20 bis 30 Stühle aufstellten, so daß etwa wenigstens 200
Leute sitzen konnten. Ein wichtiger Gegenstand im Hörsaal wurde die schwarze Tafel, auf welche ich in jeder klinischen Unterrichtsstunde die wesentlich-
sten Dinge aufzeichnete, oftmals nur mit wenigen Strichen. Die Studenten
malten dies außerordentlich gern in ihre Hefte nach, weil es das Charakteristi-
sche des betreffenden Falles darstellte. Im Rahmen der Umbauten wurde im
ersten Stock neben dem aseptischen Operationssaal ein Raum eingerichtet, der
für die Ausführung von Gipsverbänden, die Einrichtung von Hüftgelenkver-
renkungen und auch für Operationen bestimmt war, bei denen unmittelbar
nach dem Eingriff Gipsverbände angelegt werden mußten. Weiterhin entstand
ein Untersuchungszimmer, welches für die Besichtigung der inneren Organe
des Menschen eingerichtet war (Blasenspiegelung, Mastdarmspiegelung usw.)
und völlig verfinstert werden konnte, ebenso auch ein Raum zur Aufbewah-

---

[15] Der Hörsaal ist im wesentlichen erhalten geblieben und wird auch heute noch
genutzt.

rung von Schienen, Verbandsmaterialien und Apparaten aller Art. Eine Etage höher schloß sich eine ganze Reihe von neuen Laboratorien für chemische, bakteriologische und mikroskopische Arbeiten an. So war das ganze Haus in der Richtung gegen die Johannisallee sehr bedeutend erweitert worden. Die Bibliothek, das Archiv mit den Krankengeschichten, ein eigenes Lesezimmer, welches auch zu Besprechungen mit den Assistenten diente, und mein Arbeitszimmer wanderten in ein Nachbargebäude. Der Umbau dauerte ungefähr ein Jahr. Das Hauptgebäude der Klinik erfuhr dadurch etwa eine Verdoppelung seines Umfanges und wurde noch um ein Stockwerk erhöht. Durch den Bau eines Tierhauses gemeinsam für die Medizinische und Chirurgische Klinik konnten auch die Versuchstiere aus dem Untergeschoß herausgenommen werden.

Als sich der Zustrom zur Klinik immer mehr steigerte, wurde beschlossen, zwei der ebenerdigen Stationen aufzustocken und so zwei zusätzliche Stationen zu errichten. Diese erhielten genügend Nebenräume und es wurde möglich, hier in kleinen Zimmern auch Patienten der 2. Verpflegungsklassse gut unterzubringen. Chronisch Kranke kamen in ein als „Rotes Haus" bezeichnetes Gebäude, urologische Patienten später in eine Baracke im Garten. Die große Anzahl der Einzelstationen blieb ein ungeheurer Nachteil des Krankenhauses St. Jacob. Es war aber im wesentlichen alles da, insbesondere nachdem nach Abschluß des Krieges auch das neue Röntgeninstitut in Tätigkeit getreten war. Es lag nur räumlich getrennt, so daß man immer treppauf und treppab gehen und stets die erforderlichen Schlüssel bei sich tragen mußte.

Der operative Betrieb wuchs gewaltig an. Die frisch Operierten besuchte ich täglich. Bei einer Belegung von bis zu 400 Betten dauerte es mindestens alle Tage eine Stunde, um einmal in der Woche alle Kranken zu sehen. Da nun die räumlichen Voraussetzungen dafür gegeben waren, konnte in unserer Klinik auch sehr fleißig wissenschaftlich gearbeitet werden. Laboratoriumsgehilfinnen wurden eingestellt, welche die bakteriologischen, mikroskopischen und histologischen Arbeiten in den Laboratorien erledigten. Jeweils ein älterer Assistent war mit der Beaufsichtigung dieser Arbeiten betraut, und so kam es, daß aus der Chirurgischen Klinik Leipzig im Laufe der Jahre sehr viele wissenschaftliche Veröffentlichungen erfolgten, was bei dem früheren, äußerst bescheidenen Bau kaum möglich gewesen wäre.

Mitarbeiter

Von meinen Königsberger Assistenten kamen HELLER, FRANGENHEIM, KLEINSCHMIDT, SONNTAG und JURASZ mit nach Leipzig, während ich KIRSCHNER leider zurücklassen mußte. HELLER wurde Erster Oberarzt. Bei den Assistenten, die ich von meinem Vorgänger TRENDELENBURG übernahm, blieb ich wieder meinem Prinzip treu, sie wenn irgend möglich an der Klinik zu behalten, um ihnen nicht, wie die Parze Atropos es tat, den Lebensfaden abzuschneiden. Sie waren mit Ausnahme LAEWENs und VON GAZAs alle unbeschriebene Blätter. In ARTHUR LAEWEN traf ich auf einen bereits habilitierten und eigentlich schon voll ausgebildeten Chirurgen, der aber noch sehr viel von mir lernen konnte und mußte. Bei Gallenoperationen war es ihm mehrmals unterlaufen, daß er den großen gemeinsamen Gallengang unterbunden hatte. WILHELM VON GAZA wurde GAZEN genannt und tat tief beleidigt, wenn man ihn als Herr VON GAZA und nicht als GAZEN ansprach. Sicherlich war er sehr begabt, dabei aber ein merkwürdiger Mann. Weiter übernahm ich von TRENDELENBURG die Herren MEYER, der leider dem Alkohol sehr ergeben war, LÜKEN, der „LÜKEN das Küken" genannt wurde und SANDROCK. Auf SANDROCK, einen ungewöhnlich hübschen Menschen, waren die Schwestern einfach wie verrückt und buhlten um seine Gunst. Als er einmal Dienst im sogenannten Roten Haus unserer Klinik hatte, ließ er sich leider verleiten, in das Zimmer einer ihn heiß liebenden Schwester zu gehen. Dieses wurde von einer anderen, ebenso verliebten und neidischen Schwester beobachtet und dem stark verkalkten Krankenhausdirektor HELBIG gemeldet, der es dem Gesundheitsdirektor mitteilte. Von da aus kam die Sache zum Oberbürgermeister Dr. DITTRICH. Der ließ den armen SANDROCK zu sich kommen und fragte nur: „Herr Doktor, ist es wahr, was man mir über Sie gemeldet hat?" Als SANDROCK bejaht hatte, sagte der Gestrenge: „Dann bitte ich Sie, noch heute Ihre Stellung zu kündigen und das Haus zu verlassen!" Einige andere Assistenten, die TRENDELENBURG noch gegen Ende seiner Tätigkeit zur Aushilfe eingestellt hatte, verkrümelten sich bald, und ich begann dann, meine eigene Schule aufzubauen. So kam in meinen ersten Leipziger Jahren etwa JOSEF HOHLBAUM zu mir, der wie KLEINSCHMIDT vorher bei dem pathologischen Anatomen ASCHOFF in Freiburg/Brsg. gearbeitet hatte und der später über viele Jahre als Oberarzt an meiner Klinik tätig sein sollte. KLEINSCHMIDT wohnte ganz in meiner Nähe. Er und ich benützten häufig die ehrsamen Pferdedroschken vor dem Gewandhaus. Der eine der beiden Rosselenker sagte zu KLEINSCHMIDT die klassischen Worte: „Der Alte muß nicht alles wissen!" und fuhr, so rasch er konnte, durch eine Seitenstraße in das alte Krankenhaus St. Jacob. Wir trafen uns aber häufig am Tor des Krankenhauses. Die klinische Visite begann dann im Winter um 8 Uhr und im Sommer um 7 Uhr nach dem Glockenschlag.

Die Schwestern, die ich zunächst in Leipzig an der Chirurgischen Klinik vorfand, gehörten dem sogenannten Albert-Zweigverein an. Sie standen unter der Fuchtel einer außerordentlich von sich eingenommenen Oberin, einer Frau VON ZIMMERMANN. Sie war eine gebürtige Baltin und hielt vor allem darauf, daß die Schwestern von den Ärzten als „Damen" behandelt wurden. Gelegentlich kam es aber doch vor, daß einer meiner Assistenten im Schlachtengetümmel des Operationssaales einen Ausdruck gebrauchte, welcher nicht völlig damenmäßig war. Ich mußte dann immer den Beschwichtigungsonkel spielen, bis die Sache wieder in Ordnung gekommen war. Die Schwestern wurden gehalten, einen Mittelscheitel und an den Freizeittagen entweder eine sogenannte kleine oder große Haube zu tragen. Da es sich meist um junge Mädchen handelte, führte dies natürlich manchmal zu kleinen Schwindeleien. Einige Schwestern nahmen sich Zivilkleidung mit, zogen sich in der Toilette des Hauptbahnhofes um und richteten sich auf moderne Kleidung her. Wenn das herauskam, gab es natürlich großen Verdruß.

Besonders wichtige Persönlichkeiten waren stets die Erste und die Zweite Operationsschwester, welche die Instrumente vorzubereiten und zuzureichen hatten. Die Erste Operationsschwester, welche ich zunächst in Leipzig antraf, war von meinem Vorgänger TRENDELENBURG zurückgelassen worden. Sie hieß KLARA HAEDKE und versah ihren schweren Dienst noch eine Anzahl von Jahren, obwohl sie schon leidend war. Sie hatte vor allem die Aufgabe, den jüngeren Nachwuchs zu überwachen und war ein feingebildetes, älteres Mädchen. Gelegentlich verkehrte sie auch in unserem Hause. Eines Tages bekam sie eine schwere Gelbsucht, als deren Ursache die Herren Internisten ein Carcinom der tiefen Gallenwege vermuteten. Ich mochte mich dieser Diagnose nicht anschließen, operierte und fand eine Geschwulst, welche etwa in Höhe der Gallenblase den großen gemeinsamen Gallenausführungsgang verlegte. Ich führte nun eine erstmalige Operation aus, indem ich eine Verbindung zwischen Leber-Gallengang, Gallenblase und Magen herstellte. Zu meiner großen Freude war schon nach ungefähr 5 Tagen ein Abblassen der Gelbsucht zu bemerken. Bei der Geschwulst hatte es sich um ein Paket tuberkulöser Lymphdrüsen an der Leberpforte gehandelt, und Fräulein HAEDKE blieb noch ein paar Jahre am Leben und gesund.

Eine männliche Hilfskraft für den riesigen Operationsbetrieb wurde in Leipzig erstmals auf meinen Antrag hin eingestellt. Es war ein gewisser Herr TEMPEL, der sich als anstellig und intelligent erwies und nach einer etwas mühevollen Einarbeitungszeit auch allerlei für die Vorlesungen vorbereitete, während derer er auf einen Wink die notwendigen Wandtafeln, Präparate und Instrumente herbeibrachte. TEMPEL begleitete mich für eine Zeitlang auch während des Ersten Weltkrieges in Frankreich und leistete mir bei der Lazarettarbeit, die nach großen Schlachten ganz gewaltig war, gute Dienste. Allmählich war aber auch er nicht mehr ausreichend, so daß noch ein zweiter Mann eingestellt werden mußte. Die Operationssaaldiener sind eine Menschenklasse für sich. Ich habe in den verschiedenen Kliniken und Sanatorien, an welchen ich operierte, eine ganze Anzahl von ihnen kennengelernt. Sie waren natürlich in dem Betrieb ganz gut eingelebt, zeichneten sich aber zuweilen durch eine geradezu vorbildliche Faulheit aus. Noch zwei andere Männer an der Klinik hatten wichtige Funktionen zu erfüllen. Neben einem Gehilfen für das Laboratori-

um gab es noch einen Mann namens MARKGRAF. Er war ein Vermächtnis-
stück aus der Zeit meines Vorgängers TRENDELENBURG, betreute den Tierstall, besaß auch ein Herz für die Tiere und versorgte sie nach bestem Können.

Die Leipziger Medizinische Fakultät

Die Medizinische Fakultät Leipzig hatte, als ich im Jahre 1911 als Ordinarius
dorthin kam, nur elf Mitglieder. Die meisten der Herren waren hoch in ihren
60er Jahren, einige auch schon erheblich über 70 Jahre alt. So war ich mit meinen 40 Jahren der Benjamin in diesem edlen Kreise. Es waren eigentlich alles
erstklassige Forscher und Lehrer, welche den Lehrkörper der ehrwürdigen, seit
über 500 Jahren bestehenden Fakultät darstellten.

Der schon sehr hoch betagte Physiologe CARL EWALD HERING war der wissenschaftlich wohl bedeutendste Mann. Es freute mich, mit ihm zugleich in
der Fakultät zu sitzen. Er war der Nachfolger des berühmten Physiologen
CARL LUDWIG, hatte eine große Zahl von wichtigen Entdeckungen gemacht
und spielte in seinem Fache in ganz Deutschland unbedingt eine führende Rolle. Es ist sehr interessant, daß er, schon über 80 Jahre alt, an einer lange nicht
erkannten Krankheit zu leiden begann, welche sich schließlich als Alterstuber-
kulose herausstellte.

Der Anatom CARL RABL war gleichfalls ein ganz besonderer Mann. Von Prag
herübergekommen, galt er in seinem Fache als einer der allerersten Forscher
und Pfadfinder, wobei er sich auch als ausgezeichneter Lehrer und hervorragender Zeichner hervortat. Ich habe ihn besonders gut während einer längeren
Erkrankung kennengelernt. Seine kluge, liebenswürdige und gewandte Frau
war eine Tochter des berühmten Berliner Pathologen RUDOLF VIRCHOW.

Der Pathologe FELIX MARCHAND stand wissenschaftlich ebenfalls an erster
Stelle. Er wußte eigentlich alles, was in sein Gebiet einschlug und besaß zugleich geradezu erstaunliche Kenntnisse in allen anderen Zweigen der Medizin.
So hatte er auch in der Fakultät großen Einfluß und spielte, zumal er ein guter
Menschenkenner war, besonders bei Berufungen von Ordinarien für andere
Fächer eine sehr bedeutsame Rolle. Besprechungen mit ihm waren ungemein
lehrreich. Sein berühmtes Werk über die Wundheilung ist auch heute noch eine Fundgrube für alles Einschlägige, ebenso sein etwa zwölf Jahre später er-
schienenes Buch über die Entzündung. Als hervorragender Diagnostiker irrte
er sich am Sektionstisch nur außerordentlich selten. Zudem war er stets überaus gefällig und entgegenkommend, indem er zum Beispiel auch uns Chirurgen wichtige Präparate überließ. MARCHAND hatte einen schon ziemlich be-
jahrten Sektionsdiener, welcher ebenfalls erstaunliche Kenntnisse und Erfah-

rungen besaß und oft beim Anblick einer Leiche bereits mit Sicherheit die Diagnose stellte. [16)]

Der Hygieniker HOMANN, ein echter Bayer, arbeitete insbesondere auf dem Gebiet der Bakteriologie. Er hielt ausgezeichnete Kurse. Mit den Studenten blieb er auch dann noch freundlich, wenn er sie im Examen durchfallen ließ und bot ihnen als leidenschaftlicher Raucher zum Trost eine Zigarre an. Sein Schwiegersohn war der spätere Ordinarius für gerichtliche Medizin RICHARD KOCKEL.

Der Vertreter der Arzneimittellehre hieß RUDOLF BOEHM und war ebenfalls ein gebürtiger Bayer. Er zeichnete sich durch ungeheure Liebenswürdigkeit und ein besonders hilfsbereites Wesen aus und half stets mit Rat und Tat, wenn man sich an ihn wandte. Ich habe ihn außerordentlich gut leiden können, denn er war mir eigentlich das Vorbild eines sympathischen Universitätslehrers.

Mit dem Vertreter der Inneren Medizin, ADOLF VON STRÜMPELL, freundete ich mich am raschesten an. Er war ein ganz vorzüglicher Internist und vor allem ein Forscher auf dem Gebiete der Neurologie, der viele glückliche Funde zu verzeichnen hatte. Die sogenannte BECHTEREWsche Erkrankung trägt mit Recht zugleich auch seinen Namen. Unser fachlicher Verkehr vollzog sich völlig reibungslos, zumal er durchaus nicht der Ansicht anhing, daß man alle inneren Erkrankungen nur mit inneren Heilmitteln angehen könne. So war er durchaus operationsfreudig gesinnt und zog uns Chirurgen bei jeder ihm geeignet erscheinenden Gelegenheit zu. Auch zwischen seinen und meinen Assistenten und Oberärzten bestand ein erfreuliches Verhältnis. Mit den Patienten war STRÜMPELL ungemein freundlich und liebenswürdig, hatte für jeden ein gutes Wort und strich vielen mit der Hand über die Wange, so daß ihm einmal in der Zeitschrift über das akademische Vogelschießen, einer besonderen Einrichtung der Leipziger Mediziner, der „Große Tätschelorden" zuerkannt wurde. Wegen seiner hervorragenden Kenntnisse und Forschungen auf dem Gebiet der Neurologie suchten ihn besonders viele auswärtige Patienten auf. STRÜMPELL war ein Mann von hoher Kultur und hervorragender allgemeiner Bildung, der die Kunst außerordentlich liebte und in seinem Hause vor allem die Musik pflegte. Wir haben bei ihm reizende Abende verlebt. [17)]

Bei dem zweiten Internisten in Leipzig, dem Direktor der Medizinischen Poliklinik, handelte es sich um den sogenannten „Staatsrat" FRIEDRICH HOFFMANN, einen gebürtigen Berliner und Mann von Humor. Er hatte früher die

---

16) Vgl. auch PAYR, ERWIN: F. MARCHAND zum 80. Geburtstag. – Klin. Wschr. 5 (1926) 2046–2047
17) Vgl. auch PAYR, ERWIN: Gedächtnisrede zum Tode ADOLF V. STRÜMPELLs. – Med. Klin. 11 (1925) 189

Medizinische Klinik in Dorpat geleitet, dann aber die Poliklinik in Leipzig vorgezogen. Von Dorpat aus war er nämlich einmal zu einem Sohn des damaligen Zaren gerufen worden, bei dem er die Diagnose der Bluterkrankheit stellte. Der Zar, der wußte, daß dies ein scheußliches Leiden ist, ließ sich dazu hinreißen, ihm eine Ohrfeige zu geben. HOFFMANN wurde darauf kaiserlich-russischer wirklicher Staatsrat mit dem Prädikat „Excellenz". Dies alles aber nützte nichts. Er verließ Rußland, das damals schon recht wenig deutschfreundlich gesinnt war. Auch mit ihm bin ich sehr viel in Verbindung gewesen, und wir haben sehr viele Kranke gemeinschaftlich behandelt. Er war wie STRÜMPELL ein Mann von außerordentlich großer Erfahrung und hatte eine sehr große Praxis.

Der Gynäkologe, ein gebürtiger Schweizer, hieß PAUL ZWEIFEL. Man hatte ihn von Erlangen nach Leipzig berufen. Er verschaffte der Leipziger Frauenklinik einen ausgezeichneten Ruf und hatte das Glück, eine ganze Anzahl von hervorragenden Schülern heranziehen zu können, von denen vier später Ordinariate übernahmen. Er sprach immer noch etwas schweizer Dialekt und war ein gütiger, bei den Frauen aus Stadt und Umgebung sehr beliebter freundlicher Mann. ZWEIFEL hatte sicherlich ein gutes Herz und befleißigte sich auch im nachbarlichen Verkehr mit anderen Kliniken stets eines wirklich freundschaftlichen und erfreulichen Tones. [18)]

Bei dem Psychiater PAUL FLECHSIG handelte es sich um einen hundertprozentigen Sachsen und eine ganz besondere Erscheinung. Die Umstände, welchen er seine Berufung nach Leipzig zu verdanken hatte, waren sehr ergötzlich. FLECHSIG hatte jahrelang als Schüler des Physiologen LUDWIG Physiologie gelernt und zugleich eingehend Anatomie betrieben. Eines Tages wurde der damalige Chirurg KARL THIERSCH von der Fakultät beauftragt, in Süddeutschland einen für Leipzig geeigneten Neurologen und Psychiater ausfindig zu machen. FLECHSIG erfuhr von dieser geplanten Reise, kaufte sich auch eine Fahrkarte, stieg in dasselbe Abteil der 1. Klasse ein wie THIERSCH und erzählte ihm ununterbrochen von seinen Studien in Paris bei CHARCOT und den anderen französischen Größen der Inneren Medizin und Nervenheilkunde. Dies imponierte dem alten THIERSCH so, daß er bereits in Hof sagte: „Da brauche ich ja gar nicht nach München zu fahren, da haben wir ja schon den richtigen Mann gefunden!" Nun hatte FLECHSIG bis dahin eigentlich nie nervenkranke Menschen untersucht und behandelt. Das mußte er sich alles erst als Ordinarius aneignen. Natürlich lernte er als kluger Mann im Laufe der Zeit den Umgang mit Nervenkranken ganz gut. Aber er wurde nie zum ausgesprochenen Psychiater, sondern blieb immer der „Hirnanatom", der sich vorwiegend mit der Histopathologie des Nervensystems beschäftigte und dabei auch

---

[18)] ZWEIFEL und PAYR haben gemeinsam ein Werk über „Die Klinik der bösartigen Geschwülste" herausgegeben. Leipzig: S. Hirzel 1924–1927

große und bedeutsame Entdeckungen machte. FLECHSIG hatte einige sehr ordentliche Schüler. Großartig war seine Zerstreutheit. In der Fakultätssitzung konnte er plötzlich das Wort zu einem Gegenstand verlangen, der schon längst erledigt und durch Abstimmung festgelegt war und dann treuherzig meinen: „Nun, ich wollte eben auch etwas dazu sagen!" Auch sonst hatte er natürlich seine Eigenheiten. FLECHSIG war ein sehr begüterter Mann und besaß in der Nähe von Gaschwitz ein fürstliches Schloß, in dem wir einmal waren und Gelegenheit hatten, die großartige Lebensführung dieses Mannes zu bestaunen. Als seine erste Frau starb, heiratete er eine viel jüngere und hatte mit ihr eigentlich viel Glück. FLECHSIG war in Leipzig so populär, daß man im Publikum sagte, jemand müsse „zu Flechsigen" gebracht werden, wenn man bei ihm eine Geistesstörung vermutete. Auch nach seiner Amtszeit blieb der Name FLECHSIG für die Bewohner von Leipzig noch für ein bis zwei Jahrzehnte der Inbegriff für Nerven- und Geisteskrankheiten.

Bei dem Vertreter der Augenheilkunde schließlich, HUBERT SATTLER, handelte es sich um einen gebürtigen Salzburger und damit einen Landsmann von mir. Bevor er nach Leipzig kam, hatte er in Prag gewirkt und schon dort eine sehr große Praxis gehabt. Er war ganz hervorragend geschickt, ein glücklicher Operateur und auch ein sehr guter Lehrer. Aus seiner Schule sind viele Ordinarien an deutschen Hochschulen hervorgegangen. Er galt als ein Grobian. Bei einer Sehprüfung in der Vorlesung hielt er einmal dem Patienten ein Streichholz vor, brüllte ihn an „Sehen Sie das?" und erhielt die Antwort: „Nein!" Darauf hielt er ihm einen Finger hin und bekam wieder die Antwort: „Nein!" Nun fragte er mit seiner kräftigen Stimme: „Sehen Sie mich?", worauf der Patient mit „Ja!" antwortete. Hierauf erfolgte zur ungeheuren Heiterkeit der Studenten sein Ausspruch: „Patient sieht nur grobe und gröbste Dinge!" SATTLER war sehr musikalisch, ein liebenswürdiger Gesellschafter und kollegial gesinnter Mann, mit dem wir in freundnachbarlichem Verhältnis standen.

Eine Arbeitsunterbrechung

Im Januar 1914 erkrankte ich an einer schweren Grippe, die eine ausgeprägte und sehr lästige Magen-Darm-Empfindlichkeit zurückließ. Freund KRAUS in Berlin riet mir, zur Erholung nach Cannes zu gehen, wozu wir uns auch entschlossen. Wir wohnten ganz am Ende des Kais in einem von einem Schweizer vorzüglich geführten Hotel, wo man ohne große Schwierigkeit nach der Karte essen konnte. Es stand uns auch ein recht ordentliches, von einem sehr zuverlässigen Italiener gelenktes Auto zur Verfügung. Der Mann erinnerte uns immer wieder an das österreichische Scherzgedicht über einen Holzfäller, in dem es heißt:

„Ein Mann, als wie ein Ochs' so schwar,
ganz braun und voller 'krauste Haar."

Wir unternahmen herrliche Fahrten, so an der Küste nach dem Cap d'Antibes mit seinem schönen Park und, an einem wundervollen Tag mit strahlendem Wetter und leicht bewegter See, nach Hyères, wo wir auch die sagenhafte Insel besuchten. Nicht minder schön war die Gebirgsstraße gegen Toulon. Ich erholte mich rasch, und es ging wieder zurück an die Arbeit.

Erster Weltkrieg

Vormarsch in Belgien

Der Erste Weltkrieg begann für mich damit, daß ich am 7. August 1914 bei glühender Hitze in einer neu angefertigten Generalarztuniform aus dickstem Winterstoff nach Belgien fuhr. Es war eine schreckliche Reise, die mit einer Geschwindigkeit von nur 25 Stundenkilometern und damit langsamer als im übelsten Bummelzug voranging. Dies entsprach aber ganz der Aufmarschplanung, die genau festlegte, welche Stationen die einzelnen Truppenteile innerhalb einer bestimmten Zahl von Stunden zu erreichen hatten. Das wurde auch auf die Minute eingehalten, so daß weder eine Verspätung noch ein zu frühes Ankommen eintraten. Es dauerte zwei volle Tage, bis ich mit dem 19. Armeekorps nach Belgien kam. Die Grenze zwischen Belgien und Deutschland war durch schwarz-weiße und schwarz-weiß-rote Tafeln und daneben Tafeln mit den belgischen Farben markiert. Darunter stand mit riesigen Buchstaben „Kriegsgebiet". Die ganze Organisation des Aufmarschs der deutschen Armee machte auf mich einen großen Eindruck.

Das 19. Armeekorps stand unter dem Befehl des Generals VON LAFFERT. Ich war ihm als beratender Chirurg zugeordnet, ein Posten, der noch aus den Jahren 1870/71 stammte. Meine Formation setzte sich aus mir als dem Generalarzt, dem Oberarzt Dr. REINHARDT, dem Unteroffizier KUNZE, dem Burschen SCHREINERT sowie dem Pferdelenker VENTUR zusammen. Der beratende Chirurg hatte damals genau wie 1870/71 nur das Anrecht auf einen alten Landauer, während den Offizieren des Armeekorps Kraftwagen zur Verfügung standen.

Am Abend des ersten Tages auf belgischem Gebiet fanden wir in einem ziemlich elenden Dorfe eine mehr als mittelmäßige Unterkunft. Für die Hygiene war nur in äußerst geringem Maße gesorgt. Trotz hochsommerlich warmer Temperaturen empfand ich es doch als unangenehm, daß die in einem kleinen Holzhäuschen im Freien untergebrachten Aborte mindestens 100 Schritt weit vom Quartier entfernt lagen. Die nächste Übernachtung in Belgien fand in einem geradezu fürstlich eingerichteten Schloß mit Badezimmern statt, wobei sich allerdings ein paar junge Offiziere des 19. Armeekorps durch den Quartiermeister im voraus die besten Zimmer hatten reservieren lassen. Ich als beratender Chirurg durfte auf einem Strohsack nächtigen. Einer der nächsten Orte, in denen wir hausten, hieß Vil-Salms. Die Unterkunftsverhältnisse waren dort noch schlechter, da wir in einer Art Stadel übernachten mußten. Wind und Regen drangen ungehindert in die Schlafräume ein. Ich hatte ein Feldbett mit, und mit Hilfe von Unteroffizier KUNZE und des Burschen SCHREINERT ließ sich ein halbwegs brauchbares Nachtlager herstellen. Vil-Salms war eine Eisenbahnstation. Zwischen aufgerissenen Schienen standen noch ein paar Personenwagen 3. Klasse herum.

Der erste Teil des Vormarsches erfolgte mit unserem Landauer, was sich als eine langweilige Sache erwies. Nachdem ihr König das deutsche Gesuch um eine Durchmarsch-Erlaubnis brüsk abgelehnt hatte, waren von den Belgiern die herrlichen Bäume umgesägt worden, welche viele der langen Alleen säumten. Die Bäume lagen quer über den Straßen, wobei die Stämme zum Teil einen Durchmesser von einem halben Meter hatten. Man hatte sich vorgestellt, daß die deutsche Armee nur auf gepflegten Landstraßen vorwärts kommen könne. Nun wurde die belgische Bevölkerung gezwungen, diese Bäume beiseite zu schaffen, was natürlich erst möglich war, nachdem die größten Äste abgesägt und abgehackt worden waren.

Verwundete bekam ich sehr bald zu sehen, da sich schon auf dem Vormarsch bei unseren eigenen Truppen verschiedene Unglücksfälle ereigneten. Bald hatte sich einer durch die Hand geschossen, ein anderer beim Abschlagen von Zweigen eine Hiebwunde beigebracht, wieder ein anderer wies eine bösartige Eiterung auf. Zum Glück hatte ich einen kleinen Handkoffer mit den nötigsten Verbandsmaterialien und den wichtigsten Instrumenten zur Wundbehandlung mit. Es wäre sonst kaum möglich gewesen, diesen Leuten Hilfe zu leisten, da die sogenannten Verbandsplätze und Feldlazarette ein Stück weiter vorn lagen. Da mein militärischer Adjutant, der Oberarzt REINHARDT, Psychiater war, hatte er von Wundbehandlung selbstverständlich keine Ahnung, so daß ich diese kleinen Hilfeleistungen selbst machen mußte. Größere Eingriffe ließen nicht lange auf sich warten, die manchmal auch unter recht schwierigen Bedingungen auszuführen waren. So mußte ich kurz nach dem Ende der Kämpfe bei der belgischen Stadt Dinant an der Maas bei einem Soldaten zur Nachtzeit wegen Zertrümmerung eines Beines und schwerer Blutung eine Oberschenkelamputation ausführen. Als ich den Hautschnitt zur Absetzung der Gliedmaße gemacht hatte, fiel der Sanitätsgefreite, der mit einer Petroleumlampe in der Hand das Operationsfeld beleuchten sollte, in Ohnmacht. Die Lampe stürzte zu Boden, ausfließendes Petroleum ging in Flammen auf und entzündete auch herumliegende mit Benzin getränkte Tupfer. Nur mit Mühe und Not konnte die drohende Feuersbrunst in dem kleinen Raum durch Austreten der Flammen mit den Füßen und ein paar übergeworfene Decken bekämpft werden. Der Patient lag weiter in Narkose, und da es inzwischen völlig Nacht geworden war, blieb mir nichts anderes übrig, als den Eingriff beim kümmerlichen Schein einer Taschenlampe durchzuführen. Der Mann kam durch. Ich habe ihn noch wiederholt gesehen, und er bedankte sich bei mir für die unter so schwierigen Verhältnissen vollzogene Lebensrettung.

Eine der Festungen, die sich dem deutschen Vormarch in den Weg stellten, lag auf einem Berg über der Stadt Givet. LAFFERT hatte mir gesagt, wir würden sie einfach im Handstreich nehmen, sich dabei aber sehr getäuscht. Die Festung mußte erst durch Artillerie sturmreif geschossen werden. Die großkalibrige sogenannte „Dicke Berta" existierte zwar damals schon, war aber aus der Gegend von Ypern nicht abkömmlich. So wurde österreichische Artillerie herbeigeholt. Sie feuerte mit 38-cm-Granaten, von welchen vier Stück genügten, um die Festung sturmreif zu machen. Die österreichischen Artilleristen schossen mit geradezu unglaublicher Sicherheit. Der erste Schuß schlug etwa 10 m vor dem Fort ein, der zweite und die folgenden saßen im „Schwarzen". Nach getaner Arbeit zogen die österreichischen Kameraden wieder ab, wurden aber immer wieder bei der Erstürmung von Festungen um ihre Hilfe gebeten. Der begleitende Offizier war ein sehr lustiges Haus, mit dem wir vergnügte Stunden verbrachten.

Eine gewisse Rolle spielten in Belgien zu Anfang des Krieges Freischärler, die Franctireurs. Dies waren belgische Soldaten, welche ihre Uniform ausgezogen hatten und als Zivilisten gegen uns kämpften. In Dinant mußten weit über 100 von ihnen standrechtlich erschossen werden, nachdem sie aus den Häusern auf unsere Truppen gefeuert hatten. Als meine Formation tiefer nach Belgien hinein kam, brachten sie uns in unangenehme Situationen. Wir fuhren einmal durch ein enges Tal, als plötzlich von beiden Seiten aus dem Walde Schüsse krachten. Der kommandierende General unseres Armeekorps VON LAFFERT schrie nach seinem Adjudanten und fragte: „Ist Artillerie hier?", was aber verneint wurde. Artillerie hätte auch nicht viel genützt, da wir selbst mit den besten Geschützen nur blind in den Wald hätten hineinschießen können, ohne einen der dort versteckten Belgier zu treffen. Wir kamen glücklicherweise durch dieses scheußliche Tal hindurch, ohne Verluste zu haben. Die nächste Station, die wir zu erreichen hatten, hieß Couvin. LAFFERT riet mir unbedingt, mit meinem notwendigsten Handwerkszeug und dem Handgepäck in einem Auto dorthin zu fahren. Meine Formation blieb in dem Landauer und mußte mit einer anderen Kolonne durch einen finsteren Wald fahren. Dort wurde sie von Belgiern überfallen und von allen Seiten beschossen. Die Pferde gingen durch, und es entstand ein übles Tohuwabohu. Wie mir berichtet wurde, hatte unser Stabsapotheker den Säbel gezogen, mit dem er natürlich gar nichts gegen die versteckten Schützen ausrichten konnte. Er fuchtelte mit ihm wild in der Luft herum und stand nur als Jammergestalt da.

Couvin war ein elendes Nest in Belgien, wo sich die Etappe der sächsischen Truppen eben etabliert und bereits ein behagliches Kasino eingerichtet hatte.

Ich kam abends an, wude vom Generalarzt Dr. FRITZ BURDACH in freundlicher Weise aufgenommen und traf auch auf eine Anzahl von Bekannten. Auf dem Vormarsch durch Belgien war ich an einem ziemlich üblen akuten Haemorrhoidalleiden erkrankt, das mir sehr viele Schmerzen bereitete. BURDACH machte mir sofort den Vorschlag, bei der Etappe zu bleiben. Ich wurde zunächst zwei Tage in einem Feldlazarett behandelt. Als dieses weiter nach vorwärts mußte, riet mir BURDACH, an die nächste deutsche Grenzstation zurückzufahren und mich zu pflegen, da in den Lazaretten keine Gelegenheit zu einem Sitzbad oder überhaupt einem Bad gegeben war. Ich verließ also die Etappe und landete in einem Ort nahe der Grenze, wobei allerdings auf der Fahrt dorthin zu meinem Verdruß der Koffer mit meinen Instrumenten verloren ging. Durch die Behandlung mit Sitzbädern erholte ich mich rasch. Auf der Rückfahrt nach Couvin sah ich auf einmal an der Straße, ganz allein und ohne Behütung, friedlich einen Koffer stehen, der folgende Aufschrift trug: „Generalarzt Prof. Dr. PAYR aus Leipzig". Ich war außerordentlich erfreut, mein Handwerkszeug wieder zu haben, das ich schon verloren geglaubt hatte.

Etappenkommandeur des 19. Armeekorps in Couvin war damals der später sehr berühmt gewordene General LITZMANN, ein Charakterkopf und hervorragender Mann, von dem ich im Herbst 1914 das Eiserne Kreuz II. Klasse erhielt. Kurze Zeit danach wurde er auf den östlichen Kriegsschauplatz abberufen und führte dort eine geradezu tollkühne Durchbruchsschlacht bei Brzeziny aus, die ihm den Namen „Löwe von Brzeziny" einbrachte. Mit seinem Adjutanten Oberstleutnant VON MANGOLD, dem Bruder eines bekannten Dresdner Chirurgen, freundete ich mich bald an. MANGOLD hatte von der Pike auf gedient, war ein angenehmer Mann von ungewöhnlicher Bildung, kannte die Menschen und die Weltgeschichte und hatte ein offenkundiges Interesse für die Philosophie. Nach dem unglücklichen Ausgang des Krieges ging er nach Freiburg, studierte Philosophie und teilte mir nach fünf Jahren mit, daß er endlich den Doktor für Philosophie erworben hätte. Das Sanitätswesen des 19. Armeekorps befehligte Generalarzt BURDACH. Ich lernte in ihm einen sehr gebildeten, lebensklugen, begabten und ethisch fein empfindenden Mann kennen, der sich der Aufgaben der Medizin im Felde begeistert annahm. Auch mit ihm war ich bald freundschaftlich verbunden.

Armeehygieniker war der Generalarzt KIESSLING, der sehr häufig Besuche in Feldlazaretten machen mußte, wenn Ruhr, Typhus oder andere Seuchen ausgebrochen waren. Später in Frankreich kam er eines Abends in unsere Runde und erzählte, daß er in einem Gasthause ausgezeichnet Kaffee getrunken hätte, welches den Namen „Sanglier des Ardennes" führte. Er meinte, daß dieser sonderbare Name wohl davon käme, daß in jener Gegend des Ardennenwaldes sehr viele Blutegel vorkommen. Da er offenbar der französischen Sprache nicht recht mächtig war, wußte er nicht, daß Sanglier „das Wildschwein" heißt. Er wurde deshalb von da an nur „Sanglier des Ardennes" genannt.

Ein anderer Generalarzt hieß WAGNER, stammte aus Dresden und war ein Prachtkerl, der nicht viel redete, aber gelegentlich humorvolle kurze Randbemerkungen einstreute. Ein Graf WILDING war für Rot-Kreuz-Hilfe und Krankenschwestern zuständig. Er hatte geradezu hervorragende Kenntnisse über die Marine und kannte jedes Schiff nicht nur der deutschen, sondern auch der englischen Flotte. Als im Herbst des Jahres 1914 unser wackerer U-Bootführer WEDDIGEN drei große englische Kreuzer innerhalb einer Stunde durch Torpedoschüsse versenkte, war er ungeheuer aufgeregt und hoch erfreut. Im übrigen gehörten zum Sanitätsdienst der Etappe ein paar Assistenzärzte und einige weitere Herren vom Roten Kreuz. Zusammen bildeten wir eine recht nette Corona.

Aus der Etappe wurde ich immer wieder in Feldlazarette gerufen, die häufig sehr weit vorn lagen. So war ich froh, daß mir Herr GULDEN, ein angesehener Leipziger Bürger, ein Auto für die Kriegsdauer zur Verfügung stellte. Es erreichte mich in Couvin und machte mich von dem langweiligen Landauer unabhängig.

Auf meiner Fahrt an die Front hatte ich im Rheinlande eine haßerfüllte Predigt gehört, in welcher zu einem Krieg gegen Frankreich bis aufs Letzte ermuntert worden war. In Couvin nun hörte ich die ebenso haßerfüllte Rede eines katholischen Pfarrers, welcher die Bevölkerung gegen uns Deutsche aufhetzte und zu äußerster Standhaftigkeit aufrief. Dieser Curé war eine durchaus zweideutige Persönlichkeit. Anders als in seinen Reden gab er sich im unmittelbaren Verkehr gegenüber uns Deutschen sehr liebenswürdig und hilfsbereit. Er lud oftmals jüngere Sanitätsoffiziere zu sich in sein Pfarrhaus ein und war ein charmanter Gastgeber. Bei ihm konnte man gut essen und trinken. Als ich ihm einmal meine Verwunderung über das Verhalten der Priester der katholischen Kirche in Deutschland und in Frankreich vor Augen hielt, lächelte er schelmisch und sagte nur: „Das ist eben die Politik!" Im übrigen fand ich es hochinteressant, daß sich die katholischen und evangelischen Militärgeistlichen und ebenso die jüdischen Rabbiner untereinander ausgezeichnet vertrugen und sogar am gemeinsamen Tisch aßen. Ich habe mit diesen Herren viel und oft gesprochen und immer wieder mein Erstaunen darüber ausgedrückt, daß noch kein Papst ernstlich versucht hat, einen drohenden Krieg zu verhüten.

Mein Eindruck von den Wirkungsmöglichkeiten, die mir in der Position des beratenden Chirurgen zur Verfügung standen, war in den ersten Kriegswochen denkbar schlecht. Man hatte die Aufgabe, sich ständig beim Generalkommando aufzuhalten, eventuell mit den hohen Offizieren Skat zu spielen und im übrigen darauf zu warten, zu einem besonders schwierigen Fall in ein Feldlazarett gerufen zu werden. Das war äußerst unerfreulich, da man den größten Teil des Tages nichts zu tun hatte. Wohl lernte man sehr nette Offiziere kennen und sprach mit dem kommandierenden General über die Kriegslage, war aber im übrigen das fünfte Rad am Wagen. Ich stellte deshalb an mein Armeekorps den Antrag, in einem großen Lazarett dauernd verwendet zu werden, damit ich auch selbst operativ eingreifen und den jüngeren Kollegen die notwendigen Ratschläge auf dem Gebiet der Kriegschirurgie geben könne. Der Antrag wurde bewilligt, und so wurde ich dem 12. Reservekorps des Generalleutnants VON KIRCHBACH zugeteilt, wo es aber zunächst auch nur ganz ausnahmsweise etwas zu tun gab. Letzten Endes blieb ich dann doch beratender Chirurg beim 19. Armeekorps und brauchte auch schon bald nicht mehr über mangelnde Arbeit zu klagen.

Rethel

Nach kurzer Zeit rückte die Etappe des 19. Armeekorps nach Frankreich in das kleine Städtchen Rethel vor, nicht weit von Sedan entfernt. Ich bekam hier den ersten ganz richtigen Eindruck vom Krieg. Mindestens die Hälfte des sehr hübschen Ortes war von unseren Truppen beim Vormarsch völlig zerschossen worden, und nur einige Gebäude in der Hauptstraße standen noch unversehrt da. BURDACH und ich bezogen eine nette Villa, in der ich ein schönes Zimmer erhielt und ziemlich alles fand, was zur Körperpflege notwendig war. Das Lazarett in Rethel befand sich in dem ganz gut eingerichteten kleinen Stadtkrankenhaus, das auch über einen Operationssaal verfügte, welcher mit Glasdach, seitlichen Glasfenstern, einem brauchbaren Operationstisch und allem Nötigen ausgestattet war. Eine Leipziger Krankenschwester vom Krankenhaus St. Jacob war inzwischen eingetroffen und instrumentierte genau so, als ob wir im Frieden zu operieren hätten. Er herrschte große Sauberkeit. Eine Art Haushälterin, ein sehr nettes Mädchen namens MARIE, führte die Küche und sorgte für die Verpflegung der Soldaten. Sie benahm sich wie eine Dame und gestattete auch jüngeren Offizieren nicht die geringste Annäherung. Ich erhielt von dieser Französin einen geradezu hervorragenden Eindruck, da sie sich einerseits stets freundlich, gefällig und liebenswürdig gab, andererseits aber auch immer gleichsam hinter einer spanischen Wand von gebotener Zurückhaltung versteckte. Das Lazarett, das ungefähr 120 Betten fassen konnte, war innerhalb weniger Tage völlig belegt. Ich führte hier die größeren operativen Eingriffe aus, die sich bald als notwendig erwiesen. Auf Veranlassung BURDACHs wurde in der Gegend um Rethel eine ganze Anzahl weiterer Lazarette eingerichtet, zu denen ich hinfuhr, wenn ich gerufen wurde. Das war sehr häufig der Fall. Auch zu auswärtigen Lazaretten mußte ich oft. Ein Kraftwagenführer brachte mich im Automobil des Herrn GULDEN jeden Tag an die verschiedenen Stellen und besorgte mir das Notwendigste.

Es ging uns in Rethel ganz gut. Die Verpflegung war ordentlich. Damals gab es ja noch alles. Wir Angehörige der Etappe fanden uns mittags um 1 Uhr und

abends um 1/2 8 Uhr einträchtig im Kasino zusammen. Die ganze andere Zeit
war allerdings der Kriegschirurgie gewidmet, teils, indem ich selbst schwierige
operative Eingriffe ausführte, teils, indem ich jüngeren Kollegen Operationen
anvertraute, sie aber als Wächter des Guten und zur Verhinderung des Bösen
genau beobachtete.

Ich mußte sehr bald die Erfahrung machen, daß die Bauchschüsse im Kriege
im allgemeinen wegen Blutung, Verletzung vieler Darmteile und des Magens
sowie gleichzeitiger Leber- und Milzverletzungen eine ungünstige Prognose
hatten. Deshalb beschäftigte ich mich bevorzugt mit Schädel- und Gelenkschüssen. Bei derartigen Verletzungen ließ ich mich regelmäßig hinzuziehen.
Die Schädelschüsse blieben im Lazarett in Rethel und wurden dort von mir
selbst operiert. Zur Entfernung von Granatsplittern aus dem Gehirn diente
meist ein Elektromagnet. Ich hatte schon vor dem Krieg ein entsprechendes
Verfahren entwickelt und ließ mir aus meiner Leipziger Klinik einen großen
Magneten nach Rethel kommen, mit welchem man rasch und sicher arbeiten
konnte. Mit diesem Verfahren habe ich mindestens 30 Granatsplitter mit Erfolg aus dem Gehirn entfernt. Mein Schüler HELLER, der mein Nachfolger als
beratender Chirurg im Felde wurde, hat das Verfahren mit Begeisterung aufge-
griffen und im Hinblick auf die Ortung des Fremdkörpers und die Anziehungskraft des magnetischen Feldes verbessert. Auch bei der Behandlung von
Gelenkverletzungen konnte ich Methoden weiter ausarbeiten, die ich schon
vor dem Kriege entwickelt hatte. Neue Verfahren kamen hinzu, so die sogenannte Ventildrainage mit Phenolkampferfüllung des Gelenkes.

Die vielen Fahrten von Rethel aus in die Feldlazarette waren sehr interessant
und abwechslungsreich. Sie führten ziemlich weit nach Belgien hinein und in
die nordfranzösischen Lazarette, besonders in La Fère und St. Quentin. Es gab
unter den sogenannten Militärchirurgen auch Leute, die von der Chirurgie keinen blassen Dunst hatten. Viele Ärzte frönten einer regelrechten Leidenschaft,
bei Extremitätenschüssen zu amputieren. Ich konnte durch mein Dazwischen-
treten sehr viele Arme und Beine erhalten und vor allem vereiterte Kniege-
lenkschüsse in Ordnung bringen.

Manchmal erlebte ich auch sonderbare Dinge. So kam ich eines Tages frühmorgens in ein Lazarett und fand einen Stabsarzt damit beschäftigt, eine große
Schädelwunde sorgfältig zuzunähen. Auf meine Frage, wie diese Verletzung
zustande gekommen sei, sagte er mir, daß die Kompanie tags zuvor ein Faß
bayrischen Bieres als Geschenk bekommen und einer der Soldaten mit dem
Bierkrug den anderen ein bißchen auf den Schädel geschlagen hätte. Nun ken-
ne ich die Bierkrugverletzungen der Bayern sehr gut und weiß, daß dabei in
der übergroßen Mehrzahl der Fälle der Schädelknochen eingeschlagen ist. Ich
empfahl daher dem Stabsarzt, die Wunde wieder zu eröffnen. Er wollte dies
nicht gern tun, sondern versicherte mir, daß der Knochen völlig unversehrt

sei. Als er auf meinen Befehl hin die Wunde öffnete und ich die Wundränder mit Haken auseinanderzog, war ein sehr großer Knochenbruch mit einem in die Tiefe geschlagenen Knochenstück zu sehen, das selbstverständlich entfernt werden mußte. Der Mann kam mit dem Leben davon.

In einem anderen Feldlazarett wurde mir ein Verwundeter mit einem angeblichen Lebersteckschuß vorgestellt, von dem fortwährend Galle abfloß. Die Herren hatten jedoch vergessen, ihm das Hemd auszuziehen und die Uniform zu besichtigen. Als ich dies tat, fand sich an der Hinterseite genau dem vorderen Einschuß entsprechend ein Loch. Es handelte sich also nicht um einen Lebersteckschuß, sondern um einen Leberdurchschuß. Der Mann ist vollkommen genesen und hat sich mir dann späterhin in Leipzig mit seiner Mutter, welche an sein Krankenbett geeilt war, vorgestellt. Auch eine ganze Anzahl anderer von mir operierter Offiziere und Soldaten stellte sich mir später geheilt vor und erinnerte mich an die betreffenden Feldlazarette. Ich konnte dort sicherlich sehr viel Gutes tun und sehr viel Unheil verhüten, zumal es sich fast immer um schwere Fälle handelte, die ich zu begutachten oder selbst zu operieren hatte.

Das Leben in Rethel war auch deshalb recht anregend, weil wir in der Etappe häufig Besuch hatten. Teils waren es Offiziere von der kämpfenden Front, teils Vertreter der Roten-Kreuz-Pflege und teils Leute mit den verschiedensten Aufgaben, die alle Augenblicke einmal kamen, um mich in irgend einer fachlichen Angelegenheit um Rat zu fragen oder auch nur, um mit mir etwas Zwiesprache zu pflegen. Einer dieser Besucher war der damalige Oberst ADAM GRAF VON WUTHENAU aus Schloß Hohenturm bei Halle, ein Schwager des im Juni 1914 in Sarajewo von einem serbischen Hitzkopf erschossenen Thronfolgers FRANZ FERDINAND. Mit WUTHENAU freundete ich mich schon damals an, und wir sind seither in ständiger Verbindung geblieben. Ich habe sehr viele Mitglieder seiner Familie mit Glück operiert.

Das Arbeiten in Rethel war übrigens nicht so ganz ungefährlich. Die Franzosen verfügten über recht gute Flugzeuge, von denen sie Bomben abwarfen. Man hörte dann eine Art singendes Geräusch, dem in der Regel sehr bald die Bombenexplosion folgte. Einmal schlug eine Bombe in den Operationssaal ein, in dem ich gerade arbeitete. Die beiden assistierenden Herren fielen in Ohnmacht, während meine prachtvoll tapfere Leipziger Operationsschwester mit unerschütterlicher Ruhe weiter half. Der Eingriff wurde glücklich zu Ende geführt. Dieses Ereignis gab den Anlaß, daß mir im April 1915 durch General SCHWARTE, der inzwischen Etappenkommandeur geworden war, das Eiserne Kreuz I. Klasse verliehen wurde.

Ein Patient aus kaiserlichem Hause

Im Dezember 1914 fuhr der Hohenzollernprinz AUGUST WILHELM, der vierte Sohn des Kaisers, mit seinem Kraftwagen bei 90 km Geschwindigkeit gegen einen Baum und wurde mit 18 Knochenbrüchen, darunter einem Kieferbruch und vielen Brüchen an den Unterschenkeln, in mein Lazarett in Rethel eingeliefert. Ich versorgte ihn mit allen gegebenen Möglichkeiten, wobei wegen der ungenügenden Röntgenapparatur der Bruch eines Sprungbeines zunächst verborgen blieb. Wenigstens konnte ich ihm das rechte Bein retten, wenn auch später gewisse Nachwehen gekommen sind. Es heilte alles ganz schön. Der Kaiser besuchte seinen Sohn jeden Morgen. Dabei unterhielt er sich mit mir in leutseligster Weise über den Krieg, die Politik, die Medizin und sonstige interessante Dinge. Er frühstückte bei dieser Gelegenheit stets zwei riesige Äpfel und erklärte mir: „Die gehen ins Hirn!" Er hatte einmal gehört, daß reichlicher Apfelgenuß eine günstige Wirkung auf die Gehirntätigkeit ausübe. (Würde das stimmen, müßten eigentlich alle Vegetarier Genies sein). Einmal sagte der Kaiser zu mir: „Herr Generalarzt, wenn ich nur wüßte, wie ich mit meinem Vetter – der König von England ist doch mein Vetter – nach dem Krieg wieder auf einen guten Fuß kommen könnte!" Ich glaubte damals, ihm die richtige Antwort gegeben zu haben, als ich sagte: „Majestät, wenn wir den Krieg gewonnen haben, wird sich das ganz von selbst ergeben!" AUGUST WILHELM wurde von vielen Heerführern besucht, besonders durch VON BÜLOW, in dessen Armee er gedient hatte, und VON KLUCK. Ebenso kamen die beiden Personaladjutanten des Kaisers VON LYNCKER und VON PLESSEN. Der eine meinte, daß es für das Deutsche Volk eigentlich gut sei, daß auch ein Sohn des Kaisers seinen Blutzoll an den Krieg zu zahlen habe. Auch der Kronprinz und der jüngere Bruder des verletzten Prinzen, OSKAR, waren oft da.

Um Weihnachten 1914 wurde ich beauftragt, den noch im Gipsverband liegenden Prinzen nach Berlin zu seiner Mutter, der Kaiserin, und seiner Frau, der Prinzessin ALEXANDRA, zu bringen. Die Fahrt ging natürlich sehr glatt, da auf jeder Station der ziemlich langen Reise eine Abordnung zur Entgegennahme von Wünschen des hohen Patienten bereit stand. Ich kam in Berlin ins kaiserliche Schloß und wurde von ihrer Majestät, der Kaiserin, äußerst liebenswürdig mit den Worten empfangen: „Herr Generalarzt, es wäre mir schon lieber gewesen, wenn mein Sohn diese schweren Wunden durch französische Kugeln erhalten hätte!"

Ich lernte bei dieser Gelegenheit auch die Prinzessin ALEXANDRA kennen und söhnte mich mit ihr aus. Sie war nämlich auf mich sehr böse, weil der Kaiser angeordnet hatte, ihr zu telegrafieren, daß jeder Krankenbesuch im Felde von Seiten der Frauen strengstens untersagt sei. Die hohe Frau hatte aber erfahren, daß eine ganze Reihe von Offizieren von ihren Ehegattinnen besucht worden waren und hatte mir ins Feld telegrafiert: „Warum mir das Recht aberkennen, was so viele andere Offiziersfrauen erhalten haben?" Ich erklärte ihr nun, daß seine Majestät den Befehl gegeben hatte, den Besuch zu hintertreiben. Sie war eine entzückend schöne Frau aus dem Hause Schleswig-Holstein-Glücksburg. Das Ehepaar AUGUST WILHELM hatte damals einen Sohn im Alter von etwa zwei Jahren. Es schickte mir aus Dankbarkeit für meine Tätigkeit an dem Verwundeten ein Bild. Als Anerkennung des kaiserlichen Hauses erhielt ich von seiner Majestät den Hohenzollernschen Hausorden, eine sehr hohe Auszeichnung.

Auf der Rückfahrt nach Rethel holte ich mir eine fürchterliche Erkältung. Im Zug war es zu heiß, während draußen eine Eiseskälte herrschte. So kam ich mit einer argen Bronchitis an. Sie hatte sogar nach einigen Tagen eine ganz anständige Lungenentzündung zur Folge, an der ich doch etwa zwei Wochen lang lag. Ich ging dann auf Urlaub und erholte mich in Garmisch gut. Kaum zurückgekehrt, bekam ich jedoch wegen der sehr ungünstigen sanitären Verhältnisse eine scheußliche waschechte Ruhr, die mich sehr schwächte. Die Tage mit den mit blutigen und schweren Koliken verbundenen Entleerungen sind mir unvergeßlich. Ich blieb trotzdem im Felde und behandelte mich selbst.

Königlich-sächsische Besuche

FRIEDRICH AUGUST III., der König von Sachsen, kam häufig zu uns nach Rethel und später nach Sedan. Da gab es gewöhnlich eine Truppenaufstellung und gut geleitete Parade. Er erschien hierzu stets pünktlich, während wir bei Kaiserparaden, für die sich allerdings selten Gelegenheit bot, manchmal drei bis vier Stunden in Paradeuniform warteten. FRIEDRICH AUGUST unterhielt sich mit jedem in freundlicher Weise und erkundigte sich nach dem Befinden. Wir freuten uns immer über sein heiteres Wesen und seine geradezu großartigen Aussprüche. Er besuchte auch stets die Lazarette. Einmal war sein Besuch für nachmittags 4 Uhr angesagt. Ich hatte da einen verwundeten Soldaten liegen, der ein französisches Infanteriegeschoß in die Harnblase bekommen hatte. Ein paar Minuten vor dem Besuch des Königs verlangte der wackere Mann mit großem Geschrei die Leibschüssel. Er hatte unerträglichen Harndrang, und es gab auf einmal in dem Becken einen hellen Klang. Das Geschoß war durch den Harndruck aus der Harnröhre herausgeschleudert worden wie eine Kugel aus dem Gewehrlauf. In diesem Augenblick trat der König ein. Ich zeigte ihm hocherfreut das französische Kupfer-Bronze-Langgeschoß, worauf er zu dem sehr netten Verwundeten sagte: „Mein Junge, Du bist mit dem heutigen Tage berühmt geworden. Du wirst in unserer 3. Armee nunmehr den Spitznamen „Der Kugelpinkler" haben!"

In einem anderen Lazarett lag ein Mann mit doppelseitiger Oberschenkelamputation. Der König ließ sich über alle Verwundeten Bericht erstatten. Er trat zu dem bedauernswerten Mann ans Bett, schlug ihm leutselig auf die Schulter und sagte: „Junge, Du hast einen Mordsdusel gehabt, denke nur, wenn Dir's ins Ooge gegangen wäre!" Das schien zwar ziemlich herzlos, war aber sicher nur gut gemeint. Man mußte in den Lazaretten die sächsischen Verwundeten sorgfältig von jenen anderer Herkunft und anderer Truppenteile trennen, denn er hatte das Gefühl, daß er sich als König nur bei seinen Sachsen nach dem Befinden erkundigen dürfe. Wenn man ihn darauf aufmerksam machte, daß hier etwa Bayern, Württemberger oder Badenser lagen, drehte er sich auf dem Absatz herum und ging weiter.

Wenn der König da war, gab es in der Regel ein durch heitere Worte gewürztes Abendessen, bei welchem ich neben dem Etappenkommandanten die Hauptrolle zu spielen hatte. Ich saß meist neben oder unmittelbar gegenüber dem König, und es wurde mir überhaupt von allen Seiten große Aufmerksamkeit erwiesen. Bei einer dieser königlichen Zusammenkünfte erzählte er folgende Geschichte: „Ich war in der Nähe von Lille. Der Ortskommandant teilte mir mit, daß jeden Abend auf dem Felde, etwa 1/2 km von dem Standquartier entfernt, geheimnisvolle Lichter aufblitzten. Ein Feldwebel nahm sich vor, der Sache nachzugehen. Er schlich sich eines Abends ganz nahe an die verdächtige Stelle heran und legte sich in einen Schützengraben. Nun kam auch ein Freiwilliger, dem die Abortverhältnisse im Quartier nicht so recht zu passen schienen, an den Schützengraben und entledigte sich jener Dinge, für welche in seinem Darmkanal weder Zeit noch Platz war. Der Feldwebel lag auf dem Rücken und bekam plötzlich eine warme, übelriechende Masse ins Gesicht." Der König fragte mich nun laut über die ganze Tafel: „Herr Geheimrat, ist das schädlich, wenn einer einem mitten in die Fresse scheißt?" Ich antwortete darauf möglichst sachlich: „Eure Majestät, das kommt ganz darauf an, ob der betreffende Darm ganz gesund ist oder am Ende von einer Ruhr oder einem Typhus befallen ist. In diesem Falle kann man eine schwere Infektion bekommen. Sonst genügt eine Portion warmen Wassers und Seife, um die Sache unschädlich zu machen!"

Von Rethel aus unternahm ich mit dem König oft lange Spaziergänge am Ufer der Aisne. Er schätzte mich offenbar und wir unterhielten uns ungezwungen über den Krieg. Einmal sah sich der König während eines solchen Spazierganges um und betrachtete die Sträucher am Ufer des kleinen Flusses genau. Dann sagte er zu mir die denkwürdigen Worte: „Herr Generalarzt, wenn uns jetzt eener von der Geheembolizei zugehört, hätte, dann würden Sie als Professor erschossen werden und ich als Geenig käme ins Narrenhaus!"

Eines Tages fragte mich der König, ob ich nicht sein Auto haben wollte, er hätte einen sehr, sehr schönen Wagen. Nichts ahnend bestieg ich dieses Gefährt mit meinem Chauffeur und fuhr zu einem Lazarett, als plötzlich etwa 40 Schritte vor uns eine Bombe explodierte. Nachdem meine chirurgischen Aufgaben erledigt waren – ich hatte an diesem Tage sehr viele schwere Fälle zu behandeln – fuhr ich nach Rethel zurück und meldete den Vorgang meinem Freunde BURDACH. Er meinte: „Das wundert mich gar nicht, denn die Franzosen kennen das Auto des Königs von Sachsen sehr gut und haben schon mehrmals mit Bomben auf ihn gezielt. Aus diesem Grunde hat der König Ihnen auch den Wagen zur Verfügung gestellt!" Ich kehrte reumütig zu meinem „Guldenwagen" zurück und blieb von da an von französischen Bombenfliegern verschont.

Einmal kam auch Prinz JOHANN GEORG zu Besuch, ein Bruder des Königs. Im Gegensatz zu dem stets freundlichen FRIEDRICH AUGUST gab er sich kalt wie eine Hundeschnauze. Im Lazarett fragte er die Verwundeten immer nur: „Haben Sie Schmerzen?" Ohne die Antwort erst abzuwarten, ging er zum nächsten Bett. Trotz seines hohen militärischen Ranges war er nicht Soldat, sondern Kunsthistoriker und Geschichtsforscher. Ihn und seine Frau, eine wirklich schöne und liebenswürdige Dame, haben meine Frau und ich nach dem Krieg noch öfter gesehen. Ein weiterer Bruder von König FRIEDRICH AUGUST, der Prinz MAX, hatte auch einen klaren politischen Blick und äußerte schon sehr früh unter vier Augen Zweifel am Gelingen des Krieges. Ich lernte in ihm einen sehr gebildeten, hochintelligenten und prächtigen Mann kennen. Er ging von Lazarett zu Lazarett und spendete allen Verwundeten Trost – gleich, ob sie katholisch oder evangelisch waren. Als Professor der Theologie an der Universität Freiburg in der Schweiz ist er dadurch bekannt geworden, daß er einen Bittgang zum Papste machen mußte. Er nahm die Zweifel, die er in einer Schrift offenbar hinsichtlich der Unfehlbarkeit geäußert hatte, zurück und empfing den päpstlichen Segen, womit die Sache erledigt war.

Kriegschirurgische Belange

Häufig fuhr ich ins große Hauptquartier nach Charleville-Mézières zum Sanitätsinspekteur Exzellenz OTTO VON SCHJERNING. Er war mir sehr freundlich gesonnen, zeigte mir viele wertvolle Dinge und klärte mich über kriegschirurgische Belange auf. Oft unternahm ich mit ihm Fahrten an die Front. Mit SCHJERNING konnte ich eine Reihe von personellen Angelegenheiten regeln. So hatte ich in Erfahrung gebracht, daß zwei meiner besten Schüler, die Professoren HELLER und FRANGENHEIM, als voll ausgebildete Chirurgen in Seuchenlazarette eingezogen worden waren. Dort hatten sie natürlich gar nichts mit Chirurgie zu tun, sondern behandelten Fälle von Ruhr und anderen Darmerkrankungen wie irgendein Sanitätsoffizier bei der Truppe. Als ich ihm dies mitteilte, fragte mich SCHJERNING, welches Rindvieh das angeordnet habe. Ich antwortete ihm darauf: „Es sitzt zwei Zimmer weit von hier und heißt

Oberstabsarzt Dr. GEORG SCHMIDT!" SCHMIDT war Adjutant von SCHJER-NING und im übrigen ein sehr netter Mann, der bei MIKULICZ in Breslau als Chirurg gearbeitet hatte. Er sandte aber als waschechter Paragraphenhengst nur solche Leute in chirurgische Stellungen, welche die militärischen Übungen ordnungsgemäß mitgemacht hatten. HELLER und FRANGENHEIM erhielten nun von SCHJERNING ihrem Können angemessene Stellungen in chirurgischen Lazaretten.

Eine sehr traurige Geschichte ergab sich dagegen mit dem Professor der Zahnheilkunde DEPENDORF. Er hatte gedient und war deshalb zunächst als Ausbildungsoffizier eingezogen worden. Natürlich wünschte er, in seinem Fachgebiet und insbesondere bei der Behandlung von Kieferschüssen eingesetzt zu werden. Ich bemühte mich bei SCHJERNING, dies zu erreichen und bekam auch eine nahezu sichere Zusage. DEPENDORF war aber inzwischen an die Front gekommen und fiel in der Schlacht bei Ypern von einer Granate getroffen, welche ihm beide Beine abgerissen hatte. Seine Frau war darüber natürlich untröstlich und fragte mich immer wieder, ob es denn nicht möglich gewesen sei, ihren Mann für die Aufgaben der Kriegsmedizin frei zu bekommen. Das Schicksal hatte es anders gewollt. Für Rethel brauchten wir natürlich einen tüchtigen Zahn- und Kieferchirurgen. Ich setzte bei SCHJERNING durch, daß der Leipziger Zahnarzt Dr. WEIGELE dahin berufen wurde und sämtliche Kiefer- und Zahnverletzungen zugewiesen erhielt.

Um Ostern 1915 fand in Brüssel ein Kriegschirurgenkongreß unter der Leitung von SCHJERNING statt. Die feldgraue Tagung dauerte zwei Tage. Ich hatte die Aufgabe, über Arm- und Beinschußbrüche, Gelenkschüsse und Gelenkeiterungen zu sprechen. Wir waren ganz leidlich in einem Hotel untergebracht und kamen nach Abschluß der etwas ermüdenden Sitzungen zu zwanglosen Aussprachen zusammen. Fast alle meine Schüler aus der Leipziger Klinik waren da. HELLER erzählte, daß er im Osten in einem Hause einquartiert war, in dem er mit einem jüdischen Ehepaar, 13 Kindern und einem Schwein hauste. Eines Tages wurde einer der Jungen dieses Ehepaares krank, weshalb die Mutter HELLER zu Rate zog. Als der glückliche Vater abends nach Hause kam, wurde er von seiner Frau mit den Worten „Unser Jaköble ist krank!" empfangen, worauf der über seine Kinder offenbar ungenügend orientierte Familienvater fragte: „Ja, haben wir denn auch ein Jaköble?" – In Brüssel gab es bei dem sogenannten Abschiedsessen in schon sehr vorgerückter Morgenstunde einen furchtbaren Krach zwischen SAUERBRUCH, welcher aus Zürich während der Universitätsferien zum Kriegsschauplatz zur Hilfe und zur Beratung geeilt war, und einem preußischen zackigen Major, der ebenfalls schon sehr reichlich alkoholisiert war. Der Major sagte: „Sie sind also aus Zürich hierher gekommen, um Ihre Weisheit in unserem Krieg leuchten zu lassen?" SAUERBRUCH erklärte ihm, daß er Reichsdeutscher sei und seine Klinik aus ehrlicher Begeisterung für die gerechte deutsche Sache verlasse, sooft es die Ferien erlaubten und daß er auch einen militärischen Rang erhalten habe. Der Major entgegnete: „Das ist ja doch alles fauler Zauber. Entweder wollen Sie Bilder aus französischen Schlössern einheimsen oder sich mit schönen französischen Damen unterhalten! Oder wollen Sie am Ende gar nur Orden? Diese Lamettasachen sind auch nur zwei Mark fünfzig wert. Und wenn Sie sich mit den französischen Frauen und Mädchen intimer einlassen, so können Sie sich nachher zweimal im Jahr den Wassermann machen lassen!" SAUERBRUCH bekam einen roten Kopf, schlug mit der Faust auf den Tisch und wollte den Major auf Pistolen fordern. Er konnte nur mit Mühe und Not von einigen Kollegen und mir auf sein Zimmer gebracht werden. Am nächsten Morgen geleiteten wir ihn frühzeitig zur Bahn, um weitere Streitigkeiten zu vermeiden, nachdem sich inzwischen die Alkoholgeister verflüchtigt hatten.

Sedan

Im Frühjahr 1915 übersiedelte die ganze Etappe mit unserer Corona, die aus 8 bis 10 Herren bestand, von Rethel nach Sedan. Sedan, vom Kriege 1870/71 wohl bekannt, war 1914 wohl etwas zerschossen worden, im übrigen aber immer noch eine recht elegante und hübsche Stadt mit ungefähr 20 000 Einwohnern. Besonders an Sonntagen sah man mit französischer Eleganz gekleidete Damen und Herren am Stadtwald spazieren gehen. Viele hatten offenbar von früher her noch Geldmittel zur Verfügung und konnten ein beschauliches Privatleben führen. Andere kamen allerdings durch den Krieg und die deutsche Besatzung in finanzielle Schwierigkeiten. So erzählte mir unser Etappenkommandant, daß sich eine auffallend hübsche junge Französin bei ihm zum Arbeitsdienst gemeldet habe, weil sie nichts mehr zum Leben hätte. Sie wurde als Wäscherin eingestellt und soll diese Tätigkeit fleißig und treu versehen haben. Mit ihrem Mädelchen von vier Jahren ging sie täglich spazieren, wobei sie oft angesprochen und nach wenig bekannten Gassen und Straßen der Stadt gefragt wurde. Sie gab immer in liebenswürdiger Form Auskunft. Auch sonst fiel die Höflichkeit und Zuvorkommenheit der französischen Bevölkerung gegenüber uns deutschen Soldaten auf. Man fügte sich in das Unvermeidliche der Besetzung mit großem Verständnis. Ganz allgemein war der Lebensstandard der französischen Bevölkerung hoch. Jedes Haus bot gewisse Bequemlichkeiten wie zum Beispiel einen elektrischen Schalter, der vom Bett aus bedient werden konnte. Auch in ganz bescheidenen Häusern in Frankreich waren die Betten geradezu glänzend und meist besser als in einem zweitklassigen deutschen Hotel. Ich lebte mich in Sedan rasch ein, zumal die reizende Stadt eine äußerst ansprechende Lage und Umgebung hat. Allerdings erwies sich der Sommer in der Champagne als gelegentlich unerträglich heiß, so daß man am Abend bei einem Spaziergang oder einer kleinen Autofahrt Abkühlung suchen mußte. Quartier fand ich in Sedan durch die Vermittlung von Freund

BURDACH in einer entzückenden Villa oberhalb der Stadt auf einer Anhöhe. Der Hausmeister dieser auch überaus ansprechend eingerichteten Villa war ein gutmütiger Mann, seine Frau hilfsbereit und verständig.

Mein üblicher Tagesablauf gestaltete sich in Sedan so, daß ich vormittags bis gegen 2 Uhr in einem der Lazarette operierte. Dann ließ ich mich in meine Villa zu einem kleinen Mittagsschläfchen fahren. Mein Bursche SCHREINERT, der vom ersten Tag des Krieges an bei mir war, behütete mich während dieser Zeit gut, indem er mir jeden Besucher mit den Worten „Herr Generalarzt schlufte" vom Halse hielt. Gegen 4 Uhr tranken wir Kaffee, und dann ging es wieder in die Lazarette. In den Abendstunden besuchte ich auch die französischen Kriegsgefangenen. Eine ganze Anzahl wurde von mir selbst operiert. Bei der Behandlung anderer habe ich wenigstens den Stabsärzten Ratschläge gegeben. Vier dieser Kriegsgefangenen schrieben mir später und drückten mir ihren Dank dafür aus, daß ich ihnen ihr Leben oder ihre Gliedmaßen gerettet hatte. Einer von ihnen war ein sehr bekannter Rechtsanwalt in Paris, der mich zu einem Besuch in seine Heimatstadt einlud. Ich schrieb ihm sehr freundlich, konnte aber wegen meiner beruflichen Überlastung eine solche Reise leider nicht antreten.

Das Leben in meiner schönen Villa erfuhr eines Tages eine unliebsame Unterbrechung. Die Franzosen schickten damals mit kleinen Flugzeugen bei Nacht Spione über unsere Linien, welche aus Starenhäuschen kleine Briefchen mit wichtigen Mitteilungen zu entnehmen und zurückzubringen hatten. Eines Tages wurde einer dieser nächtlichen Flieger ertappt und sagte nur „Quel malheur, les Allemands!" Er wurde vor ein Kriegsgericht gestellt und zum Tode durch Erschießen verurteilt. Die Vollstreckung des Urteils erfolgte innerhalb weniger Tage. Nun wohnte neben meiner Villa auf dem Berge oberhalb von Sedan der Kriegsgerichtsrat, von welchem das Todesurteil gefällt worden war und der somit Schuld an dem Tode des Spions hatte. Eines Nachmittags gegen 2 Uhr fielen französische Bomben auf mein schönes Häuschen, die nicht für mich, sondern für den Kriegsgerichtsrat bestimmt waren. Glücklicherweise richteten sie lediglich Fensterscheibenbruch und Zerstörungen im hübschen Garten an.

Bombenangriffe der Franzosen in der Gegend von Sedan erfolgten auch auf die ihnen wohlbekannte Villa, die der Kaiser zu bewohnen pflegte. Es wurde infolgedessen über das gesamte Haus auf Anregung irgendeines genialen Kopfes ein Drahtnetz gespannt, welches den Eindruck eines riesigen Vogelkäfigs vermittelte. Bei den heutigen Bombardements wäre allerdings dieses Netz innerhalb einer Sekunde zerstört gewesen. Wegen wiederholter heftiger Bombenangriffe der Franzosen wurde auch das Dach der kaiserlichen Villa im großen Hauptquartier in Charleville-Mézières mit einem Drahtnetz überspannt. Der Kronprinz befehligte damals die 5. Armee, welche die unglückliche Schlacht von

Verdun mitmachte. Seine Frau, die Kronprinzessin CECILIE, besuchte ihren Gatten zunächst so oft als möglich in seiner geradezu fürstlich eingerichteten Villa. Die Franzosen erfuhren dies, kamen eines Nachts mit einem Flugzeuggeschwader an und trafen das Haus so sicher, daß die arme Kronprinzessin nur mit einem Pelzmantel bekleidet eiligst in den Keller geflohen sein soll. Daraufhin stellte sie natürlich die Feldbesuche bei ihrem Gatten ein.

In dieser Zeit wohnte in Sedan eine wahrscheinlich sehr anziehende französische Aristokratin. Der deutsche Kronprinz besuchte sie etwa dreimal in der Woche mit dem Auto. Der allen Einwohnern von Sedan und vor allem unseren Soldaten bekannte Wagen des Kronprinzen blieb immer drei bis vier Stunden vor dem Hause der Baronin stehen. Dies erzeugte natürlich bei der französischen Bevölkerung wie auch bei den deutschen Soldaten Unwillen.

Sedan war inzwischen zu einer Lazarettstadt ersten Ranges geworden und konnte über 7000 Verwundete beherbergen. Die Arbeit ging niemals zu Ende und hatte oft geradezu übermenschliche Ausmaße. Mein Dienst als beratender Chirurg war dadurch schwierig, daß in etwa acht Lazaretten operiert wurde und ich immer wieder nachsehen mußte, daß kein Unglück geschah. Bei größeren Schlachten in der Nähe schwoll der Zustrom von Verwundeten, die in den verschiedenen Lazaretten untergebracht werden mußten, gewaltig an. Einmal waren es zwischen zwei- und dreitausend. Ich erinnere mich noch einer Nacht und eines Tages, während derer ich fast ohne Unterbrechung 24 Stunden operierte. Die Patienten mit Bauchschüssen mußte man bei der ungeheuren Zahl der Verletzten liegen lassen oder anderen Fachchirurgen überweisen. Ich beschäftigte mich vorwiegend mit jenen, die mit einer „ESMARCHschen Gummibinde" kamen, also eine Schlagaderverletzung erlitten hatten. Ich habe in diesen 24 Stunden 46 Arterienunterbindungen ausgeführt.

Wie von Rethel waren auch von Sedan aus immer wieder Lazarettfahrten zu unternehmen, die kein Ende nahmen. Wir fuhren besonders häufig nach Recroi und Namur. Andere Fahrten gingen nach St. Quentin, einer prachtvollen Stadt in Nordfrankreich, die jedoch ganz grauenhaft zerschossen war. Dort traf ich meinen Freund Geheimrat FRITZ KRAUS aus Berlin, welcher als Generalarzt und beratender Internist eingesetzt war. In seiner Gesellschaft befand sich der berühmte Bakteriologe PFEIFFER aus Breslau. Im Kasino von St. Quentin haben wir sehr angeregte Stunden bei Gesprächen über den Krieg und interessante Erkrankungsfälle verlebt.

Gelegentlich fuhren wir an die Front. So unternahm ich in den Anfangstagen des Februars 1916, also kurze Zeit vor dem Angriff auf Verdun, mit dem Feldsanitätschef VON SCHJERNING eine Autofahrt dahin. Die Franzosen wußten mindestens acht Tage vorher von unserem geplanten Angriff und warfen über unseren Linien Flugblätter ab, auf denen zu lesen war: „Wir wissen, daß Ihr uns angreifen wollt! Wird Euch 1/2 Million Soldaten kosten! Viel Vergnügen!"

Die feindliche Spionage im Ersten Weltkrieg war überhaupt ungeheuer. Es konnte vorkommen, daß an der Westfront beim Einzug eines neuen Regiments am Morgen auf der feindlichen Seite eine Tafel aus dem Schützengraben hochgehalten wurde, auf der zu lesen stand: „Guten Morgen Kameraden, Ihr seid heute Nacht von dem Ort X. gekommen, gehört zum Regiment Y., Bataillon ... usw. Euer Oberst ist Herr A., der Major Herr B., die Hauptleute ... usw." Diese genaue Kenntnis unserer Truppenverschiebungen stand den Franzosen deshalb zu Gebote, weil sie bereits in Friedenszeiten unterirdische Telefonleitungen der ganzen vorausgesehenen Frontlinie entlang verlegt hatten, über die sie von ihren Spionen unterrichtet wurden. Daneben spielten auch die schon erwähnten nächtlichen Flieger und Überläufer eine nicht zu unterschätzende Rolle.

Bei einer anderen Fahrt an die Front gemeinsam mit BURDACH kamen wir so weit nach vorn, daß wir durch das Scherenfernrohr die feindlichen Stellungen und die französischen Soldaten genau sehen konnten. Einmal sah ich nach einem Gasangriff etwa 8 000 durch Gasvergiftung zugrunde gegangene französische Soldaten am Boden liegen. Ein grauenhafter Anblick! Bei einem anderen deutschen Gasangriff war eine große Zahl mit Giftgas gefüllter Stahlflaschen aufgestellt und auf Befehl zu gleicher Zeit geöffnet worden. Der Wind drehte sich jedoch in unerwarteter Weise plötzlich völlig um, so daß das Gas die unglücklichen Soldaten unserer eigenen Front erreichte. Ich habe diese bedauernswerten Menschen gesehen, die sich, um der ätzenden Wirkung des Chlorgases zu entgehen, mit den Zähnen in das Erdreich eingebissen hatten. Jene, welche die Gasvergiftung überstanden, kamen nach Sedan ins Lazarett und litten wochen- und monatelang unter fürchterlichen Atembeschwerden sowie einem eitrigen Katarrh der oberen Luftwege.

Die recht häufigen Fahrten ins große Hauptquartier in Charleville-Mézières waren immer interessant, da ich dort fast regelmäßig Leute aus der obersten Heeresleitung traf und mit ihnen über den Krieg sprechen konnte. In besonders angenehmer Erinnerung sind mir die Besuche beim Führer der 3. Armee, dem Generalobersten VON EINEM. Er sah immer leichenblaß aus, so daß man bei ihm an eine perniciöse Anämie denken konnte, lebte aber noch viele Jahre und ist erst in hohem Alter gestorben. Er hat ein sehr interessantes Buch über seine Erfahrungen im Weltkrieg unter dem Titel „Ein Armeeführer erlebt den Weltkrieg" geschrieben, das nach seinem Tode im Jahre 1938 erschienen ist. Darin gedenkt er auch meiner kriegschirurgischen Tätigkeit mit Worten großer Anerkennung. In Charleville-Mézières gab es übrigens angenehmerweise ein ausgezeichnet geführtes Gasthaus, in dem man gut essen konnte. Dort fiel mir auf, daß das Verhältnis zwischen der Armee und der Marine offenbar nicht gut war, da sich die Herren nicht grüßten.

Obwohl es in Sedan ungeheuer viel zu operieren gab, konnte ich doch gelegentlich mit meinem Freund BURDACH, mit dem Grafen WILDING oder auch einem anderen Mitglied unserer Corona Fahrten nach Brüssel, Antwerpen, Lüttich, Ostende oder Namur unternehmen. Antwerpen war nur kurz bombardiert worden und eine geradezu entzückende Stadt, der man mit ihren noch sehr elegant gekleideten Damen den Krieg nicht allzusehr ansah. Eine der interessantesten Fahrten von Sedan aus war jene nach dem nahen Dörfchen Donchery. Dort waren nach der Schlacht bei Sedan am 2. September 1870 Kaiser NAPOLEON III. und BISMARCK zusammengetroffen. In einer äußerst bescheidenen kleinen Bauernstube zeigte die Besitzerin noch mit rührender Treue die Stühle, auf welchen die Verhandlungsteilnehmer gesessen hatten. NAPOLEON III. war ja danach als Kriegsgefangener behandelt und nach dem Schloß Wilhelmshöhe bei Kassel gebracht worden. Nach ein paar Jahren ging er an einem Blasenleiden elend zugrunde.

Begegnungen und Entwicklungen

Eine etwas längere Reise führte mich in eine Reihe von deutschen Heimatlazaretten. Ich hatte vor dem 2. Kriegschirurgenkongreß, der im April 1916 in Berlin abgehalten wurde und auf dem ich über die „Absetzung und Auslösung von Arm und Bein mit Rücksicht auf die Folgen" sprach, gegenüber SCHJERNING den Wunsch geäußert, mir in verschiedenen großen Heimatlazaretten die zum Teil sehr unerfreulich aussehenden Amputationsstümpfe ansehen zu dürfen. Er bewilligte mir dies in großzügiger Weise, so daß ich Gelegenheit hatte, nach Berlin, Hamburg, Straßburg, Marburg und Frankfurt zu fahren. Hamburg war damals noch eine sehr schöne Stadt mit einem allerdings schon stark eingeschränkten Schiffahrtsbetrieb. In Straßburg lernte ich den später nach Leipzig berufenen Professor der Zahnheilkunde OSKAR RÖMER kennen, welcher mich in alle Lazarette führte. In Frankfurt wurde ich von LUDWIG REHN äußerst liebenswürdig aufgenommen. In manchen Krankenanstalten waren die Amputationsstümpfe in einem ganz leidlichen Zustande. In anderen fanden sich dagegen zurückgewichene Weichteile und völlig untaugliche Stümpfe, die eine nochmalige Absetzung um Handbreite höher notwendig machten.

Bereits einige Monate vorher, gegen Ende des Jahres 1915, hatte ich einmal spät abends bei der Rückfahrt von einem Feldlazarett einen völlig erschöpften Soldaten am Wegrande liegen gesehen. Ich ließ halten und beschäftigte mich mit dem Mann, der mir sagte, daß er einen vielstündigen Marsch hinter sich hätte und jetzt nicht mehr weiter könne. Ich lud ihn in meinen Wagen und nahm ihn mit nach Sedan. Dort gab ich ihm vor allem anderen zuerst einmal ordentlich zu essen und zu trinken und sorgte für ein Nachtlager, worauf er sich allmählich erholte. Auf dem Wege hatte ich erfahren, daß er vor dem Kriege im Berliner Zoologischen Garten bei HECK als Zeichner tätig gewesen war. Dort hatte er Tiere, Skelette und Muskeln dargestellt. Ich fragte ihn nun, ob er glaube, auch Operationen am Menschen, vielleicht nach vorheriger Übung an der Leiche, zeichnen zu können. Herr HARTIG, so hieß der Zeichner aus Berlin, sagte darauf: „Det macht mir jarnischt!" Ich nahm ihn nun zu mir ins Lazarett und ließ ihn im Laufe eines halben Jahres sämtliche typischen Gelenkeröffnungen und Gelenkdrainagen zeichnen. HARTIG wurde also unser täglicher Gast, zeigte eine außerordentliche rasche Auffassungsgabe und gutes Verständnis, scheute sich auch vor den größten am Lebenden ausgeführten Operationen nicht und schuf so mit mir ein Werk über die Technik der Eröffnung und Drainage bei Gelenkeiterungen. Er besaß vor allem den richtigen Tiefensinn und brachte dadurch das Kunststück zustande, den Weg zu einem Gelenk räumlich sofort erfaßbar darzustellen. Auch sonst dazugehörige Dinge wie Glas- und Gummiröhrchen zeichnete er, nachdem er sie einmal gesehen hatte, sofort richtig. Ebenso verstand er es, in seinen Bildern einen Nerven, eine Sehne oder einen Muskel völlig klar erkenntlich darzustellen. Oft sagte er während einer Operation: „Das ist der Nerv!" oder „Jetzt müssen wir bald an der Gelenkkapsel sein!" Vielfach operierten wir bis in den Nachmittag hinein, um wieder die Darstellung eines Gelenks fertig zu bekommen. Es sind im ganzen 42 herrliche und geradezu künstlerisch ausgefallene Tafeln geworden. Sie gingen in ein Buch ein, das im Dezember 1916 als Sonderband der Deutschen Zeitschrift für Chirurgie erschien. Ich widmete dieses Werk dem Feldsanitätschef VON SCHJERNING in Dankbarkeit für die großzügige Förderung der Arbeit. HARTIG, ein etwas wortkarger aber sehr netter Mensch Ende vierzig, bedauerte es aufs tiefste, nach Vollendung des Gelenkbuches wieder zu seiner Truppe zurückkehren zu müssen.

Wir hatten in Sedan sehr häufig Besuch. Man lernte interessante Menschen kennen. Viele Ärzte besuchten uns, was ja schon in Rethel begonnen hatte. Auch AUGUST BIER war wiederholt bei mir und lud mich ein, ihn in seinem Lazarett, das nicht allzuweit von uns entfernt war, aufzusuchen. Er hatte die sogenannte intermittierende Stauung zur Behandlung schwerer Knochen- und Gelenkeiterungen erfunden, welche darin bestand, daß eine um die erkrankte Extremität gelegte Gummimanschette automatisch mit komprimierter Luft gefüllt wurde und sich nach etwa zwei Minuten wieder entleerte. Dieses Spiel ging den ganzen Tag weiter. Die Erfolge waren nicht gerade schlecht, aber doch so, daß man die anderen von mir inzwischen eingeführten Behandlungsmethoden der Gelenkeiterungen nicht hätte entbehren können.

Einen Besucher ganz anderer Art lernte ich in dem Schriftsteller RUDOLF HERZOG kennen, der ins Feld gezogen war, um eine Rolle als Schlachtendichter zu spielen. Er trug seine Texte mit voll tönender, überlauter Stimme vor. Mit unseren Herren unternahm er öfter Autofahrten an die Front. Als er dabei einmal die Leiche eines Soldaten sah, dem eine Granate den halben Kopf weggerissen hatte, schrieb er darüber ein Heldengedicht. Nachdem er von meinen

Operationen gehört hatte, wollte er unbedingt einmal dabei zugegen sein. Ich erfüllte ihm seinen Wunsch. Auf dem Programm standen eine Amputation, eine Blinddarmoperation und dann noch die Entfernung von Schrapnellkugeln. HERZOG biß die Zähne zusammen, wurde immer blasser und blasser und lehnte sich schließlich an die Wand an, so daß er mit einem Kognak gestärkt werden mußte. Er war aber sehr stolz, daß er diesen Operationsvormittag durchgehalten hatte.

Im Jahre 1916 zog ein etwas weniger strammer Zug in den ganzen Sanitätsbetrieb in Sedan ein. Der Krieg dauerte eben doch schon zwei Jahre, wodurch sich manche Bande des militärischen Dienstes lockerten. Die Nachrichten, die wir von den verschiedenen Kriegschauplätzen bekamen, waren nicht gut. Wegen der riesigen Zahl von Verwundeten mußten immer mehr Krankenschwestern herangeholt werden. Sie waren zum Teil recht hübsch und erheiterten infolgedessen das eintönige Leben der jungen Sanitätsoffiziere in manchmal wohl etwas zu weit gehender Weise. Die Herren unternahmen gelegentlich mit irgendeinem ausgeborgten Auto eine Vergnügungsfahrt in die benachbarten Orte, wobei dann die von ihnen bestimmten Vertreter bei bedenklichen Fällen oft gar nicht Bescheid wußten. Wenig erfreuliche Verhältnisse waren auch dadurch eingetreten, daß sich eine Oberschwester namens Paula zu einer Art Herrscherin entwickelt hatte. Wer mit ihr gut stand, bekam gute Schwestern in sein Lazarett, wer sich aber mit ihr gezankt hatte, spürte es deutlich an der Qualität der ihm zugewiesenen Krankenschwestern. Über ihre Gunst entschied sie bei abendlichen Zusammenkünften mit gutem Essen, zu denen sie auch die Etappenmitglieder – Generalarzt BURDACH, den Grafen WILDING und die jüngeren Herren unserer Corona – zu sich einlud. Vor mir hatte sie großen Respekt, und ich ließ es zu einer abendlichen Einladung bei ihr nie kommen. Insgesamt aber gefielen mir die geänderten Verhältnisse nicht.

Ein überaus ungutes Erlebnis in Sedan bestand darin, daß ich noch einmal einen Ruhranfall bekam. Es war auch diesmal eine scheußliche Erkrankung, die mich sehr mitnahm. Wie heimtückisch dieses Leiden ist, mag daraus hervorgehen, daß noch im Jahre 1934 nach einem schweren Kolikanfall Ruhrbazillen aus meinem Darm nachgewiesen werden konnten.

Noch im Frühjahr 1916 endete meine Tätigkeit im Felde. Die Fakultät hatte mich zurückerbeten, damit ich wieder die Leitung meiner Klinik in Leipzig übernehmen konnte. Ich kann nicht sagen, daß ich ungern in Rethel und Sedan gewesen wäre. Zum einen habe ich hier wie in den zahlreichen Feldlazaretten stets den Eindruck gehabt, vielen Verwundeten Gutes tun zu können. Zum zweiten konnte ich die Gelegenheit wahrnehmen, zwei bis dahin mit wenig Erfolg bearbeitete Gebiete der Chirurgie zu erschließen, nämlich die Behandlung von Schädelschüssen und von Gelenkschüssen. Es war mir dabei gelungen, Verfahren der physiologisch-biologischen Drainage sämtlicher großer Gelenke von der physikalisch günstigsten Stelle des Abflusses aus zu entwickeln.

Durch die Zeichnungen HARTIGs ist dies anschaulich dargestellt worden. Ich kam mit einer großen Mappe Krankengeschichten von Gelenkschüssen und Schädelschüssen nach Hause. Zum dritten schließlich bin ich im Felde mit einer großen Anzahl von wertvollen Menschen zusammengetroffen. Mit vielen von ihnen blieb ich in dauernder Verbindung, so insbesondere mit BURDACH und mit dem Grafen WILDING. Zunächst entspann sich zwischen uns ein reger Briefwechsel. Nach Kriegsende kam unsere Corona alljährlich einmal in Dresden zu einem vergnügten Abend zusammen, wobei mir gewöhnlich die Aufgabe zufiel, eine Gedenkrede auf die gemeinsam im Felde verbrachten Zeiten zu halten.

Zurück in Leipzig

Während meiner Abwesenheit im Felde war die Chirurgische Klinik in Leipzig stellvertretend von dem schon sehr hochbetagten Geheimrat HERMANN TILLMANNs [19] geleitet worden. Er vertrat mich während dieser Zeit insbesondere im Unterricht, betätigte sich aber operativ nicht viel. Die großen und schwierigen Operationen führte dagegen der technisch sehr begabte Assistent Dr. CLEMENS HÖRHAMMER aus. Nun hatte insbesondere fortwährender Assistentenwechsel ein ziemlich wüstes Durcheinander erzeugt. Nach meiner Rückkehr nach Leipzig im Jahre 1916 gelang es mir, innerhalb einiger Wochen die ziemlich versaute Klinik wieder in Ordung zu bringen. Die klinischen Assistenten waren über den Wechsel in der Leitung der Klinik hoch beglückt und taten ihr Bestes.

Ein großes Kriegslazarett wurde im Krankenhaus St. Jacob eingerichtet, das zwei Krankensäle für je 36 Verwundete umfaßte. Zur Beaufsichtigung der Soldaten wurde mir ein Unteroffizier beigegeben. Wir arbeiteten gut miteinander. Er war sehr verständig, klug, erfindungsreich, mit allen Wassern gewaschen, geschickt und dabei auch menschlich, behandelte die Soldaten gut und sorgte für ihr leibliches Wohl. Er erleichterte mir meine schweren Aufgaben sehr. Oft habe ich bis spät abends in meinem Kriegslazarett gearbeitet.

Da es damals schon einen bedenklichen Mangel an ärztlichen Kräften gab, suchte ich mir solche von auswärts als Assistenten. Dabei hatte ich das große Glück, zwei geradezu prachtvolle Menschen zu finden und an meinen Wagen spannen zu können. Der eine war der damals noch junge HERBERT OLIVECRONA aus Stockholm, der bei mir zwei Jahre als Assistent gearbeitet hat und später der berühmteste Hirnchirurg Europas geworden ist. Der andere, KARL SCHLAEPFER, stammte aus der Schweiz. Auch er erwies sich als ein unge-

---

[19] Vgl. auch: PAYR, ERWIN: Zu Geheimrat Professor H. TILLMANNs 80. Geburtstage. – Dtsch. med. Wschr. 60 (1924) 1517

wöhnlich begabter und geschickter Mann, der großes wissenschaftliches Interesse und vor allem eigenes Denken mitbrachte. Zusammen mit diesen beiden Prachtkerlen und einer Anzahl zusammengelesener Assistenten habe ich in den Kriegsjahren von 1916 bis 1918 in Leipzig meine Aufgaben erfüllt.

Zur Mithilfe bei der Behandlung der Verwundeten stellte sich uns Fräulein MARY STRANNE zur Verfügung, eine liebenswürdige und hübsche Schwedin. Sie hatte in ihrem Vaterlande eine ganz glänzende Ausbildung zur Masseuse genossen und verfügte über umfassende anatomische Kenntnisse wie auch über eine leichte Hand. Stets war sie geduldig und hilfsbereit. Viele werden ihrer wohl noch lange in Dankbarkeit gedacht haben. Auch ihr Bruder SIDNEY STRANNE half im Lazarett überall mit.

In der Klinik konnte ich trotz der immer schwierigeren kriegsbedingten Verhältnisse eine ganze Anzahl Neuerungen einrichten lassen. Hierzu gehörten insbesondere Phantos-Lampen von der Firma Zeiss in Jena, die mit einem Wärmeschutzmantel ausgestattet sind und dadurch den ungeheuren Vorteil aufweisen, die unangenehme Wärmestrahlung der bis dahin üblichen Operationslampen auszuschalten.

Der Betrieb der Klinik erwachte aufs Neue. Es gab eine ganze Menge junger Medizinstudenten, unter denen die weiblichen einen sehr bedeutenden Anteil ausmachten. Auch viele Kriegsverwundete waren unter meinen Hörern, so daß ich meine Vorlesung eigentlich immer vor einem vollen Hörsaal hielt.

Zwischen den Kriegen

Kriegsende und erste Nachkriegsjahre

In schauderhafter Erinnerung ist mir der November 1918. Damals kam ein Zug von etwa 200 miserabel aussehenden Matrosen mit roten Fähnlein in der Hand durch die Zeitzer Straße gezogen. Sie sangen sozialistische Lieder und besetzten die Straßenbahnen und die wichtigsten Gebäude der Stadt wie beispielsweise die Post, das Telegrafenamt und einige Banken. Der Bürgermeister wurde selbstverständlich sofort seines Amtes enthoben, und rote Knaben traten an seine Stelle. Die Offiziere ließen sich die Achselstücke herunterreißen und machten von ihren Waffen keinen Gebrauch. Die meisten von ihnen trennten sich, bevor sie auf die Straße gingen, selbst die Achselstücke ab und ließen ihren Säbel zu Hause. Nachts drangen die Meuterer in die Wohnungen der ehemaligen Soldaten und insbesondere der Offiziere ein und nahmen Waffen, Ferngläser, Uniformstücke und alles, was sonst zur Ausrüstung eines Feldsoldaten gehört, mit. Die Entwaffnung einer so großen heimkehrenden und eigentlich nicht geschlagenen Armee [20] durch eine Handvoll meuternder Matrosen aus Kiel und den anderen Marinestationen war etwas geradezu Erschütterndes.

Am Neuen Rathaus in Leipzig, der sogenannten Pleißenburg, wehte seit dem Spätherbst 1918 die rote Fahne, deren Anblick mich täglich aufs Neue kränkte. Inzwischen waren auch alle Stadträte abgesetzt worden und durch rote Genossen ersetzt. Ich fuhr einmal, da ich mich in dieser völlig rot gewordenen Stadt nicht mehr wohlfühlte, nach Wernigerode am Harz und kaufte mir ohne langes Besinnen ein schönes Landhaus auf der Harburg, in dem ich wenigstens gelegentlich einmal ein paar ruhige Tage zu verbringen hoffte.

In Dresden herrschte inzwischen gleichfalls eine rote Regierung. Sachsen bekam als Unterrichtsminister einen Mann namens BUCK von den Unabhängigen Sozialdemokraten. Er war von Haus aus Maurermeister und Maurerpolier und stattete meiner Klinik sogar einmal einen Besuch ab. Dabei sah er sich vor allem die Plafondverhältnisse und die Stukkatur an und sagte zu mir an einer Stelle unseres Rundgangs: „Herr Geheimrat, dieses Stück da oben wird bald einmal herunterfallen!" Er hatte eben einen Blick für die Gebrechen, die er in seiner Lehrzeit kennengelernt hatte. Im übrigen fand er alles in schönster Ordnung und verließ ohne Beanstandungen unser Haus. Im Vergleich mit anderen, die damals herrschten, war er sicher ein harmloser Mensch.

Mehrfach kam es bis in das Jahr 1920 hinein zu bürgerkriegsartigen Auseinandersetzungen. Bei den Kämpfen nach dem KAPP-Putsch im Frühjahr 1920 ging es auch in Leipzig ziemlich wild her. [21]

Bei dem damaligen Generalstreik sollten auch die Ärzte gezwungen werden, ihre Arbeit niederzulegen. Im Kaufmännischen Verein wurde deshalb eine Ärzteversammlung abgehalten. Zunächst hielt ein Kommunist eine sehr üble

---

[20] Die seinerzeit weit verbreitete Auffassung von der im Felde unbesiegten Armee ist sachlich nicht haltbar. Sie war in Deutschland seit dem Herbst 1918 Ausgangspunkt der sogenannten Dolchstoßlegende, wonach für den Kriegsausgang nicht das militärische Kräfteverhältnis an der Front, sondern das Versagen der Heimat verantwortlich gewesen sei. Die Heimat habe den siegreichen Truppen einen Dolchstoß in den Rücken versetzt.

[21] KAPP hatte in Berlin die Reichsregierung für abgesetzt erklärt und sich selbst zum Reichskanzler ernannt, wobei er sich auf die Truppen der Brigade EHRHARDT stützte. Die Führung der Reichswehr lehnte es ab, die gewählte Reichsregierung durch andere Verbände schützen zu lassen, weil dies zu einem Kampf zwischen Reichswehrsoldaten hätte führen können. So floh die Reichsregierung unter Kanzler BAUER zunächst nach Dresden und von dort nach Stuttgart. Innerhalb weniger Tage brach der Putsch allerdings unter dem Druck eines Generalstreiks und wegen der fehlenden Kooperation der höheren Ministerialbeamten zusammen. So floh KAPP seinerseits zunächst ins Ausland.

Rede. Acht Soldaten klappten, um uns Ärzte einzuschüchtern, fortwährend mit ihren Gewehrschlössern. Ich ergriff auch das Wort und sagte, wir würden unsere Pflicht als Ärzte so lange erfüllen, als man uns nicht daran hindere. Schließlich wurde ein Übereinkommen erzielt, wonach wir unseren ärztlichen Dienst wieder aufnehmen konnten, allerdings nur bei schweren und lebensbedrohlichen Fällen Hilfe leisten durften.

Bald setzten Kämpfe ein, die tagelang andauerten und bei denen meist mit Infanterie- und Maschinengewehren völlig kriegsmäßig in den Straßen Leipzigs herumgefeuert wurde. Auf der einen Seite standen die Kommunisten. Sie hatten sich massenhaft Dynamit, Munition, Maschinengewehre und sogar kleinere Geschütze aus den Heeresbeständen gestohlen und stellten eine keineswegs zu unterschätzende Kämpferschar dar. Am Pleiße-Flutkanal hoben sie sich Schützengräben aus. Auf der anderen Seite kämpfte ein Freikorps mit Zeitfreiwilligen. Ihm gehörten meist junge Bürgersöhne aus Leipzig, aber auch von auswärts an, die den Krieg mitgemacht und sich dann irgendeine Beschäftigung gesucht hatten. Es waren brave und tapfere Kerle. Sie standen unter der Leitung eines Obersten und hatten sich in der Thomasschule verschanzt. Das Gewandhaus wurde von ihnen zum Schutz dieser Kunststätte mit einem doppelten Stacheldrahtverhau umgeben und bewacht. Die Schießereien dauerten beinahe den ganzen Tag. Es gab lediglich morgens zwischen 9 und 10 Uhr eine Gefechtspause, welche die Dienstmädchen und andere Leute dazu benutzten, die notwendigen Einkäufe für die Versorgung der Bevölkerung und die Ernährung der beiderseitigen Kämpfer zu besorgen. Punkt 10 Uhr ging das Feuer auf beiden Seiten wieder los. Beide Kämpfertruppen hatten anscheinend auch genug Munition.

Ich ging wie gewohnt jeden Tag in die Klinik und hörte mehrmals unmittelbar neben meinem Kopf das mir aus dem Weltkrieg wohlbekannte Geräusch einer in nächster Nähe vorbeisausenden Kugel. In der Klinik habe ich sehr viele Verwundete operiert und auch vielen das Leben gerettet. Es waren meist Zeitfreiwillige, die man zu uns brachte und die zum Teil aus den besten Familien der Stadt stammten. Wohl kamen auch Kommunisten zur Aufnahme, aber sie mußten irgendwo noch ein eigenes Lazarett haben, wo sie ihre Verwundeten hinbrachten und von kommunistisch eingestellten Ärzten versorgen ließen. Einmal erschienen mit Dolchmessern bewaffnete Kommunisten in der Klinik und wollten die Zeitfreiwilligen abstechen, die ich in einer eigenen Station bei den verwundeten Soldaten untergebracht hatte. Ich stellte mich ihnen nur mit einem kleinen Browning bewaffnet entgegen und sagte: „Nur über meine Leiche kommt Ihr in diesen Krankensaal hinein!" Darauf meinte der Anführer der Bande: „Nee, unsern guten Geheemrat werden wir nich abkillen!" und zog mit seinen Leuten wieder ab. Ein andermal brachte man mir in die Klinik einen etwa 15jährigen Lausebengel mit einem schweren Zertrümmerungsschuß des Unterkiefers. Ich fragte ihn später, was ihn denn die ganze Sache anginge, da er doch noch nicht trocken hinter den Ohren sei. Er sagte: „Da kam so ein alter Kommu zu mir und sagte: Da nimm mal meine Knarre und schieße so hier und da mal hin auf die anderen, ich muß meiner Frau was sagen!" Er bekam dafür einen 50-Dollar-Schein. Die Kommunisten waren offenbar reichlich mit ausländischem Geld versehen.

Es war in Leipzig eine sehr üble Zeit. An unserem Wohnhaus in der Mozartstraße fuhr damals ein Lastwagen vorbei, auf welchem die Leichen von 7 Kommunisten lagen. In den Klempnerladen im Hause uns gegenüber wurde einmal schon in den Vormittagsstunden ein Mann mit einem Kopfschuß gebracht. In der Lampestraße in nächster Nachbarschaft unserer Wohnung saß ein alter würdiger Gelehrter am Schreibtisch, als ihn eine Kugel tödlich ins Herz traf, die von den Dachschützen auf der gegenüberliegenden Straßenseite stammte. Zwei junge, bildschöne Mädchen, Töchter eines Fleischermeisters, beobachteten vom Balkon ihres Hauses am Johannisplatz aus eine wogende Menschenmenge. Als immer wilder mit Maschinengewehren geschossen wurde, ergab sich der merkwürdige Zufall, daß beide junge Damen Schüsse durch beide Kniegelenke bekamen. Bei der einen mußte ein Bein amputiert werden, die andere behielt ein steifes Knie. Zwei Schweizer, die sich die Sache nur „einmal ansehen" wollten, wurden an der Tür des Hotels Astoria erschossen. Meinem Freund und internen Kollegen VON STRÜMPELL legte man ein halbes Dutzend Erschossene als Morgengruß in den Vorgarten.

Allmählich waren während dieser Kämpfe die Nahrungsmittel und die Kohlen so knapp geworden, daß man im Krankenhaus St. Jacob einen erheblichen Teil der Krankensäle schließen mußte. Es fand deshalb unter der Führung des Oberarztes ASSMANN, der damals ein außerordentlich schneidiger Sanitätsoffizier war und von sich selbst sagte, mehr Offizier als Arzt zu sein, eine Razzia statt. In ihrem Ergebnis wurden etwa 300 Kranke aus der Medizinischen, der Chirurgischen und aus der Ohrenklinik entlassen. Auch die Priesterinnen der Liebe befanden sich darunter, soweit sie nicht ansteckend waren. Nun zog dieser Menschenschwarm dem Bahnhof zu durch die Straßen. Ein oder zwei Männer fielen in Ohnmacht. Ein wütender Volkshaufen brüllte: „Woher kommt Ihr denn?" Er erhielt die Antwort: „Aus dem Krankenhaus St. Jacob!" Dann hieß es weiter: „Wer hat Euch denn in diesem furchtbaren Zustande auf die Straße gesetzt?" „Die Geheimräte STRÜMPELL und PAYR!" „An die Laterne mit den Schuften!" Wenn ich damals mit Freund STRÜMPELL zufällig auf der Straße gewesen wäre, so würden wir wahrscheinlich aufgeknüpft worden sein.

Die Kämpfe in Leipzig dauerten bis zu einem Sonnabend, an dem Truppen der Reichswehr unter General VON MAERCKER einzogen und das Volkshaus in der Zeitzer Straße mit Artillerie beschossen, stürmten und innerhalb kürzester Zeit in Brand setzten. Damit war der Kampfgeist der Kommunisten erloschen, und es wurde eine Art Waffenstillstand geschlossen. Am darauf folgenden Sonntag spazierten Einwohner aller Kreise Leipzigs neugierig um das noch immer stacheldrahtumgitterte Gewandhaus.

Auch in Dresden war heiß gekämpft und wild geschossen worden. Man hatte einen Minister von der König-Albert-Brücke aus in die Elbe geworfen, wo er sich zunächst tapfer durch Schwimmen hielt, später aber, von zahlreichen Gewehrschüssen getroffen, ertrank. Das sogenannte Blockhaus, in dem früher die Sanitätsbehörden Sachsens ihren Sitz gehabt hatten, wies seither unzählige Kugelspuren auf. Nachdem es in Dresden zu einer Art Friedensschluß gekommen war, wurde das dortige Zeitfreiwilligenregiment aufgelöst. Sein Kommandeur kam dadurch in eine üble Lage. Er war vogelfrei und wurde überall gesucht. Als er bei mir in der Privatstation um Aufnahme bat, gewährte ich sie ihm selbstverständlich. Später wurde er in die Reichswehr übernommen. Als ich bei irgendeiner Gelegenheit einmal eine kleine Gefälligkeit von ihm wollte, hatte er meine freundschaftliche Tat vergessen.

Im Rheinlande gab es einen großen bewaffneten Aufstand, der erst durch den Einmarsch der Truppen des Generals VON WATTER mit Mühe und Not niedergeschlagen werden konnte. Der Schriftsteller RUDOLF HERZOG, der mir aus dem Kriege wohlbekannt war, schrieb darüber einen großen Roman mit dem Titel „Das Fähnlein der Versprengten". Im Baltikum kämpften Freiwilligenformationen, die sich vorgenommen hatten, in dem völlig zerrütteten Deutschland Ordnung zu schaffen und auch in Rußland noch zu retten, was zu retten war. Es bildeten sich immer mehr Parteien, deren Zahl schließlich mehr als dreißig betrug. Fortwährend wurde konferiert, wurden Ministerbesprechungen abgehalten und Sanktionen über Deutschland besprochen. Franzosen, Belgier und Engländer besetzten Teile des Rheinlandes und Ruhrgebietes, weil von deutscher Seite bestimmte Vertragsparagraphen nicht zu erfüllen waren. Der Krieg hatte mit dem sogenannten Frieden von Versailles keineswegs ein Ende genommen. Es gab immer noch Kämpfe an allen Ecken und Enden im eigenen Lande – eine ganz scheußliche Zeit.

Mitarbeiter

Das Lazarett im St. Jacobspital blieb noch bis in die Jahre 1920/21 erhalten und wurde dann nach und nach aufgelöst, so daß die Klinik wieder ihren normalen Betrieb aufnehmen konnte. Mit meinen Soldaten und den Offizieren war ich glänzend ausgekommen und glaube, daß sie mich auch gern gehabt haben. Die im Anschluß an den Waffenstillstand zunächst noch sehr unerfreulichen Ernährungsverhältnisse besserten sich allmählich in nicht zu verkennender Weise. Von meinen Oberärzten und Assistenten kehrte einer nach dem anderen zurück, und neue wurden angestellt. So spielte sich der chirurgische Betrieb wieder in reguläre Bahnen ein.

OTTO KLEINSCHMIDT und JOSEF HOHLBAUM wurden nun über viele Jahre das Oberärztezwillingspaar meiner Klinik. Sie vertraten mich im Dienst wie gelegentlich im Unterricht. Diese beiden damals ältesten Herren waren auch für unsere eigene, nahezu ebenso gut wie jene in der Nürnberger Straße besuchte Poliklinik zuständig – KLEINSCHMIDT für kürzere Zeit, HOHLBAUM für viele Jahre. Später rückte ALFONS KORTZEBORN auf, der von der Orthopädie zur Chirurgie stieß. Er konstruierte einen ganz großartigen orthopädischen Universal-Operations- und Behandlungstisch, welcher auch Vorrichtungen zur Zurechtstellung von Platt- und Klumpfüßen sowie zur Streckung von Kontrakturen besaß und dessen Nebenapparate, in kleine Teile zerlegt, in Schubladen untergebracht werden konnten. Eine ganz ausgezeichnete Mitarbeiterin von ungewöhnlicher Begabung, ungeheurem Fleiß und größtem Verantwortungsgefühl hatte ich in diesen Jahren in Fräulein Dr. IDA BOYSEN. Sie stellte für die jüngeren Assistenten eine Art Gouvernante und Erziehungsmutter dar, die zu jeder Stunde des Tages und der Nacht bereit war, zur Entscheidung über anstehende Eingriffe zu kommen und auch selbst sofort zuzugreifen, wenn die Lage kritisch wurde. Ich bin dieser edlen Dame, die in ihrem Erziehungswerk der Jungmannschaft geradezu rührend war, zu allergrößtem Danke verpflichtet.

Mit den Krankenschwestern hatten sich in der Zwischenzeit einige Änderungen ergeben. Die Albertinerinnen waren 1913 mit der Eröffnung des neuen Krankenhauses St. Georg im Norden Leipzigs dorthin übersiedelt. Dafür war an die Chirurgische Klinik im Krankenhaus St. Jacob eine sogenannte freie Schwesternschaft gekommen. Dabei handelte es sich um außerordentlich brave, zum Teil auch nicht mehr ganz junge Mädchen, welche durch viele Jahre treue und aufopferungsvolle Dienste leisteten. Ein Teil der Schwestern war während des Ersten Weltkrieges eingezogen und durch eine zweite Garnitur ersetzt worden, welcher man schon viel mehr auf die Finger sehen mußte. Nach dem Krieg zurückgekehrt, kamen unsere Schwestern meist wieder auf ihre alten Stationen und versahen dort ihren Dienst in trefflicher Weise. Ich konnte mit meinen Leipziger Schwestern sehr zufrieden sein. Sie hatten selbstverständlich auch einen erzieherischen Einfluß auf die jungen Volontäre und Assistenten. Auf der Station waren sie unter anderem dafür verantwortlich, daß die für den Verbandwechsel notwendigen Dinge immer und unbedingt zur Verfügung standen und daß die Krankengeschichten in Ordnung gehalten wurden. Dies verlangte ich mit größter Strenge und hatte schon in Greifswald als Kopf der Krankengeschichten den Satz drucken lassen: „Jede Krankengeschichte ist eine Urkunde". Auch im Operationssaal waren die Schwestern sehr tüchtig. Sie beherrschten die Kunst der Narkose meist ganz vorzüglich und man konnte sich auf sie verlassen. Solch eine Schwesternnarkose war mir im allgemeinen lieber als eine, die von einem ganz jungen und unerfahrenen Volontär oder Ausbildungsassistenten durchgeführt wurde. Sie hatten das Vorhalten des

Kiefers, das Hervorziehen der zurückgesunkenen Zunge, die Reinigung des Mundes und alle anderen notwendigen Narkosehandgriffe in einem eigenen Kursus hervorragend gelernt und auch einen guten Blick für Auffälligkeiten entwickelt, so daß sie drohende Zwischenfälle sicher dem Operateur melden konnten. Dieser Einsatz der Schwestern zur Narkose bedeutete für uns im übrigen eine nicht unerhebliche Ersparung an ärztlichen Arbeitskräften. Das ging durch viele Jahre ganz ausgezeichnet. Eine der späteren Operationsschwestern, die sich zum Teil mehr mit der Politik als mit dem Operationssaaldienst befaßte, stellte durchaus eine Ausnahme dar.

Sehr begabt und geschickt zeigte sich Schwester ELISE DÖGE [22], welche ich später auf meine Privatstation nahm.

Schwester MARTHA LÄSSER kam aus Hamburg, wo sie eine sehr gute Ausbildung erhalten hatte. Sie war geschickt, intelligent, von angenehmen Äußerem, hielt Ordnung unter den jüngeren Schwestern und sorgte für entsprechenden Nachwuchs.

---

[22] Schwester ELISE DOEGE hat später den Tagesablauf PAYRS in jenen Jahren folgendermaßen geschildert (persönliche Mitteilung):

Herr Geheimrat betrat im Sommer jeden Morgen um 7 Uhr 30 und im Winter um 8 Uhr 30 das Krankenhaus. Zunächst fand täglich außer am Donnerstag und Samstag (an diesen beiden Tagen wurde auf der Privatstation operiert) auf den allgemeinen Stationen die sogenannte große Visite statt. An jedem Bett waren Krankengeschichte und Röntgenbilder bereitgelegt und es wurde bestimmt, ob und wann der Patient operiert werden sollte. Meist handelte es sich um größere Eingriffe. Im Anschluß an diese Visite ging es zur Vorlesung in den Hörsaal. Hier waren alle Ärzte anwesend, sofern sie bei sehr großem Programm nicht schon operierten. Das Auditorium mit seinen etwa zweihundert Plätzen war immer voll besetzt. Die Vorlesungen waren mit Humor gewürzt, so daß das „Trampeln" der Studenten oft kein Ende nehmen wollte, bis Herr Geheimrat die Hand erhob und Ruhe gebot.

Nach der Vorlesung wurde eine kurze Frühstückspause eingelegt und dann bis über Mittag operiert, wobei Herr Geheimrat ein oder zwei größere Operationen selbst übernahm. Gegen 13 Uhr ging es zur Privatstation, die sechsundzwanzig chirurgische Betten und ihre eigenen Operationsräume und Untersuchungsboxen hatte. Dort wartete immer schon eine Reihe von Patienten, teils um sich untersuchen zu lassen und teils zur Nachbehandlung. Es waren immer einige von Arthritis deformans geplagte ältere Leute dabei, welche Gelenkinjektionen zur Erleichterung ihrer Beschwerden erhielten.

Von 16 bis etwa 18 Uhr hielt Herr Geheimrat Sprechstunde in seiner Privatwohnung. Gegen 19 Uhr war Visite auf der Privatstation. Dort fanden sich dann auch die Assistenten ein, um über die operierten Patienten auf den allgemeinen Stationen zu berichten und das Programm für den folgenden Tag abzugeben.

Nicht selten wurde Herr Geheimrat nach auswärts gerufen, wo er besonders Magen- und Darmoperationen auszuführen hatte.

Eine meiner besten und treuesten Schwestern war schon seit dem Beginn des Ersten Weltkrieges Fräulein HEDDY SCHULZE. Sie stammte aus einem angesehenen Leipziger Kaufmannshause, war sehr gebildet und hatte sich mit allergrößter Begeisterung dem Schwesternberuf gewidmet. Sie machte den Krieg an verschiedenen Stellen mit und kehrte dann an unsere Klinik zurück. Hier wurde sie zuerst Operationsschwester und später Oberschwester an meiner Privatstation. Während der Inflation verlor sie ihr ganzes, nicht unbedeutendes Vermögen. Sie sprach französisch, englisch und etwas italienisch, war viel in der Welt herumgekommen und verstand es ausgezeichnet, mit dem internationalen Publikum umzugehen, das ich auf meiner Privatstation zu behandeln hatte. Eines Tages erkrankte sie an einer Rückenmarksgeschwulst, die zur völligen Lähmung beider Beine führte. Ich operierte sie mit sehr großem Glück, wobei mir meine beiden Oberärzte KLEINSCHMIDT und HOHLBAUM assistierten. Der Eingriff hatte ein so glänzendes Ergebnis, daß sie die Beine schon nach 3 bis 4 Tagen wieder bewegen konnte. Nur essen wollte sie absolut nichts. Nun wußte ich, daß HEDDY SCHULZE eine ungewöhnliche Liebe für Tiere hatte. Das brachte mich auf den Gedanken, mir von Dr. GEBBING, dem mir befreundeten Direktor des Zoologischen Gartens, einen jungen Löwen auszuleihen. GEBBING war dazu gern bereit und sandte uns einen Diener, der einen drolligen kleinen Löwen mitbrachte. Sowie HEDDY SCHULZE das junge Tier im Bett hatte, freute sie sich so, daß sie bald wie ein Löwe zu essen anfing. Sie genas innerhalb weniger Wochen und wurde auch wieder voll dienstfähig.

Röntgenwesen und Röntgeninstitut

Nach Abschluß des Krieges hatte sich WILLY BAENSCH, der in Halle bei SCHMIEDEN Assistent gewesen war, bei mir als Röntgenologe gemeldet. Er wurde anfangs Röntgenassistent und später Oberarzt. Im Jahre 1922 oder 1923 habilitierte er sich, wie der Ausdruck lautete, für Chirurgie und Röntgenkunde, erhielt etwa sechs Jahre später den Titel eines außerordentlichen Professors, wurde im Jahre 1936 Direktor des Röntgeninstitutes und auf meinen Antrag hin dann auch sehr bald zum ordentlichen Professor ernannt. Er hatte sich unter meiner Leitung und bei eifriger selbständiger Arbeit zum ersten Röntgenologen Deutschlands entwickelt, der in Leipzig eine derart angesehene Stellung genoß, daß er verschiedenen Lockungen nach Berlin und Hamburg zu widerstreben vermochte und Leipzig bis 1945 treu geblieben ist.

Das Röntgenwesen war in früherer Zeit an allen chirurgischen Kliniken Deutschlands stets einem der klinischen Assistenten anvertraut worden, der sich jeweils nur verhältnismäßig kurz damit zu beschäftigen und es dann bald an einen Nachfolger abzugeben hatte. Nach meinem Dafürhalten gehört aber der Röntgenbetrieb und der Umgang mit Radium unter allen Umständen nur in die Hände eines oder höchstens zweier auf diesem Gebiet besonders reich erfahrener Ärzte. Nur so kann bei der ungeheuren Entwicklung der Röntgentechnik alles das nutzbar gemacht werden, was ständig neu gefunden wird. Ich bin auch heute noch der Meinung und stehe in diesem Punkte in Gegensatz zu vielen anderen Kollegen, daß der Röntgenologe nicht zugleich klinischer Vollassistent sein kann und soll. Das ist ein Unding und rächt sich. Entweder ist er kein voller Kliniker oder kein voller Röntgenologe. Wirklich erstklassige Röntgenologen kommen daher auch nur aus Röntgeninstituten, wo dies, wie in Leipzig, berücksichtigt worden ist. Leider sieht es besonders in der allgemeinen Praxis wesentlich anders aus. Ein Arzt schafft sich einen Röntgenapparat an, stellt gewöhnlich auch eine Röntgenassistentin ein und betreibt nun mit dieser Dame Röntgendiagnostik neben seiner ganzen sonstigen Praxistätigkeit. Es ist selbstverständlich, daß auf diese Weise die Diagnostik oft durchaus nicht dem entspricht, was man von einem modernen Röntgenverfahren verlangen kann und muß. Sehr viele Patienten kommen zu mir mit technisch völlig ungenügenden Röntgenbildern in die Sprechstunde, so daß ich sie bei schwierigen Fällen meist noch einmal in unser Röntgeninstitut schicken muß, um ein brauchbares Bild zu erhalten.

Bald nachdem BAENSCH seine Tätigkeit an meiner Klinik begonnen hatte, war beschlossen worden, ein neues, ganz großes Röntgeninstitut zu erbauen. Die Bau- und Ausstattungskosten teilten sich die Stadt Leipzig und die staatliche Unterrichtsverwaltung in Dresden. Der Aufwand betrug, da der Bau im Beginn der Inflationszeit erfolgte, anfangs mehrere Millionen und zum Schluß Milliarden. Als nach dem Abschluß der Inflationszeit einmal nachgerechnet wurde, stellte sich heraus, daß ich der Stadt und dem Staate dieses Röntgeninstitut für umgerechnet 54 000 Rentenmark geschenkt hatte. Der Bau wurde in verhältnismäßig kurzer Zeit ausgeführt. Er hatte zwei Stockwerke, wobei sich im Erdgeschoß die diagnostische Abteilung mit zwei Röntgenapparaten und im 1. Stock jene zur Heilbehandlung mit Röntgenlicht befand. Nach einigen Jahren kam noch ein Anbau hinzu.

Die Röntgendiagnostik wurde allen meinen klinischen Assistenten dadurch vermittelt, daß BAENSCH mir regelmäßig zum Schluß des Kollegs die Röntgenfilme zeigte und ich alle wichtigen Befunde in Gegenwart der dienstfreien Assistenten begutachtete. Der Persönlichkeit meines Freundes BAENSCH ist es zu danken, daß er sich stets voll und ganz als Mitarbeiter der Chirurgischen Klinik fühlte und immer mit seinen Röntgenaufnahmen zur Stelle war, wenn wir solche brauchten. Er legte eine prachtvolle Schausammlung mit Röntgenbildern der Erkrankungen sämtlicher Organe an, die mit der notwendigen erklärenden Beschriftung hinter Glasscheiben betrachtet werden konnten. Das Röntgenarchiv wurde so gegliedert, daß jede Voraufnahme innerhalb weniger Minuten zur Verfügung stand. Da die Röntgenfilme außerordentlich feuergefährlich sind und im Falle eines Brandes einen geradezu fürchterlichen Herd

darstellen würden, haben wir die Übereinkunft getroffen, sämtliche Röntgenbilder, welche nicht gerade aus den allerletzten Tagen stammen, in feuersicheren Schränken unterzubringen. Ein einziges Mal während meiner Tätigkeit als
Direktor der Chirurgischen Klinik kam eine üble Entgleisung vor. Alte Be-
stände des Röntgenarchivs, die aus Zeiten stammten, als die Röntgenbilder
noch nicht auf Celluloidfilme, sondern auf mit einer Gelatineschicht überzo-
gene Glasplatten aufgenommen wurden, gingen dabei verloren. Eine unge-
treue Angestellte hatte während der Inflationszeit erfahren, daß die Platten
einen sehr großen Wert hätten, daraufhin sämtliche Röntgenplatten der letzten
15 Jahre verkauft und daraus einen sehr bedeutsamen Gewinn gezogen. Sie
wurde selbstverständlich sofort entlassen.

In der Strahlentherapie im Obergeschoß des neuen Röntgeninstituts war alles
strahlendicht eingerichtet. Der Patient befand sich in einer kleinen Kabine, in
welche man jederzeit von außen durch eine dicke Glasscheibe hineinsehen
konnte. Es ist mir eine ganz große Befriedigung, daß bei uns im Laufe vieler
Jahre lediglich ein einziges Mal eine Röntgenverbrennung aufgetreten ist. Dies
war etwa im Jahre 1916, als es am Fuße einer damals mittelalterlichen Dame
zu einer Röntgenverbrennung kam, die ich durch Herausschneiden der verbrannten Stelle und Hautersatz vom anderen Bein behandelte. Die Dame ist
späterhin gesund geblieben und hat ein sehr hohes Alter erreicht. Weitere Fälle
von Röntgen- oder Radiumverbrennung sind bei uns nicht vorgekommen. Das
zeugt von der ungeheuren Sorgfalt, mit der bei uns mit den Röntgenstrahlen
und dem Radium umgegangen worden ist.

Die Radiumvorräte wurden in regelmäßigen Zeitabständen physikalisch gemessen und auf ihren Strahlungseffekt untersucht. Sie befanden sich in kleinen
Glasröhrchen, welche je nach der Anwendungsbestimmung nach Größe und
äußerer Form unterschiedlich gestaltet waren und ihrerseits in dicken Bleikap-
seln in einem feuersicheren Tresor aufbewahrt wurden. Beim Umgang mit
dem Radium kam es gleichfalls nur einmal zu einem Unglück. Der sogenannten Radiumschwester, einer im übrigen sehr zuverlässigen Person, fiel eines der
Röhrchen auf den Boden und zerbrach. Die Menge Radium, die dabei ver-
streut und von der Scheuerfrau als „Brosamen" weggekehrt wurde, hatte ungefähr eine Wert von 40 000 Mark.

Die Führung des Röntgeninstitutes übergab ich im Laufe der Jahre an Professor BAENSCH, der von einem ausgezeichneten Oberarzt namens FINSTER-
BUSCH und einigen Assistenten unterstützt wurde. Mit etwa 10 Laboratoriumsgehilfinnen hatte sich das Röntgeninstitut einen zum Teil sehr ansprechenden Harem verschafft. Einige der Röntgenassistentinnen blieben 15 Jahre und
länger im Hause. BAENSCH erweiterte seinen Wirkungskreis dahin, daß auch
in seinem Institut Harn-, Blut- und chemische Untersuchungen durchgeführt
werden konnten. Besonders bemerkenswert ist, daß er weder vom Staat noch

von der Stadt die geringste finanzielle Unterstützung erhielt. Der Staat hatte seinen Anteil an diesem Röntgeninstitut allmählich abgegeben, so daß es schließlich ganz in die Hände der Stadt Leipzig überging. Sie bestimmte, daß alle Geldmittel, seien es die Gehälter der Ärzte und Laboratoriumsdamen, das laufende Material oder die Neuanschaffungen von Apparaten, aus den Einnahmen des Instituts zu erwirtschaften waren, wobei selbstverständlich die Privatpatienten einen höheren Betrag zu bezahlen hatten als die von den Kassen zugeschickten Kranken. Es ist ein sehr großes Verdienst von WILLY BAENSCH, daß er trotz des riesigen Betriebes, der ihn den ganzen Tag von frühmorgens bis spätabends in Anspruch nahm, in der Lage war, vorbildliche Ordnung zu halten und daß auch die Rechnungsführung und die Steuerangelegenheiten niemals auf die geringsten Schwierigkeiten stießen.

Einige Jahre nach dem Bau des Röntgeninstituts wurden Räume der ehemaligen Medizinischen Klinik frei, in denen wir eine Krebsstation einrichteten. Sie umfaßte im Erdgeschoß zwei recht große Zimmer, zu denen auch sehr gute Nebenräume gehörten. Im Obergeschoß ließen sich einige Privatzimmer für die Röntgen- und Radiumbehandlung von Krebskranken und ferner eine sehr hübsche Wohnung für die schon genannte Assistentin Fräulein Dr. BOYSEN unterbringen. Die Krebsstation wurde offiziell nie als solche bezeichnet, damit die Patienten nicht bei der Aufnahme von vornherein das Gefühl hatten, eine unheilbare Krankheit in sich zu tragen. Ein eigener Assistent betreute diese Station, während die Oberaufsicht in den Händen von mir und Freund BAENSCH lag. Ich habe, solange ich Direktor der Chirurgischen Klinik war, die sogenannte Krebsstation regelmäßig einmal in der Woche besucht und war über den Verlauf der Röntgen- und Radiumbehandlung aller Patienten unterrichtet. Wir haben zum Teil geradezu hervorragende Erfolge an als inoperabel geltenden Krebsen erzielt, so zum Beispiel beim Speiseröhrenkrebs, wo wir in der Chirurgischen Klinik zunächst eine Magenfistel anlegten und dann unter der Leitung des Auges die Radiumröhre an den Ort der Erkrankung führten. Wir trafen auch besondere Vorsichtsmaßnahmen, um uns bei der Einführung von Radium in den Mastdarm vor einem Verlust des kostbaren Elementes zu schützen. Die Radiumröhre, daß heißt das das Radium enthaltende Glasröhrchen, war an einem verläßlichen Seidenfaden befestigt und dieser mit einem gut haftenden Klebstreifen in der Umgebung des Mastdarmes verankert. In München war einmal ein General, bei dem ein Mastdarmkarzinom bestand, mit einem Radiumdepot im Mastdarm versehen worden. Der alte Herr fühlte ein Jucken am After und schabte so lange an dem Pflaster herum, bis es sich löste, der Haltefaden frei wurde und das Radiumröhrchen immer höher hinauf bis in die Gegend der letzten Dickdarmschlinge stieg. Wenn es dort geblieben wäre, so hätte man mit einem Durchbruch des Mastdarmes und Dickdarmes in die Bauchhöhle und mit einer tödlichen Bauchfellentzündung rechnen müssen. Es blieb daher nichts übrig, als einen Bauchschnitt zu machen und das

Radiumröhrchen durch Einschnitt in den Dickdarm herauszuholen. Der
Kranke hat den Eingriff glücklicherweise gut überstanden.

Die Privatklinik

Freiwerdende Räumlichkeiten der ehemaligen internistischen Privatstation
boten die Möglichkeit, in den Jahren 1925 und 1926 die chirurgische Privatstation in großzügigster Weise zu erweitern. Dadurch entstand eine Privatklinik,
die sich mit den besten Sanatorien und Privatkliniken anderer Großstädte messen konnte. Das Gebäude, das dabei umgebaut wurde, war zwar mindestens
schon 45 Jahre alt, dabei aber sehr solide gebaut und ziemlich schalldicht. [23]
Die Umbauten sowie die Ausstattung der Räume wurden von Stadtbaurat
RITTER geplant und beaufsichtigt. Ich bin ihm sehr zu Dank verpflichtet, da
er meine Vorstellungen großartig erfaßte und auch keine Reisen in andere
Großstädte mit Privatkliniken scheute, um das Allerneueste und Allerbeste für
Leipzig in die Wege zu leiten. RITTER ging auf jede meiner Anregungen ein,
war außerordentlich kunstverständig, stets liebenswürdig, immer hilfsbereit
und kam auch später, wenn nach Abschluß der Bauarbeiten irgend ein Defekt
zutage trat, sofort selbst und sorgte für Abhilfe.

Jedes der etwa 25 Krankenzimmer erhielt fließendes warmes und kaltes Wasser,
was natürlich von den Patienten ungeheuer geschätzt wurde. Darüber hinaus
wurden für besonders hervorragende und finanziell bemittelte Patienten drei
Doppelzimmer mit Bad und Toilette eingerichtet. Jedes Zimmer bekam eine
besondere Färbung, und in allen wurden ein paar hübsche Bilder an die Wände gehängt. Der Zugang zu jedem Zimmer führte durch eine gut schließende
und den Schall abdichtende Doppeltür, so daß eigentlich niemals ein Lärm zu
hören und die für frisch Operierte und Schwerkranke notwendige Ruhe unbedingt gewährleistet war. Als sehr nützlich erwies sich auch die Einrichtung einer eigenen Teeküche. Hier konnten Speisen für Patienten vorbereitet werden,
die auf eine besondere Diät angewiesen waren. Außerdem ließen sich in dieser
gar nicht so kleinen Teeküche noch Mängel an den von der Hauptküche des
Krankenhauses St. Jacob in Wärmebehältern herübergebrachten Mahlzeiten
beheben.

Ganz besonders hervorragend gelang die Anlage der Operationssäle. Wir bekamen deren zwei, einen aseptischen und einen septischen. Der aseptische war
ein Kunstwerk und nach den neuesten Errungenschaften des Krankenhausbaues ausgestaltet. Eine Klimaanlage versorgte in der manchmal sehr heißen Sommerzeit die Operationssäle mit kühler Luft, welche aus einer Kühlvorrichtung
im Untergeschoß stammte. Zusätzlich war auch hier das Glasdach der Opera-

---

[23] Es beherbergt heute die Neurochirurgische Klinik.

tionssäle mit einer Wasserspülung versehen. Für die Beleuchtung wurde in glänzender Weise gesorgt. Die Zeiss'schen Lampen minderten die bei längeren Eingriffen auf das Haupt des Operateurs strahlende qualvolle Hitze außerordentlich durch einen dunkelgrünen wärmeundurchlässigen Mantel. In der Nähe der Operationssäle wurde ein kleiner Raum als Narkosezimmer eingerichtet. Hier erfolgte die Einleitung der Narkose, nachdem die Patienten schon vorher durch eine beruhigende Spritze in Halbschlummer versenkt worden waren. So war also eigentlich alles vorhanden, was man für einen neuzeitlichen operativen Betrieb braucht.

Neben dem Direktorzimmer, in welchem ich offizielle Schreibarbeiten erledigte und die Patienten empfing, wurden drei Untersuchungszimmer eingerichtet, in denen alles Notwendige für die Untersuchung vorhanden war. So ließ sich viel Zeit sparen, wenn sich die Patienten in den einzelnen Räumen bereits entkleideten und auf die Untersuchung durch mich warteten.

In das Untergeschoß des Hauses kam ein wundervolles Laboratorium. Es bestand aus vier Räumen, in welchen mikroskopische, bakteriologische, serologische und zahlreiche andere Untersuchungen angestellt werden konnten. Der Raum war so reichlich bemessen, daß ich auch noch ein eigenes Zimmer für die Bestimmung des Grundumsatzes unterbringen konnte. Diese Laboratoriumsanlage kam dem ganzen Betrieb außerordentlich zustatten. Ich hatte das Glück, schon bald nach der Eröffnung der neuen Privatstation in Fräulein FRIEDEL WEIGERT eine außerordentlich intelligente und hilfreiche Mitarbeiterin zu finden, die bereits sehr viele Untersuchungsmethoden, wie etwa auch jene auf Zucker, beherrschte und alles das, was sie noch nicht konnte, in der Medizinischen Klinik erlernte.

Im Zuge der Umbauten wurde auch ein neuer Fahrstuhl eingebaut, welcher besser funktionierte als der alte. Das war dringend nötig. In das 2. Stockwerk kamen mehrere sehr schöne Privatwohnungen, in denen zum Beispiel die Oberschwester und der Assistent der chirurgischen Privatstation wohnten. In der Wohnung des Privatassistenten hielt ich mich abends manchmal 1/4 oder 1/2 Stunde auf. Es waren gewöhnlich auch ältere Assistenten anderer Kliniken anwesend, so daß es oftmals zu einer anregenden Aussprache kam.

Der Garten des Krankenhauses St. Jacob enthielt verschiedene ausländische Pflanzen, besonders einen japanischen Kirschblütenbaum, und war überhaupt bildschön. Ursprünglich gab es in ihm einen kleinen Teich, der einen Durchmesser von etwa 5 Metern hatte. In der Nähe dieses Teiches entstand einmal eine kleine Zänkerei zwischen den Dienern, welche die Speisen für die Privatpatienten aus der Hauptküche auf einem großen Tablett mit Wärmetöpfen herüberbrachten. Im Verlauf der Auseinandersetzung fiel das ganze Essen, welches zu einem guten Teil aus Rollmöpsen bestand, in den Teich, welcher seit jener Zeit den Namen „Rollmopsteich" trug. Er mußte später entwässert werden und einer Baracke weichen, die wir an dieser Stelle für unsere urologischen Patienten herrichteten. Trotzdem blieb der Garten wunderschön. Er umfaßte auch das Areal zwischen Privatklinik und Johannisallee. Man hatte in diesem Teil des Gartens durchaus nicht den Eindruck, sich in einer Großstadt aufzuhalten, zumal in der angrenzenden Johannisallee keine Straßenbahn verkehrte. Wir stellten eine ganze Anzahl von großen, schattenspendenden Schirmen auf, so daß die Privatpatienten in der Sommerzeit im Freien sitzen konnten. Es war da oft eine sehr nette Gesellschaft beisammen, an welche ich mich noch heute in angenehmster Weise erinnere.

Nach dem Abschluß der Umbauarbeiten fehlte der Privatklinik mit allen ihren neuzeitlichen Behelfen für einen privaten Klinikbetrieb und dem sehr schönen Garten eigentlich nicht sehr viel, um als ideal bezeichnet werden zu können. Ein gar nicht so unbedeutender Fehler konnte behoben werden, nachdem ich seine Ursache leider erst sehr spät entdeckt hatte. Es erfolgten nämlich zunächst gelegentlich vollkommen unerklärliche Diebstähle sowohl an meinem Privateigentum als auch an jenem der Patienten. Schließlich wurde ein mindestens 50 Jahre alter unterirdischer Gang zwischen dem Untergeschoß der Privatstation und dem des sogenannten Roten Hauses entdeckt. Hier befand sich eine Station für chronisch Kranke, die zur Chirurgischen Klinik gehörte. Nach der Sicherung dieses Ganges gegen das Rote Haus mit einer gut schließenden Tür hörten die Diebstähle auf. Ein einziger Nachteil blieb erhalten. Man konnte die Betten aus der Privatstation nicht so ohne weiteres in den Garten befördern, da zwei Steinstufen und eine kleine Treppe zu überwinden waren. Da uns die Stadt genügend Tragbahren zur Verfügung gestellt hatte, konnten die Patienten, welche sich tagsüber im Freien aufhalten sollten, wenigstens hiermit in den Garten gebracht werden. Der Transport mit dem Bett über die Stufen in den Garten blieb nur in besonderen Fällen durchführbar. Insgesamt ließ sich aber an der Privatklinik tatsächlich sehr wenig aussetzen, und so war ich in ihr nahezu restlos glücklich.

Patienten

Unter meinen Privatpatienten waren viele interessante Menschen. Ich habe eine große Anzahl von ärztlichen Kollegen und ihre Familienmitglieder operiert. Die angenehmsten Patienten waren die Naturwissenschaftler, die Professoren der Physik, Chemie oder ähnlicher Fächer. Gerade sie wußten durch ihre langjährige Ausbildung und den Umgang mit der Natur, daß es keine unfehlbaren Ärzte gibt und gelegentlich auch bei allergrößter Sorgfalt ein Fehlschlag vorkommen kann. Die Philosophen hatten oft etwas Kindliches an sich, waren aber gleichfalls überaus angenehm. Bei den Theologen traf ich sehr sympathische, dankbare, treue und anhängliche Patienten. Am schwierigsten war es mit den Juristen, welche durch ihre Tätigkeit als Rechtswahrer sehr viel mit Klagen von Patienten wegen angeblich oder wirklich unterlaufener Kunstfehler zu tun hatten und diese Gedankengänge nun auch gern auf den eigenen Fall anwandten. Auch viele Ausländer kamen zu mir, besonders Amerikaner und Engländer sowie Leute vom Balkan und aus Polen, während die Italiener in meinem Krankengut fast vollständig fehlten. Eine größere Anzahl prominenter Persönlichkeiten sind meine Patienten gewesen. Es waren Fürsten und Fürstinnen, Minister und gekrönte Häupter. Eine Königin kam ganz streng incognito zu mir und wurde nur von einer Hofdame begleitet. Sie war eine glänzende Geigenspielerin und hatte seit Wochen Schmerzen in einem Arm. Zu meiner großen Freude konnte ich der schlichten und klugen Frau helfen. Meine Frau und ich verlebten mit ihr und der Hofdame ein paar reizende Stunden in der Leipziger Weinstube „Äckerleins Keller". Es gelang, das Incognito der hohen Frau bis zu ihrer Abreise aufrecht zu erhalten.

Konsiliarreisen zur Untersuchung und Behandlung von prominenten Persönlichkeiten unternahm ich gelegentlich auch von Leipzig aus. So rief mich Kollege ALEXANDER STIEDA eines Tages in die Anstalt Weidenplan bei Halle zur Königin ELEONORE VON BULGARIEN, die an einer bösartigen Dickdarmgeschwulst erkrankt war. Man mußte natürlich operieren, wobei mir Kollege VICTOR SCHMIEDEN assistierte. Leider war das Leiden schon weit vorgeschritten. Die rührend bescheidene, für jede kleine Freundlichkeit dankbare Patientin erholte sich immerhin schon bald nach der Operation so weit, daß sie heimfahren konnte. Sie überlebte den Eingriff über acht Monate. Einen hochinteressanten exotischen Patienten, einen Maharadscha, untersuchte ich einmal eingehend im Hotel Atlantic in Hamburg. Er war in Paris und London erzogen worden, und wir konnten uns ausgezeichnet in französischer Sprache unterhalten. Der Maharadscha hatte einen schlecht geheilten Knöchelbruch, bei welchem eine relativ einfache Operation – die Durchmeißelung des schief stehenden unteren Schienbeinendes – genügt hätte, um wieder eine normale Stellung und einen tadellosen Gang zu erreichen. Man legte mir aber vor allem die Frage vor, ob seine Hoheit die Darmentleerung wohl auf einer gewöhnlichen Toilette vornehmen könne, da die Erledigung dieser Angelegenheit im Bett auf einer Leibschüssel aus irgendwelchen religiösen Gründen unmöglich sei. Die Sache wäre nach Wunsch des hohen Patienten zu machen gewesen, da ich nach dieser Operation in der Regel einen Gipsverband anlegte, mit dem er sehr gut hätte zu einer Toilette humpeln können. Der Eingriff wurde dann aber nicht durchgeführt, weil Unruhen in seiner Heimat ausgebrochen waren und der Maharadscha mir mitteilte, daß er zur Aufrechterhaltung der Ordnung unbedingt nach Hause müsse.

Verwaltungen

Mein Amt als Direktor der Chirurgischen Klinik brachte es mit sich, daß ich
häufig mit verschiedenen Verwaltungsstellen und Behörden zu verhandeln hatte. Da war zunächst die Verwaltung des Krankenhauses St. Jacob. In meinen
Anfangsjahren in Leipzig hatte ich es hier mit dem alten Verwaltungsdirektor
HELBIG zu tun gehabt, dessen Hauptfreude in der Betreuung des hübschen
kleinen Ziergartens hinter unserer Privatstation bestand. Nach seinem Abgang
kam ein frischer Zug in die Bude. Zunächst war zu Beginn der sozialdemokra-
tischen Ära Dr. LEHMANN neuer Verwaltungsdirektor, mit dem sich ganz gut
verhandeln ließ. Leider hatte er mit den Schwestern große Schwierigkeiten,
was schließlich dazu führte, daß eine verrückte Krankenschwester auf ihn
schoß, als er unmittelbar vor dem Tor des Krankenhauses mit dem Fahrrad
entlangfuhr, und er gleich nachher verstarb. Nach ihm kam der gutmütige
Verwaltungsdirektor MANZ, der wegen seines überaus langen und spitz endi-
genden Vollbartes „Das Eichkätzchen" genannt wurde. Er war nur wenige Jahre im Amt, in dieser Zeit aber stets bestrebt, bei unterschiedlicher Interessen-
lage vermittelnd zu wirken. Ihm folgte der außerordentlich tüchtige Verwaltungsdirektor SCHILLING, der ein geradezu prachtvolles Werk über das Krankenhaus St. Jacob geschrieben hat. Er wußte sich mit sehr viel Geschick durch
Gunst und Hader der Parteien hindurchzuschlängeln und war ein Mann mit
praktischem Verstand. Während der ganzen Zeit, in der ich mit ihm zu tun
hatte, ist niemals eine ernste Differenz vorgekommen.

Nun stellte die Leipziger Chirurgische Klinik ein merkwürdiges Bastard-Gebil-
de zwischen Stadt und Staat dar. Die Klinik wie das ganze Krankenhaus St.
Jacob gehörten zwar der Stadt Leipzig, der Staat Sachsen beteiligte sich jedoch
durch seine Unterrichtsverwaltung maßgeblich an den laufenden Kosten und
der Finanzierung von Neuanschaffungen und Baumaßnahmen. Dabei war ursprünglich vereinbart, daß die Stadt 2/3 und der Staat 1/3 der Kosten zu tragen
hatte. Die Bewilligung größerer Aufwände lag deshalb einerseits beim städtischen Dezernenten für die Krankenhäuser und andererseits beim staatlichen
Rentmeister. Selbstverständlich hatten diese beiden Herren auch keine unbe-
schränkte Machtvollkommenheit, sondern hingen vom Wohlwollen und den
finanziellen Möglichkeiten anderer Dienststellen ab. Es war bei jeder größeren
Ausgabe ganz offenkundig, daß die eine Behörde die andere zu übervorteilen
suchte. In meinen ersten Jahren in Leipzig waren die Dezernenten der Stadt
alle Großkaufleute und infolgedessen in finanziellen Dingen wesentlich erfahrener und „gewichster" als die staatlichen Beamten. Um den Dingen die gewünschte Richtung zu geben, mußte ich also Verbindungen mit verschiedensten Stellen pflegen. Allerdings wurde die Sache im Laufe der Zeit dadurch etwas leichter, daß das Interesse der Stadt an der Klinik deutlich zunahm. Die
Kosten des Röntgeninstituts waren zwischen Stadt und Staat noch im Verhält-

nis 2 : 1 aufgeteilt worden. Den Umbau der Privatstation finanzierte dann wegen des inzwischen hohen Ansehens der Chirurgischen Klinik die Stadt allein.

Die Leipziger Medizinische Fakultät nach 1920

Die Medizinische Fakultät bekam in den Jahren nach 1920 ein völlig anderes Gesicht. Die zehn Kollegen, die ich zur Zeit meiner Berufung nach Leipzig im Jahre 1911 angetroffen hatte, waren in der Folgezeit an andere Universitäten oder in den Ruhestand gegangen und zum Teil auch gestorben. Die geradezu ungeheure Veränderung der Fakultät bestand aber nicht nur darin, daß die bestehenden Lehrstühle mit neuen Köpfen besetzt, sondern daß allmählich auch zahlreiche neue Lehrstühle eingerichtet wurden. So wuchs die Fakultät auf mehr als das Doppelte ihrer ursprünglichen Größe an.

Bei den theoretischen Fächern war nach dem Tode meines Freundes RABL schon im Jahre 1917 HANS HELD neuer Anatom geworden. Er zeichnete sich durch eine außerordentlich kritische Einstellung aus. Später war er auch Rektor der Universität. Trotz seines immer schlechter werdenden Gehöres hörte er doch immer das, was er wollte. Als Pathologe kam im Jahre 1921 mein späterer Freund WERNER HUECK zu uns, ein Schüler von BORST in München, der aus Rostock berufen wurde, wo er jedoch nur kurze Zeit gewirkt hatte. Er ist sicher ein ausgezeichneter, wenn nicht sogar der beste Pathologe in Deutschland. Fast zu gleicher Zeit kamen der neue Physiologe MARTIN GILDEMEISTER und der Pharmakologe OSKAR GROS in die Fakultät. Beide waren sehr verträgliche, aber auch kritisch eingestellte Menschen, welche uns in allen theoretischen Fragen in bestmöglicher Weise berieten. Medizinhistoriker wurde zunächst der berühmte Geschichtsprofessor KARL SUDHOFF. Er machte dann HENRY SIGERIST Platz, einem Schweizer, mit dem ein ganz hervorragender Kopf mit selbständigen Gedanken über die Geschichte der Medizin zu uns kam. SIGERIST hat mehrere bekannte Werke wie „Große Ärzte", „Amerika und die Medizin" und „Einführung in die Medizin" verfaßt. Ich verkehrte mit ihm sehr gerne. Er sah die kommenden Dinge mit unglaublicher Klarheit voraus und folgte im Jahre 1932 einem Ruf an die Johns Hopkins Universität in Baltimore. Als sein Nachfolger kam WALTER VON BRUNN aus Rostock. Früher Chirurg, hatte er im Ersten Weltkrieg seinen rechten Arm verloren. Er meisterte sein herbes Schicksal mit Heroismus und widmete sich nun der Geschichte der Medizin. Tatkräftig setzte er sich für die Erhaltung des reichen Institutsbesitzes aus den Zeiten SUDHOFFs ein, der sich bereits in alle Winde zu zerstreuen drohte, und es gelang ihm auch, eine Reihe von Neuerwerbungen zu tätigen.

Bei den klinischen Fächern fanden gleichfalls sehr viele Veränderungen statt. In der Frauenheilkunde trat an die Stelle von Geheimrat ZWEIFEL der wesentlich jüngere WALTER STÖCKEL. Er kam aus Kiel und hat das Verdienst, die veraltete Frauenklinik durch ein neues Gebäude ersetzt zu haben, wobei allerdings das Haus für die Hebammenschülerinnen vergessen wurde. 1926 folgte er einem Ruf nach Berlin und wurde durch HUGO SELLHEIM aus Halle ersetzt. SELLHEIM war zweifellos ein schöpferisch begabter Mann, welcher auch Schule zu machen verstand und das Vertrauen der Bevölkerung gewann. Leider hatte er das Unglück, von einem Jagdunfall eine halbseitige Lähmung davonzutragen. Mit geradezu ungeheurer Einergie arbeitete er daran, seine Hand wieder gebrauchsfähig zu bekommen. Zum Teil gelang ihm dies auch.

In der Inneren Medizin gab es gleichfalls ganz gewaltige Umstellungen. STRÜMPELL war im Jahre 1923 gestorben, und sein Nachfolger als Direktor der Medizinischen Klinik wurde PAUL MORAWITZ, der von Greifswald über Würzburg nach Leipzig kam. MORAWITZ verfügte zweifellos über sehr bedeutende Kenntnisse auf dem Gebiet der Inneren Medizin. Er war ein guter Diagnostiker, aber sicher weit bedeutender in der Erkennung als in der Behandlung der Erkrankungen. Selbst unermüdlich fleißig, hielt er auch seine Leute zum Studium an und veranstaltete mit ihnen Referatabende. Er starb 1936 plötzlich auf einer Konsultationsreise in der nächsten Nähe unserer Stadt an einem Herzleiden, von dessen Bestand er selbst schon längst wußte. Die Medizinische Poliklinik wurde damals zunächst von FRIEDRICH ROLLY, einem ehemaligen Assistenten STRÜMPELLs, geleitet. ROLLY war ein etwas rauhbeiniger Pfälzer, nicht ohne Humor, der sein Handwerk wohl gelernt hatte, aber den Leuten ziemlich rücksichtslos auch fatale Diagnosen ins Gesicht sagte. Seine Nachfolge trat RUDOLF SCHÖN an, ein junger Mann, der 1. Assistent von MORAWITZ gewesen war und später einen Ruf nach Göttingen erhielt.

Nachfolger des hochverdienten Augenarztes SATTLER wurde ERNST HERTEL aus Straßburg, der aus dieser wundervollen Stadt im Jahre 1918 nur mit einem Rucksack beladen hatte abziehen müssen. Nach seiner Emeritierung kam ADOLF JESS, ein glänzender Staroperateur.

Als Psychiater wirkte zunächst der berühmte OSWALD BUMKE eine Reihe von Jahren in Leipzig, der auch seine Schüler zu ausgezeichneter Mitarbeit erzog. Sein Abgang nach München war ein schwerer Verlust für unsere Fakultät. Wir sind mit ihm dauernd in Verbindung geblieben und ihm zu persönlichem Dank verpflichtet. Leider hat er in der Familie durch den vorzeitigen Tod seiner Frau viel Unglück gehabt. Sein Nachfolger wurde PAUL SCHRÖDER aus Greifswald, der im Jahre 1933 Dekan der Fakultät war, sich dabei in jeder Hinsicht taktvoll benahm und die Interessen der Fakultät nach bestem Können vertrat.

Von den Inhabern neu eingerichteter klinischer Ordinariate ist zuerst der in Brünn geborene hervorragende Hautarzt und Forscher JOHANN HEINRICH RILLE zu nennen, der bereits einige Jahre in Leipzig einer Lehrkanzlei für

Haut- und Geschlechtskrankheiten vorgestanden hatte. Nun kam der zuverlässige und wissenschaftlich bedeutende Dermatologe, der diesen Rang längst schon verdiente, erst verhältnismäßig spät in die Fakultät. Ihm wurde nach dessen Abgang in der alten Frauenklinik des Kollegen ZWEIFEL unmittelbar gegenüber der Chirurgischen Klinik eine sehr schöne Hautklinik eingerichtet, von der zu erwähnen ist, daß der Umbau ungefähr 1/2 Million Mark teurer war, als der völlige Neubau eines genügend großen Hauses gekostet hätte. Leider konnte mein Freund RILLE keine Schule bilden. Er hatte in seiner Klinik geradezu fossile Assistenten und Oberärzte, welche von der Stadt unkündbar angestellt waren und ihre Stellungen 20, 25 oder sogar 30 Jahre beibehielten. Mit diesen „alten Herren" ließ sich keine wissenschaftliche Parade abhalten; sie waren Bleigewichte.

Die Kinderheilkunde wurde dadurch völlig aufgemöbelt, daß aus Marburg ein hochbegabter, mit mir später sehr befreundeter Mann namens GEORG BESSAU berufen wurde. Ich habe einmal gesagt, daß er frische Blutkörperchen in die alternde Fakultät gebracht habe, ein Ausspruch, über den er sich noch lange freute. Er kam später nach Berlin. Die Chirurgische Abteilung des Kinderkrankenhauses übernahm der sehr fleißige RODERICH SIEVERS. Die Chirurgische Poliklinik in der Nürnberger Straße leitete zunächst HEINEKE und nach dessen Tod mein glänzender langjähriger Assistent ERICH SONNTAG. FRANZ SCHEDE wurde Ordinarius für Orthopädie, und eine sehr schöne neue Klinik für dieses Fachgebiet entstand neben der Universitäts-Frauenklinik. Für die Ohrenheilkunde war zunächst BARTH im Amt, wurde dann aber bald durch WILLI LANGE aus Göttingen ersetzt. Die beiden Kollegen OSKAR RÖMER und WILHELM PFAFF amtierten als Professoren für Zahnheilkunde.

1917/18 war ich Dekan der Medizinischen Fakultät gewesen. In dieser Zeit hatten die Fakultätssitzungen meist weniger als eine Stunde gedauert. Ich hatte das gesamte Beratungsmaterial gesichtet, geordnet und schon eine Antwort auf Anfragen der Behörden, etwa des Dresdener Bildungsministeriums oder der Berliner Dienststellen, vorbereitet. Der Modus, solche Antworten vorzulesen und zu fragen, ob jemand etwas einzuwenden habe, hatte sich wegen des geradezu ungeheuren Zeitgewinns gelohnt. In späteren Jahren dauerten die Fakultätssitzungen zwei, vier oder sechs Stunden und oft sogar bis spät in die Nacht hinein. Warum? – weil eben nichts genau vorbereitet war und jeder der Beteiligten mit seinem kleinen Senflöffelchen die Angelegenheit schmackhafter machen wollte. Am schlimmsten waren die Fakultätssitzungen, in welchen es um Neuberufungen von Professoren auf freigewordene Lehrstühle ging. Dabei kam später immer wieder zum Vorschein, daß die fachliche Befähigung des Betreffenden nicht allein die Hauptrolle spielte, sondern daß auch die sogenannte Tatfähigkeit der Partei zu berücksichtigen war. Noch später gingen die Fakultätssitzungen ihrer alten und doch schönen und edlen Aufgabe eigentlich völlig verlustig, indem der Dekan einfach die Verfügung traf, was zu geschehen hätte und den anwesenden Fakultätsmitgliedern nur noch nachträglich darüber Mitteilung machte.

Letzte Jahre als Klinikdirektor

Ein bitteres Erlebnis bescherte mir das Frühjahr 1933. Die Politik hatte eine gewisse Spannung in den sonst so harmonischen Verkehr in unserer Klinik gebracht. Für einige Zeit kam große Unordnung in den Assistentenbetrieb. Angehörige der Nationalsozialistischen Partei verabschiedeten sich während einer Operation und brachten einen Ersatzmann an den Operationstisch. Ich selbst mußte leider den Verrat eines meiner jüngsten Leute erleben. Während ich mit meiner Frau zu unserer Erholung verreist war, erschien ein praktischer Arzt aus der Nähe von Chemnitz in Begleitung dieses Schülers in meiner Klinik und verlangte meinen Vertreter, Herrn Professor HOHLBAUM, zu sprechen. Er erklärte, daß ich wegen einiger abfälliger Bemerkungen und Witze über die Partei nicht mehr als Direktor der Klinik gewünscht werde. [24]

Meine Leipziger Freunde, besonders der Rektor der Universität, Oberbürgermeister Dr. GOERDELER, der Kreishauptmann und Rechtsanwalt OSKAR ZIMMERMANN, setzten sich sofort für mich ein. Sie wandten sich umgehend an das Volksbildungsministerium in Dresden und bekamen sofort als Antwort den Bescheid: „Wie kann man einen Mann wie ERWIN PAYR, der sich als Arzt und Lehrer solche Verdienste erworben hat, so behandeln. Die Sache ist augenblicklich rückgängig zu machen." Innerhalb von 24 Stunden war ich bereits wieder in meine vollen Rechte eingesetzt.

Wir waren damals in Vevey am Genfer See. Telegramme flogen hin und her, und Telefongespräche wurden gewechselt. Die ganze Sache hatte uns aber doch etwas den Aufenthalt in Vevey verleidet, wenn ich auch vom ersten Augenblick an der Meinung war, daß Suppen nicht so heiß gegessen wie gekocht werden. Wir reisten daher wieder heim.

Gegen Anfang des Monats April wurde ich nach Dresden gebeten und hatte dort eine ausführliche Besprechung mit Herrn Geheimrat VON SEYDEWITZ, welcher provisorisch für einige Zeit das Unterrichtsministerium leitete. Der Arzt aus der Chemnitzer Gegend kam auch und legte sein sogenanntes An-

---

[24] PAYR hatte beispielsweise während der Vorlesung einen Studenten zur Durchführung einer rektalen Untersuchung mit den Worten ermuntert: „Nur hinein ins braune Haus!" (Vgl. VIERICH, PETRA: Persönlichkeit und Werk von Herrn Geheimrat Prof. Dr. med. Dr. med. vet. h.c. ERWIN PAYR. Diplomarbeit, Bereich Humanmedizin. Karl-Marx-Universität Leipzig, 1987). „Braunes Haus" hieß die 1929 in München in der Brienner Straße eingerichtete Parteizentrale der Nationalsozialisten.

klagematerial vor. Dies war aber so kümmerlich, daß man darüber überhaupt kein Wort zu verlieren brauchte. SEYDEWITZ sagte zu mir: „Herr Geheimrat, wenn Sie damals in Leipzig gewesen wären, wäre so etwas nicht möglich gewesen!" Mir wurde aus dieser Angelegenheit deutlich, wie man in politisch unruhigen Zeiten durch Mißverständnisse und gelegentlich auch durch bösen Willen in Schwierigkeiten gebracht werden kann.

Als das Sommersemester begann, hatten sich die Wogen zum Teil wohl wieder geglättet. Es glimmte aber in der Chirurgischen Klinik im Krankenhaus St. Jacob einige Zeit noch ein Funke weiter, und auch zwischen den Assistenzärzten blieb eine gewisse Spannung bestehen. Ein Fehler von mir mag es gewesen sein, daß ich den erwähnten Schüler trotz seines unqualifizierten Betragens an der Klinik beließ. Hätte ich auf seiner Entlassung bestanden, so wäre vielleicht mancher spätere Zank vermieden geblieben.

Vom Jahre 1933 an machte die Universität Leipzig sehr erhebliche Veränderungen durch. Der bisherige Rektor, THEODOR LITT, trat zurück. An seiner Stelle wurde der Professor für Tierzucht ARTHUR GOLF ernannt, welcher, dies sei zu seiner Ehre gesagt, obwohl ein strammer Parteizugehöriger, doch sein Möglichstes tat, um den Betrieb des Hauses aufrecht zu erhalten. Unsere Medizinische Fakultät erlitt sehr große Wandlungen, indem auch außerordentliche Professoren Sitz und Stimme erhielten. So kamen junge, uns Älteren fast unbekannte Leute in die Fakultät, die nun über 30 Mitglieder hatte. Das erschwerte den Betrieb selbstverständlich außerordentlich, umsomehr, als gerade in dieser Zeitperiode mehrere wichtige Lehrstühle wegen Abgangs der früheren Direktoren neu besetzt werden mußten. Eine große Rolle spielte der zum Dekan ernannte außerordentliche Professor für Hals-, Nasen- und Ohrenkrankheiten ARTUR KNICK, welcher schon seit Jahren mit voller Überzeugung der Partei angehörte und auf Ordnung hielt. Immerhin sorgte er dafür, daß kleinliche Reibereien in den einzelnen Instituten möglichst bald bereinigt wurden und sagte: „Wir sind nicht dazu da, schmutzige Institutswäsche zu waschen!"

Auf die Stelle des abgehenden Anatomen HELD wurde ein ganz junger Mann aus Südtirol berufen, MAX CLARA, welcher eigentlich hauptsächlich Histologe war. RICHARD PFEIFFER übernahm ein Extraordinariat für Anatomie des zentralen Nervensystems, WALTER VETZBERGER für Rassenhygiene. Als der Professor für Hygiene und Bakteriologie WALTER KRUSE aus Altersrücksichten von seinen Verpflichtungen entbunden wurde, trat an seine Stelle der viel jüngere ERNST DRESEL aus Greifswald. Die Nachfolge des nach Berlin berufenen ausgezeichneten Kinderarztes und bedeutenden Forschers GEORG BESSAU trat sein Schüler WERNER CATEL an. Mein langjähriger Schüler und Freund, der Radiologe WILLY BAENSCH, wurde in diesen Jahren auch Ordinarius. Nach dem Tode des Internisten MORAWITZ trat zunächst ein längeres Interregnum ein, das schließlich mit der Berufung des wissenschaftlich hervorragenden MAX BÜRGER endete. Dem nach Göttingen berufenen medizinischen Polikliniker SCHÖN folgte MAX HOCHREIN, der später auch Dekan der Medizinischen Fakultät war. KNICK wurde zum Rektor der Universität erwählt und spielte eine große Rolle.

Inzwischen war ein nach meiner Ansicht wenig intelligentes Gesetz geschaffen worden, wonach die ordentlichen Professoren aller Fächer mit Vollendung des 65. Lebensjahres von ihren Lehrstühlen zurückzutreten hatten. Schon nach wenigen Jahren zeigte sich, daß diese Regelung eine völlige Fehlleistung war. Eine ganze Anzahl von Kollegen mußte dringend von der Unterrichtsverwaltung gebeten werden, noch weit über diese Altersgrenze hinaus in ihrem Amte zu verbleiben. Ich wurde im Februar 1937 mit 66 Jahren von meinen amtlichen Aufgaben entpflichtet. Meine Nachfolge trat der noch junge, aber wissenschaftlich außerordentlich bedeutende WILHELM RIEDER aus Hamburg an.[25]

Nach der Emeritierung

Mit meinem Abgang von der Chirurgischen Klinik trat an mich die sehr schwierige Frage heran, wo ich als damals noch völlig auf der Höhe stehender Chirurg meine weitere Tätigkeit ausüben könne. Im Zuge dieser Überlegungen ging ich zu dem mit mir auf sehr gutem Fuße stehenden und mir äußerst sympathischen Sanitätsrat Dr. HANS BUCHBINDER und fragte ihn, ob ich in seiner Klinik meine operativen Fälle behandeln könne. Er sagte darauf nur: „Ohne weiteres!" Das war im Mai 1937.

Dr. BUCHBINDER, selbst ein ausgezeichneter Chirurg und damals schon über 70 Jahre alt, hatte seine früher übergroße Praxis schon zum Teil eingeschränkt und beschäftigte sich hauptsächlich noch mit Gutachten. Die Klinik BUCHBINDER war eine geradezu hervorragende Anstalt. Das wunderschöne Haus verfügte über zwei Operationssäle – einen für aseptische und einen für septische Fälle –, ein Gipszimmer, einen sehr gut arbeitenden Röntgenapparat, zweieinhalb Stockwerke für Krankenzimmer und einen Lift. Ein schöner, wenn auch nicht allzu großer Garten bot den Patienten Gelegenheit zu erfrischenden Spaziergängen und zum Liegen im Freien. Zur Assistenz holte ich ehemalige Assistenten meiner Klinik, die dies sehr gern übernahmen. Operationsschwester der Klinik BUCHBINDER war MARGARETE HACHELBERGER,

---

[25] Zur weiteren Geschichte des Leipziger Lehrstuhls für Chirurgie vgl. z. B. UEBER-MUTH, HERBERT: Die geschichtliche Entwicklung der chirurgischen Klinik in der Medizinischen Fakultät der Karl-Marx-Universität Leipzig. Zbl. Chir. 90 (1965) 681–686 KIENE, SIEGFRIED und CHRISTIAN FRANK SCHWOKOWSKI: 175 Jahre Lehrstuhl für Chirurgie an der Leipziger Universität. Wiss.Z.Karl-Marx-Univ. Leipzig, Math.-Naturwiss. R. 37 (1988) 109–124

eine alte ausgezeichnete Schwester aus meinem Operationssaal im St. Jacob. Sie wußte alles, und es bedurfte keiner besonderen Anlernung und Einweisung. Auch eine gut eingearbeitete Röntgenschwester stand zur Verfügung. So ging die Sache völlig glatt vonstatten, und alles lief eigentlich wie am Schnürchen weiter, so daß ich mich an der Klinik BUCHBINDER sehr wohl fühlte. Ich habe dort eine ganze Anzahl auch großer Operationen mit bestem Erfolg ausgeführt.

An einem glühend heißen Sommertag im Juli 1937 mußte BUCHBINDER zur Bewilligung einer Auslandsfahrt für sich und seine Familie in die Devisenstelle des Finanzamts gehen. Er verschmähte es, den Lift zu benutzen und kletterte drei steile Treppen zu dem Amtszimmer empor. Als er in die Klinik zurück kam, war er völlig erschöpft. Wir sprachen noch einige Worte miteinander. Nach einer Viertelstunde setzte er sich nieder, sagte, daß er sich krank fühle und verschied wenige Minuten später an einem Herzschlag.

Nach dem Tode BUCHBINDERs waren die Erben des außerordentlich wertvollen Privatkrankenhauses sehr um die weitere Zukunft des Hauses besorgt. Sie kamen mit meinem Schüler und ehemaligem Oberarzt Professor HOHLBAUM überein, daß er seine äußerst zahlreichen Privatpatienten dort behandelte. Von da an gab es für mich sehr häufig wegen Platzmangel Schwierigkeiten, meine Patienten in der Klinik BUCHBINDER unterzubringen und zu operieren. Eine Zeitlang bis ungefähr Anfang 1938 ging es noch so halbwegs. Dann aber mußte ich doch einsehen, daß ich eine weitere Operationsstätte brauchte. Ich verlagerte darum den Hauptanteil meiner operativen Tätigkeit in die Klinik THIESS.

Dr. JOACHIM THIESS war lange Jahre Assistent an meiner Klinik gewesen und ein frischer, fröhlicher Geselle, den ich auch persönlich sehr gut leiden konnte. Er besaß in der Albertstraße 26 eine Klinik, die er um einen sehr schönen Operationssaal genau nach dem Muster meines Operationssaales in der Privatklinik im St. Jacob-Spital erweitert hatte. Ich fand hier nicht nur eine mit Rubidiumglas versehene Operationslampe, sondern auch Einrichtungen zur Sterilisierung von Instrumenten, Verbandzeug usw. wie im St. Jacob vor. In dieser Klinik habe ich nun fleißig operiert, und zwar stets unter der Assistenz von THIESS. Da er selbst zunächst keine allzu große Privatpraxis hatte, ließ er auch noch eine ganze Anzahl von anderen Chirurgen und Fachärzten in seiner Klinik operieren. Wir kamen aber gut miteinander aus. Die Kollegen nahmen auf mich, den sehr viel Älteren, Rücksicht, so daß es eigentlich niemals zu irgendwelchen Reibungen kam. Schwieriger war schon, daß ein Onkel von THIESS, ein Facharzt für Hals-, Nasen- und Ohrenkrankheiten, im selben Hause eine gewaltige Privatpraxis betrieb und die Betten dadurch knapp werden konnten. Auch die Baulichkeiten ließen, abgesehen vom Operationssaal, allerlei Wünsche offen. So waren die Krankenzimmer zu klein und der Lift blieb manchmal stecken, wobei es längere Zeit dauern konnte, bis man vom drohenden

Hungertod befreit wurde. Ein weiterer Nachteil der Klinik bestand darin, daß im Hause kein Dienstarzt vorhanden war. THIESS wohnte in einer ziemlich weit entfernten Privatwohnung, so daß bei nächtlichem Bedarf der behandelnde Arzt zu Hilfe gerufen wurde. Seltener gebrauchte Instrumente wie etwa Cystoskope mußte ich selbst mitbringen, was aber bei der geringen Entfernung von meiner Wohnung in der Mozartstraße kein Problem war. Bis zum Kriege gab es ja auch noch Autodroschken. Eine ältliche Oberschwester hielt auf Ordnung, im Operationssaal waren immer genügend geschulte Schwestern für Handreichungen wie auch für sehr gute Narkosen, und auch das übrige Schwesternpersonal war sehr nett. Die Patienten erhielten wenigstens zunächst eine recht ordentliche Verpflegung, bis dann später die Entbehrungszeiten des zweiten großen Weltkrieges heraufzogen. Ich habe in dieser Klinik sehr viel gearbeitet, und das Schifflein war abermals in ein durchaus erträgliches Fahrwasser gelangt. Jedenfalls bin ich dem guten JOACHIM THIESS sehr dankbar, daß er mir dieses „Ausweichgleis" in den Jahren von 1938 bis 1943 in stets freundschaftlichster Weise zur Verfügung stellte. Einige Zeit habe ich im übrigen auch im katholischen St. Elisabeth-Krankenhaus operiert, wo auf Veranlassung meines ehemaligen Oberarztes Professor KORTZEBORN die Operationssaalräume völlig nach den Prinzipien der Klinik PAYR erbaut und ausgestattet worden waren und das auch sonst ein ausgezeichnet eingerichtetes Krankenhaus darstellte. Die Zahl der Ausweichstellen, welche ich nach meinem Abgang von der Chirurgischen Klinik besiedelte, war insgesamt ziemlich groß.

1938 wie auch 1939 reisten wir in mein heimatliches Tirol. Dabei lernten wir 1938, wie eingangs berichtet, die Payrsburg kennen. 1939 fand anläßlich des 50jährigen Abitur-Jubiläums ein Treffen mit meinen Gymnasialkollegen statt. Von 27 Abiturienten hatten seinerzeit sieben Medizin studiert. Nach einem gemütlichen Abend in einem alteingesessenen Tiroler Gasthaus in Innsbruck unternahmen wir am nächsten Tage einen reizenden gemeinschaftlichen Ausflug nach dem schönen Steinach am Brenner.

Zweiter Weltkrieg

Erste Kriegsjahre

Gleich nach dem Beginn des Krieges im September 1939 suchte mich mein ehemaliger Schüler Generalarzt Dr. KLUGE auf und fragte, ob ich bereit sei, die Stelle des beratenden Chirurgen im Heimatgebiet zu übernehmen. Ich sagte sofort zu und übte diese teils sehr mühevolle Tätigkeit bis zum Jahre 1941 aus. Sie war mit dem Rang eines Generalarztes z.V. verbunden. Einerseits besuchte ich nun die Reservelazarette in Leipzig, die im Krankenhaus St. Georg, im Diakonissenhaus und im früheren Elisabeth-Krankenhaus in der Biedermannstraße eingerichtet worden waren. Zum anderen fuhr ich auch in die außerhalb Leipzigs gelegenen Lazarette des ganzen Wehrkreises IV. und dabei oftmals nach Halle, wo besonders viele Fälle meines Rates und meiner Hilfe bedurften, ebenso aber auch nach Dresden, Plauen und Eisleben. Einmal war ich in Gera, einmal sogar in Karlsbad. Eine besonders schöne Fahrt ging ins Erzgebirge in das Reservelazarett Raupennest. Auch kleinere Reservelazarette, welche auf der Strecke lagen, wurden besucht. Diese Fahrten fanden meist zweimal, gelegentlich aber auch dreimal in der Woche statt. Da sie selten nur einen halben und oftmals einen ganzen Tag dauerten, waren sie zum Teil recht anstrengend, auch wenn für den beratenden Chirurgen noch stets ein ordentlicher Kraftwagen zur Verfügung stand. Begleitet wurde ich meist vom Oberstabsarzt und späteren Oberfeldarzt Dr. UNDEUTSCH. Ich ließ mir von den leitenden Ärzten alle irgendwie fraglichen Fälle vorstellen und habe mir die Kranken genau angesehen. Es handelte sich ganz besonders um Verwundete mit Gelenkschüssen, Gelenkversteifungen, Kontrakturen, Nervenschüssen und in schlechtem Zustand befindlichen Amputationsstümpfen. Ich konnte da manchen guten Rat geben und helfen, ebenso auch manchmal Böses verhüten. Gelegentlich habe ich in den Lazaretten auch selbst operative Eingriffe ausgeführt.

Im allgemeinen ließen sich die Lazarettfahrten mit meiner sonstigen Tätigkeit vereinen. Schwierig wurde es, als mir der Dekan der Medizinischen Fakultät die Aufgabe übertrug, im Wintersemester 1939/40 und im Sommersemester 1940 den Unterricht an der Chirurgischen Klinik für meinen ins Feld eingezogenen Amtsnachfolger RIEDER zu übernehmen. Das war natürlich eine sehr starke Beanspruchung. Die Fahrten in die Lazarette mußten nun während des Semesters an vorlesungsfreien Tagen stattfinden, nämlich am Donnerstag und Sonnabend, gelegentlich aber auch am Sonntag.

Am 17. Februar 1941 wurde mein 70. Geburtstag trotz der Schwierigkeit der Zeiten in einer außerordentlich ansprechenden Weise begangen. Vormittags kamen der Rector Magnificus der Universität und eine große Anzahl von Freunden zu uns in die Wohnung. Generalarzt KLUGE als Leiter des Sanitätswesens im IV. Wehrkreis überbrachte mir das Militärverdienstkreuz II. Klasse mit Schwertern. Von Berlin war NORDMANN als 1. Vorsitzender der Deutschen Gesellschaft für Chirurgie herübergekommen, ebenso GUSTAV VON BERGMANN, der Sohn meines väterlichen Freundes. Am Abend brachten mir meine Schüler unter der Führung der Professoren KLEINSCHMIDT, BAENSCH und HOHLBAUM einen geradezu großartigen Fackelzug dar. Anschließend kamen wir alle in der „Harmonie" zusammen, wo unter der Regie meines ehemaligen Oberarztes KORTZEBORN ein sehr heiterer Abend in die Wege geleitet wurde. Eine große Zahl meiner älteren und jüngeren Schüler hatte es sich nicht nehmen lassen, die für manche sehr weite Fahrt nach Leipzig anzutreten, so daß an diesem Tage meine Schule, soweit es die Kriegsverhältnisse erlaubten, beinahe vollständig vertreten war. Die Wehrmachtsangehörigen hatten durchweg in großzügiger Weise Urlaub für die Fahrt zu meinem Wiegenfeste erhalten. Die Universität, die Fakultät, die Reichsärztekammer, die Stadt Leipzig und die Mitteldeutsche Chirurgenvereinigung waren vertreten und eine ganze Anzahl von verehrten Kollegen wie zum Beispiel Professor STIEDA aus Halle ebenfalls anwesend. Meine Tochter kam aus Dresden herüber, während mein Sohn kriegsdienstlich verhindert war. Auch Fräulein Dr. BOYSEN, die durch ein Gelenkleiden schon seit Jahren schwer behindert war, konnte leider nicht kommen. Sie schenkte mir aber zum 70. Geburtstag ein dickes Album [26] mit Abbildungen meiner Zeichnungen an der schwarzen Wandtafel, die sie in den Jahren von 1931 bis 1937 sofort nach dem Schluß der Vorlesungen hatte fotografieren lassen. [27] Viele äußerst herzlich gehaltene Ansprachen trugen zur Feier des Tages bei. Auch ich verlieh selbstverständlich in einer kleinen Dankansprache meinen Gefühlen an diesem für mich so außerordentlich erfreulichen Gedenktag Ausdruck.

---

[26] Das Album ist erhalten geblieben. Darstellungen daraus sind auf den Seiten 152 und 153 wiedergegeben.

[27] KORTZEBORN gab an diesem Abend in seiner „Büttenrede" unter anderem folgendes zum besten: „Fräulein Dr. IDA BOYSEN, eine der treuesten und anhänglichsten PAYR-Schüler, hat durch fast 20 Jahre hindurch die Klinik ‚bemuttert'. Es ist schwer, eine Vorstellung davon zu geben, was diese kluge, unerhört fleißige Frau, eine ausgezeichnete Ärztin, eine glänzend ausgebildete Chirurgin, im Rahmen der PAYRschen Klinik bedeutete. Immer hilfsbereit, immer im Dienst, verließ sie kaum je die Räume der Klinik. Bei aller Aufopferung für die Klinik hat sie es doch eines Tages fertiggebracht, den Frieden zwischen der Chirurgischen und benachbarten Inneren Klinik in den Grundfesten zu erschüttern, und das kam so: Mauer an Mauer mit ihrer Wohnung lag, nur durch einen schmalen Auslauf getrennt, der Tierstall der Inneren Klinik. Ein Assistent betrieb zu jener Zeit experimentelle Studien zur Erforschung des Leberstoffwechsels an Hunden „Marke Promenadenmischung". Er legte seinen Versuchshunden ECKsche Fisteln an. Diese vollführten dann, besonders in der Nacht, direkt unter dem Schlafzimmer unserer guten IDA ein derart infernalisches Geheul, daß ihre an sich schon kärglich bemessene Nachtruhe empfindlich gestört wurde. Gutmütig, wie IDA nun einmal ist, hörte sie sich die nächtliche Ruhestörung ein geschlagenes halbes Jahr lang an, bis auch ihr eines Tages der Geduldsfaden riß, nachdem auch alle Versuche, durch Verhandlungen zu einem erträglichen Zustand zu kommen, gescheitert waren. Da faßte sie einen heroischen, um nicht zu sagen ans Verbrecherische grenzenden Entschluß: Sie verschaffte sich Einbruchswerkzeuge jeder Art. In einer besonders unruhigen Nacht, es war gerade Neumond, erhob sie sich wütend aus ihrem keuschen Etui, packte ihre Werkzeuge und begab sich, zum Äußersten entschlossen, an den Ort der Handlung. Mit der vollen Wucht ihres übermannsgroßen Körpers warf sie sich gegen die äußere Umzäunung des Hundestalles, so daß das Schloß aus den Angeln flog. Dann stemmte sie die eisernen Gitter aus dem Fensterrahmen. Ein Fußtritt noch gegen die Scheibe, und die würzige Luft des Hundestalles – sächsisch Demse genannt –

Ursprünglich war beabsichtigt worden, mir anläßlich meines 70. Geburtstages die Goethe-Medaille zu verleihen. Es hatte jedoch jemand die Bestimmung vergessen, daß der Antrag hierfür bereits vier Monate vor dem betreffenden Termin eingereicht sein mußte. So erhielt ich diese Auszeichnung, welche mich besonders erfreute, erst am 30. September 1941. Der damalige Leiter des Unterrichtsministeriums GÖPFERT überreichte mir die hohe Auszeichnung mit einer mich sehr ehrenden Ansprache. LEXER und ich waren bis dahin die einzigen deutschen Chirurgen, welche die Goethe-Medaille erhalten hatten. Bei der Feierstunde erschien die Medizinische Fakultät vollzählig. Dies war wohl das letzte bedeutsame akademische Ereignis in meinem Leben, zumal von da an der Krieg begreiflicherweise alle Interessen in Anspruch nahm und immer größere Anforderungen an uns Ärzte stellte.

Vorlesungen hielt ich regelmäßig bis in das Jahr 1942. In meinem außerordentlich gut besuchten Kolleg über Gelenkverletzungen und Gelenkerkrankungen hatte ich manchmal Gelegenheit, über 100 Hörer zu begrüßen. Später schränkte ich meine Lehrtätigkeit ein und begnügte mich damit, in der Leipziger Medizinischen Gesellschaft jedes Jahr einen größeren Vortrag, auch mit Fallvorstellungen, zu halten.

1942 erkrankte ich an einem Magengeschwür, das den Magenausgang verengte und dadurch zu ziemlicher Gewichtsabnahme führte. Ich bat OTTO NORD-MANN in Berlin, mich zu operieren. Als Graf ADAM WUTHENAU, mit dem ich seit dem Ersten Weltkrieg befreundet war, von der geplanten Operation hörte, lud er meine Frau und mich ein, vorher noch für acht bis zehn Tage auf sein Schloß Hohenthurm bei Halle zu kommen. Er selbst und seine Gat-

---

[27] (Fortsetzung) schlug ihr entgegen. Fünf ECKsche Fistelhunde wurden gepackt und wanderten in den fernab gelegenen chirurgischen Hundestall. Verschiedene zu IDA geschickte Parlamentäre, welche die Herausgabe der Hunde forderten, blitzten ab. Schließlich mußte die Sache im Interesse der Wissenschaft dem damaligen Chef der Medizinischen Klinik, Professor MORAWITZ, gemeldet werden. Wer MORAWITZ gekannt hat, wird sich ungefähr eine Vorstellung davon machen können, wie dieser korrekte Mann schockiert war. Er begab sich spornstreichs, eskortiert von zwei Oberärzten, zu PAYR auf die Privatstation, trat wutschnaubend vor den moralisch verantwortlichen Redakteur des kompletten Einbruchs und verlangte: a) sofortige Herausgabe der entführten Hunde, b) ein offizielles Entschuldigungsschreiben der Verbrecherin, widrigenfalls er die Sache der Kriminalpolizei übergeben werde. Da griff PAYR zum äußersten Mittel. Er sagte, nachdem alle Versuche fehlgeschlagen waren, IDA zur Einsicht zu bringen: ‚Schaun's BOYSEN, ich gebe Ihnen auch einen Kuß, wenn Sie dem MORAWITZ die Hunde wiedergeben!' Wenn PAYR später, nachdem IDA die Hunde nach vielen Wochen endlich herausgegeben hatte, ihr den versprochenen Kuß trotz mehrfacher Erinnerung ihrerseits doch nicht gegeben hat, so beweist das nur, daß in der Erotik allzuviel Entgegenkommen von weiblicher Seite beim männlichen Partner eine paradoxe Reaktion hervorrufen kann." (Text leicht gekürzt.)

tin waren zu dieser Zeit nicht da, aber meine Frau konnte wegen der Diät täglich alles mit der Mamsell besprechen. Losgelöst von der Arbeit und bei guter leichter Kost nahm ich sogar etwas zu, und wir sahen voll Zuversicht der Operation entgegen. Dann operierte Freund NORDMANN mich so erfolgreich, wofür ich ihm stets dankbar bleiben werde.

Die Bombenangriffe auf Leipzig

Im Verlauf des Krieges war Sachsen merkwürdigerweise verhältnismäßig lange Zeit von schweren Bombenangriffen verschont geblieben. Leipzig erlebte zunächst einen kleineren Angriff im Oktober 1943. Ihm folgte der erste größere in der Nacht vom 3. zum 4. Dezember 1943, der die Stadt aufs Schwerste schädigte. Doch auch dieser wurde noch übertroffen durch die Angriffe vom 20. und 21. Februar 1944 und vom 27. Februar 1945. Fast alles, was für Leipzig charakteristisch war, wurde vernichtet.

Für den ersten schweren Angriff hatte sich die Flugleitung durch eine geradezu bewunderungswürdige Spionage gerade die Nacht vom 3. zum 4. Dezember 1943 herausgesucht. Die Leipziger Feuerwehr war in Berlin, die Luftpolizei und ein Teil der Stadtpolizei gleichfalls abwesend. Flakgeschütze gab es nur in geringer Zahl und lediglich mit kleinen Kalibern. Die amerikanischen Bomber flogen in mehreren Wellen über Leipzig hinweg, wobei möglicherweise eine gewisse Leitung des Angriffes von irgendeiner Kommandostelle am Boden erfolgte. Angeblich hat man anschließend in der Russischen Kirche, welche völlig unbeschädigt geblieben ist, einen ausländischen Radiosender gefunden. Die Flieger trafen eine schlafende Stadt, die sie grauenhaft verwüsteten. Der ganze Luftangriff dauerte nicht viel länger als 30 Minuten. Es gab zahlreiche Tote und Verletzte, deren Bergung bei den fehlenden Hilfsmannschaften auf die größten Schwierigkeiten stieß. Erst in den Morgenstunden kam die Feuerwehr von Teplitz, Aussig, Dresden, ja sogar von Nürnberg zu Hilfe. Sehr viele wurden obdachlos, so zum Beispiel auch Fräulein Dr. BOYSEN, die alles verlor. Wir kamen mit dem Bruch der Fensterscheiben davon. Es wurden aber im sogenannten Gewandhausviertel zahllose andere Privathäuser zerschlagen. Das Gewandhaus selbst wäre beinahe dadurch Opfer des Angriffes geworden, daß eine 70 kg schwere Mine in den Garderobenraum fiel, die mit einem Zeitzünder versehen war. Sie konnte noch am dritten Tage in letzter Stunde von einem aus Berlin herbeigeeilten Fachmann unschädlich gemacht werden. Dagegen gingen sämtliche Theater, das Messeamt, die Messepaläste und eine Anzahl besonders wertvoller Kirchen in Trümmer. In der Liebigstraße wurden zahlreiche Institute und Kliniken teils schwer beschädigt und teils völlig zerstört. Auch die Poliklinik in der Nürnberger Straße fiel dem Angriff restlos zum Opfer. Die Klinik THIESS brannte, durch mehrere Bomben getroffen, bis in die Kellerräume hinunter ab.

Nun mußte ich mich wieder nach einer neuen Operationsgelegenheit umsehen. Ich fand sie zunächst im Krankenhaus in der Ferdinand-Becker-Straße. Hier war mein langjähriger Schüler und Freund Dr. MASKE Chefarzt, der zur gleichen Zeit auch das evangelische Diakonissenhaus in Lindenau mit seinem großen Lazarett zu betreuen hatte. In der Ferdinand-Becker-Straße war durch MASKE insbesondere der chirurgische Operationssaal, aber auch sonst alles bis auf das I-Tüpfelchen nach dem Muster der Klinik PAYR eingerichtet worden. Er hatte eine ganz ausgezeichnete Operationsschwester, sehr gute Narkoseschwestern, auch sonst nettes Hilfspersonal und konnte mir genügend Betten für meine Patienten zur Verfügung stellen. Leider brachten es die Kriegsverhältnisse mit sich, daß er bald nach Zeitz versetzt wurde. Seinem Nachfolger Dr. BICK, auch ein ehemaliger Schüler von mir, waren von den städtischen Behörden die Hände gebunden. So kehrte ich wieder in die Klinik BUCHBINDER zurück, wo ich das liebenswürdigste Entgegenkommen des damaligen Chirurgen Dr. HAUGK fand.

Die Schäden, welche die beiden nächsten großen Luftangriffe am 20. Februar 1944 in der Nacht und am 21. Februar 1944 um die Mittagszeit anrichteten, waren gewaltig. Da wurde noch sehr viel getroffen, was bis dahin dem Ruin entgangen war. Die Flieger warfen zahllose Phosphorkanister ab, wobei der Phosphor ja die geradezu fürchterliche Eigenschaft hat, den Brand immer weiter zu erhalten. Diesmal wurden auch reichlich Minen geworfen, die gleich ganze Häuserblocks in Schutt verwandelten. Zwei große Minen gingen in der Nähe des Reichsgerichtsgebäudes nieder und hinterließen Sprengtrichter mit einem Durchmesser von sechs bis acht Metern. Das Reichsgericht wurde schwer beschädigt. Das Gewandhaus gegenüber unserer Wohnung in der Mozartstraße 7 brannte bis in die Grundmauern aus. Am schwersten betroffen war die Innenstadt, wo die Grimmaische Straße und die Petersstraße und damit das eigentliche Geschäftszentrum der Stadt Leipzig beinahe ganz zerstört wurden. Die Medizinischen Institute in der Liebigstraße waren diesmal noch mehr in Mitleidenschaft gezogen als im Dezember 1943. Anatomie, Pathologie, Frauenklinik, Nervenklinik und Orthopädie trugen schwerste Beschädigungen davon oder wurden völlig vernichtet. Die Klinik BUCHBINDER, ein schönes Ärztehaus in der Haydnstraße und insgesamt 79 Arztpraxen fielen der Zerstörung anheim. Ein villenartiges großes Haus in der Karl-Tauchnitz-Straße mit schönem Garten, welches mir gehörte, brannte ebenso völlig aus wie das im Nachbargrundstück gelegene Anwesen des Herrn Oberbürgermeisters. Erst mit der Zeit wurde bekannt, was alles zugrunde gegangen war. Auch das hübsche Gohliser Schlößchen beispielsweise gehörte dazu. Im Verhältnis zur Dauer der beiden Luftangriffe war der durch sie angerichtete Schaden geradezu unglaublich groß. In dem von uns bewohnten Haus in der Mozartstraße brannte eine Wohnung im 4. Stockwerk drei volle Tage, bis sich endlich ergab, daß ein Phosphorkanister unter einer eingestürzten Mauer weiterglimmte.

Mehrere andere Brandbomben hatten durch das tatkräftige Eingreifen unseres Luftschutzwartes gleich unschädlich gemacht werden können. In allen Wohnungen waren wieder nahezu sämtliche Fensterscheiben zersplittert und zusätzlich diesmal auch die Türstöcke herausgeflogen – noch immer ein erträglicher Schaden im Vergleich zu den Verlusten der Ausgebombten.

Bei den Angriffen im Februar 1944 war die Feuerwehr zwar da, betätigte sich aber vielfach am unrichtigen Orte. Sie spritzte beispielsweise nach dem ersten nächtlichen Angriff bis gegen 6 Uhr morgens in das längst völlig verlorene Gewandhaus, während eine Anzahl von Häusern in derselben Straße, die von Phosphorkanistern getroffen waren, weiter brannten. Nur durch die Energie eines Hausbewohners, welcher dem betreffenden Feuerwehrhäuptling mit einem Revolver drohte, war es möglich, in die phosphorgeschädigten Räume Wasser zu bringen. Bei den Löscharbeiten erwies sich eine Anzahl französischer Kriegsgefangener als außerordentlich hilfreich. Im übrigen leisteten beim Wassertragen die Frauen ganz entschieden mehr als die Männer, welche damals ja sowieso dürre gesät waren.

Wie schon im Dezember 1943 setzte auch im Februar 1944 nach den Angriffen eine wilde Flucht aus Leipzig ein, welche aber mit der verhältnismäßig schnellen Rückkehr eines Teiles der Entflohenen endete. Ein anderer Teil der Leipziger Bevölkerung mußte evakuiert werden, was natürlich mit größten Schwierigkeiten verbunden war und auch sehr große Härten mit sich brachte. Unzählige Koffer und Kisten wurden aufs Land geschickt, wobei jedoch vieles verloren ging.

Gerade am 20. Februar 1944 war starke Kälte eingebrochen. Schon nach dem Angriff vom 3. Dezember 1943 hatten die Glasermeister ihre gesamten Glasvorräte zum Ersatz der zerstörten Fenster aufgebraucht. So blieb nun der Glasbruch in den meisten noch erhaltenen Häusern ohne Ersatz, und die Wohnungen ließen sich kaum gegen die Kälte abdichten. Wasserleitungen und Toilettenspülungen froren in großer Zahl ein. Da in einem sehr großen Teil der Stadt die Gasleitungen durch Sprengbomben zerstört worden waren, blieb die Bevölkerung über Monate auch ohne Heizgas. Wegen der Vernichtung zahlreicher Sirenen durch Sprengbomben schickten die Leipziger zunächst bei jedem Alarm drei kleine Autos mit jungen Männern in der ganzen Stadt herum, welche mit einem Tuterohr das Alarmgeräusch nachahmten. Ich habe diese Leute die „Tute-Boys" genannt. Es entwickelte sich in Leipzig eine regelrechte Sirenenangst, die sich darin äußern konnte, daß eine gewaltige Beschleunigung der Herztätigkeit auftrat, sobald der scheußliche Heulton zu hören war. Bei anderen wirkte das Alarmsignal auf den Darmkanal, indem sie sofort kolikartige Schmerzen und heftige Durchfälle bekamen. So wurde die Leipziger Bevölkerung sehr unruhig und befürchtete fortwährend neue Angriffe. Auch die Bekanntgabe des jeweiligen Standes der Feindflieger im Rundfunk und die Erfindung eines Voralarms trugen nicht zur Beruhigung der Leute bei. Viele legten sich nur noch völlig angezogen ins Bett, um die Luftschutzräume bei Vollalarm möglichst schnell zu erreichen, konnten aber vor Angst nicht schlafen. Die allgemeine Nervosität nahm in gewaltigem Maße zu, und wiederum setzte eine Fluchtwelle aus Leipzig ein.

Nachdem so viele Ärzte ausgebombt worden waren, behalfen sich die Kollegen dadurch, daß sie in den noch unzerstörten Praxen zu mehreren ihre Sprechstunden hielten. Ich beschränkte meine operative Tätigkeit von nun an auf Eingriffe, die ich in meiner Wohnung, die freilich auch schon einigen Schaden erlitten hatte, durchführen konnte. Mit der Hilfe einer geschulten Sprechstundenkraft klappte auch alles so weit ganz gut.

Am 27. Februar 1945 erfolgte am hellichten Tag ein letzter ganz schwerer Luftangriff auf Leipzig, der auch das Gewandhausviertel wieder besonders traf. Meine Tochter und drei Enkel waren gerade von uns aufgenommen worden, nachdem sie 14 Tage vorher bei der Zerstörung von Dresden nicht viel mehr als das nackte Leben hatten retten können. Wir befanden uns in größter Lebensgefahr. Eine Unzahl von Bomben ging in unmittelbarer Nähe unserer Wohnung nieder. Als eine der Bomben direkt neben uns in den Hof einschlug, war die Erschütterung so stark, daß sie mich in unserem Luftschutzkeller gegen die Mauer warf. Ich glaube, daß einige meiner Rippen geprellt wurden, doch haben meine Tiroler Rippen auch dies ausgehalten. Als wir nach ungefähr anderthalb Stunden wieder unsere Wohnräume betraten, waren fast sämtliche Fensterscheiben zertrümmert, die Türstöcke herausgerissen und einige große Bücherschränke umgestürzt, so daß man nur mit Mühe und Not von einem Raum in den anderen gelangen konnte. In meiner neben dem Sprechzimmer gelegenen Bibliothek herrschte große Unordnung, weil die Haltebretter für die einzelnen Bücherreihen herabgesunken waren. Das Mobiliar der Wohnung hatte den Angriff zunächst zum größten Teile unversehrt überstanden, jedoch brannte es oben im Hause. Den bedenklichen Funkenflug konnte ich in unserer Wohnung durch Herabreißen von Gardinen im Zaume halten. Die Feuersbrunst griff jedoch sehr rasch um sich. Auch die gegenüberliegenden Häuser und das Nachbarhaus standen in Flammen. Es fehlte an Wasser und ebenso an Leuten, um eine Kette zum Weiterreichen von Eimern mit Löschwasser zu bilden. Schließlich kam die Feuerwehr, aber das geschah erst reichlich zwei Stunden zu spät, als sich das Feuer in dem Hause schon ganz erheblich ausgebreitet hatte. Allerdings blieben die Treppen noch verhältnismäßig lange passierbar. Dadurch konnte der wackere Hausmann unserer ein Jahr vorher zerstörten Villa in der Karl-Tauchnitz-Straße, Herr KARL BERNHARD, noch nachmittags aus der Wohnung alles einigermaßen Faßbare herausholen. So wurde von ihm besonders der Inhalt der Kleiderschränke in geradezu großartiger Weise geborgen. Auch sein Sohn RUDOLF BERNHARD, der eben erst von der Wehrmacht entlassen war, beteiligte sich äußerst lobenswert an dem Rettungswerk. Diesen beiden Männern verdanken wir, daß ein großer Teil unserer Kleider und zahlreiche Gebrauchsgegenstände gerettet werden konnten. Einzelne Gepäckstücke, welche zunächst auf die Straße gestellt worden waren, verschwanden allerdings auf dem bei solchen Gelegenheiten üblichen Wege des Diebstahls. Die verbliebenen vor den Flammen geretteten Dinge wurden zunächst in die Ruine des gegenüberliegenden Gewandhauses gebracht und dann in die zwar schwer getroffene, aber in ihren Kellerräumen unversehrte Universitätsbibliothek. Auch ein ehemaliger Patient, der Tierarzt Dr. SCHWARZ aus Markranstädt, kam als Retter in höchster Not hinzu und half, wichtigste Dinge zu bergen.

Wir begaben uns zunächst in das Chauffeurhaus auf unserem Grundstück in der Karl-Tauchnitz-Straße, das im wesentlichen unversehrt geblieben war und wo wir bei der Familie unseres Hausmannes BERNHARD liebevolle Aufnahme fanden. Meine Frau hatte dort vorsichtigerweise schon vorher verschiedene wichtige Dinge in Sicherheit gebracht. Gegen Abend versuchte ich, mir einen Eindruck vom Zustand des Gewandhausviertels zu verschaffen, doch waren die meisten Straßen unpassierbar. Die Häuser brannten noch alle lichterloh. Ich traf bei diesem Gang meinen alten Freund Geheimrat AUGUST FISCHER, der mir freundlicherweise anbot, uns über die Nacht aufzunehmen. Wir hatten aber bereits bei KARL BERNHARD und seiner sehr tüchtigen Frau Unterkunft gefunden, die für eine Nacht genügte.

Das Haus Mozartstraße 7 brannte langsam von Stockwerk zu Stockwerk aus. Aus dem Keller sollten noch nach drei Tagen einige Dinge wie zum Beispiel mein Mikroskop sowie verschiedene Eßwaren gerettet werden können, obwohl die Kohlenvorräte bereits Feuer gefangen hatten und eine Mauer eingestürzt war. Insgesamt aber war das Ausmaß des Schadens gewaltig. Am schmerzlichsten berührte mich der unersetzliche Verlust meiner gesamten Krankengeschichten und Sprechstundenbücher seit dem Jahre 1898, zumal sie sich durch einen gezielten Griff ohne weiteres hätten retten lassen. Kaum weniger schmerzlich war mir aber auch der Verlust großer Reihen wertvollster medizinischer Bücher besonders aus den letzten 15 Jahren, ebenso von philosophischen Werken von gar nicht abzuschätzendem Wert und meiner gesamten schönen Literatur. Zahlreiche kostbare und unersetzliche Instrumente gingen zugrunde. Unsere sämtlichen Bilder, von welchen einige einen sehr großen Kunstwert besaßen, fielen den Flammen zum Opfer. Der ganze Rahmen unseres Lebens, der uns mehr als drei Jahrzehnte umgeben hatte, sank an diesem fürchterlichen 27. Februar 1945 in Schutt und Asche.

Markranstädt

Am nächsten Tage gelangten wir mit Hilfe eines Kraftwagens, der auch einen Anhänger mitführte, nach Markranstädt, einer kleinen Stadt südwestlich von

Leipzig. Es war schon eine besonders glückliche Fügung, daß uns der Tierarzt Dr. SCHWARZ alle sechs Mann hoch in seinem durchaus nicht sonderlich großen Hause unterbringen konnte. Die Verpflegung ließ sich auch einigermaßen durchführen, jedoch wurde es mit der Zeit doch etwas eng. So übersiedelten meine Frau und ich nach sechs Wochen in das Haus des Kollegen Dr. GRÄFE, wo wir nicht nur Wohnung fanden, sondern mir auch die Praxisräume zur Verfügung gestellt wurden. Mit Herrn Dr. GRÄFE, der wegen einer schweren Grippeerkrankung nicht in seine Dienststelle nach Berlin zurückkehren konnte, vertrug ich mich ausgezeichnet. Ich fand bei ihm ein Sprechzimmer, ein Wartezimmer, ein kleines Laboratorium, ein kleinstes, aber sehr gut eingerichtetes Röntgenzimmer sowie abgesonderte Räume für Kurzwellenbehandlung, Höhensonnenbestrahlung und Solluxlampenbehandlung vor, worin sich sehr angenehm arbeiten ließ. Die Asepsis war dank eines elektrischen Kochapparates gut durchführbar. Es entwickelte sich nach kurzer Zeit eine durchaus erfreuliche Praxistätigkeit, und ich konnte auch mit Hilfe einer sehr geschickten Sprechstundenhilfe, einem Fräulein KLAUDER, eine ganze Anzahl kleinerer Operationen durchführen. Meist waren es Patienten aus Markranstädt und dessen nächster Umgebung, die in meine Sprechstunde fanden. Aber auch einige meiner Leipziger Patienten folgten mir dorthin. Im übrigen war das Haus von Dr. GRÄFE recht gut gepflegt und wir fühlten uns in unserem neuen Heim den Umständen entsprechend sofort wohl. Ein wunderschöner Garten erfreute täglich unser Auge.

Bald kamen die kritischen Tage der Eroberung von Markranstädt durch die Amerikaner, wobei ziemlich wild herumgeschossen wurde. Nachdem die Stadt eingenommen war, wurde eine Kommandantur eingerichtet, mit der sich ganz gut auskommen ließ. Dr. GRÄFE bekam sogar seinen Kraftwagen mit amerikanischer Bemalung freigestellt und ebenso ausreichend Benzin. So konnte ich Anfang Mai 1945 zum ersten Mal wieder nach Leipzig fahren und eine ganze Anzahl wichtiger Dinge nach Markranstädt herausbringen, die bei unserem Hausmann KARL BERNHARD untergebracht waren. Dazu gehörte etwa auch mein Diplom als Ehrenmitglied der Nordamerikanischen Chirurgischen Gesellschaft, das natürlich bei Verhandlungen mit der amerikanischen Besatzung nützlich sein konnte.

Nach Kriegsende

Schwierige Verhältnisse

Wenige Wochen nach der Einnahme von Markranstädt durch die Amerikaner ging der Zweite Weltkrieg zu Ende. Die Ernährungslage wurde leider immer schlechter. Die Postverbindung war zunächst völlig abgeschnitten, so daß kein brieflicher Verkehr mit meinen ehemaligen Patienten erfolgen konnte. Der sonst außerordentlich bequeme Omnibus nach Leipzig fiel wegen der Zerstörung einer gar nicht allzu langen Strecke der elektrischen Oberleitung aus. So war es sehr schwierig, nach Leipzig zu kommen, was sich für die meisten nur zu Fuß oder mit dem Fahrrad durchführen ließ. Der Fußweg von Markranstädt nach Leipzig erforderte zweieinhalb Stunden. Der Eisenbahnverkehr lag auf vielen Strecken still. Besonders die Gleise von und nach Weißenfels und Halle waren durch Luftangriffe zerstört. Man erhielt auch von den amerikanischen Behörden nur schwer eine Erlaubnis, nach Leipzig zu fahren.

Nachdem alle Rüstungsfabriken stillgelegt worden waren, die in der Umgebung bestanden hatten, tauchte eine sehr große Zahl ausländischer Arbeiter auf. Dabei verschwanden die Italiener und Belgier schnell, während besonders die Polen begannen, ein Räuberunwesen zu treiben. Sie überfielen Bauernhöfe, schlachteten zur Nachtzeit gestohlene Schweine und hatten es besonders auf Fahrräder abgesehen, von denen sie eine große Zahl entwendeten. Sie wußten, daß die Zivilbevölkerung inzwischen hatte alle Schußwaffen abgeben müssen und führten sich entsprechend frech auf. Einige beherzte Frauen halfen sich selbst, indem sie mit Knüppeln bewaffnet auf die Eindringlinge losschlugen. Andere suchten Hilfe von den Amerikanern zu erhalten, die auch sogenannte Überfallkommandos gebildet hatten, oft jedoch nicht rasch genug herbeigerufen werden konnten, da die Fernsprechverbindung sehr lange auf sich warten ließ. Hinzu kam, daß es gerade für die Landbevölkerung sehr schwierig war, sich mit den Amerikanern zu verständigen.

Ein Chirurgentag

In Leipzig waren amerikanische Chirurgen stationiert, die sich für die deutsche Chirurgie interessierten. Sie hatten mit meinem ältesten Schüler und Freund Professor ERNST HELLER am Krankenhaus St. Georg Verbindung aufgenommen, dessen Klinik sie zweimal in der Woche vormittags für mehrere Stunden besuchten. HELLER lud mich ein, am 1. Juni 1945 zu einem dieser Treffen mit den amerikanischen Chirurgen nach Leipzig zu kommen, wofür Fallvorstellungen und eine Anzahl von Operationen vorbereitet waren.

Die Amerikaner empfingen mich außerordentlich liebenswürdig. Sie kannten alle sehr wohl meinen Namen, was darauf zurückzuführen sein mochte, daß ich während meiner Zeit an der Leipziger Chirurgischen Klinik gar nicht so selten auch Besuch von amerikanischen Ärzten gehabt hatte. Die berühmtesten Besucher unter diesen klinischen Gästen waren die beiden Brüder MAYO, die Herren CUSHING und OCHSNER sowie der Hirnchirurg DANDY gewesen. Aber auch von der jüngeren Generation der amerikanischen Chirurgen hatte eine ganze Anzahl meine Klinik besucht. So traf ich jetzt zu meiner Freude auf eine erstaunliche Kenntnis meines Lebenswerkes. Die Amerikaner fragten mich natürlich viel nach meinen Methoden und deren Ergebnissen. Ganz besonders liebenswürdig war der Oberste der amerikanischen Chirurgen, Professor WALES aus Buffalo, mit dem ich mich auch sehr gut verständigen konnte.

Bei den Fallvorstellungen zeigte sich, daß eine ganze Reihe der Kranken nach Methoden operiert worden war, welche in Amerika gar nicht gebräuchlich sind. Der Fall eines jungen Soldaten mit Daumenkontrakturen fand besonderes Interesse, für den ich einen neuen Operationsplan entwarf. Ferner wurde ein Fall von Quadricepsplastik gezeigt, wie ich sie im Jahre 1915 angegeben hatte und wobei der Patient nach geglückter Operation wieder frei auf einen Stuhl steigen konnte. Weiterhin sahen wir Patienten mit Schädelschüssen, welche nach dem von mir im Ersten Weltkrieg erfundenen Elektromagnetverfahren behandelt worden waren. Die Amerikaner kannten übrigens mein Magnetverfahren.

Später begaben wir uns in die Operationsbunker, die HELLER während der Zeit der Bombenangriffe ungefähr sechs Meter tief unter der Erde hatte anlegen lassen. Die drei Räume waren klein, aber gut eingerichtet. Ich traf hier mehrere meiner ehemaligen Schüler wie auch Schüler von HELLER, also Enkelschüler von mir, und kannte all die jungen Leute sehr gut, die sich freuten, ihren alten Lehrer einmal wiederzusehen. HELLER selbst operierte einen Fall von traumatisch bedingter Klumphand, also Zertrümmerung des unteren Endes der Speiche, wobei er zuerst ein Stück der Elle entfernte und dann eine Knochenüberpflanzung aus dem Schienbein ausführte. Er operierte ausgezeichnet und ich hatte die Freude, dabei ein neues, aus Frankreich stammendes Instrument kennenzulernen. Es ist klein, handlich, leicht zu bedienen und dreht die Drahtschlinge, welche den Knochenspan an seinem neuen Orte befestigt, ohne daß sie abreißt, auf außerordentlich geistreiche Weise zusammen. Mein Schüler KIRSCHNER hatte ja dasselbe Verfahren erfunden und in verschiedener Weise modifiziert, wobei aber der Draht bei seiner Methode in ungefähr einem Drittel der Fälle abriß. Im Nachbarraum wurde zu gleicher Zeit eine Marknagelung nach KÜNTSCHER bei einem Patienten mit gebrochenem Oberschenkel vorgeführt, wobei man einen langen Nagelbolzen nahezu durch die ganze Länge des Oberschenkelknochens einschlägt. Das Verfahren, bei dem der größte Teil der Markhöhle des Knochens zerstört wird, sieht eigentlich ziemlich roh aus. Ich war dagegen von Anfang an eingenommen, weil man beim Nageln von menschlichem Knochenmark genauso verfährt, als wenn man ein Stück Speck mit einem Nagel irgendwo befestigen würde. Die Amerikaner interessierten sich für dieses Verfahren sehr, da es ihnen völlig neu war.

WALES, der Oberste der amerikanischen Ärzte, bat mich überraschend am Nachmittag noch einmal zu einem Gespräch zu sich hinaus. Er wünschte dabei auch, Lichtbilder von mir anzufertigen, indem er meinte, einen Mann mit solcher Chirurgenschule unbedingt im Bild festhalten zu müssen. Ich weigerte mich nicht, weil ich der Meinung war, daß eine allmähliche Verständigung zwischen Deutschland und dem bisherigen Gegner erfolgen müsse. Später brachte er mich sogar persönlich nach Markranstädt. Natürlich sprachen wir auf dem Wege durch das zerstörte Leipzig über die Verwüstungen. Er meinte nur: „Das verdanken Sie alles HITLER!" Mit einem großen Strauß Rosen kam ich zu meiner Frau zurück. So war dies ein außerordentlich erfreulicher Tag, der nicht nur ein Wiedersehen mit meiner Schule, sondern auch das Kennenlernen von sehr verständigen amerikanischen Kollegen gebracht hatte.

Kurze Zeit später räumten die Amerikaner das Feld, und die Zeit mit sowjetischer Besatzung begann.

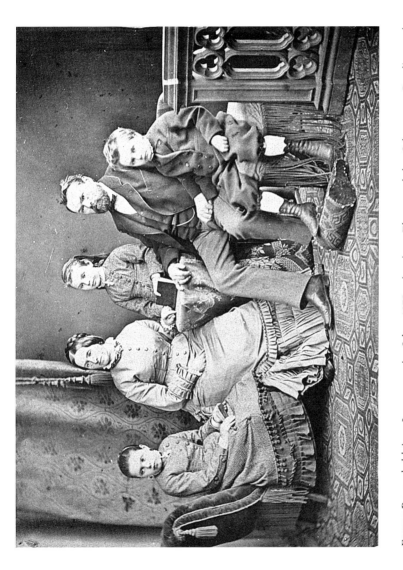

ERWIN PAYR als kleiner Junge etwa im Jahre 1875 mit seinen Eltern und den Schwestern Caroline und Leopoldine. Foto: N. N.

Der Gymnasiast: ERWIN PAYR etwa 1885. Foto: AUG. WILCKE, Innsbruck

Der Student: ERWIN PAYR etwa 1891. Foto: AUG. WILCKE, Innsbruck

Der Lehrer in Innsbruck und Graz: CARL NICOLADONI (1847–1902). Foto: N.N.

Der Privatdozent für Chirurgie in Graz: ERWIN PAYR etwa 1900. Foto: N.N.

Der junge Professor für Chirurgie in Graz: ERWIN PAYR etwa 1902. Foto: N.N.

Der Ordinarius für Chirurgie in Greifswald: ERWIN PAYR etwa 1908. Foto: N.N.

Die Ehefrau: HELENE PAYR geborene Steiner
in Greifswald etwa 1908. Foto: N.N.

Der Ordinarius für Chirurgie in Leipzig:
ERWIN PAYR etwa 1912. Foto: E. HAENISCH, Leipzig

Ein Erholungsaufenthalt an der Riviera: ERWIN und HELENE PAYR im Frühjahr 1914. Foto: N. N.

Zu Beginn des Ersten Weltkrieges: ERWIN PAYR 1914. Foto: E.H. HIES, Wiesbaden

ERWIN PAYR etwa 1925. Foto: E. HAENISCH, Leipzig

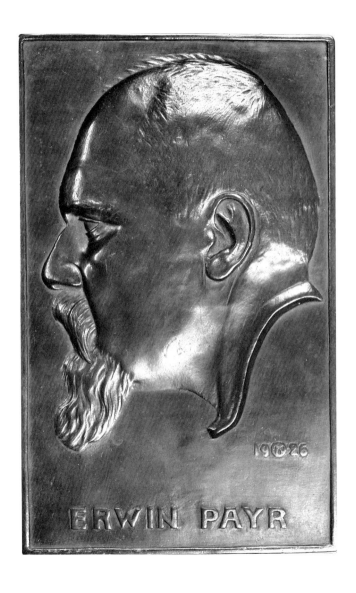

Die Bronzeplakette „ERWIN PAYR", gestaltet von seinem Schüler
OTTO KLEINSCHMIDT 1926

Erwin Payr im Kreise seiner ärztlichen Mitarbeiter etwa 1927.
Links neben ihm Hohlbaum, rechts Kleinschmidt, Ida Boysen und Kuntzen. Foto: N.N.

Erwin Payr während einer Vorlesung, etwa 1928. Foto: N. N.

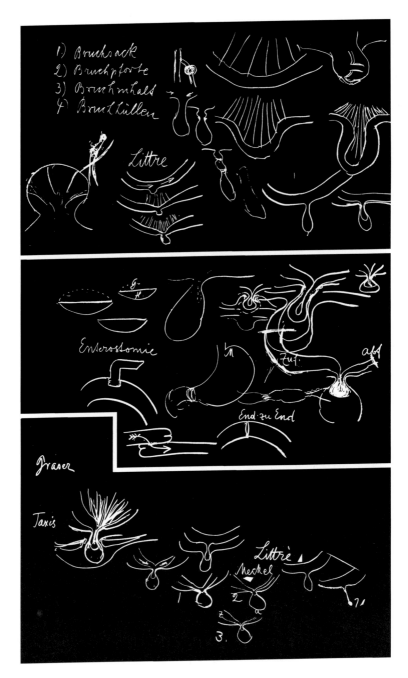

Wandtafelskizzen von ERWIN PAYR: Hernien und Divertikel

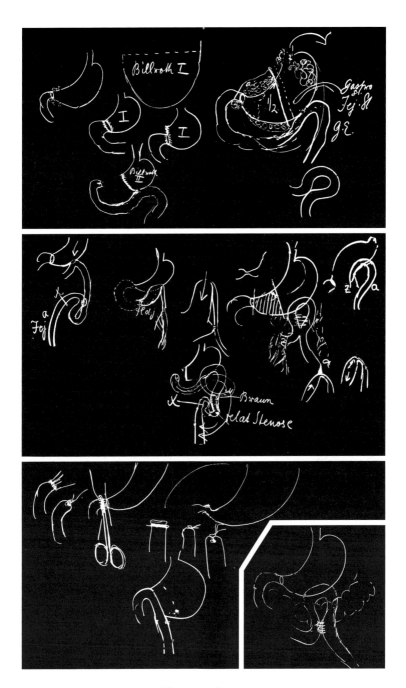

Magenoprationen

In Sils Maria/Engadin: ERWIN PAYR 1929. Foto: N.N.

ERWIN PAYR, 26.11.1931. Foto: E. HAENISCH, Leipzig

ERWIN PAYR etwa 1936. Foto: E. RETZLAFF, Düsseldorf

Nach der Emeritierung bei einem Festvortrag: ERWIN PAYR am 22.11.1938.
Foto: N.N.

Während des Zweiten Weltkrieges: ERWIN PAYR etwa 1942. Foto: N. N.

Betrachtungen

Meine Schule und meine Schüler

Zum Fachchirurgen ist es ein langer und mühevoller Weg. Ich habe die jungen, in meine Klinik eintretenden Ärzte selbstverständlich nach einem ganz bestimmten Plan in die Chirurgie eingeführt. Dabei habe ich mir mit meinen jungen Leuten sehr viel Mühe gegeben und verschiedene Wege eingeschlagen, um sie nicht nur zu richtigen gewissenhaften Chirurgen, sondern zugleich zu Ärzten in des Wortes bester Bedeutung zu erziehen. Deshalb bin ich auch immer bestrebt gewesen, ihnen menschlich so viel als irgend möglich zu geben. Bei sehr vielen ist das liebevoll ausgestreute Samenkorn auf fruchtbaren Boden gefallen. Als die Hauptsache erschien mir stets der humane Verkehr mit dem Kranken und das Verhalten am Krankenbett. Die edelste Mitgift, die ein Kliniker seinen Schülern weitergeben kann, besteht in dem Grundsatz, gegenüber jedem Kranken gut und mitfühlend zu sein und sich in seine Lage zu denken.

Die Organisation der klinischen und operativen Tätigkeit ist an den einzelnen chirurgischen Arbeitsstätten außerordentlich verschieden. Von mir wurde der klinische Dienst sehr straff geführt. Bei den Visiten legte ich auf pünktliches Erscheinen großes Gewicht. Alle Assistenten hatten zugegen zu sein. Die Untersuchung des neu aufgenommenen Kranken, die Diagnose und die Anzeigestellung für eine operative Behandlung wurden in gewissenhafter Weise kontrolliert. Auch in der klinischen Vorlesung mußten alle Assistenten anwesend sein, soweit sie nicht gerade durch Operationen abgehalten waren. Sie haben dadurch den Bertrieb der „Schule" kennengelernt, indem sie immer und immer wieder die Anschauungen unseres Hauses vorgetragen erhielten. Der ärztliche Dienst war am Tage wie in der Nacht sorgfältig geregelt. Stets mußte ein Oberarzt, ein älterer und ein jüngerer Assistent zur Verfügung stehen, so daß im Falle einer Anhäufung des Krankengutes mindestens drei Herren vorhanden waren. Auch die Vertretung eines einmal abwesenden Assistenten durch seinen Nachbarn war genau festgelegt. Der Arbeitsbetrieb sollte ohne Lücke und ohne besonderen Auftrag von selbst weitergehen, damit sich keine Zweifel über die Aufgaben und den Wirkungskreis des Ersatzmannes ergeben. Dies ist Teil jenes von mir und anderen für richtig gehaltenen Prinzips, sich selbst durch Einstellung völlig zuverlässiger Hilskräfte entbehrlich zu machen. Eine

Klinik muß in Abwesenheit ihres Leiters genauso weiter arbeiten, als wenn er selbst anwesend wäre.

Auch was die Ausbildung in der operativen Technik angeht, begegnen wir sehr verschiedenen Anschauungen. An manchen Kliniken kommen die jüngeren Herren erst nach Jahren zum selbständigen Operieren schwieriger oder atypischer Fälle. Ich war von Anbeginn meiner Tätigkeit als Klinikdirektor an bemüht, die jungen Kollegen nicht zu spät zum Operieren kommen zu lassen, ohne das kostbare Patientengut dadurch einer Gefahr auszusetzen. Ich habe ihnen nach einer kürzeren Bewährungsfrist zunächst typische und nicht allzu schwierige, später aber immmer kompliziertere Eingriffe übertragen, wobei sie jedoch stets unter Anleitung oder doch in Gegenwart eines erfahrenen Assistenten oder Oberarztes arbeiteten. Es war eine Ehrenpflicht der älteren Assistenten an meiner Klinik, den jüngeren mit Rat und Tat zur Seite zu stehen. An diesem Grundsatz ist in unserem Hause stets mit unabänderlicher Strenge festgehalten worden, solange wir nicht unter einem offenkundigen Mangel an Mitarbeitern zu leiden hatten. Meine Schule verdankt dieser Gepflogenheit ihren guten Ruf. Natürlich muß man sich über den Ausbildungsstand und die Charakterlage eines Assistenten immer wieder ein Urteil zu verschaffen suchen, denn davon hängt es ja ab, welche Aufgaben man ihm überträgt. Ich wußte eigentlich immer sehr genau, ob dieser oder jener Assistent dazu in der Lage war, einen schwierigen Eingriff wirklich tadellos auszuführen. War das nicht der Fall, so übertrug ich ihn einem wesentlich dienstälteren Oberarzt oder führte ihn selbst aus. Es gibt auch die Auffassung, daß der junge Chirurg durch eine ziemlich weit gespannte Selbständigkeit rascher fest in den Sattel gesetzt werden könne und daß man auf die einheitliche Arbeit an einer Klinik wenig Gewicht zu legen brauche. Andere, zu denen ich gehöre, wünschen, daß an ihrer Klinik nach gewissen schulmäßigen Grundsätzen gearbeitet wird und eine immer wiederholte Anweisung und Belehrung vom Chef zum Oberarzt und von diesem zu den untergeordneten Mitarbeitern erfolgt. Ich stehe auf dem Standpunkt, daß ein junger Chirurg, der die Technik nach bestimmten Grundsätzen gelernt hat, sich späterhin in eigenem Wirkungskreise bilden und auch von dem an der Klinik Gelernten abweichen kann. Er wird da und dort schon seine eigenen Wege gehen, und niemand wird ihn daran hindern. Ich habe von meinen Schülern keine Klage über einen allzu harten Zwang im technischen Unterricht, dagegen unzählige Male Worte des wärmsten Dankes über die Art unserer Ausbildung gehört. Soweit Änderungen operativer Konzepte notwendig werden, ergibt sich das nach einer Besprechung mit den Oberärzten und Assistenten ganz von selbst. Meinen Oberärzten habe ich immer weitgehende Selbständigkeit zugebilligt und bin nur nicht dafür, daß in einer großen Klinik jeder nach seiner Methode arbeitet.

Bei der Überwachung der klinischen und operativen Arbeit habe ich mir eine offenbar von meiner unendlich geliebten und verehrten Mutter geerbte, unge-

mein wertvolle Eigenschaft zunutze machen können. Sie besteht in besonders
scharfer Beobachtungsgabe. Ein leichtes Erblassen des Gesichtes, ein geringfü-
giges Flackern der Augen oder eine leichte Unsicherheit in der Stimme verrie-
ten mir meist den Mann, bei dem etwas faul im Staate Dänemark war. Etwa
vom 30. Lebensjahr an merkte ich in aller Regel, ob mir jemand etwas weisma-
chen wollte. Sehr oft überraschte ich die Leute dadurch, daß ich freundlich die
Worte an sie richtete: „Warum wollen Sie mir den wahren Sachverhalt verschleiern oder entstellt vortragen? Ich weiß genau, wie es war!" So entwickelte
sich im Laufe der Zeit bei meinen Mitarbeitern und den Studenten die An-
schauung, daß man dem Geheimrat nichts vormachen dürfe, weil er es ja ohnedies wisse. Die Gabe, eine solche Meinung hervorzurufen, halte ich für einen
klinischen Chef wie überhaupt den Leiter jedes großen Betriebes für außerordentlich wichtig. Meine Leute sprachen untereinander von meinem „Dorsalau-
ge", als ob ich am Hinterkopf oder am Rücken ein zusätzliches Auge hätte, mit
welchem ich auch die Dinge beobachten könnte, die sich hinter mir abspielten.
So gab es bei den klinischen Visiten eine nette Geschichte. Wir hatten in Leipzig an der Chirurgischen Klinik sehr große Krankenzimmer mit ungefähr 30
Betten. Wenn ich von Bett zu Bett ging und beispielsweise mit dem Gesicht
nach Süden stand, so merkte ich es, wenn ein Nachkömmling leise auf Zehen-
spitzen von der auf der Nordseite gelegenen Eingangstür des Saales heran-
schlich. Ohne mich herumzudrehen, sagte ich dann freundlich: „Guten Morgen, Herr Dr. X!" Die Neuankömmlinge in der Klinik fragten die älteren Herren, wie denn das möglich sei und erhielten die Antwort: „Der Chef weiß es
eben!" Ich hatte auch ein Gespür dafür, ob ordentlich gearbeitet worden war
oder nicht. Wenn ich mir bei den Visiten die Fälle ansah, warf ich meist nur
einen kurzen Blick auf die Krankengeschichten, Röntgenbilder und Tempera-
turkurven und ging friedlich weiter, bis ich an ein bestimmtes Bett kam. Da
machte ich Halt, nahm die Krankengeschichte zur Hand und entdeckte stets
irgendeinen Defekt, eine unterlassene Untersuchung, einen fehlenden Befund
oder eine andere Schlamperei.

Als Leiter meiner Klinik war ich bestrebt, meinen Mitarbeitern beizubringen,
daß als oberstes Gesetz unbedingte Wahrheitsliebe gelten muß. In einem Brief,
welchen ich jedem meiner in die Klinik eintretenden Assistenten gedruckt in
die Hand gab, stand zu lesen, daß selbstverständlich auch jeder Chirurg seine
Fehler macht, daß ich es jedoch nicht vertragen könne, wenn man versuche,
mich zu täuschen und einen begangenen Fehler zu verheimlichen. Mehrere
meiner Assistenten mußten das Haus verlassen, weil sie diesen obersten
Grundsatz der absoluten Ehrlichkeit und Aufrichtigkeit nicht beachteten.
Mein Schwesternpersonal war mir blind ergeben und unterstützte mich in dem
Drange nach Wahrheit, der mein ganzes klinisches Haus erfüllte, auf das allerbeste. Zuträgereien gegenüber war ich allerdings stets unzugänglich. Auch alle
meine anderen Mitarbeiter, wie zum Beispiel die Sekretärinnen, habe ich darauf

hingewiesen, daß ich von ihnen unbedingte Wahrheitsliebe erwartete. Wenn irgendetwas vergessen worden war, was ich in Auftrag gegeben hatte, so ließ ich mich nie mit faulen Ausreden abspeisen, sondern sagte ganz ruhig: „Sie können doch ohne jegliches Gefühl der Scham sagen: Ich habe es vergessen!" Der soeben erwähnte gedruckte Brief, den ich jedem in meine Klinik eintretenden Assistenten in die Hand gab, hatte folgenden Wortlaut:

„Lieber Herr Kollege!

Die nachfolgenden Zeilen sollen Sie über die wichtigsten Grundsätze und Richtlinien Ihrer künftigen Tätigkeit in unserer Klinik unterrichten. Drei Leitsätze sind es, welche ich als Lehrer jüngerer Chirurgen als Richtlinien in den Vordergrund stellen muß: Wahrheitsliebe, unbedingte Zuverlässigkeit der Arbeit und reinliche Anzeigestellung. Jeder muß lernen, jeder macht Fehler. Einen begangenen Fehler verschleiern, halte ich für das Ergebnis eines Charakterfehlers. Gerade deshalb ist das Gelöbnis unbedingter Wahrheit die Vorbedingung meines Vertrauens. Aus einem begangenen Fehler lernt man, ihn künftig zu vermeiden. Einen eingestandenen Irrtum, ein zugegebenes Versehen oder Versäumnis habe ich noch nie einem meiner Mitarbeiter ernstlich verübelt, wohl aber kann ich Versuche, solches zu verschleiern, nicht leicht verzeihen.

Gewissenhafteste Pflichterfüllung im Dienste ist gleichfalls eine unerläßliche Bedingung, um sich mein Vertrauen zu sichern. Das gilt nicht nur für die Tätigkeit am Kranken, sondern auch für die Abfassung der *Krankengeschichten.* Sie sind, wie auf jeder vorgedruckt steht, als *Urkunde* aufzufassen. Sind sie schlecht, schluderhaft und lückenhaft geführt, so bedeutet das oft einen schweren Schaden für den betreffenden an der Klinik behandelten Menschen in gesundheitlicher als in sozialer Beziehung, ebenso aber schädigt solches die deutsche Wissenschaft, welche bei der Abfassung von Mitteilungen und größeren Abhandlungen auf sorgfältigst geführte Krankengeschichten angewiesen ist. Es soll alles, was irgend von Belang ist, in ihnen zu finden sein. Lieber zu viel als zu wenig. Besonders die Befunde sollen mit größter Genauigkeit verzeichnet sein. Kein Untersuchungsergebnis darf fehlen. Sie sollen übersichtlich und sauber geführt sein. Die Vorgeschichten sind gleichfalls von großem Wert. Wenn ein junger Volontär sie erhebt, so fehlen viele Dinge, welche von größter Bedeutung sein können. An einer guten Anamnese erkennt man einen guten Arzt!

Unter *reinlicher* Anzeigestellung verstehe ich, daß das Für und Wider einer Operation mit großer Gewissenhaftigkeit abgewogen werden muß. Der Wunsch jüngerer Chirurgen geht begreiflicherweise dahin, möglichst viel zu operieren, um sich die notwendige Technik und damit das Gefühl der Sicherheit anzueignen. Gerade deshalb fällt die Bilanzrechnung nicht immer so aus, wie sie sein sollte. Jeder jüngere Chirurg sollte bei jedem Zweifel, bei jedem

Gefühl der Unsicherheit sofort einen älteren Kollegen um Rat fragen, ihn um seine Mitarbeit bitten.

Manche vermögen dies nur schwer, weil es ihre Eitelkeit verletzt, einen Erfahrenen um Rat zu ersuchen. Es geht aber um Gesundheit, Glück und Leben eines Mitmenschen. Das sind so hohe Ziele, daß jedes persönliche anderslautende Empfinden unbedingt zurückgestellt werden muß. Bei jeder chirurgischen Handlung muß man sich die Frage vorlegen, was würdest Du jetzt tun, wenn es sich um einen Dir besonders lieben und teuren Menschen handeln würde?

Die chirurgische Technik als Kunst kann man in sehr vielen Kliniken und Heilanstalten unter der Führung geeigneter Meister erwerben, wenn man dazu die persönliche Veranlagung besitzt. Die Reinheit der Anzeigestellung, die Ethik der peinlichen Führung von Krankengeschichten kann man nicht lernen wie das Operieren. Das sind Dinge, auf die man vom Führer der Klinik von Anfang an und immer wieder aufmerksam gemacht werden muß, so daß sie schließlich in Fleisch und Blut übergehen wie die Regeln der Asepsis. Aber ein Fehler gegen die Sauberkeit im Kampf gegen die Bakterien wiegt weniger als ein solcher gegen die *Sauberkeit der Pflichterfüllung*.

Die Erfolge, welche meine Schule bisher aufzuweisen hat, verdankt sie meiner Überzeugung nach meinen unablässigen Bemühungen, meine jüngeren Mitarbeiter zu Ärzten mit einem *reinen Gewissen* zu erziehen. Jede Handlung soll sich so vollziehen, als ob sie unter dem Auge des Direktors oder seiner unmittelbaren Stellvertreter sich abspielen würde. Das Gefühl: „Das war nicht in Ordnung, aber glücklicherweise hat es niemand bemerkt", soll es in meiner Klinik nicht geben!

Seien Sie gut und warm mitfühlend, freundlich gegen die Kranken, auch wenn sich unerfreuliche Charaktere unter ihnen finden; ein kranker Mensch ist für uns Ärzte kein *Charakterproblem*, sondern ein Objekt für treueste Pflichterfüllung.

Kameradschaftlichkeit gegenüber Ihren Mitarbeitern, Ruhe, Sicherheit und Gerechtigkeit dem klinischen Personal gegenüber sind gleichfalls Einstellungen und Aufgaben, welche Ihnen das Leben und Arbeiten in dem Gemeinwesen einer chirurgischen Arbeitsstätte erleichtern werden. Bei der Größe des Ärztestandes ist es selbstverständlich, daß nicht alle Herren menschlich gut zueinander abgestimmt sein können. Zank und Hader an einer Klinik schädigen nur den Betrieb, den Kranken, die wissenschaftliche Leistung und letzten Endes die streitbaren Geister selbst. Im allgemeinen ist der Ton an meiner Klinik in den Jahren, welche ich Ordinarus bin, immer ein *kameradschaftlicher* gewesen. *Unbedingter Gehorsam* gegenüber den Vorgesetzten ist eine selbstverständliche Pflicht.

„Damit begrüße ich Sie als neuen Mitarbeiter und wünsche Ihnen eine Sie
selbst befriedigende Arbeits- und Lernzeit in unserem Hause, welchem auch
Sie durch Ihre Tätigkeit hoffentlich möglichst viel geben werden, als

Ihr aufrichtigst ergebener"

Die Leute mußten bei mir einen ganz bestimmten Weg durchmachen. Zuerst
wurden sie Volontär, dann Ausbildungsassistent. Der Ausbildungsassistent ist
eine neuzeitliche Erfindung und entspricht annähernd dem Operationszögling
im alten Österreich. Am Ende der Zeit als Ausbildungsassistent war man Facharzt für Chirurgie. Dann erst kam frühestens nach äußerst sorgfältiger Auswahl die Erlangung einer Oberarztstelle in Betracht. Wenn sich neue Herren
um eine Stelle bewarben, pflegte ich stets, mich in einem Gespräch nach ihrer
bisherigen Ausbildung und nach ihren besonderen Neigungen zu Forschung
und praktischer Tätigkeit zu erkundigen. Einer meinte einmal, die Tatsache,
daß er Freiherr sei, könne auch noch für ihn sprechen. Ich entgegnete ihm darauf, daß dies vielleicht anderen Ortes ausschlaggebend sei, nicht aber bei mir.
Bei der Auswahl von Assistenten war ich immer vorsichtig. Vor allem hatte
ich den Grundsatz, niemals den Sohn eines ordentlichen Professors der gleichen Universität anzustellen. Die Verbreitung von Klatschereien und die womöglich entstellte Weitergabe harmlos gemeinter Bemerkungen von der eigenen Klinik in eine andere sind sonst völlig unvermeidlich. Ein anderer Grundsatz bestand darin, niemals einen jüngeren Arzt zu mir zu nehmen, der mit
mir verwandt war. Viele Chirurgen in Deutschland hatten die Gepflogenheit,
ihre Söhne an der eigenen Klinik als Assistenten anzustellen und hier sogar
zum 1. Assistenten oder Oberarzt emporsteigen zu lassen. Ich finde das unrichtig, weil die anderen Assistenten durch das verwandtschaftliche Verhältnis
zwischen Chef und Mitassistent in der Freiheit ihrer Äußerungen gehemmt
sind. Ein Assistent muß unter Umständen gelegentlich über seinen Chef
schimpfen können und dürfen. Der kluge Mann findet dies selbstverständlich
und nimmt es nicht übel, während der Eingebildete darüber sehr beleidigt ist.
Ich hatte sogar das Prinzip, jeden meiner Familie nur irgendwie näher stehenden Mitarbeiter zu entfernen. Als mein späterer Schwiegersohn sich deutlich
um meine Tochter zu bemühen begann, war das erste, was ich tat, ihn nach
Dresden zu schicken. Er wollte Kinderarzt werden und bekam dort eine Stelle
als Assistent bei einem ausgezeichneten Pädiater.

Weiterhin hatte ich den Grundsatz, bei der Auswahl meiner Mitarbeiter darauf
zu achten, daß sie sich vorher bereits in einem theoretischen Fach der Medizin
ausgebildet hatten, wenn sie voraussichtlich längere Zeit an der Klinik bleiben
wollten. Von meiner Leipziger Zeit an nahm ich hierbei, wenn irgend möglich,
nur Assistenten, welche vor der Chirurgie schon ein bis zwei Jahre in der pathologischen Anatomie gearbeitet hatten. In den ersten Jahren bevorzugte ich
dabei Leute, die bei ASCHOFF in Freiburg/Breisgau gewesen waren. Von ihm

kamen meine hervorragenden Schüler KLEINSCHMIDT und HOHLBAUM zu mir. Als ich in Leipzig warm geworden war, schickte ich die jungen Kollegen anfangs zum Altmeister der Pathologie FELIX MARCHAND und später zu meinem lieben guten Freund WERNER HUECK, bevor sie bei mir ihre chirurgische Ausbildung begannen. Die pathologisch-anatomische Vorbildung war mir am liebsten, weil die Leute dort lernten, mikroskopische und bakteriologische Untersuchungen vorzunehmen, Geschwülste, welche sie operierten, selbständig zu untersuchen und auf diese Weise viel eher in der Lage waren, wohlbegründete Pläne für eigene forschende Arbeiten durchzuführen. Eine ganze Anzahl meiner Schüler hat diesen Turnus durchgemacht. Ich habe gelegentlich aber auch einen Anatomen, einen Physiologen oder einen Pharmakologen genommen. Der Pharmakologe, WILLY KÖNIG, ein hochbegabter Mann, war in den späteren Jahren meiner Lehrtätigkeit bei mir Assistent und erwies sich durch seine chemischen Vorkenntnisse als sehr nützlich. Es ist geradezu unglaublich, wie leicht sich die Herren, welche in theoretischen Fächern vorunterrichtet waren, in die Bedürfnisse der Klinik einarbeiteten. Vor allem besaßen sie das notwendige Rüstzeug für eigene wissenschaftliche forschende Arbeit, während die anderen gleichsam vor einer versperrten Türe standen und, je nach ihrer Begabung, meist nur das rein Handwerksmäßige des Operierens lernten.

Wenn ich bevorzugt Leute mit theoretischer Vorbildung an meine Klinik nahm, so gab es doch eine Art Zweiteilung der Assistentenschaft. Die einen hatten höhere Pläne für ihr späteres Vorwärtskommen, wollten selbständig forschend im Fache weiterkommen und sich, wenn möglich, habilitieren. Unter ihnen gab es die geborenen Wissenschaftler, die sich vom klinischen Dienst loszumachen suchten, um Zeit für ihre experimentellen oder mikroskopischen Arbeiten zu gewinnen. Da der klinische Dienst selbstverständlich ordentlich versehen werden mußte, versuchten sie, andere als klinische Dienstpferde anzuspannen, die keine großen wissenschaftlichen Neigungen aufwiesen. Diese bildeten die zweite Gruppe der Assistenten. Unter ihnen gab es einige, die mir gleich beim Eintritt in die Klinik erklärten, daß sie sich bloß der rein praktischen Ausbildung widmen und nur eben soviel chirurgische Kenntnisse erwerben wollten, um einmal eine Privatpraxis oder eine kleine Klinik aufmachen zu können. Bei anderen merkte man nach ein paar Monaten, wie der Hase lief und daß es mit der Wissenschaft nicht weit her sei. Sie versahen ihren Klinikdienst ordentlich, hatten aber keine großen literarischen Interessen und verbrachten ihre Freizeit lieber außerhalb der Klinik als im Lesezimmer. Forderte ich sie auf, ein Thema wissenschaftlich zu bearbeiten, so übernahmen sie die ihnen von mir gestellte Aufgabe zunächst gern, fragten mich aber erstmals nach sechs bis acht Wochen, wo man denn überhaupt das Schrifttum über das gegebene Thema finden könne. Es gab auch solche, die schon nach sechs Wochen mit einer in glänzendem Stil fix und fertig geschriebenen Arbeit auftauchten, welche aber vom Inhalt her von mir völlig neu durchgearbeitet werden mußte. Bei manchen fand ich es bedauerlich, daß sie nur mit Mühe und Not zu wissenschaftlichen Arbeiten herangezogen werden konnten. Im übrigen aber war die Zweiteilung der Assistentenschaft dem Dienste durchaus nicht abträglich und auch praktisch, zumal ja die vielen Assistenten doch nicht alle Professoren werden konnten.

Das weibliche Geschlecht war unter meinen Assistenten nur schwach vertreten. Mehr als zwei weibliche Ausbildungsassistenten hatte ich, mit Ausnahme der Zeit des Ersten Weltkrieges, nie. Im großen und ganzen waren sie ordentliche und fleißige Mädchen, die auch gewissenhafte Krankengeschichten schrieben und ihren klinischen Dienst mit Eifer und Verständnis versahen. Länger am Hause blieb lediglich Fräulein Dr. BOYSEN, eine hervorragend begabte Frau, die über viele Jahre hinweg den jüngeren Assistenten stets mit größter Hilfsbereitschaft zur Seite stand.

Militärärzte waren im allgemeinen zwei Jahre, in einigen Ausnahmefällen auch drei Jahre an der Klinik. Sie erhielten sofort eine etatsmäßige Assistentenstelle und bekamen eine Station, mußten aber, da sie meist vorher chirurgisch nicht ausgebildet waren, selbstverständlich stets unter der Leitung eines älteren, erfahrenen Assistenten operieren. Ich habe eine ganze Anzahl hervorragender Sanitätsoffiziere während ihrer Dienstzeit an der Klinik zu Vollchirurgen ausgebildet. Sie haben zum Teil sehr hohe Stellungen erreicht. Einer ist Generalstabsarzt geworden, ein anderer Oberfeldarzt.

Die bulgarische und die rumänische Regierung schickten mir immer wieder junge Ärzte zur Ausbildung an die Klinik. Auch Griechen und Türken kamen auf diesem Wege. Sie blieben zum Teil drei bis vier Jahre an der Klinik, wurden dann in der heimatlichen Armee befördert und erhielten in den Hauptstädten ihrer Heimatländer große und schöne Krankenhäuser zur Leitung. Sie tauchten immer wieder einmal auf und berichteten mir dann von ihrer Tätigkeit und ihren Erfolgen.

Das Verhältnis zwischen mir und meinen Assistenten war im allgemeinen gut. Wir haben auch gesellig mit ihnen verkehrt und sie entweder in unser Haus eingeladen oder kleine Tanzabende in einem Hotel veranstaltet, wobei sich oft sehr erfreuliche und gar nicht geahnte gesellige Talente offenbarten. Wenn auch von mir aus in unserer Klinik ein ruhiger und sachlicher Ton herrschte, blieb es jedoch in einem so großen Hause nicht aus, daß gelegentlich einmal Reibereien vorkamen. Im allgemeinen kamen die Assistenten jedoch untereinander verhältnismäßig gut aus. Ich habe mit ihnen im großen und ganzen Glück gehabt. Sie arbeiteten fast alle sehr fleißig und legten mir selbständige Arbeitspläne vor, die ich gut heißen und nach besten Kräften fördern konnte. Mit einer einzigen Ausnahme waren meine Assistenten anständige Menschen, welche treu zu ihrem Meister hielten und das Ansehen der Klinik über die Politik stellten.

Während es im alten Österreich streng verboten war, daß der Assistent einer chirurgischen Klinik heiratete, war dies in Deutschland völlig anders. Wir hatten zuletzt in Leipzig eine große Zahl verheirateter Mitarbeiter. Dabei stellte es sich heraus, daß bei plötzlichen großen Unglücksfällen und Katastrophen die verheirateten Herren gewöhnlich rascher zur Stelle waren als die Herren Junggesellen, bei denen es sich natürlich auch nicht nur um geborene Heilige handelte. Die jüngeren Assistenten bildeten in Leipzig im Krankenhaus St. Jacob eine Art Klub, dem auch Assistenten anderer Kliniken – der Inneren, der Haut- und der Ohrenklinik – angehörten, mit denen sie in einem Kasino gemeinsam ihre Mahlzeiten einnahmen. Dadurch hatten sie viel Gelegenheit, sich über die Verhältnisse in den Nachbarkliniken zu unterrichten. Da die älteren Assistenten verheiratet waren, war stets ein Jüngerer der Senior der Assistentenschaft im Kasino.

Der Sprung vom Assistenten zum Oberarzt ist ein ungeheurer. Der Assistent hat ja nur eine Station unter sich. Der Oberarzt ist dagegen in allen Stunden, in welchen der Chef nicht zur Verfügung stehen kann oder abwesend ist, in allen Belangen sein Vertreter, nicht nur als Operateur, sondern auch als Lehrer und Leiter der Jungmannschaft. Ein guter Oberarzt fühlt sich nicht als Halbgott, sondern ist froh, durch das Vertrauen seines Lehrers einen sehr bedeutend erweiterten Wirkungskreis erhalten zu haben und es ihm dadurch lohnen zu können, daß er die Jungmannschaft in seinem Geiste unterrichtet und damit zur Schulbildung beiträgt. Die Oberärzte waren bei mir gewöhnlich nicht mehr ganz jung. Sie hatten meist zunächst eine Vorbereitungszeit in einem theoretischen Fach von anderthalb bis zwei Jahren Dauer, danach eine Zeit der Vorbildung als Volontär und schließlich eine drei- bis fünfjährige Assistententätigkeit absolviert, insgesamt also eine Ausbildungszeit von sechs bis acht Jahren. Ich hatte in Leipzig so gut wie immer zwei klinische Oberärzte und einen an der Poliklinik. Um die Tätigkeit im poliklinischen Betrieb nicht eintönig werden zu lassen, ging ich später dazu über, alljährlich einmal einen Wechsel zwischen Klinik und Poliklinik vorzunehmen. Auch der Röntgenassistent war später Oberarzt und hatte seinen selbständigen Aufgabenbereich.

Der Begriff des Oberarztes ist vom preußischen Ministerialdirektor ALTHOFF geschaffen worden. Im alten Österreich gab es überhaupt keine Oberärzte, sondern nur den 1. Assistenten. Die in Deutschland herrschende Vorliebe für Titel hat sich in dem des Oberarztes ausgewirkt. Ich halte die Oberärzte für eine gute Einrichtung, sofern sich für sie nach entsprechender Zeit ein selbständiger, ihrem Können entsprechender Wirkungskreis ergibt – sei es im Lehramte, sei es in der Leitung eines großen Krankenhauses. Es gab einmal den Plan, daß ein Oberarzt, der nach einer bestimmten Zahl von Jahren noch keine selbständige Stellung erreicht hatte, von der Klinik abgehen müsse. Das ist eine Härte! Manchmal ist ein Oberarzt durchaus reif für einen selbständigen Lehrstuhl, ohne daß sich eine entsprechende Möglichkeit bietet. Er könnte durch den erzwungenen Abgang von der Klinik um sein Lebensglück betrogen werden. Auf der anderen Seite ist die manchmal jahrzehntelange Tätigkeit von Oberärzten an den Kliniken auch nicht erstrebenswert. So können sich schwere ethische Probleme für den Chef wie für den Oberarzt ergeben, welche beiderseitig Opfer verlangen. Sie müssen erfüllbar sein.

Meinen Oberärzten als meinen unmittelbaren Vertretern habe ich, wie bereits erwähnt, stets weitestgehende Selbständigkeit zugestanden. Bei einem so gewaltigen klinischen Krankengut, wie wir es zu bearbeiten hatten, ist es klar, daß sich bei einzelnen begabten Köpfen mit zunehmender Reife und Erfahrung in manchen Fragen selbständige Gedankengänge durchsetzen mußten. Wenn jemand jahrelang Oberarzt an einer großen Klinik gewesen, sich außerordentlich große Verdienste um die Erziehung des Nachwuchses erworben hat, selbst am Unterricht maßgeblich beteiligt und ein reich erfahrener, den schwierigsten Aufgaben gewachsener Chirurg geworden ist, so ist es nur recht und billig, wenn ihm so viel Bewegungsfreiheit gegeben wird, als es das dienstliche Verhältnis überhaupt nur zuläßt.

Ich habe das Glück gehabt, im Laufe der vielen Jahre, welche ich Anführer einer Jungmannschaft in der Chirurgie sein durfte, sehr viele begabte und manchmal sogar ganz ungewöhnlich begabte Schüler zu finden. Die meisten von ihnen haben sich nach dem Abgang von unserem Hause bewährt und sind zum großen Teil zu hohem Ansehen gekommen. So bin ich in der glücklichen Lage, heute auf eine große erfolgreiche chirurgische Schule zurückblicken zu können, welcher ich Leiter und Lehrer gewesen bin. Mit vielen Schülern verbindet mich herzliche Freundschaft.

Ich hatte die Freude, eine erhebliche Zahl von Schülern aus meiner Klinik in akademische Stellen eintreten zu sehen. Acht wurden ordentliche Professoren:

MARTIN KIRSCHNER war unter den Lehrstuhlinhabern wie überhaupt unter allen meinen Schülern weitaus der Begabteste. Er wurde zunächst in Königsberg ordentlicher Professor, kam dann nach Tübingen und schließlich nach Heidelberg. Er war ein Mann von ungeheurer Arbeitskraft, großem Ideenreichtum und ganz ungewöhnlich technischer Begabung. Durch die erste gelungene Entfernung eines Blutgerinnsels aus der Lungenschlagader ist er weltberühmt geworden. Auch seine Knochennaht und die Drahtzugbehandlung der Knochenbrüche sind Meisterstücke ersten Ranges. Der Ersatz der Speiseröhre durch den losgelösten und zum Halse emporgezogenen Magen ist gleichfalls eine hervorragende Erstlingstat, der wir noch eine ganze Reihe anderer hinzufügen könnten. KIRSCHNER wurde in der Vollkraft des Lebens und Arbeitens durch ein heimtückisches Magenleiden dahingerafft.[28]

---

[28] Vgl. auch PAYR, ERWIN: MARTIN KIRSCHNER zum Gedenken. – Ergebn. Chir. u. Orthop. 34 (1943) 1–2

PAUL FRANGENHEIM war in Köln ordentlicher Professor aus meiner Schule – ein stiller und unermüdlicher Arbeiter, den schwierige Probleme besonders zum Angriff reizten. Sein besonderes Interesse galt den Erkrankungen des Knochensystems, den Neubildungen, der Urologie und der Bauchchirurgie. Leider ist er schon sehr frühzeitig gestorben, nachdem aus einer ganz geringfügigen operativen Fingerverletzung, die er sich zehn Tage zuvor zugezogen hatte, eine Blutvergiftung entstanden war. [29]

ARTHUR LAEWEN hatte sich bereits bei meinem Vorgänger TRENDELENBURG in Leipzig habilitiert. Er wurde zunächst auf meine Empfehlung hin Chefarzt des neu errichteten Krankenhauses St. Georg in Leipzig, später aber als ordentlicher Professor nach Marburg berufen. Danach kam er als Nachfolger KIRSCHNERs nach Königsberg. Er war außerordentlich fleißig, gewissenhaft und wußte ungemein viel. LAEWENs Name wurde besonders durch sehr schöne Arbeiten bekannt, die er gemeinsam mit seinem Freund, dem Pharmakologen GROS, verfaßt hatte. Später beschäftigte er sich, wohl unbewußt unter meinem Einfluß, viel mit Gelenkchirurgie.

WILHELM VON GAZA ist in einem gewissen Maße gleichfalls durch meine Schule gegangen. Ebenso wie LAEWEN fand ich ihn an der Klinik in Leipzig vor, als ich dort die Nachfolge TRENDELENBURGs antrat. Er ging später zu STICH nach Göttingen und kam von dort aus als Ordinarius nach Rostock. Seine Hauptstärke war die Chemie, und er hat auf diesem Gebiet wirklich hervorragende Arbeiten geschrieben. Auch ein ausgezeichnetes Buch über die Wundbehandlung stammt von ihm. Er war ein sehr begabter und kluger, dabei aber merkwürdiger Mann, der, wie man in Tirol sagt, „ein Radl zuviel" hatte. Er beschäftige sich viel mit Fliegerei, legte das Pilotenexamen ab und soll oft mehr in der Luft als in seiner Klinik gewesen sein. Nachdem er bereits früher einmal bei einem Autounfall einen Schädelbruch erlitten hatte, erlag er einem weiteren Autounfall vor dem Tor seiner Klinik.

ANTON JURASZ hatte ein merkwürdiges Schicksal. Er war mit mir von Königsberg nach Leipzig gekommen, von wo aus er das geradezu prachtvoll eingerichtete katholische Marienkrankenhaus in Frankfurt/Main übernahm. Dies war ein Spital, das ich mit meiner Frau einmal genau besichtigte und welches mir seitdem immer als Ideal eines konfessionellen Krankenhauses erschien. Die Ordensschwestern besorgten für ihn einfach alles – Korrespondenz, Rechnungen, Steuersachen, Gutachten –, so daß er sich eigentlich um nichts anderes als um den operativen Betrieb zu kümmern brauchte. Von der väterlichen Seiter her polnischer Abstammung, wurde er nach dem Ablauf des Ersten Weltkrieges und dem Wiedererstehen eines neuen selbständigen Polen ordentlicher

---

[29] Vgl. auch PAYR, ERWIN: Nachruf auf PAUL FRANGENHEIM. – Münch. med. Wschr. 77 (1930) 2114–2115

Professor für Chirurgie in Posen. Er fand hier eine schlecht eingerichtete Klinik vor, konnte aber einen Neubau veranlassen. Eine Zeit lang war er Professor in Warschau, ging dann jedoch wieder nach Posen zurück. Im Zweiten Weltkrieg wurde er als beratender Chirurg einer polnischen Armee zusammen mit 30 000 polnischen Offizieren und Soldaten in der Festung Modlin eingeschlossen. Die Festung ergab sich, nachdem sie durch mehrere Wochen mit schwerer Artillerie beschossen worden war. Mein ehemaliger Leipziger Oberarzt HOFFHEINZ sah sich den aus der Festung herauskommenden Zug der polnischen Gefangenen an und erkannte unter ihnen Herrn JURASZ, der, leichenblaß und halb verhungert, im Nervensystem schwer gestört war. Er nahm ihn zu sich, gab ihm ein Bad und ordentlich zu essen, mußte ihn dann aber natürlich in das Gefangenenlager weiterleiten.

JOSEF HOHLBAUM ist Sudetendeutscher und hat über 25 Jahre zunächst als Assistent und später als Oberarzt an meiner Leipziger Klinik gearbeitet. Erst nach Beginn des Zweiten Weltkrieges wurde er, spät aber doch, ordentlicher Professor an der Universität Prag. Nach KIRSCHNER ist er der beste Techniker aus meiner Schule. Er hat einige recht ordentliche Arbeiten verfaßt, wenn auch der Schreibtisch nicht gerade sein Lieblingsaufenthalt ist. HOHLBAUM verfügt bei den Patienten über ungemeine Beliebtheit und zeichnet sich durch liebenswürdigste Umgangsformen und große gesellige Talente aus. Ein wenig verkörpert er noch ein gutes Stück Alt-Österreich.

Ordinarius in ihrer Heimat wurden schließlich der Japaner MASAO SUMITA und der Finne TANNO KALIMA.

Neben den acht Ordinarien[30] gingen etwa vierzig leitende Ärzte an Krankenhäusern aus meiner Schule hervor.

In Leipzig war über eine gewisse Zeit die Stelle des leitenden Chirurgen an sämtlichen Krankenhäusern mit meinen ehemaligen Oberärzten oder Assistenten besetzt. So wurde mein hervorragender Schüler und jetziger Freund ERNST HELLER Direktor von St. Georg, des zweiten großen Stadtkrankenhauses in Leipzig. Ich hatte ihn in Greifswald vorgefunden und wegen seiner absoluten Zuverlässigkeit und technisch guten Veranlagung nach Königsberg und Leipzig mitgenommen. Er war bis zu seinem Abgang von der Klinik durch viele Jahre hindurch die feste Säule unter meinen Mitarbeitern und hat in seinen eigenen Wirkungskreis wohl den größten Teil meiner operativen Technik übernommen.[31] Planmäßige außerordentliche Professoren wurden in Leipzig

---

[30] Später übernahmen noch mehrere weitere Schüler PAYRs Ordinariate für Chirurgie: ERNST HELLER (Leipzig), HEINRICH KUNTZEN (Jena, vgl. S. 171), HERBERT UEBERMUTH (Leipzig) und ENDRE HEDRI (Budapest)
[31] Vgl. auch RAVITCH, MARK und FELICIEN STEICHEN: ERNST HELLER (Nekrolog). J. Med. (N. Y.) 1965:2500

ERICH SONNTAG als Direktor der Chirurgischen Poliklinik und RODERICH SIEVERS als Leiter der Chirurgischen Abteilung des Kinderkrankenhauses. ALFONS KORTZEBORN, der eine ganze Reihe schöner neuer Dinge wie etwa einen orthopädischen Universal-Operations- und Verbandstisch oder eine sinnreiche Operationsmethode zur Behandlung der sogenannten Affenhand durch Sehnenplastik erfunden hatte, war Chefarzt der Chirurgischen Abteilung am Elisabeth-Krankenhaus in Leipzig. Leider verstarb er allzu frühzeitig bereits im Alter von 51 Jahren. [32]

Auch in viele andere Städte Deutschlands kamen Schüler von mir als Chefärzte chirurgischer Krankenhausabteilungen. In Wiesbaden leitet OTTO KLEINSCHMIDT die Chirurgische Klinik der Städtischen Krankenanstalten. Er ist einer meiner allerbesten Leute, ein ausgezeichneter ideenreicher Chirurg mit ungewöhnlicher Begabung für operative Technik, der viele Jahre bei mir Oberarzt war. KLEINSCHMIDT hat eine Künstlernatur, betätigt sich zugleich als Bildhauer und Maler und hat einige sehr schöne Plaketten entworfen, darunter auch eine von mir. [33] In Chemnitz wurde HEINRICH KUNTZEN Leiter der Chirurgischen Abteilung des Städtischen Krankenhauses. Er ist ein fleißiger und tüchtiger Arzt, der in gleichem Maße den sicheren Diagnostiker wie auch den guten Operateur in sich vereinigt. [34] In Königsberg leitet SIEGFRIED HOFFHEINZ die Chirurgische Klinik des Städtischen Krankenhauses. Er ist der Verfasser eines ausgezeichneten Buches über die Luft- und Fettembolie. In Hannover bewährt sich WILLY KÖNIG in seiner Stellung als Leiter der Chirurgischen Abteilung des Nordstadtkrankenhauses sehr. Ein prachtvolles Büchlein „Der operierte Kranke" und wichtige Arbeiten über die Verhütung von Thrombose und Embolie sowie über Schilddrüsenerkrankungen stammen von ihm. In Stuttgart wurde einer meiner liebsten Assistenten, FRITZ GROSS, Chefarzt der Chirurgischen Abteilung des Katharinenhospitals. Leider ist er bei Stalingrad, wo er bis zum letzten Augenblick Verwundete versorgte, in russische Gefangenschaft geraten. [35] Nach Saarbrücken kam FRITZ HESSE [36],

---

[32] Vgl. auch PAYR, ERWIN: Professor Dr. ALFONS KORTZEBORN. Arch. klin. Chir. 203 (1942) 1–2

[33] Die von KLEINSCHMIDT gestaltete PAYR-Plakette ist auf Seite 149 wiedergegeben. Vgl. auch HESSE, FRIEDRICH: OTTO KLEINSCHMIDT (Nekrolog). Zbl. Chir. 74 (1949) 2–4

[34] Vgl. auch NISSEN, RUDOLF: HEINRICH KUNTZEN zum 75. Geburtstag. Dtsch. med. Wschr. 93 (1968) 370–371
SEYFARTH, HARRO: HEINRICH KUNTZEN zum 75. Geburtstag. Zbl. Chir. 93 (1968) 33–34

[35] Vgl. auch HESSE, FRIEDRICH: Prof. Dr. med. FRITZ GROSS zum 65. Geburtstag. Zbl. Chir. 88 (1963) 777

[36] Vgl. auch GROSS, FRITZ: Prof. Dr. med. FRITZ HESSE zum 65. Geburtstag. Zbl. Chir. 87 (1962) 1161

nach Feiberg/Sachsen ARTHUR LADWIG und nach Bautzen HERMANN KÄST-
NER. Sie und viele andere trugen zur Vermehrung des Ansehens meiner Schule in erheblichem Maße bei.

Einige Schüler sind nun im Ausland in leitender Stellung tätig. Weitaus der Bedeutendste von ihnen ist der Schwede HERBERT OLIVECRONA. Er lernte bei
mir während des Ersten Weltkrieges die Anfangsgründe der Hirnchirurgie, bildete sich bei CUSHING in Philadelphia weiter aus und hat das Übrige alles
sich selbst zu verdanken. Inzwischen ist er der anerkannte Meister in der Hirnchirurgie Europas geworden. Kürzlich hat er in Stockholm eine eigene Klinik
mit 80 Betten für Hirnerkrankungen erhalten.

Der Schweizer KARL SCHLAEPFER war wie OLIVECRONA während des Ersten
Weltkrieges an meiner Klinik und hat es ebenfalls weit gebracht. Er ging nach
mehrjähriger Ausbildung bei mir nach Amerika und wirkt gegenwärtig als
vielgesuchter Chirurg in Milwaukee. Auch er ist ein ungewöhnlich begabter
und sehr kluger Mann, der über einen kritischen Kopf und eine sorgfältige
Technik verfügt. Mehrere sehr schöne Veröffentlichungen stammen von ihm.

Ebenfalls in Amerika ist jetzt der aus einer Schiffahrerfamilie in Bremerhaven
stammende ERNST GEHRELS. Er ist technisch hervorragend veranlagt und
war bei mir sogar Oberarzt, obwohl sich seine wissenschaftlichen Interessen
in Grenzen hielten. Dann wurden ihm Deutschland und Europa infolge eines
in seiner Familie steckenden Wandertriebes zu eng und er folgte seinem unbän-
digen Drang ins Weite. Er ging nach San Francisco, wo er die Prüfungen nach-
holen und noch einmal eine Assistentenzeit durchmachen mußte, dann aber
ein sehr bekannter Chirurg dieser Stadt wurde. Ein treuer Mann, der seine
Leipziger Schule nie vergessen hat, wenn irgend möglich ein Lebenszeichen
von sich gab und nach dem Ende des Zweiten Weltkrieges Lebensmittelpakete
schickte.

In der Türkei machten die Herren BAHIR, OSMAN, NUREDDIN, SABRI und
SCHEFKET ihren Weg, in Bulgarien SARAFOFF, LANKOFF und DIMITROFF, in
Griechenland INGLESSIS und JOANNIDES. In der Schweiz arbeiteten die beiden vortrefflichen und sehr begabten Herren SAEGESSER und KAST weiter,
die als Jungchirurgen zu mir gekommen waren. Nach Südafrika gingen die Bu-
ren DE BRUYN und JORDAN zurück. Sie alle sind, wie man sieht, eine bunte
Gesellschaft gewesen, die sich dabei aber mit meinen Herren gut vertrugen
und manchmal so wohl fühlten, daß sie mir sogar Operationsschwestern aus-
spannten und in ihre Heimat mitnahmen.

So sehr ich mich über die Ernennung meiner Oberärzte oder älteren Assistenten zu Chefärzten von chirurgischen Abteilungen freute, so löste das doch in
mir immer auch ein gewisses Unbehagen aus. Denn fast jeder dieser Herren
nahm sich eine erprobte Kraft aus unserem Operationssaal mit. Für ein kleines
Krankenhaus ist das natürlich außerordentlich zweckmäßig, weil eine solche

Schwester in den Betrieb eingearbeitet ist und auch in der Rechnungsführung, im Krankenkassenwesen, bei Gutachten und in vielen Verwaltungsfragen alles Nötige weiß. Darum fragte ich den angehenden Chefarzt stets, wenn er sich von mir verabschiedete: „Nun mein lieber Doktor, welche von meinen Schwestern nehmen Sie mir nun wieder weg?" Häufig bekam ich dann die Antwort, daß die betreffende Schwester sowieso die Absicht gehabt hätte, die Klinik zu verlassen.

Ich kann mit Befriedigung feststellen, daß die Schwestern an unserer Klinik nicht nur fachlich gut ausgebildet wurden, sondern auch in menschlicher Beziehung vom Geist unserer Klinik ein gut Teil mitnahmen. Im großen und ganzen kann ich ihnen allen nur Gutes nachsagen. Ich bin davon überzeugt, daß die große Mehrzahl von ihnen nur das Beste wollte und ihren Dienst mit Liebe, Hingabe und Pflichtgefühl versah. So war meine Klinik zugleich die Ziehmutter einer ganzen Anzahl von jungen Frauen, die sich dann im späteren Leben gut bewährt haben – sei es als Mitarbeiterin eines Chefarztes, anderswo im Beruf, in der Ehe und hier insbesondere auch als ausgezeichnete „Doktorsfrauen". Jedenfalls habe ich alle Ursache, auf meine Schule stolz zu sein, da nicht nur meine ehemaligen Schüler zum weitaus größten Teil schöne Stellungen erlangten, sondern sich auch die Schwestern später meist in ausgezeichneter Weise bewährten.

Unterricht in der Chirurgie

Die klinische Vorlesung ist und bleibt bei uns in Deutschland das wichtigste Mittel, um angehende Ärzte an die Chirurgie heranzuführen. Hier werden Krankheitsfälle vorgestellt, die zugehörigen Erkrankungen erläutert sowie gelegentlich lebensrettende und besonders wichtige Operationen vorgeführt. Insgesamt geht es um die Vermittlung der für den späteren Praktiker notwendigen chirurgischen Kenntnisse.

Die Studenten werden in der Vorlesung zum sogenannten Praktizieren aufgefordert. Man ruft dabei ein paar junge Leute auf, was auch eine gewisse Kontrolle darüber gibt, ob die Herrschaften tatsächlich fleißig erscheinen. Man soll die Studenten den Patienten selbst fragen lassen und ihnen langsam auf die richtige Fährte verhelfen. Dabei entwickelt sich oft ein sehr nützliches Frage- und Antwortspiel zwischen Professor und Praktikant, das zeigt, ob der junge Mensch Beobachtungsgabe besitzt. Das Praktizieren in der Vorlesung – täglich geübt, oft wiederholt, von allen Anwesenden miterlebt – ist für den Lernenden von großem Gewinn, aber auch für den Lehrer ein täglich sich erneuerndes Erlebnis. Rasche Auffassungsgabe, logisches Denken, gesunder Men-

schenverstand des jungen Mediziners zeigen sich oft in erfreulicher Weise und
stehen nicht selten über dem Augenblickswissen. Er muß sehen, hören, fühlen
und zart zugreifen üben. Die Fähigkeit, etwas von der Norm Abweichendes
zu erkennen, die Beobachtungsgabe, können nicht gelernt, aber geschärft werden. Sich auf Kosten der Praktikanten lustig zu machen, ist nicht tapfer. Ist
es denn ein Kunststück, wenn ein erfahrener klinischer Lehrer mehr weiß als
ein Mediziner im 6. oder 7. Semester? Eine Sonderbegabung für die Chirurgie
bei einem jungen Mediziner zu erkennen, ihn im Auge zu behalten, durch ein
freundliches Wort zu ermuntern und ihm später die Wege für unser Fach zu
ebnen, gehört im übrigen zu dem Besten, was mir meine Lehrtätigkeit geschenkt hat. „Jeder akademische Lehrer möge bedenken, daß zu seinen Füßen
die besten Köpfe der künftigen Generation sitzen können", sagte einst
DuBois-Reymond.

Bei den Patienten, die im Kolleg vorgestellt werden, muß man berücksichtigen,
daß im Publikum eine ganz offenkundige Abneigung gegen große Kliniken
wegen der Anwesenheit so zahlreicher neugieriger junger Studenten besteht.
Die Bemerkung, daß alle Anwesenden im Hörsaal Ärzte seien und die Anrede:
„Mein lieber junger Kollege" beruhigt die Kranken aber schon oft. Sie sollen
auch nichts von etwa vorbereiteten Instrumenten sehen. Der zugehörige Tisch
wird deshalb mit einem sterilen Tuch abgedeckt. Erst wenn der Patient genügend betäubt ist, zeigt man den Studenten das erforderliche Handwerkszeug.
Manche Kranke beklagen sich ja darüber, daß sie einen Tisch mit einer Unzahl
von Instrumenten gesehen hätten, welche in ihrer Phantasie oft noch mit Blut
befleckt erschienen. So ruft auch ein im Hörsaal aufgestelltes Skelett bei nervö-
sen Kranken häufig genug Schrecken hervor. Unser Skelett wurde deshalb immer mit einem Tuch umwickelt herbeigeschoben. Das, was uns Ärzten ganz
geläufig ist, erzeugt beim Laien oft schreckhafte und lange nachwirkende Vorstellungen. Der Patient regt sich meist ohnedies vor einer bevorstehenden
Operation über Gebühr auf, summiert alle Eindrücke und wird unruhig und
ängstlich. Alle an sich harmlosen Eingriffe erscheinen ihm dadurch gefährlicher. Man muß auch an die Angehörigen der im Kolleg vorgestellten Patienten
denken, denen das Erlebnis einer Klinikvorstellung am nächstfolgenden Be-
suchstag in einer entstellten Weise erzählt werden könnte, wobei meist nur das
hervorgehoben wird, was unangenehm erschien. Ebenso darf die notwendige
Rücksicht auf das Schamgefühl junger Mädchen und Frauen nie vergessen werden. Das vorgestellte junge weibliche Wesen soll sich womöglich nicht ent-
blößt einem mit 300 jungen Studenten gefüllten Hörsaal gegenübersehen. So
haben wir immer, wenn es die Rücksichtnahme geraten erscheinen ließ, den
Kopf der Patientin mit einem Tuch bedeckt. Man soll stets daran denken: Was
Du nicht willst, das man Dir tu', das füg' auch keinem andern zu. Oder wäre
es Dir recht, wenn man Deine Schwester oder eine junge Frau aus Deiner Verwandtschaft plötzlich einem mit soviel jungen Gesichtern gefüllten Hörsaal

vorstellen würde? Nein! Deshalb muß alles so eingerichtet werden, daß beim
Patienten die seelischen Eindrücke, welche das Erlebnis einer klinischen Vorlesung ausmachen, nicht nachteilig wirken. Die Psychologie ist die Parole jeder
chirurgischen Vorlesung.

Natürlich braucht man zum Unterricht auch nette, kluge und taktvolle Oberärzte sowie Assistenten, welche von ihrem Meister in diesem Sinne erzogen
sind. Alles kann ein klinischer Professor nicht selbst machen. Es muß eine ge-
sunde Arbeitseinteilung herrschen. Wohin käme es, wenn ein Bankdirektor alle Bilanzrechnungen und statistischen Erhebungen persönlich auszuführen
hätte? Er muß sich eben auf sein Personal verlassen können, dann geht die Sache leicht.

Was ist im klinischen Unterricht zu vermitteln? Natürlich sind den Studenten
die wichtigen chirurgischen Erkrankungen mit ihrer Erkennung und Behandlung vorzustellen. Dabei erscheint mir die eifrige Pflege des Zusammenhangs
der Medizin mit den gesamten Naturwissenschaften als Veredlung des klinischen Unterrichts. Sie erhebt Lehrer und Schüler über die Grenze des fachlich
Alltäglichen und regt die Begabten zu selbständigem Denken an. Ebenso muß
aber auch vorgeführt werden, wie man mit Kranken umgeht und sie untersucht.

Die Erhebung der Vorgeschichte ist ja schon ein Kapitel für sich. Man kann
aus einem Kranken alles Notwendige herausbekommen, wenn man nur klug
und taktvoll fragt – selbst unangenehme Dinge, welche er gern in das Unter-
bewußtsein versenken möchte. Der Student muß den Verkehr des Arztes mit
den Kranken erlernen, soweit dies erlernbar ist. Darauf kommt es außerordentlich viel an.

Die Art der Untersuchung ist in der klinischen Vorlesung immer wieder zu
besprechen. Die systematische und schmerzlose Methode der Untersuchung
von chirurgisch Kranken und Verletzten muß den jungen Medizinern mit großer Liebe und ebenso großer Geduld beigebracht werden. Das Auge, das edelste Organ für die Diagnose, soll vor allem geübt werden. Der angehende junge
Arzt muß zunächst einmal sehen. Danach kommt lange nichts – dann erst
das Maßband und endlich am Schlusse die Hand. Nicht gleich hingreifen,
nicht mit der Hand an irgendeinem krankhaften Gebilde herumfühlen! Vom
Maßband wird viel zu wenig Gebrauch gemacht. Es ist besonders bei den Verletzungen und Erkrankungen der Gliedmaßen ein Hilfsmittel der Untersuchung, welches gar keine Schmerzen verursacht. Das Messen der Längen und
Umfangsverhältnisse ist wirklich eine ganz harmlose Sache. Das Befühlen, ob
an einem Knochen eine ungehörige Beweglichkeit vorhanden ist, braucht man
nicht mehr. Die Feststellung des sogenannten Crepitierens beim Knochenbruch kann ruhig wegfallen. Da ist das Röntgenbild human und soll an Stelle
der derb zufassenden Hände eingesetzt werden. Die Hauptsache ist, daß die

jungen Leute das schmerzlose Untersuchen lernen. Keine Untersuchung soll wehtun. Je zarter die tastenden Hände arbeiten, umso größer ist das Vertrauen des Kranken zum Arzt. Sogar den Mastdarm kann man ja schmerzlos untersuchen, wenn man die hierfür erforderlichen Kniffe anwendet. Leider sind davon selbst unter hochakademischen Fachgenossen nur wenige bekannt.

Um in bestimmten Fällen eine schmerzlose Untersuchung durchführen zu können und auch bei kleineren Eingriffen ist eine örtliche Betäubung erforderlich. Ihre Technik kann gar nicht oft genug geklärt und gezeigt werden. In jeder Vorlesung soll ein kleiner Tisch mit allem, was zur örtlichen Betäubung gehört, bereitstehen, also fertige Lösungen, spezielle Spritzen, tadellose Nadeln und sterile Gummihandschuhe. Das gehört unbedingt zum klinischen Unterricht. Warum denn auch gleich eine Chloraethyl- oder Ätherrauschnarkose geben – womöglich bloß zu einer Untersuchung? Vielleicht ist der Kranke noch gar nicht an seinen Atmungsorganen, an seinem Herzen untersucht, der Harn nicht auf Zucker und Eiweiß geprüft. Jede Punktion soll nur unter örtlicher Betäubung gemacht werden. Auch die Punktion des Brustfells oder des Bauches erfolgt erst nach sorgfältig durchgeführter örtlicher Betäubung. Ich habe Fachkollegen erlebt, bei denen man eine Probepunktion vornehmen mußte, vor welcher sie sagten: „Ich bitte aber unbedingt um gute örtliche Betäubung", obwohl sie in ihrer eigenen Vorlesung nichts dergleichen taten. Auch die Lumbal-, also Rückenmarkspunktion wird bei mir immer nur mit örtlicher Betäubung ausgeführt. Sie ist dann tatsächlich schmerzlos. Die Studenten sehen, daß es nicht den gewissen schmerzbedingten Ruck gibt, bei dem gar nicht so selten schon die Nadel abgebrochen ist. (Ich habe jedes Jahr in mehreren Fällen aus der Wirbelsäule abgebrochene Lumbalnadeln operativ entfernt, nachdem in anderen Kliniken eine Rückenmarkspunktion versucht worden war.) Solche Dinge machen dem jungen Mediziner großen Eindruck. Er merkt sie sich auch. Oftmals wurde ich von intelligenten Studenten gefragt, warum das in der x-Klinik nicht auch so gemacht werde? Eine kollegiale Antwort darauf ist schwierig. Man hatte den Studenten gesagt, daß der Schmerz ja nur Sekunden anhalte. Er ist aber doch sehr heftig und haftet im Gedächtnis der Patienten fest. Auch bei Gelenkausrenkungen leistet die örtliche Betäubung ganz Hervorragendes, da sie zugleich den Hypertonus der Muskeln beseitigt. Ich habe das schon vor vielen Jahren gezeigt. Wenn man Geduld hat und zuwartet, dann gleitet der Gelenkkopf beinahe von selbst durch die Kapsellücke in seine Pfanne zurück. Diese Methode ist besser als die Narkose, weil das Novocain den Muskeltonus viel wirksamer bekämpft als eine nicht ganz tiefe Inhalationsnarkose. Bei Knochenbrüchen kann ebenso eine örtliche Betäubung der Bruchstelle vorgenommen werden, was noch immer viel zu wenig bekannt ist. Diese Methode hat sich unzählige Male bewährt und kann den Medizinern gerade in der klinischen Vorlesung sehr gut gezeigt werden.

Wenn die örtliche Betäubung heute auch die größere Rolle spielt, so muß natürlich doch gelegentlich in der klinischen Vorlesung im Hörsaal eine Narkose gemacht werden. Alles hat vorbereitet zu sein, damit den Studenten gezeigt werden kann, was man zu einer Narkose braucht. Zunächst wird geschildert, daß der Kranke zur Vorbereitung am Abend vorher Adalin und eine halbe Stunde vor Einleitung der Narkose Morphium-Atropin oder Eucodal-Ephetonin-Scopolamin erhalten hat. Er ist dadurch in einen Dämmerschlaf verfallen und alle unangenehmen seelischen Eindrücke werden ausgeschaltet. Die Einatmungsnarkose soll durch diese chemische Mithilfe ihre Schrecken und Unannehmlichkeiten verlieren. Ich habe das immer so gemacht. Mit ruhiger Stimme sagt man dann: „Das ist Kampfer, das ist Cardiazol, das ist Lobelin!" Auch die Zungenzange und der Mundöffner sind mit einer kurzen Bemerkung zu streifen. Die Narkose selbst soll von einem verläßlichen Arzt oder vielleicht noch besser von einer älteren Stationsschwester ausgeführt werden. Auch die sogenannte Rauschnarkose muß sehr gut vorbereitet sein. Dazu gehört, daß das Gebiß oder Bonbons stets aus dem Mund genommen worden sind.

Nun sagte bereits BILLROTH mit allem Recht in seinem einzigartigen Werke über das Lehren und Lernen der medizinischen Wissenschaften an den Universitäten der deutschen Nation, daß die meisten praktischen Ärzte von den Hochschulen abgehen, ohne auch nur einen Verband angelegt oder eine einzige Operation ausgeführt zu haben. Auch heute ist, was das Kolleg anlangt, der Unterricht in der Chirurgie an den deutschen medizinischen Hochschulen völlig ungenügend. Selbst wenn der junge Mediziner zum Praktizieren aufgerufen wird, kommt er während eines Semesters lediglich vier- bis fünfmal, im höchsten Falle sechsmal in direkte Berührung mit einem Kranken. Leider kann man sagen, daß ein Mediziner, welcher das Staatsexamen mit Erfolg bestanden hat, von der praktischen Chirurgie meist so gut wie gar nichts weiß. Es gibt dafür eine Reihe von Gründen.

Einmal ist die Zahl der Unterrichtsstunden viel zu gering. In Österreich waren in den Jahren, in denen ich dort bis 1907 tätig war, für das Chirurgiekolleg wenigstens noch zehn Stunden in der Woche angesetzt, je zwei Stunden an fünf Wochentagen. Jetzt werden die jungen Studenten in Leipzig nur noch fünf bis sechs Stunden pro Woche im Fach Chirurgie unterrichtet. Das ist zu wenig.

Dann ist die Zahl der Studenten an den meisten Hochschulen viel zu groß. BILLROTH glaubte, daß es nur bei einer Hörerzahl von höchstens 60 möglich sei, eine für das Leben einigermaßen genügende Kenntnis in der Chirurgie zu vermitteln. Deshalb sind heute die Verhältnisse an den kleinen Universitäten auch unvergleichbar besser. In Schweden und Norwegen hat man das längst erkannt und Kliniken gegründet, wo nur 50 bis 60 Studenten unterrichtet werden müssen.

Ein weiterer Grund für die Ausbildungsmängel in der praktischen Chirurgie besteht darin, daß die Bedeutung der Chirurgie durch lange Zeiten hindurch unterschätzt wurde und das Fach deshalb eine stiefmütterliche Behandlung erfuhr. Es herrscht ja auch heute noch die Ansicht vor, daß der praktische Arzt eigentlich nur ausnahmsweise und im Rahmen der ersten Hilfe bei Unglücksfällen chirurgische Kenntnisse brauche. Wenn einer Chirurg werden wolle, dann müsse er eben sowohl über die Zeit als auch über die notwendigen Geldmittel verfügen, um eine mehrjährige Ausbildung als Volontär, Ausbildungsassistent und klinischer Assistenzarzt mitzumachen, was ja alles zusammen einen Zeitraum von ungefähr fünf Jahren erfordert, in der Regel aber noch erheblich mehr.

Ungünstig im Hinblick auf die Vermittlung von praktischen chirurgischen Kenntnissen an die Studenten ist sicher auch die Tatsache, daß sich von der Mutter Chirurgie eine ganze Anzahl von Nebendisziplinen abgesplittert hat, für die zwar Lehrstühle eingerichtet worden sind, in denen aber keine Pflichtvorlesungen gehalten werden. So wurden orthopädische Lehrkanzeln geschaffen, an welchen nur einer ganz kleinen Anzahl von Hörern die notwendigen Dinge aus diesem Gebiete beigebracht werden. Auch die Neurochirurgie, die Chirurgie des gesamten Nervensystems, hat sich in neuester Zeit durch die Errichtung von Ordinariaten verselbständigt (wenn natürlich auch ein in der allgemeinen Chirurgie gut unterrichteter und reich erfahrener Chirurg allen zugehörigen Anforderungen gewachsen sein muß). Ebenso wird die Urologie als Sonderfach gelehrt und geübt. Dasselbe gilt von der sogenannten Unfallchirurgie, für welche es auch bereits Lehrkanzeln gibt. In den Kinderspitälern ist gleichfalls ein akademisch graduierter Mann am Unterricht beteiligt, jedoch wiederum nur mit wenigen Stunden, zumal das Kindesalter natürlich keine eigene Chirurgie hat, sondern lediglich eine Reihe von diagnostischen und therapeutischen Besonderheiten aufweist. Die Zersplitterung des Faches geht immer weiter, und immer mehr Teildisziplinen beanspruchen und erlangen auch eine gewisse Selbständigkeit. Zwar haben sich seit jeher die bedeutendsten Vertreter der Chirurgie gegen diese Aufsplitterung des Hauptfaches gewandt und den Standpunkt vertreten, daß ein Chirurg so ausgebildet sein muß, daß er ebensogut Bauchchirurgie betreiben wie Gelenkverletzungen, Knochenbrüche und Schädelschüsse behandeln kann. Dies ist heute jedoch nicht mehr uneingeschränkt der Fall und wirkt sich auch bei der Ausbildung der jungen Mediziner ungünstig aus.

Schließlich muß natürlich gefragt werden, ob bei uns der ganze Aufbau des Medizinstudiums praktisch und gut ist. Die Vorkliniker haben überhaupt noch keine Patienten gesehen, untersucht, geschweige denn behandelt. Das alles stürmt erst im 5. Semester auf den jungen künftigen Heilkünstler ein. In Frankreich ist die Ausbildung des Mediziners ganz auf das Praktische ausgerichtet. Er kommt schon im 1. Studienjahr an die chirurgische und medizinische Klinik, ohne vorerst davon eine Ahnung zu haben, worum es dort jeweils geht. Er lernt gleichsam mechanisch zu arbeiten, Einspritzungen vorzunehmen, bei Eingriffen zu helfen, und muß bereits Vorgeschichten aufnehmen sowie Krankengeschichten schreiben, die dann natürlich entsprechend mangelhaft sind. Am Nachmittag lernt er Anatomie, Physiologie und alle anderen Fächer. Erst später erfährt er, warum er sich schon zu Anfang mit Dingen beschäftigen mußte, von denen er eigentlich gar nichts wußte. Die französischen Lehrer sind der Meinung, daß das die beste Methode sei, um einen wirklichen Arzt zu erziehen. Man wird hieran seine Zweifel haben, weil dabei nach einer völlig umgekehrten Ordnung vorgegangen wird. Eine stärkere Betonung des Praktischen ist bei uns aber sicher erforderlich.

So ist man nun auch dazu übergegangen, den Unterricht in der praktischen Chirurgie zu erweitern. An einigen Kliniken wurden Vorlesungen in chirurgischer Poliklinik eingerichtet, wo besonders die Chirurgie berücksichtigt wird, die üblicherweise im Alltagsleben des praktischen Arztes vorkommt. Das sind immerhin fünf Stunden in der Woche, in welchen auch kleinere Eingriffe ausgeführt werden, wobei der junge Mediziner beim Assistieren helfen muß. Aber auch das genügt noch nicht. Überdies gibt es solche Vorlesungen nur an wenigen deutschen Hochschulen – in Leipzig, München und Kiel. Allen anderen fehlt diese nützliche Einrichtung vollkommen. Wenigstens führte man aber allgemein die sogenannte Famulatur ein, welche den Studenten höherer Semester besonders während der Ferienmonate Gelegenheit gibt, bei Operationen mitzuhelfen und sich, je nach Veranlagung und Fleiß, die notwendigen Fertigkeiten zu erwerben. Weitere Ergänzungen des klinischen Unterrichts sind Kurse über chirurgische Diagnostik sowie über Knochenbrüche und Verrenkungen, welche von älteren Assistenten betreut werden. Einen Operationskurs an der Leiche hält an den deutschen Universitäten im Sommersemester entweder der Ordinarius selbst oder ein älterer Oberarzt ab. In diesem Kurs erfolgt die Demonstration typischer und auch der wichtigsten atypischen Eingriffe, die dann auch sofort von den jungen Medizinern auszuführen sind. Nachdem sich bei den praktischen Ärzten so große Mängel in der chirurgischen Ausbildung gezeigt haben, sind für sie nun auch Fortbildungskurse und -vorträge zur Pflicht gemacht worden, wozu sie zumindest alle zwei Jahre in der nächsten Universitätsstadt oder im nächsten großen Krankenhaus erscheinen sollen. So gibt es zumindest einige Ansätze, von denen eine gewisse Verbesserung des praktischen chirurgischen Kenntnisstandes zu erhoffen ist.

Über das sogenannte anatomische Operieren und die Kunst des Operierens überhaupt

Von meinem unvergeßlichen Lehrer NICOLADONI habe ich die hohe Kunst des sogenannten anatomischen Operierens in geradezu mustergültiger Weise gelernt und schon in verschiedenen Antrittsvorlesungen und Schriften etwas darüber gesagt. Man versteht unter anatomischem Operieren die Kunst, bei genauester Kenntnis der anatomischen Verhältnisse keine irgendwie lebens- oder funktionswichtigen Teile zu schädigen und trotzdem rasch und sicher zum Ziele zu kommen. So erfolgt bei einem Eingriff, welcher sich in der Nähe großer Blutgefäße und Nervenstämme abspielt, zuerst deren Freilegung, und erst danach wird die eigentliche, dann gewöhnlich ganz leichte Operation ausgeführt und dafür umso schneller beendet. Der berühmte Leipziger Gynäkologe ZWEIFEL, welcher mir öfter beim Operieren zusah, bemerkte, daß ich bei allen meinen Bauchoperationen das größte Gewicht auf die sorgfältige Blutstillung legte. Natürlich braucht man aber auch da nicht zu übertreiben, indem man jeden einzelnen Blutpunkt mit einer Arterienklemme faßt, sondern kann durchaus etwas auf die blutstillende Kraft der Natur geben. Die Hauptsache war in unserer Klinik stets die größtmögliche Sicherheit des Eingriffes. Wir haben sie dadurch erzielt, daß wir das Operationsfeld anatomisch übersichtlich freilegten, hierbei in schwierigen Fällen vorsichtig tastend vorgingen und uns immer bemühten, jede unnötige Nebenverletzung zu vermeiden. Diesen Grundsatz habe ich meines Wissens zum ersten Male ausgesprochen. Natürlich hatte man in neuerer Zeit solche Dinge schon gelernt, wobei es sich aber bloß um eine Anpassung an die augenblicklichen Verhältnisse handelte. Ein absolutes Schulprinzip war darin bisher nicht enthalten. Das Prinzip des anatomischen Operierens haben vor uns Chirurgen schon die Augenärzte angewandt, als sie lernten, die vom grauen Star getrübte Linse ohne unnötige und höchst bedenkliche Nebenverletzungen zu entfernen. Sie waren also eigentlich die ersten rein anatomischen Operateure.

Andere Chirurgen legen größeren Wert auf die möglichst rasche Durchführung des operativen Eingriffes, wobei es ihnen offenbar keinen großen Eindruck macht, wenn sie einmal einen Stimmbandnerv durchtrennen oder eine Schlagader durchschneiden, welche nicht unbedingt hätte unterbunden werden müssen. Das sogenannte Zeitzählen, das heißt die genaueste Bestimmung des Beginnes der Operation und der Beendigung derselben, ist bei uns weder in Graz noch in Greifswald, Königsberg oder Leipzig je üblich gewesen. Auch wir haben gelegentlich einen Blinddarm mit vollendeter Hautnaht in sieben Minuten entfernt, schämten uns aber gar nicht, wenn in einem schwierigen Falle der Eingriff 1/2 Stunde dauerte. Jedenfalls halten wir es für völlig verfehlt, in der möglichsten Abkürzung der Operationszeit irgend ein Verdienst

sehen zu wollen. Mein Freund HALSTED in Baltimore war ein ganz ausgezeichneter Operateur, aber bekannt durch die Langsamkeit seines Vorgehens.
Der berühmte Hirnchirurg CUSHING brauchte zu einer Hirnoperation beinahe einen ganzen Tag, da er jede noch so minimale Blutung mit einem Saug-
apparat zum Stehen brachte und nicht weiter arbeitete, bevor nicht das Gefäß
zu bluten aufgehört hatte. Natürlich gibt es schon manche Eingriffe, welche
besonders eiliges Arbeiten notwendig machen wie etwa die Stillung von Blu-
tungen aus ganz tief gelegenen Schlagadern, so zum Beispiel aus der Wirbelsäu-
lenarterie, für welche mein Freund KÜTTNER ausgezeichnete Ratschläge gegeben hat. Noch schlimmer sind die Blutgefäßaussackungen, die sogenannten
Aneurysmen, bei welchen man tatsächlich manchmal nur mit ein paar ganz
kühnen Griffen von Sekundenschnelle zum Ziele kommt. Im allgemeinen erfordert anatomisches Operieren aber weder besondere Eile noch unnötige
Langsamkeit, sondern ist, wie ich es geschildert habe, vor allem auf Sicherheit
und Vermeidung von Nebenverletzungen ausgerichtet. Wenn dies berücksichtigt wird, dann wird es an Erfolgen nicht fehlen!

Das absolut klassische Beispiel für das anatomische Operieren ist und bleibt
für mich die Kropfoperation. Hierbei haben wir schon von meiner Grazer
Zeit an damit begonnen, die oberen Schilddrüsenarterien rechts und links aufzusuchen und zu unterbinden. Danach werden die oberen Pole des Rippenfel-
les hervorgezogen, ganz langsam und sorgfältig die unteren Schilddrüsenarterien freigelegt und mit allergrößter Sorgfalt unterbunden. Bei dieser Art des
Arbeitens kommen die so überaus wichtigen Stimmbandnerven auf beiden
Seiten stets zu Gesicht, gleichfalls die kleinen Nebenschilddrüsen, welche sich
am hinteren Rand des Kropflappens jederseits in Doppelzahl befinden. Das
Loslösen der Schilddrüse von der Luftröhre gelingt nach der Versorgung der
zuführenden Schilddrüsenarterien spielend leicht. Wenn eine fünfte Schlagader zum unteren Pol der Schilddrüse führt, so sieht man beim Emporziehen
eines unter dem Brustbein oder hinter dem Schlüsselbein gelegenen Kropfes
auch diese Außenseiterin, kann sie mit einem Faden versorgen und erst dann
durchtrennen. Wenn das geschehen ist, läßt sich die Kropfgeschwulst mit ein
paar geschickten Schnitten in dem notwendigen Ausmaße entfernen, und man
braucht nicht fortwährend während der Operation den Patienten „Hä" oder
„Halle an der Saale" sagen zu lassen, um sich davon zu überzeugen, daß der
Stimmbandnerv noch in Ordnung ist. Ich habe viele Kropfoperationen gesehen. Die Technik war außerordentlich verschieden. Manche operierten gut,
manche aber nach meinem Empfinden alles andere als anatomisch. Der berühmte Kropfchirurg THEODOR KOCHER in Bern legte natürlich auch die
Kropfgeschwulst frei, unterband aber die zuführenden Arterien nicht vorgän-
gig, sondern erst, wenn sie spritzten. Das Operationsfeld mit den zahlreichen
Arterienklemmen glich bei ihm der geschichtlichen Schilderung des ARNOLD
VON WINKELRIED in der Schlacht bei Sempach. Dieser schweizerische Natio-

nalheld raffte sämtliche Speere der österreichischen Ritter auf seine Brust
zusammen, um seinen Kameraden, welche nur mit leichten Lodenwämsen bekleidet waren, das Einschlagen auf die hierdurch wehrlos gemachte Ritterschar
zu ermöglichen. Bei dieser Methode der Anlegung von 60 bis 80 oder sogar
100 Arterienklemmen kommt es sehr leicht vor, daß sich einmal eine der
Klemmen von selbst löst und irgendwo aus der Tiefe eine Blutung erfolgt. Es
wird dann rasch mit einer neuen Klemme zugefaßt und die Blutung gestillt,
wobei es allerdings auch bei ganz guten Technikern vorkommt, daß ein Nerv
gequetscht wird, welcher unbedingter Schonung bedurft hätte. Meine Technik
habe ich schon in Graz bis zur höchsten Vollkommenheit durchgebildet, so
daß der amerikanische Chirurg NICHOLAS SENN, der mir dort bei einer
Kropfoperation zusah, später in einem Buche schrieb, er habe noch keine so
unblutige Kropfoperation gesehen.

Bei den Operationen der Gallenwege gilt das Prinzip des anatomischen Operierens in gleicher Weise. Wir haben immer zunächst das Band zwischen Leber
und Zwölffingerdarm sehr sauber präpariert, bis wir die große Arterie, die
Pfortader und vor allem den gemeinschaftlichen Gallengang genau sehen
konnten. Nun erst wurde mit der Herausnahme der steingefüllten Gallenblase
begonnen, was dann außerordentlich rasch und leicht ging, während jene Operateure, welche mit der Gallenblase an ihrem dicksten Teil anfangen und dann
erst allmählich an ihrem Stiele sich in die Tiefe vorarbeiten, immer unsicherer
werden und schließlich durch eine Blutung aus der die Gallenblase versorgen-
den Schlagader überrascht werden. Das Prinzip lautet also auch hier: Gehe den
bedenklichsten Gegner zuerst an, versorge ihn, mache ihn unschädlich und
dann bekämpfe das eigentliche Grundleiden mit wenigen sicheren und eigentlich spielend leicht gewordenen Schnitten.

Ganz dasselbe gilt für die Herausnahme der erkrankten Niere oder die Entfernung eines Nierensteines aus dem Nierenbecken. Gerade bei Nierengeschwül-
sten ist es unbedingt notwendig, anatomisch zu operieren, indem zuerst die
zur Niere hinführenden und aus ihr austretenden Blutgefäße freizulegen sind.
Auch der Harnleiter muß natürlich anatomisch sorgfältig dargestellt und möglichst weit gegen die Blase zu verfolgt werden, wobei dann mit einem feinen
Katheter zu prüfen ist, ob nicht weiter nach abwärts gegen die Blase zu noch
ein Hindernis vorliegt.

Es gibt überhaupt keine Region des menschlichen Körpers, in welcher das anatomische Operieren sich nicht lohnen, oder sagen wir lieber, geradezu unbedingt empfehlen würde. Ob es um die Operation von tuberkulösen Lymphdrüsen am Hals geht, bei der man unbedingt zuerst die Drosselvene und die
Halsschlagader freilegen soll, um dann die Entfernung der verkästen Drüsen
umso rascher vollenden zu können, oder um die sogenannte Ausräumung der
Achselhöhle bei Brustkrebs – überall läßt sich dieses Prinzip mit Vorteil an-

wenden. Es ist natürlich auch bei den Operationen am Rückenmark eine selbstverständliche Pflicht, wo ja wie von selbst die allergrößte Sorgfalt und Zartheit geboten ist. Ganz dasselbe gilt für die Gehirnchirurgie. Bei plastischen Operationen, besonders im Gesicht, empfiehlt es sich, auch wenn man über gute allgemeine anatomische Kenntnisse verfügt, zuerst noch einmal die Arterien der Haut zu studieren, über welche ein Franzose namens MANCHOT ein sehr lesenswertes kleines Buch geschrieben hat. Einer meiner liebsten Schüler, ERNST HELLER, hat auf die Bedeutung dieses Büchleins mit Nachdruck hingewiesen. Geht es um einen Eingriff an der Milz, so haben wir gefunden, daß die Freilegung der Milz-Schlagader am besten nicht an der Eintrittsstelle in das so blutreiche Organ erfolgt, sondern zwei Querfinger davon entfernt, wo sie von LEONARDO DA VINCI bereits als schlangenförmiges Gebilde gezeichnet worden war.

Auch bei Operationen an der Lunge, am Herzbeutel und am Herzen selbst ist die Anatomie die weitaus sicherste Führerin für die Hand des Operateurs. Natürlich gibt es hierbei Fälle, in denen rasch zugegriffen werden muß, beispielsweise bei einem Herzschuß oder Herzstich. Aber auch da muß stets für einen genügenden und anatomisch richtigen Zugang gesorgt werden. Eine besondere Probe der Kunst des anatomischen Operierens ist die Entfernung eines Blutgerinnsels aus der Lungenschlagader, welche A. W. MAYER dreimal mit Erfolg durchgeführt hat, nachdem mein Schüler KIRSCHNER schon vorher in Berlin auf dem Chirurgenkongreß einen mit Erfolg operierten Fall vorzeigen konnte.

Am schwierigsten ist das anatomische Operieren selbstverständlich in Gegenden, wo die normale Anatomie durch Neubildungen oder krankhafte Vergrößerungen von Organen gestört ist. In allen diesen Fällen empfiehlt es sich dringend, das Operationsgebiet so zu erweitern, bis man auf die Abgangsstellen aller überhaupt in Frage kommenden Blutgefäße stößt.

Die Frauenärzte haben es anatomisch mit einem relativ einfachen Gebiet zu tun. Infolgedessen hat sich bei ihnen eine gewisse Kurzzeitoperationstechnik entwickelt, welche wir, wie gesagt, nicht für gut halten. Man kann dort, wo eine gewisse Lust besteht, eine glänzende operative Technik zur Schau zu stellen, so manche merkwürdigen Dinge erleben. Einer meiner besten Freunde sah einmal in Paris die Operation einer großen Gebärmuttergeschwulst, die ein berühmter Frauenoperateur ausführte. Dabei bemerkte er, daß der Mann, der fast nur mit der Schere operierte, auf einmal einen etwa zwei Zentimeter langen Schnitt in die letzte Dickdarmschlinge machte. Da bei diesem Eingriff eine große Zahl von Zuschauern anwesend war, wurde einfach ein Tupfer auf die am Darm verletzte Stelle gelegt und die Bauchhöhle in größter Seelenruhe geschlossen. Mein Freund fand anschließend in einem Nebenzimmer einen Assistenten, der die Bauchhöhle wieder öffnete und das Loch im Darm, welches sonst unbedingt den Tod gebracht hätte, sorgfältig mit feinen Nähten verschloß.

Das neuzeitlich beliebte Operieren mit dem Elektrokoagulationsverfahren hat gewiß seine Vorteile. Sein Nachteil besteht aber darin, die normale Anatomie weniger leicht erkennbar zu machen. Das Messer dagegen schafft reine, nicht mit einem weißlichen Brandschorf bedeckte Schnittflächen in der von der Natur gegebenen Farbe. Es ist deshalb für anatomisches Operieren bevorzugt geeignet.

Werden neue operative Eingriffe ersonnen, so scheint es dringend geraten, anatomisch vorzugehen.

Meinen Schülern zeigte ich anatomisches Operieren an zahllosen Fällen jeden Tag immer wieder aufs Neue. Es war wie eine Naturerscheinung, daß die operationstechnisch Begabten ungefähr nach Jahresfrist oder auch etwas später wie ganz von selbst dieses Prinzip anwandten und ich ihnen dann zu meiner Freude immer schwierigere Aufgaben überlassen konnte. Einige meiner Schüler hatten eine ganz offenkundige Begabung für diese Art des Operierens und sind glänzende Chirurgen mit ausgezeichneten Erfolgen geworden. Manche allerdings lernten anatomisches Operieren nie. Sie waren entweder zu nervös und unruhig, oder es fehlte ihnen das zum anatomischen Operieren allernotwendigste, die Geduld.

Ich habe mich immer gefreut, wenn auch Chirurgen, welche aus anderen Schulen stammten, nach dieser unserer alten Methode operierten. NICOLADONI war ja der Meister in solchen Dingen. Er „zeichnete" mit dem Messer und arbeitete in klassischer Ruhe ohne ein aufgeregtes Wort oder ungeduldige Gebärde. Auch das gehört zum anatomischen Operieren. Aber wenn man bei einer Operation vor irgendwelchen unangenehmen Überraschungen sicher ist, dann kann man sie ja auch jederzeit mit völliger Ruhe durchführen.

Über Kriegschirurgie

Die Kriegschirurgie schlug mich sehr früh in ihre Banden. Schon als Assistent, Privatdozent und junger Professor hatte ich im alten Österreich den Auftrag erhalten, für Militärärzte Kurse abzuhalten und sie kriegschirurgisch auszubilden. In Greifswald wurde die Kriegschirurgie noch viel mehr als in Graz gepflegt. Zum Ende des Wintersemesters kamen stets junge Militärärzte, die zu einem kriegschirurgischen Kursus an die Klinik abkommandiert worden waren. Ich widmete mich dieser Aufgabe mit größter Begeisterung, zumal die militärischen Verhältnisse in Preußen besser als im polyglotten Österreich geordnet waren. Im Jahre 1908 wurde mir nach einer Rede Kaiser WILHELMs II. völlig klar, daß in nicht allzu weit entfernter Zeit ein Krieg kommen werde. Im Ersten Weltkrieg stand ich von 1914 bis 1916 als Generalarzt im Felde.

Mein Eisernes Kreuz I. und II. Klasse galten mir viel. Auch danach hörte die Kriegschirurgie keineswegs auf, da ja in Deutschland zeitweilig durchaus kriegsähnliche Zustände herrschten. Im traurigen Zweiten Weltkrieg hatte ich immer wieder in der Heimat militärärztlich zu arbeiten. Ich erhielt noch das Kriegsverdienstkreuz mit Schwertern verliehen und wurde erst im Jahre 1944 mit dem Titel „Generalarzt a. D." versehen. Ungeheuer reiche Erfahrungen, welche ich in allen diesen Kriegen an der Front und in der Heimat sammeln konnte, schlugen sich wissenschaftlich vor allem in zahlreichen Arbeiten über die Gelenkchirurgie und die Behandlung der Schädelschüsse nieder. Aber auch andere kriegschirurgische Gebiete standen durchaus im Vordergrund meines Interesses. Was allerdings den Krieg selbst angeht, so wurde mir im Laufe meines Lebens die Wahrheit jenes berühmten Ausspruches von HERAKLIT immer zweifelhafter, wonach der Krieg der Vater oder, wie eine andere Fassung lautet, der König aller Dinge sei. Den Zweiten Weltkrieg mit seinen immer gemeineren Methoden der Vernichtung wehrloser Gegner, seinen ungezählten Opfern an Menschenleben und Gesundheit und seiner Zerstörung unendlich vieler Kulturgüter halte ich für den unanständigsten aller bisher geführten Kriege.

Die Kriegschirurgie bringt eine Reihe besonderer Aufgaben mit sich. Eine von ihnen besteht darin, für eine wirklich fachkundige Behandlung der Verwundeten zu sorgen. Schon im Ersten Weltkrieg hatte sich ja die Notwendigkeit ergeben, auch solche Ärzte in chirurgischen Lazaretten einzusetzen, die nicht über eine fachchirurgische Ausbildung verfügten. Im Zweiten Weltkrieg war das natürlich nicht anders. Es lag in der Natur der Sache, daß diese Ärzte oft nur eine unzulängliche Versorgung der Verwundeten zustande bringen konnten. Zum Teil kamen sonderbare Dinge vor. So hatten sich beispielsweise im Ersten Weltkrieg zwei Fachärzte für Hals-, Nasen- und Ohrenkrankheiten in einem großen Kriegslazaret im Westen selbst als Hirnchirurgen etabliert. Da sie aus ihrer Heimatpraxis in der Ohrenheilkunde ziemlich reichliche Erfahrungen darüber mitbrachten, wie man eine Hirnhautentzündung erkennt und behandelt, beschäftigten sie sich auch im Lazarett zu Anfang mit dieser Erkrankung bei Kopfverletzten. Später wagten sie sich aber an die Entfernung von Granatsplittern und Steckschüssen aus dem Schädel heran, obwohl sie für diese Aufgaben keineswegs genug vorbereitet waren.

Um eine sachgemäße Behandlung der Verwundeten zu gewährleisten, gibt es zwei Wege, die gelegentlich einander ergänzen müssen. Der eine besteht darin, daß der erforderliche Facharzt den Verwundeten im Lazarett aufsucht. Meist ist dies die Aufgabe des beratenden Chirurgen. Seine Tätigkeit war im Ersten Weltkrieg dadurch nicht leicht, daß oft sehr große Entfernungen zwischen seinem Standquartier und den einzelnen Reservelazaretten lagen. Im Westen ging ja die Sache noch einigermaßen. Im Ostkrieg traten aber besonders in der Winterszeit durch Kälte und Schnee ganz enorme zusätzliche Schwierigkeiten auf. Es genügt im übrigen nicht nur, ausgebildete Chirurgen an der Front zu haben. Ebenso werden dort Zahnärzte benötigt, die die Versorgung der Kieferschußbrüche in die Wege leiten können. Man hatte bereits im Ersten Weltkrieg einzelne Zahnärzte an die Front berufen. Aber erst im Zweiten Weltkrieg kamen auch die Professoren der Zahnheilkunde dorthin und leisteten außerordentlich Gutes, indem sie gleichzeitig vorhandene Weichteilverletzungen durch Naht versorgten oder etwa bei schlechtstehenden Bruchstücken von Ober- und Unterkiefer eine provisorische Schienung vornahmen.

Bei dem anderen Weg zur sachgemäßen Versorgung wird der Verwundete in ein Speziallazarett gebracht, wo mit gerade seiner Verletzungsart besonders reiche Erfahrungen vorhanden sind. So hat man, allerdings erst in den späteren Abschnitten, bereits während des Ersten Weltkrieges in der Heimat Lazarette für bestimmte Erkrankungen und Verletzungsarten eingerichtet wie beispielsweise in Singen für die spezielle prothetische Versorgung verlorener Arme, in Berlin für Schädelschüsse und in Halle a. S. für Nervenverletzungen. Im Rheinland gab es auch ein großes Kieferschußlazarett, dessen Leiter sich zweifellos erhebliche Verdienste um die bedauernswerten Leute erwarb. Es war natürlich nicht immer leicht, die Patienten in die Speziallazarette zu bringen. Im Zweiten Weltkrieg hat sich einer meiner Schüler, Professor HOFFHEINZ, Königsberg, mit besonderem Eifer der Rückenmarkschüsse angenommen und eine ganze Anzahl von ihnen, wie es notwendig ist, bereits nach kürzester Zeit operiert, denn es kommt hierbei genauso wie bei den Brüchen der Wirbelsäule darauf an, innerhalb der ersten 24 Stunden einzugreifen, die verlagerten Bruchstücke zurechtzustellen und eingedrungene Fremdkörper zu entfernen. Hierdurch wurde ein gewisser Fortschritt auf diesem Gebiete erreicht, bis die Lage im Osten derartige Versuche einer Frühbehandlung von Rückenmarkschüssen schließlich vereitelte. Verletzte mit Hirnschüssen brachte man in eigens eingerichtete Stationen in Berlin, die von besonders erfahrenen Hirnchirurgen geleitet wurden. Trotz sehr vieler Versuche, die aber zum großen Teil nicht zu dem gewünschten Erfolg führten, blieb allerdings die Sterblichkeit der Verwundeten mit Hirnschüssen groß, und es kam überhaupt nur ein Teil von ihnen noch lebend in die Speziallazarette. Auch mit den Bauchschüssen war es eine traurige Sache. Je nach Art der Verletzung wurden die Verwundeten sobald als möglich in ein der Front nahegelegenes größeres Kriegslazarett gebracht, welches aber nur wenige in einem operationsfähigen Zustand erreichten. Für Verletzte mit Kieferverwundungen hat sich ein Vertreter der Zahnheilkunde an unserer Universität Leipzig, Herr Professor REICHENBACH, im Osten mehrere Jahre an einem von ihm geschaffenen Kieferlazarett ganz besonders eingesetzt. Konnten Soldaten mit Gesichtsschüssen und Zertrümmerungen an den Kiefern nicht mehr in der wünschenswert kurzen Zeit in die Speziallazarette gebracht werden, so begegnete man ihnen später leider oft als völlig verwahrlosten Fällen beim Besuch der Reservelazarette.

Der Transport der Verwundeten in die Lazarette erzeugte weitere Schwierigkeiten. Im Osten konnte es im Winter während dieser Fahrten zu Erfrierungen
an den Gliedmaßen kommen. Schon die Beförderung der Kranken in das
nächste Feld- oder Kriegslazarett war ja vielfach nur so langsam möglich, daß
dabei Erfrierungen auftraten. War deren Zahl in Rußland im Ersten Weltkrieg
noch verhältnismäßig gering, so schwoll sie im Zweiten Weltkrieg und hier besonders im Winter 1942 geradezu ungeheuer an. Die armen Verwundeten
lagen ja häufig nicht nur stunden-, sondern tagelang teils in offenen Autos, teils
in Pferdegespannwagen, bis sie die entsprechenden Lazarette erreichten. Dort
wurde dann oft genug bei teilweise brandiger Veränderung an den unteren
Gliedmaßen wegen Mangel an Zeit oder Standortwechsel des Lazaretts zur
Vereinfachung der Sache die Amputation vorgenommen. Aber auch diese war
durchaus nicht immer nach den neuzeitlichen Forderungen unseres Faches
ausgeführt, so daß uns in den Reservelazaretten sehr viele Amputationsstümpfe zu Gesicht kamen, die in einem bedauernswerten Zustand waren und oft
mehrerer Nachoperationen bedurften. Was die Verwundeten mit Schädel- und
Hirnschüssen anlangte, so war man im Zweiten Weltkrieg selbstverständlich
auch auf den Gedanken gekommen, sie möglichst rasch mit dem Flugzeug in
geeignete Lazarette zu bringen. Dabei zeigte sich aber, daß die Luftdruck-
schwankungen beim Transport in einem Luftfahrzeug durchaus nicht gleichgültig für den Verlauf der Hirnverletzungen sind. Es ereigneten sich ganz bedeutsame Verschlechterungen des Befindens oder sogar Todesfälle, so daß man
nach etwa zwei Jahren von dieser Art der Beförderung bei Verwundeten mit
Hirnschüssen Abstand nahm und sie wieder nach altgewohnter Weise mit den
langsam fahrenden Lazarettzügen der Heimat näherbrachte.

Ein anderes Aufgabenfeld der Kriegschirurgie ist die Schmerzbekämpfung. Zunächst war ja die Widerstandskraft gegen die oft sehr erheblichen Schmerzen
bei Kriegsverletzungen vielfach ganz erstaunlich. Besonders im Anfang des Ersten Weltkrieges legten unsere Soldaten und Offiziere eine außerordentliche
Tapferkeit an den Tag. Sehr viele kamen mit noch nicht verheilten Wunden
wieder an die Front zurück. Mit zunehmender Dauer des Krieges ließ aber begreiflicherweise doch die Fähigkeit, Schmerzen zu ertragen, allmählich etwas
nach. Beim ersten schmerzhaften Verbandswechsel zuckte der Verwundete
nicht mit den Wimpern, auch beim zweiten nicht, beim dritten biß er die Zähne zusammen, beim vierten und den folgenden fluchte er entweder leise oder
er bat die helfende Schwester um eine kleine Morphiumspritze.

Das Morphium ist in der Kriegschirurgie ein zweischneidiges Schwert. An sich
lindert oder behebt es die Schmerzen in idealer Weise. Aber es ist ein Blender,
denn man braucht bei jeder Wiederholung eine um ein klein wenig höhere
Dosis, um Schmerzlosigkeit herbeizuführen. Dadurch ist es mit einer sehr großen Gefahr der Gewöhnung verbunden. Selbstverständlich hat man auch versucht, die Patienten zu täuschen, indem sie bei jeder neuen Morphiuminjek-

tion eine etwas schwächere Lösung bekamen. Manche ließen sich diese fromme Täuschung gefallen und merkten sie nicht. Andere mit einem sehr empfindlichen Nervensystem nahmen den Betrug aber bald wahr und reagierten auf das Medikament nicht mehr in der gewünschten Form. Ich möchte mich hier auch mit besonderem Nachdruck gegen die oftmals wiederholte Einleitung eines Äther- oder Chloräthylrausches aussprechen. In manchen Lazaretten war es zur Gewohnheit geworden, bei jedem schmerzhaften Verbandswechsel eine solche Kurznarkose zu geben. Wenn sie auch noch so kurz ist, so bedeutet sie doch immer eine gewisse Schädigung für den Organismus und ist sicher auch für das zentrale Nervensystem bei oftmaliger Wiederholung nicht gleichgültig.

Die besten Mittel zur Verhütung von Schmerzen beim Verbandswechsel sind die allergrößte Zartheit der ärztlichen Hand und die Geduld. Das Herausreißen von Tampons und die rasche Entfernung der Verbandsstücke von größeren Wunden mit der fadenscheinigen Begründung, daß der schmerzhafte Augenblick ja nur kurz sei, ist jedenfalls nicht das Richtige. Die an der Wunde klebenden Verbandsstücke sollten mit Wasserstoffsuperoxydlösung angefeuchtet und dies so oft wiederholt werden, bis die aufsteigenden Gasblasen den Verband von der Wundfläche gelöst haben. Wenn man ein größeres Lazarett zu betreuen hat, so kann man sich die ganze Sache dadurch außerordentlich erleichtern, daß für jeweils 10 oder 15 Verwundete, die vor dem Verbandswechsel stehen, die Schwester mit der Wasserstoffsuperoxydlösung vorausgeschickt wird, welche dann alle paar Minuten diese Durchtränkung zu erneuern hat.

In jenen Fällen, in welchen ein wirklich schmerzhafter Verbandswechsel unumgänglich notwendig ist, empfiehlt es sich, anstelle der von uns so wenig geschätzten Morphiuminjektion oder der Rauschnarkose eine Leitungsanästhesie der Nervenbahnen vorzunehmen. Es geschieht dies mit allerfeinster Nadel und 1%iger Novocainlösung. Man muß selbstverständlich auch dabei wieder Geduld haben und abwarten können, bis das örtlich wirksame Schmerzmittel die größeren Nervenbahnen und die Nervenstämmchen durchtränkt hat. Die Verletzten sind oft geradezu begeistert von dieser Methode der Unempfindlichmachung und fürchten dann den bis dahin womöglich äußerst schmerzhaften Verbandswechsel nicht mehr. Die ganze untere Gliedmaße läßt sich beispielsweise durch eine Einspritzung in die großen Hüftnerven unempfindlich machen, die obere Gliedmaße durch eine sogenannte Plexusanästhesie. Selbstverständlich kann man diese Methode nicht an allen Körperteilen in gleichem Maße anwenden, aber bei Beherrschung der Anatomie läßt sich wohl beinahe immer die zugehörige Nervenbahn irgendwie mit einer feinen Nadel erreichen. Die Behauptung, daß dieses Verfahren zeitraubend sei und sich unter Kriegsverhältnissen nicht durchführen lasse, ist ganz sicher abwegig.

Um Schmerzen beim Verbandswechsel von vornherein auszuschließen, haben manche Chirurgen die Wunden gar nicht erst mit Verbandstoffen bedeckt oder tamponiert, sondern lediglich einen wasserdichten Stoff namens Gaudafil aufgelegt, welcher über längere Zeit liegenbleiben kann. Selbst wenn die Wunde eitert, härten sich die Granulationen während dieser geschlossenen Behandlung so ab, daß sich ein völliger Verbandswechsel beinahe ohne Schmerzen durchführen läßt, wenn er einmal notwendig ist. Ebenso ausgezeichnet ist die Behandlung von großen flächenhaften und auch tieferen Wunden mit Freiluft, wobei die Wunden bloß mit einem Gazelappen bedeckt werden, um eine Ansiedlung von Fliegen und anderen Insekten zu verhüten. Das Sonnenlicht leistet in dieser Beziehung ganz besonders viel.

Natürlich kann man bei sehr vielen Kriegsverletzungen nicht ohne irgendwelche allgemein wirksame schmerzstillende Maßnahmen auskommen. Es hat sich aber doch herausgestellt, daß das Morphium oft mit gutem Erfolg durch andere Präparate zu ersetzen ist, die keine Opiumbestandteile enthalten. Hierzu gehört beispielsweise das Dolantin, welches sich auch ausgezeichnet in Form eines schmerzstillenden Zäpfchens verwenden läßt, das nach ungefähr 15 bis 20 Minuten seine Schuldigkeit tut.

Ein anderer Aufgabenbereich der Kriegschirurgie ist die Nachbehandlung. Durch sie sollen die von der Verwundung bewirkten Schäden so weit als möglich ausgeglichen werden.

Viele Verwundete kommen im Anschluß an den Lazarettaufenthalt zunächst in irgendein Bad, sei es ein Moorbad, ein Radiumbad oder ein Schwefelbad. Hier ist vor allem wichtig, daß Gelegenheit zur Ausführung von sachgemäßer Massage und von Gelenkbewegungen gegeben ist. Das häufige Baden stärkt den Körper und lindert auch sehr oft die noch verbliebenen Schmerzen.

An verbrannten oder erfrorenen Gliedmaßen ist vielfach erst späterhin an eine wiederaufbauende Arbeit zu denken. Durch Injektionen mit der von mir im Jahre 1922 erfundenen Pepsin-Pregl-Lösung kann man verkrüppelte Hände, steife Finger und Gelenke vielfach in hervorragender Weise wieder beweglich machen. Allerdings bedarf diese Behandlung einer besonderen fachärztlichen Kunst, welche nur einem kleinen Teil der Ärzte geläufig ist.

Ein sehr wichtiges Kapitel ist selbstverständlich der prothetische Ersatz verlorener Gliedmaßen, der viel Zeit und Geduld erfordert. Es gibt ganz ausgezeichnete Anstalten für Orthopädiemechanik, in welchen wirklich hervorragende Kunstglieder, Bandagen und Behelfe angefertigt werden. Bei der Größe des Krankengutes bedarf es aber gewöhnlich mehrerer Wochen bis Monate, bis das erforderliche Ersatzglied gebrauchsfertig hergestellt ist. Dann schließt sich erst eine Zeit der Angewöhnung und Ingebrauchnahme des betreffenden Apparates an. Auch darüber vergehen in der Regel Wochen, zumal oft noch kleine Abänderungen und Reparaturen notwendig sind.

Schließlich gehört es auch zu den Aufgaben der Kriegschirurgie, zur Beruhigung des Seelenlebens der Verwundeten beizutragen. Man darf ja nicht vergessen, daß eine lange Lazarettbehandlung mit unter Umständen verschiedenen operativen Eingriffen fast immer von nachteiligem Einfluß auf das Nervensystem ist. Wenn es sich bei verwundeten Soldaten auch meist um junge kräftige Menschen handelt, so haben sie doch oftmals gerade in ihren Nerven einen Knacks bekommen, welcher längere Zeit zur Ausheilung braucht. Sie bedürfen neben einer wirklich sachgemäßgen körperlichen vor allem auch einer psychischen Behandlung. Leider ist hierfür in einem modernen Krieg nur selten genügend Zeit vorhanden. Bei einem Krieg wie dem Zweiten Weltkrieg sind die seelischen Eindrücke auf einen Verletzten oder auch nur auf dem Rückzug befindlichen Soldaten derart schwer, daß es lange Zeit erfordern kann, bis er sich selbst wieder zurechtgefunden hat. Wir haben eine Unzahl von persönlichen Schilderungen gehört, welche alle in demselben Sinne sprechen. In der Sprechstunde erweisen sich die Kriegserlebnisse mit ihren Gefahren und Qualen gewöhnlich derart überwertig dem Gehirn eingeprägt, daß man schließlich dem Betreffenden nur sagen kann, er habe doch eigentlich Glück gehabt, wenn er mit dem nackten Leben davongekommen sei.

Eine sehr wichtige Angelegenheit ist die Ablösung des Verwundeten aus seinem geliebten Lazarett. Kommt er anschließend in ein sogenanntes Heilbad, so trägt auch der Umstand sehr viel zur Genesung bei, daß in diesen Badeorten der Besuch der Familienangehörigen – Braut, Frau, Kindern – erlaubt ist. Manche gehen, sofern sie es sich leisten können und die Militärbehörde es gestattet, in ein Sanatorium, wo natürlich die Bedingungen gerade für eine seelische Beruhigung bedeutend günstiger sind als in einem Heilbad. Vom Tage der Verletzung an bis zur Wiedererlangung der vollen Dienstfähigkeit vergehen auf diese Weise aber oftmals viele Monate.

Auch bei jenen, welche vom Militär entlassen werden und wieder in das Familienleben eintreten, bedarf es einer nicht zu knappen Zeit der Akklimatisierung. Schon vor der Verwundung hat ja vielfach naturgemäß der lange Aufenthalt an der Front die Ehegatten trotz häufigen Briefwechsels entfremdet. Die Zeiträume zwischen zwei Urlaubserteilungen waren oftmals lang. In manchen Fällen kommt es vor, daß sich Verwundete, welche monatelang in einem Lazarett lagen und hier womöglich schon als aufgegeben galten, sehr mit einer Krankenschwester befreundeten und sich ihr zu allergrößter Dankbarkeit verpflichtet fühlen. Auch in einer glücklichen Familie können Veränderungen eintreten, welche den zurückkehrenden Verwundeten in eine gleichsam neue Umgebung versetzen. Man darf nicht vergessen, daß gelegentlich in Gefangenschaft geratene Soldaten, die als gefallen oder vermißt gemeldet waren, durch einen Austausch von Verwundeten plötzlich unerwartet nach Hause zurückkehren, wo inzwischen von ihrem Ehegatten eine neue Ehe geschlossen oder wenigstens ins Auge gefaßt worden ist. So gesellen sich in der Kriegschirurgie zu den ärztlichen Fragen solche menschlichen Probleme, deren Beurteilung vor allem eines gütigen und in menschlichen Dingen bewanderten Ratgebers bedürfen. Das Wort „Krieg" bedeutet auch für den Chirurgen ein geradezu ungeheuer ausgedehntes Problem, in welchem das rein Medizinische gegenüber dem Menschlichen oft sehr in den Hintergrund tritt.

Die Seele des Chirurgen

Die Chirurgie hat sich seit der Mitte des 19. Jahrhunderts ganz erheblich gewandelt, wodurch auch das Erscheinungsbild des Chirurgen ein anderes wurde. Noch bis ungefähr 1870 bestreute man nach der klinischen Vorlesung den Boden des Operationssaales mit Sägemehl und führte nun auf demselben Operationstisch und mit denselben Instrumenten die Operationslehre an der Leiche vor. Kein Wunder, daß damals selbst kleinste Operationen nicht selten einen tödlichen Ausgang nahmen. Unbegreiflicherweise fanden sich die Chirurgen damit auch ab und meinten, daß hier irgend eine höhere Macht einwirke. Der Wundarzt stellte ein Art Arzt von zweiter Qualität dar. Der innere Mediziner spielte die Hauptrolle. Wenn eine Operation unbedingt nötig wurde, übergab er den Fall dem Wundarzt, zog sich danach aber zurück und kümmerte sich in der Regel in keiner Weise um den Ausgang des Eingriffes, da er mit dieser unsicheren Sache nichts mehr zu tun haben wollte. Erst mit der Einführung der antiseptischen Wundbehandlung wurde das anders. Die Erfolge mit dem sogenannten LISTERschen Verfahren waren dermaßen sinnfällig, daß die Chirurgie rasch zu einer völlig ebenbürtigen und auch wissenschaftlich gleich hochstehenden Disziplin emporrückte. Die Bakteriologie lehrte in der Zwischenzeit, was die Ursache des Wundfiebers, der Wundrose und der Eiterung ist. Von etwa 1870 an wurde der chirurgische Operationssaal ein Heiligtum, in welchem nur an Lebenden unter dem Schutze antiseptischer und aseptischer Wundbehandlung gearbeitet werden durfte. Ein Zweites kam hinzu, wodurch die Chirurgie ein völlig anderes Gesicht bekam. Früher gab es noch keine Narkose, keine örtliche Betäubung. Ein barsches Wort, ein rascher Griff waren der beste Ersatz für die Unempfindlichmachung. So müssen die Chirurgen früherer Zeit ziemliche Rauhbeine gewesen sein. Aus meiner Kinderzeit ist mir noch mancher Ausspruch über die „Grobheit der Chirurgen" erinnerlich. Auch später während meiner beiden Aufenthalte in Wien als Student und als junger Arzt gab es dort noch Chirurgen, welche wegen ihrer Derbheit in der Bevölkerung wohl bekannt waren. Schon meine persönlichen Lehrer BILLROTH, ALBERT und NICOLADONI aber gaben sich gegenüber den Kranken stets freundlich und gütig und versuchten, die Schwierigkeiten und Sorgen vor einer Operation durch Zuspruch zu erleichtern. Das ist offenbar auch auf mich übergegangen. Ich war stets bestrebt, mit den Kranken in ein freundschaftliches Verhältnis zu kommen und dadurch eine Atmosphäre des Vertrauens zu schaffen.

Nach meinen Erfahrungen an einem sehr großen Studentengut sind etwa zehn Prozent der Mediziner technisch durch Geschick, gute Beobachtungsgabe, Kaltblütigkeit und festen Willen für die Aufgaben der Chirurgie geeignet. Rein manuelle Geschicklichkeit findet man in einem viel größeren Verhältnissatz, aber damit ist keineswegs alles Nötige gegeben. Ich zähle auch eine gute Beobachtungsgabe zu den wertvollsten Eigenschaften des Chirurgen. Man soll eben alles sehen und verwerten, was man bemerkt. So habe ich als Student in Innsbruck bei NICOLADONI eine Narkose geleitet. Dabei fiel mir auf, daß die Pupillen des Patienten nicht auf Lichteinfall reagierten, was ich meldete, als eine Vertiefung der Narkose verlangt wurde. Es stellte sich dann heraus, daß der Kranke an einer Tabes dorsalis litt, bei der das Sehloch starr ist. NICOLADONI lobte mich damals wegen meiner Aufmerksamkeit sehr und wies auf die Bedeutung einer guten Beobachtungsgabe für den Chirurgen hin. Ein anderes Merkmal, durch das sich die Persönlichkeit des Chirurgen unbedingt auszeichnen muß, ist Geistesgegenwart. Es gibt eben Dinge, bei denen man augenblicklich Herr der Lage sein muß. Wenn zum Beispiel ein Äthergemisch im Operationssaal explodiert oder sich andere derartige unerwartete Zwischenfälle ereignen, ist es erforderlich, ihnen mit kaltblütiger Ruhe zu begegnen, nicht den Kopf zu verlieren, nicht zu schreien, sondern mit klarer Stimme anzuordnen und wenn nötig zu befehlen. Auch schreckhafte Naturen passen nicht für das chirurgische Handwerk. Man muß jederzeit imstande sein, nötige Gegenmaßnahmen sofort zu ergreifen.

Zum Chirurgen gehört weiterhin die Fähigkeit, sich auf das Wesentliche zu konzentrieren. Er darf sich etwa beim Operieren nicht in Gespräche oder in Scherze mit den Schwestern verlieren, wodurch vom Ernst der Arbeit abgelenkt wird. In dem Büchlein meines Freundes EUGEN BIRCHER, der ein begnadeter Chirurg in der Schweizer Armee war, steht ein alter, trefflicher Chirurgenspruch. Er lautet:

„Der helle Geist, der frische Mut,
die rasche Hand, das kalte Blut,
blitzschnelles Handeln nach ernstem Bedacht,
das ist es, was den Chirurgen macht!"

Es gibt eine Reihe weiterer Gaben, welche zwar auch bei bedeutenden Vertretern unseres Faches keineswegs immer anzutreffen sind, die ich aber als sehr wünschenswert für den Chirurgen halte.

Zunächst will ich hier die unerschütterliche Ruhe des Chirurgen nennen. Sie ist offenbar eher eine seltene Gabe und läßt sich leider auch nicht anerziehen. Je schwieriger eine Sache ist, umso eisiger muß die Ruhe sein. Sie zeigt, daß der Chirurg über der Sache steht. Daran erkennt man den Meister, der im Innersten seiner selbst ganz sicher ist. Innere Ruhe, Entschlossenheit und zweckdienliches Handeln in der gegebenen Lage hängen eng miteinander zusammen und sind etwas außerordentlich Wichtiges. Mein Lehrer NICOLADONI schätzte beim Operieren unruhiges Gehabe gar nicht. Ich sah bei ihm auch etwas, was für meine spätere selbständige Tätigkeit als Chirurg gleichfalls von höchstem Interesse war. Wenn es eine schwierige Lage gab, so war er allein. Das Mitreden der Assistenten duldete er nicht und brachte das Rechte schon selbst zum richtigen Abschluß. Offenbar war das seine angeborene Veranlagung für die Chirurgie. Es soll also über allem eine olympische Ruhe schweben. Schreien, Schimpfen, laute Befehle, Meckern und Zetern passen nicht zu einem wirklich begnadeten Chirurgen – vom Herumschmeißen der Instrumente schon gar nicht zu sprechen. Das hat manchem Chirurgen von Weltruf schon sehr geschadet. Bei Verunglückten, welche von der Straße in die Klinik gebracht werden, ist es wichtig, mit ein paar beruhigenden Worten zu sagen, daß schon alles wieder gut werde und gar kein Grund zur Beunruhigung bestehe. Man muß seine Ruhe auf seine Kranken und seine Mitarbeiter übertragen. Der Chirurg darf nicht nervös und nicht ungeduldig sein. An BILLROTH rühmte man seine klassische Ruhe. Auch der amerikanische Chirurg WILLIAM ST. HALSTED, mit dem ich in den Jahren vor dem Ersten Weltkrieg befreundet war, verfügte über diese Gabe. Die Internisten LICHTHEIM in Königsberg und MORAWITZ in Leipzig sagten, als sie mir beim Operieren zugesehen hatten: „Er schimpft ja gar nicht!" Offenbar waren sie von anderen Chirurgen her solches gewöhnt. Amerikanische Gäste meinten bei mir: „Er tadelt nicht, ist immer freundlich mit Assistenten und Schwestern, ist nie aufgeregt!" In den Zeugnissen für meine Assistenten habe ich, wenn immer möglich, ihre unerschütterliche Ruhe gelobt. Sie war bei den meisten meiner Schüler vorhanden und zum Teil mit Strenge gefördert.

Ich habe Chirurgen auch anders operieren sehen, so den berühmten THEODOR KOCHER. Er mäkelte an den Schwestern und tadelte doch oft, ohne gerade grob zu sein, wenn die Seidenfäden rissen, wenn ein falsches Werkzeug gereicht wurde oder etwas gerade Benötigtes nicht da war. Zwei meiner besten Schüler lebten trotz ungewöhnlicher Geschicklichkeit dauernd im Kampf mit den Operationsschwestern und Mithelfern. Dabei waren beide außergewöhnlich geschickte Operateure, hätten es also gar nicht nötig gehabt, sich mit dem Hilfspersonal zu reiben. Manche Chirurgen und Gynäkologen sind dadurch geradezu bekannt, daß sie ihre Schwestern in fürchterlichster Weise beschimpfen, um nachträglich ihre oft sehr stark beleidigenden Worte wieder zurückzunehmen. Man erreicht ja aber während der Operation mit Brüllen, Schreien, Tadeln und Anfauchen nur das Gegenteil von dem, was man braucht. Die Schwestern bekommen rote Köpfe oder fangen zu weinen an, die Assistenten arbeiten schlechter, weil sie sich ärgern. Ein humorvoller Zuspruch hilft da unendlich mehr. Die Chirurgie ist doch eine Kunst. Und man sollte als Chirurg immer bedenken, daß man ein Künstler sein will und kein Handwerker!

Eine andere überaus wünschenswerte Gabe des Chirurgen besteht darin, daß er frei von Ängstlichkeit ist. Die Angst ist bei vielen Menschen konstitutionell verankert. Sie fürchten immer alles nur erdenkbare Unheil. Nun gibt es aber natürlich gerade in der Chirurgie zahllose Dinge, bei denen die Ängstlichen nicht zur Ruhe kommen. Bei jeder Operation haben sie Angst vor der Nachblutung, sehen immer wieder Verbände nach, ob sich kein Blutfleck zeigt, ob er nicht zu stark drückt oder sich verschoben hat. Wenn nach einer glatt verlaufenen Gelenkoperation einmal die Temperatur von 38 Grad gemessen wird, kommt sicher ein ängstlicher Assistent gelaufen, der fragt, ob man nicht den Verband wechseln soll. Noch schlimmer ist es bei Zellgewebsentzündungen, wo die Angstmeier immer wieder schneiden wollen, damit der Finger nicht steif wird oder keine Blutvergiftung eintritt. Dieselben Spiele wiederholen sich bei den Knochenbrüchen. Alle Augenblicke soll ein neues Röntgenbild angefertigt werden, ein unnötiger Verbandswechsel erfolgen, auch wenn die gebrochenen Knochen ideal stehen und gut verheilen. Viel schlimmer noch wird es bei schweren Bauchoperationen an Magen oder Darm. Hier entwickelt der Ängstliche bei sich einstellender Darmlähmung eine Vielgeschäftigkeit, die man in Österreich „Geschaftlhuberei" nennt und die oft mehr schadet als nützt. Auch das fortwährende Anfertigen eines Blutbildes, mit dem die Zahl der weißen Blutkörperchen festgestellt wird, ist häufig Ausdruck einer Angstpsychose. Die Angstmeier sind eine Qual für das Personal. Immer wieder kommen sie mit Anfragen und Aufforderungen zum Nachsehen, auch mitten in der Nacht. Arme Schwestern!

Angsthasen sind in der Chirurgie nicht zu gebrauchen. Da hier das Nervensystem eine sehr große Rolle spielt, sollten solche Ärzte besser nicht Chirurgen werden. Es fehlt diesen Fehlchirurgen einfach die notwendige innere Sicherheit. Wer einen Eingriff, einen Verband oder die Einrichtung eines Knochenbruches gut gemacht hat, muß darauf vertrauen, daß sich nichts Unerfreuliches zeigen wird. Dagegen pflegen die Sorgenfetischisten in ihrer Unsicherheit eine Unzahl von Komplikationen, die auch bei den sonst glattesten Fällen auftreten. Gerade bei der als pathologisch zu bezeichnenden Sorgerei wird nämlich über dem harmlosen Kleinkram oft irgend etwas Wichtiges übersehen. Sorge und Sorgfalt sind zwei ganz verschiedene Dinge. Sorgfalt ist selbstverständlich jederzeit erforderlich. Die Berechtigung zur Sorge ergibt sich jedoch erst, wenn einmal etwas schief geht oder zu gehen droht. Natürlich weiß der Wohlerfahrene eher, wie eine Situation zu beurteilen ist und was er zu tun hat. Es ist auch eine Nase, ein gewisser sechster Sinn erforderlich, um die Dinge richtig einzuschätzen. Wenn zum Beispiel jemand nach einer tadellosen und glücklich verlaufenen Gallenoperation ein wenig Druckschmerz an der Wade bekommt, so bedeutet das noch lange keine Embolie. Ich habe einmal einem sehr berühmten Kollegen, Forscher und Kunstkenner die Gallenblase herausgenommen. Als ich am achten Tage in das Krankenzimmer kam, war bis dahin

alles glatt verlaufen. Soeben hatte aber mein internistischer Kollege eine leichte
Thrombose an der Wade festgestellt. Er war ein Mann, der in ständiger Angst
lebte, stets schwarz sah und Unheil witterte. In Gegenwart der Frau des Patienten hatte er gesagt: „Na, hoffentlich gibt es keine Embolie!" In diesem Augenblick betrat ich den Raum. Eine schwarz gekleidete Frauengestalt sank am Fenster ohnmächtig in sich zusammen. Ich brachte sie bald wieder zu sich. Der
operierte Kollege beruhigte sich sofort. Er vertraute mir und wußte, daß alles
gut gehen werde. Er hatte nur eine ganz leichte Thrombose, die auf Föhn, hei-
ße Alkoholumschläge und Hochlagerung in drei Tagen verschwunden war.
Jetzt ist er in Berlin und erfreut sich noch immer allerbester Gesundheit.[37]

Eine weitere Eigenschaft, über die der Chirurg verfügen sollte, ist Gesundheit
an Leib und Seele und insbesondere seeliches Gleichgewicht. Am besten ist eine fröhliche Gemütseinstellung. Natürlich gibt es unter den Chirurgen aber
auch ausgesprochene Maniker, depressive Naturen und solche, bei denen mani-
sche Stadien und depressive Stimmungslagen einander ablösen. Wenn jemand
heute manisch und morgen depressiv eingestellt ist, können die Mitarbeiter bei
solch einem raschen Wechsel zwischen den beiden Stimmungslagen oft nicht
wissen, in welchem Wendekreis sich der Chef am betreffenden Tage gerade be-
findet. Das kann natürlich überaus unerfreulich werden. Auch launenhafte
Menschen passen nicht für die Chirurgie. Schlechte Laune habe ich mir nie
gelten lassen, weil ich Launenhaftigkeit für einen Charakterfehler halte. Was
können andere dafür, wenn in dem „Schaltwerk der Gedanken" unruhige elek-
trische Strömungen schwingen? Unter schlechter Laune leiden ja immer nur
Unschuldige. Das muß sich jeder operierende Arzt sagen. Gleichmäßigkeit der
Stimmung ist eine sehr große Gabe, für welche jeder, der sie besitzt, nur seiner
Erbmasse danken kann. Auch sie ist angeboren und läßt sich nicht anerziehen.

Eine andere Seite der Seele des Chirurgen ist seine Einstellung zu Mißerfolgen,
Unglücksfällen und zum Tod von Kranken, bei welchen man auf Heilung
durch den Eingriff gehofft hatte. Mein Freund VON HOCHENEGG in Wien,
der ein hervorragender Techniker war, sagte einmal zu mir: „Wenn ich nach
bestem Können und Gewissen eine Operation gemacht habe, die dann schief
geht, so sage ich mir trotzdem: Du hast deine Sache ordentlich gemacht.

---

[37] PAYR ist auf diese Episode in anderem Zusammenhang bereits bei früherer Gelegenheit eingegangen: „Wenn ein als Forscher anerkannter Mediziner am Krankenbett
eines frisch operierten Gallensteinkranken mit leichter Thrombose am Bein sagt: ‚Hoffentlich gibt es keine Embolie', so zeigt das nur, daß er kein großer Arzt ist. Zum Verschweigen ‚möglicher' unfreundlicher Komplikationen gehört Mut, wie ihn nur Persönlichkeiten haben. Die ängstliche Rückendeckung gegenüber späteren Vorwürfen ist
ein Beweis innerer Schwäche." Vgl. PAYR, ERWIN: FRIEDRICH KRAUS (1858–1936) als
Mensch, als Arzt, in seiner Einstellung zur Chirurgie. Med. Welt 10 (1936) 542–543.

Immer kann es ja nicht gut gehen!" Von ernsterem seelischem Leiden war bei ihm nichts zu merken. Ganz anders verhielt sich mein Lehrer NICOLADONI. Er war nach einem Unglücksfall durch viele Tage verstimmt, traurig und verlor oft für Tage die Lust zum Operieren. Seine melancholische Gemütsverfassung erschwerte ihm den Beruf sehr. Immer wieder kam er auf diese Fälle zurück und fragte sich, ob man die Sache nicht hätte besser machen können, um den üblen Ausgang zu vermeiden. Ich selbst war auf eine etwas zu niedrige Schwelle bedrückender Verstimmbarkeit eingestellt, ohne daß sie mir je ernstlich meine Arbeit gestört hätte. Auch ich habe unter Mißerfolgen zwar gelitten, durch solche Nackenschläge jedoch nie die Arbeitsfreude eingebüßt. Wohl habe ich mit meinen Oberärzten die Sache besprochen. Zu einer depressiven Stimmungslage kam er aber nur selten. Das Beschönigen eines Mißerfolges lag mir nicht. Ich teilte den Angehörigen in ruhiger, sachlicher und möglichst einfühlsamer Weise mit, warum uns im vorliegenden Fall der Erfolg versagt war. Vermutlich deshalb habe ich nur ganz selten Vorwürfe von den Angehörigen ohne Erfolg Operierter gehört.

Manche Chirurgen sind außerordentlich stark religiös eingestellt. Der berühmte Kölner Chirurg BARDENHEUER pflegte jeden Morgen ganz zeitig die Kirche zu besuchen. Ich habe ihm öfter bei der Arbeit zugesehen und dabei den Eindruck gewonnen, daß er durch sein unerschütterliches Gottvertrauen die Kraft in sich fühlte, alles zum besten Gelingen zu führen. Auch ein jüngerer, technisch sehr begabter Münchener Chirurg war täglich in der Kirche. Man verübelte ihm das, bis er eine Stellung erlangt hatte, die ihn von derartigen Werturteilen anderer völlig unabhängig machte. Jedenfalls schadet eine religiöse Einstellung dem Chirurgen bei seiner schweren und verantwortungsvollen Arbeit nie.

Eine besonders glückliche Gabe für den Chirurgen ist schließlich der Humor. Der Beruf des Chirurgen ist zwar überaus ernst. Das besagt aber nicht, daß er seine ganze Lebenshaltung und Lebensführung auf dunkle Wolkenbilder einstellen sollte. Zum Humor gehört nicht nur eine gewisse Freudigkeit in allen Lebenslagen und Lebensbejahung, sondern auch Ernst, Achtung, Liebe und Freiheit des Geistes. Es gibt einen derben und einen feinen Humor. Der derbe Humor ist natürlich sinnfällig, während der feine nur von einem auch selbst fein abgestimmten Gemüt als solcher empfunden werden kann. Der Witz ist etwas ganz anderes. Es fehlt ihm vor allem die Gutmütigkeit, welche zum wahren begnadeten Humor gehört. Der Witz und die geistvolle Witzelei ist besonders den Franzosen, uns Deutschen dagegen viel weniger gegeben. Männer besitzen im allgemeinen mehr Humor als Frauen. Bei den Chirurgen ist eine humorvolle Lebenseinstellung nicht übermäßig häufig. Mein väterlicher Freund ERNST VON BERGMANN in Berlin war trotz seiner überragenden Bedeutung ein Mann mit Humor. Auch meine Freunde LUDWIG VON STUBENRAUCH und HERMANN KÜTTNER verfügten über Humor in allen Lebenslagen. Mir

ist von meinem Schicksal glücklicherweise eine lebensbejahende Ader gegeben
worden, so daß ich, solange ich gesund war, über die kleinen Unannehmlichkeiten des täglichen Lebens leicht hinweggekommen bin.

Arbeit wird durch Humor verkürzt, erleichtert und verschönt. Wenn beim
Operieren gefahrvolle Lagen glücklich überwunden sind, so ist ein humorvol-
les Wort gleichsam eine Erlösung nicht nur für den Operateur selbst, sondern
auch für seine Mitarbeiter. Gelegentlich kann es durchaus zweckmäßig sein,
über Fehler der Mitarbeiter mit einem freundlichen, humorvollen Wort hin-
wegzugehen. Wenn der Chirurg über die Gabe des Humors verfügt, so ist dies
für ihn besonders am Krankenbett wertvoll. Auf den Chirurgenkongressen
bietet sich immer wieder Gelegenheit, ein Bild von der geistigen Einstellung
der Redner und von ihrem Verhalten bei auftretenden Meinungsverschiedenheiten zu gewinnen. Manche reagieren gereizt und werden oft bereits wegen
kleiner Meinungsverschiedenheiten ausfällig und verletzend. Solche Kampf-
hähne haben keinen Humor. Wer dagegen mit sachlicher Überlegenheit und
einem humorvollen Wort die Klippe glücklich umschifft, wird auch vom Publikum durch ein befreiendes Lachen belohnt. Man muß eben über jene geistige Überlegenheit verfügen, die sich sagt, daß auch eine andere Meinung viel
Richtiges enthalten kann und daß, wie der prachtvolle Philosoph ERNST
MACH glänzend geschildert hat, die beiden Wege von Erkenntnis und Irrtum
oft knapp nebeneinander verlaufen. Auch bei persönlichen Mißhelligkeiten
verhilft der Humor im übrigen gewöhnlich dazu, mit dem Gegner zu einer
goldenen Brücke zu kommen.

Die Seele des Chirurgen sei rein, ohne Eitelkeit, ohne Selbstüberhebung und
bloß auf das Wohl des Kranken gerichtet. Durch seine Klinik sollte der Geist
der Menschenfreundlichkeit und des Menschentums wehen. Ich war seit meiner Jugendzeit bestrebt, diesem Ideal nahe zu kommen.

Über den Arzt und seinen Umgang mit Kranken

Über die Frage, was den guten Arzt auszeichnet und wie er sich im Umgang
mit Kranken verhält, sind selbstverständlich zahlreiche und verschiedenartig-
ste Aufsätze und Bücher geschrieben worden. Eine der sympathischsten Fas-
sungen des Problems finden wir bei dem Münchener Chirurgen ALBERT
KRECKE. Eine Reihe sehr guter Ärzte hat auch ihre Lebenserfahrungen in Büchern niedergelegt. Hierher gehören etwa die Werke von ERNST SCHWENIN-
GER, dem Leibarzt BISMARCKs, und des Schweizer Arztes SONDEREGGEL,
welche die Gabe des Arzttums in hervorragendem Maße besaßen. Ebenso aber
gibt es Bücher wie jenes von LIECK, der unter dem Titel „Der Arzt und seine

Sendung" alle nur möglichen Dinge und besonders die Sozialversicherung behandelt, leider aber über das eigentliche Arzttum und das Menschentum eines Arztes viel zu wenig bringt. Allerdings glaube ich auch nicht, daß man über diese Dinge aus Büchern viel lernen kann.

Ich bin der Meinung, daß das Wesen des richtigen Arztes eine angeborene Sache ist, also eine Gabe, die man mit zur Welt bringen muß. Sie beruht sowohl in der allgemeinen ärztlichen Auffassung als auch im Menschentum des Heilbeflissenen. So gibt es eben geborene Ärzte und solche, welche zwar über die notwendigen Sachkenntnisse verfügen, von echtem Arzttum aber keine Ahnung haben.

Wer soll Medizin studieren, wer nicht? Ein gewisser Idealismus gehört unbedingt zum Studium der Medizin. Der junge Mensch muß den Wunsch haben, zu helfen und zu heilen. Das alte Wort „Galenus dat opes", wonach Heilkunde zu Wohlstand verhilft und das zuweilen Eltern und Verwandte dazu verleitet, junge Familienangehörige zum Medizinstudium anzuspornen, soll keine Rolle spielen. Medizin als Verlegenheitsstudium oder Modesache ist ebenso unbedingt abzulehnen. Sodann ist ein ganz zweifelloses Interesse für naturwissenschaftliche Dinge erforderlich, um einen jungen Menschen an das Studium der Heilkunde herantreten zu lassen. Ob es sich dabei um Botanik, Zoologie, Physik oder Chemie handelt, bleibt sich gleich. Käfer sammeln, Schmetterlinge suchen und fangen oder irgendeine andere wissenschaftliche Betätigung sind ein guter Ansatz. Allerdings darf dies nicht in Tierquälereien ausarten. Sie passen gar nicht zu einem angehenden Arzt. Wenn man in Lebensbeschreibungen bekannter Ärzte liest, daß sie schon als Knaben mit Vorliebe Mäuse, Ratten, Salamander, Blindschleichen usw. zerlegten, so will das zunächst nicht viel besagen. Es sollte aber eine gute Beobachtungsgabe für die Dinge der belebten Natur erkennbar sein, um eine Begabung für das Studium der Medizin vorauszuahnen. Manchmal zeigt sich bei Knaben wie bei Mädchen schon sehr frühzeitig ein großes Interesse für alle möglichen medizinischen Dinge. Meist sind das Arztkinder, welche ihren Vater beim Abhorchen oder dergleichen gesehen haben und dieses nun nachäffen. Mit einer Begabung für den Arztberuf hat das allein natürlich nichts zu tun. Es müssen vor allem gute, klare Köpfe sein, welche sich diesem Fach widmen, keine verworrenen, vergeßlichen oder zerstreuten jungen Menschen, auch nicht solche, welche als „nervöse" Kinder schon ihren Eltern viel Sorgen gemacht haben. Ein gewisses ruhiges Temperament sowie Geistesgegenwart bei Gefahren und unliebsamen Vorfällen sind wertvolle Gaben mit auf den Weg. Schreckhaftigkeit ist keine gute Veranlagung für das Studium der Medizin. Über das „Nicht-Blut-sehen-können" läßt sich streiten. Ich habe Mediziner gesehen, welche beim ersten Erlebnis einer Operation blaß wie die Wand oder gar ohnmächtig wurden. Das können unter Umständen aber durchaus ganz gute Ärzte werden. In früherer Zeit vor der Erfindung von Narkose und künstlicher Blutleere war jede Operation ein Kampf zwischen

dem Chirurgen und seinem Patienten. Dadurch sind viele von der Medizin abgeschreckt worden, welche sonst vielleicht Begabung für das Fach gehabt hätten. Heute ist es der Geruch des Präpariersaales oder der Anblick von Leichenteilen, der von manchem jungen Menschen als unerträglich empfunden wird.
Eine überaus wichtige Voraussetzung für den Arztberuf ist Einfühlungsvermögen. Der Arzt muß immer wieder das Bestreben haben, sich in die Seele des ihm anvertrauten Kranken einzufühlen, darin einzuleben und ihn vor allem seelisch kennen zu lernen. Nicht weniger wichtig ist Güte. Dabei ist mit besonderem Nachdruck zu bemerken, daß tiefgründiges Wissen und forscherische Begabung, Gedankenreichtum und schöpferische Ideen sich durchaus nicht mit dem Begriff des gütigen und dadurch auf seine Kranken wohltätig einwirkenden Arztes im Widerspruch befinden müssen. Allerdings gibt es sehr berühmte Männer, die trotz geradezu überragender Kenntnisse doch nicht den Titel eines guten Arztes verdienen. Hier ist beispielsweise NAUNYN zu nennen, dem die Wissenschaft das Allererste war und der Patient erst das Zweite. Dann sollte zur persönlichen Ausstattung des Arztes selbstverständlich auch eine gute Portion Menschenkenntnis dazugehören. Sehr viele Kranke erzählen wohl ihr Leiden, verschweigen aber gewisse Dinge, welche gerade für den vorliegenden Fall entscheidend sein können. Ein gesunder Menschenverstand ist gleichfalls eine Vorbedingung für den ersprießlichen Verkehr zwischen Arzt und Patient. Außerordentlich wünschenswert ist es natürlich, daß der Arzt über ein gutes Gedächtnis verfügt und, wenn er einen Kranken nach Monaten oder Jahren wiedersieht, die früheren Umstände nicht vergessen hat. Schließlich braucht man als Arzt Geduld.

Wie verhält sich der gute Arzt im Umgang mit Kranken? Zunächst berücksichtigt er das Wort: „Behandle jeden Kranken so, wie Du selbst behandelt werden möchtest, wenn Du krank wärst." Sodann gibt er sich optimistisch. Der Arzt soll überhaupt immer einen Sonnenstrahl an das Bett eines jeden Kranken mitbringen. Der Kranke ist dafür oft dankbarer als für die kunstvollste, prachtvoll gelungene Operation. Es gibt Ärzte, die das einfach können und andere, die stets mit Leichenbittermiene auftreten, sich rein sachlich verhalten und dem Seelenleben des Kranken auch nicht im geringsten näherkommen. Ich habe leider sehr viele solcher Ärzte kennengelernt. Es gehört im Umgang mit Kranken ein etwas heiterer Ton auch in ernsten Lagen dazu. Allerdings darf bei der ärztlichen Tätigkeit der notwendige Ernst nicht fehlen. Ein Arzt, der seine Konsultation stets mit einem schlechten Witz beginnt, wird das Vertrauen seiner Kranken nicht gewinnen oder trotz guter Leistung bald verloren haben. Dann ist es selbstverständlich, daß man zu jedem Kranken, besonders aber zu Schwerkranken, freundlich ist. Aber Freundlichkeit allein genügt nicht. Es geht vor allem auch darum, sich denjenigen Kranken besonders zuzuwenden, bei denen der gewünschte Heilerfolg nicht zu erzielen ist. Wie mein Lehrer NICOLADONI mir sagte, hat BILLROTH, der Großmei-

ster der Chirurgie, einmal folgenden Ausspruch getan: „Mit Kranken, welchen
es gut geht, ist es leicht, freundlich zu sein. Jene Kranken, welche zwar mit
einer geheilten Operationswunde vor uns liegen, aber neuerliche und vielleicht noch viel ärgere Beschwerden haben, welche enttäuscht sind über den
Mißerfolg einer Operation oder über den Rückfall einer für geheilt geglaubten
Erkrankung, brauchen unseren Zuspruch viel mehr. Ein Kranker, dem wir
nicht helfen können, bedarf doppelter und dreifacher Güte und des Einsatzes
aller unserer Fähigkeiten!" Der Arzt muß ein Psychotherapeut, ein Seelenarzt
sein. Ich weiß noch eine ganze Reihe von Fällen, in welchen es mir gelungen
ist, durch gleichmäßig frohe und zuversichtliche Stimmung den unheilbaren
Kranken bis zum letzten Augenblick hoffnungsfreudig zu erhalten. Ich bin auf
diese Fälle stolzer als auf meine größten und schönsten operativen Erfolge.

Der Arzt sollte das Wort des PARACELSUS „Der höchste Grund der Arznei ist
die Liebe" nie vergessen. Man erreicht bei Kranken fast immer mit Güte mehr
als mit Strenge. Wie oft kamen meine Assistenten zu mir mit der Meldung,
ein Kranker wolle sich absolut nicht operieren oder behandeln lassen. Ich sagte
dann nur, man solle den Widerspenstigen zu mir bringen oder ging an sein
Krankenbett. Wenn der Kranke spürt, daß man es mit ihm gut meint, dann
wird er auch gefügig und zum Schluß sehr dankbar. Man muß sich aber in die
Seele des Kranken einfühlen, sich in seine Lage versetzen, mit ihm wie ein Vater, ein Bruder, ein Freund sprechen, seine Einwände geduldig anhören, um
ihn dann zu überzeugen. Hierdurch kommt man auch ohne allzu weitgehende
Versprechungen zum Ziel.

Der Kranke muß das Gefühl haben, dieser sein Krankheitsfall interessiere den
Arzt ganz besonders und er gebe sich gerade für ihn die allergrößte Mühe, um
ihn wieder gesund zu machen. Ob es sich dabei um chirurgische Eingriffe handelt, um innere Erkrankungen oder andere Leiden, bleibt sich ganz gleich.
Dieses Gefühl entwickelt sich häufig bei dem Kranken schon, wenn er das erste Mal das Sprechzimmer des Arztes betreten hat. Er sagt dann: „Zu Ihnen
habe ich vom ersten Augenblick an volles Vertrauen gefaßt, weil Sie sich so
eingehend mit meinem Leiden beschäftigen und alles, was damit zusammen-
hängt, mit so viel Zeitaufwand und Sorgfalt erkundet haben!"

Ein wirklich guter Arzt versteht es, sich entsprechend dem Bildungsstand seines jeweiligen Patienten verständlich auszudrücken. So wird er mit einem einfachen Handwerker, mit einem Bauern oder mit einem Kleinkaufmann in
ganz anderer Weise verkehren als mit einem hochgebildeten Fabrikdirektor
oder gar dem Vertreter irgend eines wissenschaftlichen Faches. Einer der besten Ärzte in dieser Hinsicht war mein Freund FRITZ KRAUS in Berlin, welcher es in geradezu hervorragender Weise verstand, mit den Kranken umzugehen und mit den Angehörigen in verständlicher Weise zu verkehren (obwohl
gerade dieser selbe FRITZ KRAUS ein wegen unzähliger Fremdworte völlig un-

lesbares Buch geschrieben hat). Außerordentlich bedeutungsvoll ist auch das richtige Verhalten der Ärzte bei sogenannten Konsultationen, wenn mehrere von ihnen am Krankenbett eines Leidenden versammelt sind. Der Kranke selbst möchte wissen, wie es um ihn steht, was bisher geschehen ist und was in Zukunft erfolgen soll. Darum ist es wichtig, daß die gelehrten Herren nicht in einer für den Kranken und auch seine Umgebung völlig unverständlichen Sprache reden, wie es leider häufig der Fall ist.

Die Vielgeschäftigkeit mancher Ärzte bei leichten und voraussichtlich von selbst heilenden Krankheiten ist dem guten Arzt fremd. Ein geradezu großartiger Spruch von WILHELM BUSCH in diesem Zusammenhang lautet: „Und was Natur und Zeit getan, sieht so ein Arzt als Heilung an." Die Suche nach einem Infektionsherd an irgend einer Stelle des Körpers ist selbstverständlich gelegentlich notwendig, aber es ist abwegig, im Übereifer nur wegen irgendwelcher verdächtiger Befunde gleich die Hälfte des Zahnbestandes zu ziehen. Der wirklich gute Arzt ist auch mit dem Vorschlag einer „sofortigen Operation" sehr zurückhaltend. Die Hauptsache ist ja doch sehr oft, zunächst den Patienten kennenzulernen und seine Einstellung zu seinem Leiden zu ergründen, bevor man einen operativen Vorschlag macht. Sehr viele junge Chirurgen lieben es, bei gewissen Fällen zu sagen, daß eine Operation unbedingt und sofort vorgenommen werden müsse, widrigenfalls das Leben auf das Schwerste gefährdet sei. Gerade in derartigen Fällen sieht man nur allzu häufig, daß nach Wochen oder Monaten die gefahrdrohende Krankheit verschwunden ist und ein Eingriff eine Fehlleistung bedeutet hätte. Die „Blinddarmstürmer" sind ja glücklicherweise in neuester Zeit etwas seltener geworden, aber immer noch in viel zu großer Zahl vorhanden. Der gute Arzt berücksichtigt im übrigen auch das Lebensalter seiner Patienten. Ein 60jähriger Mann mit einem vielleicht nicht mehr ganz leistungsfähigen Herzen braucht wegen eines ihn sonst wenig belästigenden Leistenbruches nicht gleich operiert zu werden. Ein gut sitzendes Bruchband tut bei ihm dasselbe.

Ein guter Arzt ist nicht zuletzt an der Art zu erkennen, in der er sich von seinen Kranken über ihre Vorgeschichte und ihre Beschwerden unterrichten läßt. Ein im übrigen von mir sehr geschätzter Freund, den ich in Stockholm besuchte, erzählte mir hierzu folgendes: „Wenn eine Dame kommt und lang und breit von ihrem Leiden zu sprechen beginnt, so setze ich mich nieder, stütze den Kopf in die Hand, schaue zum Fenster heraus und zähle im Hafen die vorbeifahrenden Schiffe. Ich lasse sie erzählen, bis sie müde geworden ist, und erst wenn sie mit ihrer Schilderung zu Ende ist, untersuche ich sie und gebe ihr dann den notwendigen Rat!" Das ist nun selbstverständlich nicht das Richtige. Ein paar kluge Fragen belehren uns oft in kürzester Zeit über den wahren Sachverhalt, aber man muß eben die Geduld haben, das schmückende Beiwerk als Unkraut beiseite zu schaffen und auf den Kernpunkt der Sache einzugehen. Sehr viele gute Ärzte leisten in dieser Kunst ganz Hervorragendes. Natürlich gibt es Kranke, welche in ihrer Schilderung, wie man zu sagen pflegt, bei Adam und Eva anfangen. Und selbstverständlich haben Ärzte mit sehr großer Praxis nicht viel Zeit, so daß sie zur Eile drängen und den Kranken bitten müssen, nur das Allernotwendigste zu sagen. Auch ich habe in meinem Sprechzimmer eine Anzahl von Tafeln mit Sprüchen, welche ich unter Umständen dem Kranken unmerklich aber dabei lesbar zuschiebe. Ein solcher Spruch lautet:

„Sag, was Du willst, kurz und bestimmt,
laß alle Nebensachen fehlen,
wer nutzlos unsere Zeit uns nimmt,
der stiehlt, und Du sollst nicht stehlen."

Aber ein guter Arzt muß sich die Zeit nehmen, sich gerade bei chronischen Erkrankungen die ganze bisherige Leidensgeschichte und vor allem die Maßnahmen, die bereits angewandt worden sind, erzählen zu lassen. Das gilt beispielsweise ganz besonders für chirurgische Erkrankungen der Gelenke. Und ebenso sind Fragen nach dem Familienleben und nach dem Stand des ehelichen Verhältnisses außerordentlich wichtig.

Der gute Arzt behält im Auge, daß der Kranke ja doch nur zu ihm gekommen ist, um seine angegriffene Gesundheit wieder herstellen zu lassen und daß darum für ihn die Behandlung das Allerwichtigste ist. Die Kranken selbst haben oft ein gutes Empfinden für das Arzttum und für das Menschentum eines Mediziners und drücken sich beispielsweise bei der Beurteilung mancher Ärzte in folgenden Worten aus. „Er ist wohl ein guter Diagnostiker, aber um die Behandlung kümmert er sich nur außerordentlich wenig!" Überhaupt darf der Arzt nie vergessen, daß auch der Patient ein gewisses Maß von Kritik mitbringt und häufig wegen seines Leidens schon mehrere Ärzte um Rat gefragt hat. Es ist ungefähr so, wie wenn zwei Menschen, die sich bis dahin noch nicht begegnet sind, eine Partie Schach zu spielen beginnen. Der eine weiß nicht, was der andere in der Beherrschung dieses Spieles leistet. Gar nicht so selten stellt es sich heraus, daß der Patient dabei besser als der Arzt bewandert ist.

Zu einem wirklich guten Arzt gehört vor allem auch die Fähigkeit, eine herabsetzende Kritik an der Tätigkeit anderer Ärzte zu vermeiden. Nichts ist trauriger, als wenn ein Arzt von dem vor ihm behandelnden Fachkollegen sagt, daß er ja den Kranken ganz falsch behandelt hätte. Irren ist menschlich! Natürlich hat mancher Arzt nur sein Handwerk gelernt, soweit es für den täglichen Gebrauch notwendig ist. Aber deshalb, weil ein einfacher praktischer Arzt eine schwierige Diagnose nicht stellen konnte, ist er noch lange kein schlechter Arzt. Man soll dies auch dem Kranken selbst ganz unumwunden ins Gesicht sagen, denn sehr viele kommen zu uns mit den Worten: „Ich bin bisher vollkommen falsch behandelt worden!" Die Krankheit ist eben eine Naturerscheinung, und zwar von ungeheuer mannigfaltigem Aussehen und Formenreichtum. Vor allem spielt auch die Zeit mit. Vielleicht hat der vorbehandelnde Arzt unseren Kranken zu einem Zeitpunkt gesehen, da sich die richtige Diagnose wirklich noch nicht stellen ließ, oder aber es sind zusätzliche Untersuchungsmethoden notwendig, welche dem Praktiker nicht zur Verfügung stehen. Daß sich Zurückhaltung bei der Kritik an Kollegen auch aus anderen Gründen empfiehlt, zeigt die folgende ergötzliche Geschichte, die sich in Wien bei dem berühmten Internisten KARL NOTHNAGEL zutrug. Er hatte einen schwer Herzkranken nach Karlsbad geschickt, dem die Kur, was das Herz anbelangte, sehr schlecht bekommen war. Als der Kranke nach etwa acht Wochen wieder zu dem großen Internisten kam, nahm sich dieser nun erst die Zeit, den Mann ordentlich zu untersuchen. Danach fragte NOTHNAGEL: „Welches Rindvieh hat Sie denn nach Karlsbad geschickt?", worauf prompt die Antwort kam: „Sie, Herr Hofrat!" Solche Entgleisungen sollten natürlich nicht vorkommen.

Ein wirklich guter Arzt wird es auch als einfühlsamer Psychologe verstehen, einen von einem früher behandelnden Kollegen begangenen Fehler nicht als solchen herauszustellen und eine neue, aussichtsreichere Behandlungsmethode vorzuschlagen, ohne daß der erstbehandelnde Arzt das Gefühl der Blamage empfindet. Ein Professor, der dieses Kunststück nicht versteht, wird von den Ärzten seiner Stadt nicht mehr zu Konsultationen beigezogen. Ich habe in dieser Beziehung sehr viel Glück gehabt, indem es mir fast immer gelungen ist, mit den mich konsultierenden Kollegen auf guten Fuß zu kommen und zu bleiben. Natürlich hat der einfache praktische Arzt nicht die Zeit, das Schrifttum der gesamten Medizin gleichmäßig zu überschauen und ist froh, wenn er nach einem arbeitsreichen Tag irgend eine medizinische Wochenschrift – und auch diese oft nur in Hinblick auf besondere Interessen – durchblättern kann. Man darf an den praktischen Arzt auch keine unbilligen Forderungen stellen. Die Rede: „Na, haben Sie denn nicht gelesen?" sollte in einem Konsiliarverkehr nicht vorkommen. Das, was für den einen selbstverständlich ist, bedeutet für den anderen eine unerträgliche Mehrbelastung. Zum guten Arzt gehört also nicht nur die Einfühlung in die Seele der Kranken, sondern auch die Seele seiner Kollegen, von deren Berufsbelastung er doch mindestens eine Vorstellung haben sollte. So wird er bei seinen ärztlichen Kollegen nicht nur das Schlechte suchen, sondern auch das Gute anerkennen.

Anhang

Ein Brief PAYRS aus dem Jahre 1913

Aus den ersten Jahren PAYRs in Leipzig ist folgender Brief erhalten, welchen er an seinen Neffen JULIUS VON POTH geschrieben hat, den Sohn seiner Schwester LEOPOLDINE (vgl. S. 8/9):

Leipzig, den 7. Januar 1913

Lieber JULIUS!

Wir sind seit einigen Tagen wieder zu Hause. Leider bin ich nicht ganz wohl und kann nur das Notwendigste beruflich machen, doch wird die Sache bald wieder vorüber sein.

Ich danke Dir für Deinen lieben Brief, der mich ungemein interessiert hat. Jedenfalls sind die Eindrücke, die Du von dem Besuch von mehreren Kollegien verschiedener Fakultäten gewonnen hast, mir sehr interessant und sicher vielfach richtig empfunden.

Mit der Medizin und den Naturwissenschaften im allgemeinen ist es eine eigentümliche Sache. Reine Befriedigung schaffen nur die theoretischen Fächer der Medizin. Feinere Anatomie, Entwicklungsgeschichte, Entwicklungsmechanik, Biologie und Physiologie sind die Nutzanwendungen der Naturwissenschaften breitester Basis auf die Lehre vom feineren Bau, der Entwicklung und den Lebensbedingungen der lebenden Organismen. Nur in diesen Zweigen der Gesamtheilkunde gibt es ein ganz voraussetzungsloses wissenschaftliches Schauen und Denken. Erweisen sich gezogene Schlüsse als unrichtig, so ist der Schaden nicht groß. Sie können verbessert werden.

In der praktischen Medizin gibt es drei böse Dinge:
1) das übermächtige Gefühl der Verantwortlichkeit,
2) die Erfüllung des ganzen Lebens des Arztes mit traurigen und kummervollen Bildern und
3) die für feinere Naturen höchst peinliche Frage der Entlohnung ärztlicher Tätigkeit.

Der gewissenhafte Arzt ist so von dem Gefühl der Verantwortlichkeit jeder Handlung erfüllt, daß ihm kaum Zeit bleibt, sein Leben zu genießen. Darunter meine ich die notwendige Beschäftigung mit der Familie, mit anderen Dingen als der engbegrenzten Fachwissenschaft, also mit Kunst, Literatur usw. Erst Leute in ganz großen Stellungen, wie sie etwa zwei Dutzendmal auf der Welt zu haben sind, können sich einen Stab von Mitarbeitern erziehen und die Fäden der großen Maschine in den Händen halten, ohne sich um jede Einzelheit derselben zu bekümmern. Aber auch da wird die Gesamtarbeitslast zu groß, so daß es schließlich in relativ jungen Jahren zu einem Mißverhältnis zwischen Widerstandskraft des Körpers und den geforderten Leistungen kommen muß.

Beim Chirurgen ist das Gefühl der Verantwortlichkeit ganz besonders groß. Jede nicht genau kritisch im Augenblick bedachte oder mechanisch überwachte Handlung kann dem anvertrauten Patienten unberechenbaren Schaden bringen. Stelle Dir einen Eisenbahnbeamten vor, der dazu auserlesen wäre, in einem Riesenbahnhof, bloß auf auftauchende Signale hin, ohne Vorhandensein eines Fahrplanes, täglich und stündlich die Weichen für die durchrasenden Züge mit den vielen Menschenleben zu stellen. Ich glaube, er würde bald erkennen, daß es besser ist, Steine zu klopfen, als solcherart mit Verantwortlichkeit überhäuft zu sein.

Es gibt Menschen, die von Haus aus eine leicht schwermütige Ader, sagen wir einen melancholischen Einschlag in ihrem Wesen haben. Für solche wirkt es zu gewissen Zeiten direkt deprimierend, immer nur Kranke zu sehen, immer nur Klagen zu hören. Der gute Arzt gewöhnt sein Ohr nie an Klagen. Die zahllosen Erfolge und vergnügten Menschen sind kein völlig äquivalentes Gegengewicht gegen jene, denen wir nicht helfen können. Es liegt in der Natur des Vergehens der Menschheit durch Krankheit und Tod, daß letztere immer eine unangreifbare Majorität bilden.

Der praktische Arzt steht heute in einem bitteren Erwerbskampf. Der mit feinem Empfinden ausgerüstete und nobel Denkende kommt schwer und nur dann vorwärts, wenn er über ganz ungewöhnliche Begabung verfügt. Die akademische Laufbahn ist in ihren Wegen und ihrem Walten ganz unberechenbar.

Ich habe meine glücklichsten Stunden, wenn ich mich einmal mit Physik, Chemie, Zoologie usw. beschäftigen kann. Daneben habe ich erst in relativ späten Jahren die Wertschätzung für die Naturphilosophen und reinen Philosophen kennen gelernt. Auch da habe ich viel, sehr viel nachzuholen und habe es wohl schon zum Teil getan. Jedenfalls kann ich nach meiner Lebenserfahrung sagen, kein Beruf schafft so schwere bittere Stunden wie der des Arztes. Hätte ich noch einmal zu wählen, ich würde die Naturwissenschaften in weiterem Umfang oder die theoretischen Fächer der Medizin ergreifen. Es gehört zum Mediziner eine ganz eigene Psyche. Ich habe zahllose Jünger des Faches, die von den größten Idealen beseelt waren, schon nach kürzester Zeit in der Praxis dem Alltagsleben unterliegen sehen. Wenn einer es ganz ernst und heilig nimmt, so hat er vom Leben nicht viel Gutes genossen. Ich sehne mich danach, ein paar Jahre meines Lebens noch mich rein naturwissenschaftlichen Studien und Bestrebungen widmen zu können. Es ist sehr fraglich, ob dieser Wunsch noch in Erfüllung gehen wird.

Dabei ist es mir in meinem Fache gut gegangen, allerdings nicht gleich bei den ersten Versuchen in der akademischen Karriere, aber ich glaube, ich habe in meinem Alter mehr erreicht, als sonst dieser Lebensphase eines Wissenschaftlers vergönnt war.

Also bleibe ruhig beim Jus und vertiefe Dich als Erholung, als Ergänzung, als Veredelung, wenn ich so sagen darf, in die Philosophie. Die Naturwissenschaften brauchen darum nicht zu kurz zu kommen. Wenn sie jemand wahrhaft liebt, so findet er immer etwas Zeit, sich mit ihnen zu beschäftigen.

Grüße mir Deine Eltern und KAROLINE, wenn Du wieder nach Wien kommst, Dich aber grüßt herzlich

Dein alter Onkel

ERWIN

Würdigungen

PAYR als Wissenschaftler

Seine literarische Vielseitigkeit und Fruchtbarkeit bleibt... bewundernswert. Neben... vielen allgemein-chirurgischen Themen gibt es... kaum ein Organ des menschlichen Körpers, das... ganz leer ausgegangen wäre... Es sei hier nur... auf seine fünf großen Lieblingsgebiete hingewiesen: auf die Gelenkpathologie, die er durch sein Gelenkbuch, ‚ein Lebenswerk‘, krönte, auf das Magen-Duodenalgeschwür, ...auf seine hirnchirurgischen Arbeiten, ... und auf seine Studien über Bauchfellverwachsungen und Eingeweidesenkungen, zu denen sich im Alter unter Rückkehr zu einer Jugendliebe wieder Probleme der Schilddrüsenpathologie gesellten... Seine Vorträge in wissenschaftlichen Gesellschaften zeichneten sich durch Originalität aus. Er hatte stets etwas Neues zu sagen und pflegte auch alten Problemen eine noch unerstiegene Seite abzugewinnen. Schon die Eigenart seiner Darstellungsweise mußte fesseln. In der Diskussion war er kein bequemer Gegner und doch großzügig und ohne verletzende Schärfe.

MARTIN KIRSCHNER (5)

Seine wissenschaftliche Leistung zu schildern, auch nur einen kurzen Überblick zu geben über seine 278 Einzelveröffentlichungen und sechs Lehrbücher, ist... unnötig, denn seine Arbeiten sind längst Allgemeingut der chirurgischen Wissenschaft geworden. Es möge genügen, darauf hinzuweisen, daß auf keinem Gebiet der gesamten Chirurgie seine Mitarbeit gefehlt hat. Jede seiner Arbeiten ist etwas Einmalig-Abgeschlossenes und Neues, und die große Zahl seiner Veröffentlichungen entspringt nicht der oftmaligen Wiederholung des gleichen Themas. Nur wenn über einen wissenschaftlichen Fortschritt berichtet werden konnte, sind die gleichen Gebiete einer nochmaligen Überarbeitung unterworfen. Diese bewundernswerte literarische Fruchtbarkeit ist gespeist aus einem schier unerschöpflichen Quell neuer Gedanken. Dazu kommt, was nur seinem Schülerkreise bekannt ist: PAYR hat zwar stets einen großen Stab von Mitarbeitern, Dozenten und Assistenten zur Verfügung gehabt, die ihm wohl bei seinen Arbeiten hätten behilflich sein können durch Zusammenstellung des Schrifttums, Sichtung der Krankengeschichten oder durch experimentelle Vorarbeit. Er hat aber niemals hiervon Gebrauch gemacht. Wir wußten meistens nicht einmal, an welchen Themen er arbeitete. Seine ganze schriftstellerische Leistung von der Sammlung des Stoffes bis zur letzten Korrektur ist das Werk seines eigenen fanatischen Fleißes.

ERNST HELLER (3)

Da er sich ständig mit den Problemen unserer Wissenschaft auseinandersetzte, entging ihm... nichts, was in der Literatur dauernd neu erschien. Dank seines phänomenalen Gedächtnisses vergaß er auch nichts, was er einmal gelesen hatte. Er benutzte keine Gedächtnisstützen, brauchte keine Notizbücher...

FRIEDRICH HESSE (4)

PAYR als Chirurg und Leiter seiner Klinik

...das streng anatomische Vorgehen bildet... das hervorstechendste Charakteristikum der Operationstechnik PAYRs... Große Schnitte, klare Darstellung aller in Betracht kommenden Gebilde, peinliche Blutstillung, sorgfältige Naht, nachdrückliche Beachtung gerade von Einzelheiten, Bevorzugung bedächtiger Ruhe vor hastiger Eile sind die Spezifika des vielfach auch auf seine chirurgischen Nachkommen vererbten operativen Vorgehens PAYRs und seiner weltbekannten Erfolge. Jede seiner Operationen ist mit ihrer sauberen Technik bis zum Äußersten eine künstlerische, auch den Ästheten befriedigende Leistung. PAYR hielt darum von jeher darauf, daß der junge operationshungrige Assistent, oft sehr zu seinem eigenen Leidwesen, erst eine lange Zeit der Schulung im Operationsdienste durchmachte, bevor er unter der Überwachung eines älteren erprobten Schülers an die erste Hernie herandurfte. Für fremdes Mißgeschick beim Operieren hatte PAYR verzeihendes Verständnis: Wer unter euch ohne Sünde ist, der hebe den ersten Stein auf!

MARTIN KIRSCHNER (5)

Das Führen guter Krankengeschichten wurde verlangt und dauernd nachgeprüft. Jede Verletzung dieser Pflicht konnte das natürliche Wohlwollen des Lehrers beeinträchtigen. Tägliche Krankenbesuche auf 1–2 Abteilungen, meist am frühen Vormittag vor der Vorlesung, hielten den Lehrer auf dem laufenden über den Zustand seiner vielen Kranken. Die operative Tätigkeit... spielte sich unter den Augen des Lehrers ab... Er verlangte die Einhaltung des als zweckmäßig erkannten, meist von ihm selbst auf das genaueste ausgearbeiteten Vorgehens, besonders bei den typischen Eingriffen, die ja die Mehrzahl darstellen.

OTTO KLEINSCHMIDT (6)

Das Handwerkliche unseres Faches stand an der Leipziger Klinik in hohem Kurs, aber es war nur Mittel zum Zweck und wurde sublimiert durch einen starken Bezug zum Künstlerischen. Bei unserem Chef traten diese künstlerischen Bezüge am deutlichsten zutage, wenn er Gelenkplastiken operierte. Ihm dabei zu assistieren oder zuzusehen, bedeutete Bereicherung und ästhetischer Genuß zugleich.... Im Laufe der Jahre hatte sich an der PAYRschen Klinik eine Art Exerzierreglement ausgebildet, nach dem gearbeitet wurde. Diese Reglementierung bedeutete für den neu in die Klinik Eintretenden eine große Erleichterung, denn er wußte von Anfang an genau, daß jede typische Operation nach diesen Grundsätzen ausgeführt wurde. Ich gebe aber zu, daß eine solche straffe Ordnung in unserem Beruf auf die Dauer nur erträglich ist, wenn über ihr ein universaler Geist waltet, der es sich nicht nehmen läßt, unter zwingenden Umständen auch einmal gegen seine eigenen Gesetze zu verstoßen.

FRIEDRICH HESSE (4)

PAYR als akademischer Lehrer

PAYRs klinische Vorlesungen waren meist Muster eines streng gegliederten Aufbaues und durchdachter Klarheit. Er behandelte lieber einen Gegenstand erschöpfend, als daß er seine Hörer mit einer imponierenden Fülle von nicht zu verdauendem Vorlesungsmaterial überschüttet hätte. Oft haben wir ihn bewundert, wenn er bei der Vorstellung eines unmittelbar vor Klinikbeginn eingelieferten Notfalles eine wohldisponierte und allseitig abgerundete Darstellung des gesamten Krankheitsbildes gab.

MARTIN KIRSCHNER (5)

Der Hörsaal konnte die Hörer kaum fassen. Die formvollendeten klinischen Vorlesungen auf den sicheren anatomischen und pathologisch-anatomischen Grundlagen machten jede Unterrichtsstunde zu einem reinen Genuß. Bei PAYR war es selbstverständlich, daß auch Fragen aus den Hilfs- und Nebenfächern herangezogen und Verbindungen zu den Nachbarkliniken hergestellt wurden. Demonstrationen und geschickte eindrucksvolle Handzeichnungen an der Wandtafel unterstützten die hervorragende Rednergabe wirksam. Das Wort stand ihm meisterhaft zur Verfügung.

OTTO KLEINSCHMIDT (6)

Seine unerreichbare Rednergabe, sein umfassendes Wissen und sein untrügliches Gedächtnis befähigten ihn, in jedem Augenblick auch über die entlegensten Gebiete der Chirurgie einen lehrbuchmäßigen, druckreifen Vortrag zu halten und ihn durch eine die Phantasie anregende Lebendigkeit dem Gedächtnis des Hörers einzuprägen.

ERNST HELLER (3)

Sein Wissen weiterzugeben, dafür stand ihm das gesprochene Wort in unnachahmlicher Weise zur Verfügung. Seine didaktische Begabung zeigte sich im Kolleg besonders darin, daß er den Studenten die einfachsten und die kompliziertesten Probleme unseres Faches in einer Weise nahezubringen verstand, daß ein jeder die Zusammenhänge verstehen mußte und sie auch im Gedächtnis behielt. Durch schematische Skizzen machte er seine Ausführungen noch plastischer und dadurch eindringlicher, wie es überhaupt ein Grundsatz seines inneren Lehrauftrages war, durch eine bis ins Einzelne gehende Systematik ein Schema zu erstellen, welches denjenigen, der es beherrschte, niemals im Stich ließ und es uns erlaubte, an Hand des Gerüstes nach eigenem Können und Wollen weiterzuarbeiten.

FRIEDRICH HESSE (4)

PAYR als Arzt und Persönlichkeit

... seine Art, den Kranken und die Krankheit zu betrachten und therapeutisch anzufassen, mußte im besten Sinne beispielgebend und erzieherisch wirken, sei es durch die Intuition, wie er, nie am Einzelsymptom haftend, mit sicherem Blick die Gesamtsituation erfassend, seine Diagnosen stellte, sei es, wie er, stets den Blick auf die Gesamtpersönlichkeit des kranken Menschen und das Gesamtbild der vorliegenden Krankheitserscheinung richtend, seine therapeutischen Entschlüsse faßte. Der Kranke selbst hat dafür ein feines Gefühl, und er stand von vornherein immer im Banne dieser gütigen, geistreichhumorvollen und starken Persönlichkeit und gab sich auch bei den folgenschwersten Entschlüssen mit grenzenlosem Vertrauen in PAYRs Hand: der Zauber des wirklich großen Arztes!

ALFONS KORTZEBORN (7)

PAYR war nicht nur ein unermüdlicher Forscher, erfolgreicher Chirurg und
... fast unerreichbarer Lehrer, sondern in erster Linie ein großer und guter
Arzt .... Die Höhe seiner ärztlichen Ethik offenbarte sich ... am Kranken-
bett verlorener, sterbender Menschen. Hier enthüllte sich sein letztes, tiefstes
Wesen. Die hoffnungslosen Fälle waren für ihn nicht abgetan, sondern gerade
diesen wandte er sich mit seiner ganzen Persönlichkeit zu, deren suggestive
Kraft nur der beurteilen kann, der sie jahrelang beobachtet hat. Immer wußte
er ein neues Tröstungsmittel zu finden, nie mangelte es ihm an Zeit zu einer
Aussprache, und strahlende Augen empfingen ihn, wenn er das Zimmer eines
Schwerkranken betrat, und folgten ihm, wenn er das Zimmer eines Sterbenden
verließ. Dieses wahre Arzttum, das er seinen Schülern vorlebte, war das Beste,
was er ihnen auf ihren späteren Lebensweg mitgegeben hat.

ERNST HELLER (3)

In diesem Mann paarten sich Klarheit des Denkens, geistige Produktivität,
Phantasie, Fleiß und Zielstrebigkeit, Herzensgüte und Menschlichkeit in einer
so wunderbaren Ausgewogenheit, wie es nur selten der Fall ist.

FRIEDRICH HESSE (4)

PAYR – ein Vierteljahrhundert nach seinem Tode gewürdigt

ERWIN PAYR gehört zu den Großen, die die deutsche Chirurgie im ersten
Drittel dieses Jahrhunderts zu Weltruf geführt haben .... Er hat ... mit vielen originellen Beiträgen am Fortschritt der Chirurgie und ihrer Nebengebiete
teilgenommen. Er gehört zu den Trägern und Förderern der sog. biologisch-
funktionellen Betrachtungsweise, die Ziel und Arbeitsrichtung der Chirurgie
zu Beginn unseres Jahrhunderts gewandelt haben. Er ist damit auch zu einem
der Mitbegründer der modernen Orthopädie, die zu seinen Hauptarbeits-
gebieten zählte, geworden ....

In der plastischen Chirurgie hat PAYR die grundlegende Methode, Gefäße
nahtlos aneinanderzufügen, entdeckt; er hat ferner als erster ein Stück aus einer Rippe frei in den Kiefer transplantiert, eine noch heute bedeutsame Operation. Seiner 1906 und in den darauffolgenden Jahren als Sensation geltenden
Homoio-Transplantation von Schilddrüsengewebe in die Milz eines myxödem-
kranken Kindes war allerdings nur vorübergehender Erfolg beschieden, aber
immerhin war sie ein bedeutsamer Schritt in der Entwicklung der Organtransplantation.

In der Bauchchirurgie gehört PAYR ... zu den ersten Verfechtern der Frühoperation der Appendizitis (1902/03), die in Deutschland etwa ab 1910 allgemein gebräuchlich wurde. PAYR war ein leidenschaftlicher Verfechter und
Förderer der Früherkennung des Magen- und Darmkrebses .... Wenn auch

seine Theorie über die Ätiologie des Magengeschwürs umstritten geblieben ist bzw. nur einige von verschiedenen Entstehungsursachen getroffen hat, so hat sie doch die wissenschaftliche Erforschung dieser Erkrankung angeregt und gefördert; im übrigen hat PAYR darauf hingewiesen, daß beim Magengeschwür immer eine Mehrzahl von Bedingungen mitspricht . . . .

In der Hirnchirurgie hat sich PAYR Verdienste mit Arbeiten über druckentlastende Eingriffe (Ventrikeldrainage, Punktion, Trepanation, Falcitomie) erworben; die Ventrikeldrainage beim Hydrocephalus hat er 1908 erstmals ausgeführt; sie ist heute – technisch weiterentwickelt – bei Neugeborenen mit Hydrocephalus ein häufig angewandter und erfolgreicher Eingriff. Hervorzuheben sind auch seine auf den kriegschirurgischen Erfahrungen beruhenden Arbeiten über die Behandlung frischer Schädelschüsse.

PAYRs größte und nachhaltigste Verdienste liegen auf dem Gebiet der Gelenkpathologie und Gelenkchirurgie. Er hat im ersten Bande seines Lebenswerkes „Gelenksteifen" eine bisher einzigartige systematische Darstellung der Erkrankungen der Gelenke hinterlassen, die in der Systematik richtungsweisend geworden und geblieben ist. In der Diagnose und Behandlung von Gelenkentzündungen und Gelenkeiterungen hat er schon früh neue Wege gewiesen, die sich besonders im ersten Weltkrieg segensreich bei vielen Kriegsverletzten ausgewirkt haben. PAYR ist schließlich – worin seine größte Leistung liegt – der Begründer der Arthroplastik; es ist sein Verdienst, Operationen ausgearbeitet zu haben, die eine Wiederbeweglichmachung versteifter Gelenke auf breiter Basis und mit großer Erfolgswahrscheinlichkeit (um 80%) erlaubten, und zwar vor allem bei den großer statischer Belastung ausgesetzten Gelenken, insbesondere dem Kniegelenk.

ANNELIESE GAENTSCH (1)

In 315 Originalarbeiten, zahlreichen Lehr- und Handbuch-Beiträgen entsteht vor uns das Bild des die gesamte Chirurgie seiner Zeit ausschöpfenden universellen Chirurgen. Zugleich erkennen wir aber auch in der Begründung der „Ergebnisse der Chirurgie und Orthopädie" – gemeinsam mit KÜTTNER –, vor allem in seinem unvollendet gebliebenen Lebenswerk, dem Ersten Band seiner „Gelenksteifen und Gelenkplastik", den Spezialisten! Aus der Gesamtschau wie aus der intensiven Beschäftigung mit der damals jungen Knochen- und Gelenk-Chirurgie hat PAYR diese durch viele neue Ideen bereichert. Mit ALBERT LORENZ und ERICH LEXER zählt er zu den Wegbereitern der Wiederherstellenden Knochen- und Gelenk-Chirurgie, der Orthopädie und Traumatologie. Nicht die Vielzahl operativer Vorschläge, die Technik an sich, sondern erst ihre Ausrichtung auf die Funktion, die funktionelle Betrachtungsweise mechanisch-biologischer Vorgänge, der Gedanke der kinetischen Kette, kennzeichnen PAYRs umfassendes Werk.

ALFRED GÜTGEMANN (2)

(1) GAENTSCH, ANNELIESE: ERWIN PAYR. Inaug. Diss. Köln 1970
(2) GÜTGEMANN, ALFRED: Eröffnungsansprache des Präsidenten. 88. Tagung der
    Deutschen Gesellschaft für Chirurgie 1971. Langenbecks Arch. Chir. 329 (1971)
    3–10
(3) HELLER, ERNST: ERWIN PAYR zum Gedenken. Zbl. Chir. 73 (1948) 451–453
(4) HESSE, FRIEDRICH: ERWIN PAYR zum Gedächtnis. Chirurg 31 (1960) 95–96
(5) KIRSCHNER, MARTIN: ERWIN PAYR zum 17. Februar 1941. Chirurg 13 (1941)
    97–101
(6) KLEINSCHMIDT, OTTO: ERWIN PAYR zum 70. Geburtstag am 17. Februar 1941.
    Zbl. Chir. 68 (1941) 289–293
(7) KORTZEBORN, ALFONS: ERWIN PAYR zum 70. Geburtstag (17.2.1941). Forschg. u.
    Fortschr. 17 (1941) 49–51

PAYRs wissenschaftliche Veröffentlichungen

Zeitschriftenbeiträge, Einzelschriften, Beiträge zu Lehr- und Handbüchern

1) Pathologie und Therapie des Hallux valgus. Beitr. klin. Med. u. Chir. 5 (1894) 5–77
2) Beitrag zur Lehre von den multiplen und symmetrischen Lipomen. Wien. klin.
   Wschr. 8 (1895) 733, 756, 776
3) Einige Versuche über Explorativpunktionen am Gehirn. Zbl. Chir. 23 (1896)
   737–745
4) Über Nierenverletzungen. Mitt. Ver. Ärzte Steiermark 35 (1898) 31–40, Med. chir.
   Zbl. 33 (1898) 178–182
5) Beiträge zu BIERs neuer Amputationstechnik. Zbl. Chir. 25 (1898) 499–501
6) Beitrag zur Kenntnis der Nierenschüsse. Dtsch. Zschr. Chir. 48 (1898) 92–103
7) Über tödliche Fettembolie nach Streckung von Kontrakturen. Münch. med.
   Wschr. 45 (1898) 885–888
8) Pankreascyste, seltene Topographie, Operation und Heilung. Wien. klin. Wschr. 11
   (1898) 629–634
9) Beiträge zum feineren Bau und zur Entstehung der carpalen Ganglien. (Habil.)
   Dtsch. Zschr. Chir. 49 (1898) 329–356
10) Über Fettembolie. Mitt. Ver. Ärzte Steiermark 35 (1898) 127–132
11) Ein Fall von Daumenplastik. Mitt. Ver. Ärzte Steiermark 35 (1898) 175–177
12) Die Pathologie der Osteomyelitis und Periostitis albuminosa. Mitt. Ver. Ärzte Stei-
    ermark 36 (1899) 61–73
13) Über chronische Ostitis (serosa) am Schädel. Wien. klin. Wschr. 12 (1899) 911–919
14) Melanom des Penis. Dtsch. Zschr. Chir. 53 (1899) 221–235
15) Über die Behandlung schwerer Trigeminusneuralgien. Mitt. Ver. Ärzte Steiermark
    36 (1899) 171–184
16) Über Läsion des Nervus ulnaris bei Verletzungen am Ellbogengelenk. Dtsch.
    Zschr. Chir. 54 (1900) 167–190

17) Weitere Beiträge zur Kenntnis und Erklärung des fettembolischen Todes nach orthopädischen Eingriffen und Verletzungen. Zschr. orthop. Chir. 7 (1900) 338–363

18) Beiträge zur Frage der totalen Darmausschaltung. Wien. klin. Wschr. 13 (1900) 707–712, 732–737

19) Beiträge zur Technik der Blutgefäß- und Nervennaht nebst Mitteilungen über die Verwendung eines resorbierbaren Metalles in der Chirurgie. Arch. klin. Chir. 62 (1900) 67–93

20) Über blutige Reposition von pathologischen und veralteten traumatischen Luxationen des Hüftgelenkes bei Erwachsenen. Dtsch. Zschr. Chir. 57 (1900) 14–60

21) Beiträge zur Frage der traumatischen Nierenbeweglichkeit. Münch. med. Wschr. 47 (1900) 1725–1729

22) Zur Anwendung der GIGLIschen Drahtsäge bei Knochenoperationen am Schädel. Zbl. Chir. 28 (1901) 405–406

23) Weitere Mitteilung über die blutige Reposition veralteter Hüftgelenksverrenkungen bei Erwachsenen. Arch. klin. Chir. 63 (1901) 952–969, Zbl. Chir. 28 (1901) 30–31

24) Über konservative Operationen am Hoden und Nebenhoden (Sektionsschnitt des Hodens bei akuter Orchitis). Arch. klin. Chir. 63 (1901) 1004–1013

25) Weitere Mitteilungen über Verwendung des Magnesiums bei der Naht der Blutgefäße. Arch. klin. Chir. 64 (1901) 726–740

26) Zur Verwendung des Magnesiums für resorbierbare Darmköpfe und andere chirurgisch-technische Zwecke. Zbl. Chir. 28 (1901) 513–515

27) Beiträge zur Rhinoplastik. Dtsch. Zschr. Chir. 60 (1901) 140–149

28) Beiträge zur Technik einiger Operationen am Dickdarm. Dtsch. Zschr. Chir. 59 (1901) 254–271

29) Ein gut funktionierender Verschlußapparat für den sakralen After nach Resectio recti. Dtsch. Zschr. Chir. 59 (1901) 594–597

30) Zur 25jährigen Docenten- und 20jährigen Professur – Jubelfeier Hofrath Professor C. NICOLADONIs. Wien. klin. Wschr. 14 (1901) Nr. 23

31) Über Verwendung von Magnesium zur Behandlung von Blutgefäßerkrankungen. Dtsch. Zschr. Chir. 63 (1902) 503–510

32) Zur Verwendung der Quetschmethoden in der Darmchirurgie. Dtsch. Zschr. Chir. 63 (1902) 511–518

33) Über ausgedehnte Darmresektionen. Arch. klin. Chir. 67 (1902) 181–201

34) Über Darmdivertikel und durch sie erzeugte seltene Krankheitsbilder. (Kongreßbericht der Dtsch. Ges. Chir.) Arch. klin. Chir. 67 (1902) 996–1012

35) Über die Ursachen der Stieldrehung intraperitoneal gelegener Organe. (Kongreßbericht der Dtsch. Ges. Chir.) Arch. klin. Chir. 68 (1902) 501–523

36) Beiträge zur Frage der Frühoperationen bei Appendizitis. Arch. klin. Chir. 68 (1902) 306–345

37) Über Frühoperationen bei Appendizitis. Mitt. Ver. Ärzte Steiermark 40 (1903) 33–38

38) Hofrat Prof. Dr. CARL NICOLADONI. – Worte der Erinnerung an seine Hörer und Schüler. Im klinischen Hörsaale am 9. Dezember 1902 gesprochen. Mitt. Ver. Ärzte Steiermark 40 (1903) 1–5, Dtsch. Zschr. Chir. 68 (1903) I–XII

39) Über ein Instrument zur bequemen Führung der GIGLIschen Drahtsäge. Dtsch. Zschr. Chir. 68 (1903) 181–184

40) Zur Technik der Behandlung kavernöser Tumoren. Zbl. Chir. 30 (1903) 233

41) Zur Ätiologie des schnellenden Fingers. Wien. klin. Wschr. 16 (1903) 735–737
42) Über Kopffisteln; ein Beitrag zur pathologischen Anatomie und Klinik der Strumitis. (Kongreßbericht der Dtsch. Ges. Chir.) Arch. klin. Chir. 71 (1903) 90–143
43) Weitere Beiträge zur Frage der sogenannten Frühoperation bei Epityphlitis. Verh. Dtsch. Ges. Chir. 32 (1903) 462–488
44) Zur Frage der circulären Vereinigung von Blutgefäßen mit resorbierbaren Prothesen. Arch. klin. Chir. 72 (1903–04) 32–54
45) Über neuere Methoden zur operativen Behandlung der Geschwülste des Nasenrachenraumes mit besonderer Berücksichtigung der KOCHERschen osteoplastischen Resektion beider Oberkiefer. Arch. klin. Chir. 73 (1904) 254–319
46) Über Thrombose von Netz- und Mesenterialvenen während der Ausführung von Bauchhöhlenoperationen. Verh. Dtsch. Ges. Chir. 33 (1904) 59–64
47) Über gleichzeitige Stenosierung von Pylorus und Darm. Arch. klin. Chir. 75 (1904) 291–352
48) Die Mobilisierung des Duodenums nach KOCHER zur Entfernung retroduodenal liegender Choledochussteine. Dtsch. Zschr. Chir. 75 (1904) 1–13
49) WÖLFLERs Erysipelbehandlung; eine historische Bemerkung zu A. BIERs neuer Verwendung der Stauungshyperämie. Wien. med. Wschr. 55 (1905) 1821–1823
50) Appendizitis und embolische Magenerkrankungen. Münch. med. Wschr. 52 (1905) 793–796
51) Über eine eigentümliche Form chronischer Dickdarmstenose an der Flexura coli sinistra. Verh. Dtsch. Ges. Chir. 34, 2. Teil (1905) 315–358, Arch. klin. Chir. 43 (1905) 671–714
52) Zwei durch Operation geheilte Fälle von Strangulationsileus. Mitt. Ver. Ärzte Steiermark 42 (1905) 267–270
53) Weitere Erfahrungen über die Behandlung von Blutgefäßgeschwülsten mit Magnesiumpfeilen. Zbl. Chir. 32 (1905) 1335–1338
54) Experimentelle und klinische Beiträge zur Lebernaht und Leberresektion (Magnesiumplattennaht). (Zusammen mit A. MARTINA) Verh. Dtsch. Ges. Chir. 34, 2. Teil (1905) 549–585
55) Transplantation von Schilddrüsengewebe in die Milz; experimentelle und klinische Beiträge zur Lehre von der Schilddrüsentransplantation. Arch. klin. Chir. 80 (1906) 730–826, 1030
56) Beiträge zur plastischen Deckung der Hautdefekte nach Brustdrüsenexstirpation. Dtsch. Zschr. Chir. 81 (1906) 361–373
57) Weitere experimentelle und klinische Beiträge zur Frage der Stieldrehung intraperitonealer Organe und Geschwülste. Dtsch. Zschr. Chir. 85 (1906) 392–451
58) Über wahre laterale Nebenkröpfe; pathologisch-anatomische und klinische Beiträge. (Zusammen mit A. MARTINA) Dtsch. Zschr. Chir. 85 (1906) 535–576
59) Über operative Behandlung des Malum suboccipitale. Dtsch. med. Wschr. 32 (1906) 2021–2027
60) Plastische Operationen an den Ohren (Stellungsverbesserung, Verkleinerung). Arch. klin. Chir. 78 (1906) 918–928
61) Stenose des Rectums bedingt durch ein verkalktes ausgestoßenes Uterusmyom. Dtsch. Zschr. Chir. 81 (1906) 549–559
62) Transplantation von Schilddrüse in die Milz. Verh. Dtsch. Ges. Chir. 35 (1906) 505–509, Arch. klin. Chir. 80 (Kongreßband) (1906) 155 (Diskuss.)

63) Chirurgische Erkrankungen der Schilddrüse. ALBERT und HOCHENEGG: Lehrbuch der Chirurgie und Operationslehre. S. 486–538. Berlin-Wien: Urban & Schwarzenberg 1906

64) Experimentelle Untersuchungen über die Ätiologie der Fettgewebsnekrose und Leberveränderung bei Schädigung des Pankreasgewebes. Dtsch. Zschr. Chir. 83 (1906) 189–193

65) Mastdarmerkrankungen. SCHNIRER und VIERORDT: Enzyklopädie der praktischen Medizin. III. Bd. S. 609–655. Wien 1906

66) Chirurgie der Brust. ALBERT und HOCHENEGG: Lehrbuch der Chirurgie und Operationslehre. S. 649–875, Berlin-Wien: Urban & Schwarzenberg 1907

67) Experimente über Magenveränderungen als Folge von Thrombose und Embolie im Pfortadergebiet. Arch. klin. Chir. 84 (1907) 799–854

68) Was soll die chirurgische Klinik dem angehenden Arzte auf seinem Lebensweg mitgeben? (Antrittsvorlesung Greifswald) Med. Klin. 3 (1907) 1415–1417

69) Penis (Anatomie, Verletzungen, Erkrankungen). SCHNIRER und VIERORDT: Enzyklopädie der praktischen Medizin. III. Bd., S. 1538–1565. Wien 1908

70) Der entzündliche Hämorrhoidalknoten und seine Behandlung. Med. Klin. 4 (1908) 649–655

71) Drainage der Hirnventrikel mittels frei transplantierter Blutgefäße (Bemerkungen über Hydrocephalus). Verh. Dtsch. Ges. Chir. 37, 2. Teil (1908) 600–684

72) Zur Erinnerung an Dr. ALDO MARTINA. Dtsch. Zschr. Chir. 93 (1908) 585–587

73) Über osteoplastischen Ersatz nach Kieferresektion durch Rippenstücke mittels gestielter Brustwandlappen oder freier Transplantation. Zbl. Chir. 35 (1908) 1066

74) Lebergeschwülste. Deuxième Congrès de la Société Internationale de Chirurgie, Rapports, Bruxelles (1908) 543–608

75) Wesen und Behandlung einer typischen gutartigen Stenose an der Flexura lienalis coli. Therapeut. Monatshefte 23 (1909) 88

76) Erfahrungen über Excision und Resektion bei Magengeschwüren. Verh. Dtsch. Ges. Chir. 38, 2. Teil (1909) 821–856

77) Die Erkrankungen der Knochen und Gelenke. WULLSTEIN und WILMS: Lehrbuch der Chirurgie. Bd. 2, 2. Aufl., S. 331–534. Jena: G. Fischer 1909

78) Die chirurgische Behandlung des runden Magengeschwürs und deren Indikationen. Dtsch. Klin. 12 (1909) 621–656

79) Über Pathogenese, Indikationsstellung und Therapie des runden Magengeschwürs. – Vortrag vor dem Verein für Innere Medizin und Kinderheilkunde, Berlin. Dtsch. med. Wschr. 35 (1909) 1556, 1611

80) Über einige neue Versuche zur Behandlung des Lupus. Dtsch. Zschr. Chir. 100 (1909) 398–412

81) Über die operative Mobilisierung ankylosierter Gelenke. Verh. Dtsch. Ges. orthop. Chir. 9 (1910) 354–408, Münch. med. Wschr. 57 (1910) 1921–1927

82) Zur operativen Behandlung des runden Magengeschwürs. Wien. klin. Wschr. 23 (1910) 310–313

83) Beiträge zur Pathogenese, pathologischen Anatomie und radikalen operativen Therapie des runden Magengeschwürs. Arch. klin. Chir. 93 (1910) 436–496

84) Erfahrungen über Excision und Resektion bei Magengeschwüren. Arch. klin. Chir. 92 (1910) 199–254

85) Beiträge zur Pathogenese, pathologischen Anatomie des runden Magengeschwürs. Verh. Dtsch. Ges. Path. (1910) 178–183

86) Diagnostik und Behandlung der Schädelbrüche. – Vortrag über praktische Therapie. Dtsch. med. Wschr. 36 (1910) 969–972, 1017, 1065

87) Über eigentümliche, durch abnorm starke Knickungen und Adhäsionen bedingte gutartige Stenosen an der Flexura lienalis und hepatica coli. Verh. Kongr. Inn. Med., Wiesbaden, 27 (1910) 276–305

88) Über die Behandlung accidenteller Wunden. Jahreskurse ärztl. Fortb. 1, H. 12 (1910) 5–33

89) Über Ventrikeldrainage bei Hydrocephalus. Verh. Dtsch. Ges. Chir. 40, 2. Teil (1911) 515–535, Arch. klin. Chir. 95 (1911) 986–1006

90) Grundlagen und Arbeitsrichtung der modernen Chirurgie in ihrer Bedeutung für den klinischen Unterricht. Med. Klin. 7 (1911) 359–362

91) Ein Notverband für Jodtinkturdesinfektion. Münch. med. Wschr. 58 (1911) 1876

92) Chirurgie. – Die Magenchirurgie (mit besonderer Berücksichtigung des Ulcus ventriculi rotundum). Jahreskurse ärztl. Fortb. 2, H. 12 (1911) 3–50

93) Zur Erinnerung an KARL NICOLADONI. Med. Klin. 8 (1912) 2012–2013

94) Zum Tode LISTERs. – Eine Würdigung seines Lebenswerkes. Dtsch. Zschr. Chir. 120 (1912) 1–6

95) Zur Technik der arterio-venösen Bluttransfusion. Münch. med. Wschr. 59 (1912) 793

96) Zur Verwendung der Jodtinktur-Desinfektion am eröffneten Magen und Darmtrakt. Zbl. Chir. 39 (1912) 386–388

97) Eine Magendarmquetschzange und instrumentelle Behelfe für die Querresektion des Magens. Zbl. Chir. 39 (1912) 457–462

98) Über druckentlastende Eingriffe bei Hirndruck. Dtsch. med. Wschr. 38 (1912) 256–261

99) Über die operative Mobilisierung des ankylosierten Kniegelenkes. Zbl. Chir. 39 (1912) 84–89

100) Experimentelle Beiträge zur operativen Mobilisierung ankylosierter Gelenke. Arch. klin. Chir. 99 (1912) 681–754

101) Über die Sicherung der Naht bei Pyelolithotomie durch einen gestielten Lappen der Capsula fibrosa. Zbl. Chir. 39 (1912) 1505–1509

102) Demonstration eines Falles von abdominosakral operiertem, an der Blase fixiertem Rectumcarcinom. Münch. med. Wschr. 59 (1912) 730

103) Über die operative Behandlung von Kniegelenksankylosen. Verh. Dtsch. Ges. Chir. 42, 2. Teil (1912) 516–589 (Diskuss. 1. Teil (1912) 326–333)

104) Über die orthopädische-chirurgische Behandlung der poliomyelitischen Lähmungen im Kindesalter. Dtsch. med. Wschr. 38 (1912) 2026–2029

105) Über unbeabsichtigte Wirkungen der Korrektur spastischer Deformitäten. Verh. Dtsch. Ges. orthop. Chir. 11 (1912) 287–293

106) Umfrage über das Frühaufstehen nach Operationen und Geburten. Med. Klin. 50 (1912) 2036

107) Chirurgie. – Die Gallensteinkrankheit. Jahreskurse ärztl. Fortb. 4, H. 12 (1913) 5–57

108) Zur Technik der Hirnpunktion (Rinnenspatel als Nadelführer). Zbl. Chir. 40 (1913) 386–388

109) Die physiologisch-biologische Richtung der modernen Chirurgie. (Antrittsvorlesung Leipzig, 11.12.1912) Leipzig: S. Hirzel, 1913

110) Zur Nahtsicherung bei der Pyelolithotomie. Zbl. Chir. 40 (1913) 547

111) Über spontane post-operative peritoneale Adhäsionen. Berl. klin. Wschr. 50 (1913) 2116

112) Zur Prophylaxe und Therapie peritonealer Adhäsionen. Eisenfüllung des Magendarmkanals und Elektromagnet. Münch. med. Wschr. 60 (1913) 2601–2604

113) Operativ behandelte knöcherne Hüftgelenksankylose. Münch. med. Wschr. 60 (1913) 1742

114) Über postoperative und spontane Adhäsionen in der Bauchhöhle. Verh. Ges. Dtsch. Naturforscher und Ärzte, Leipzig, 2. Teil, 2. Hälfte (1914) 384–389

115) Fall von Faszientransplantation operativ behandelter Bizepsruptur. Münch. med. Wschr. 61 (1914) 567

116) Chirurgische Behandlung der Verletzungen und Erkrankungen des Halses. PENTZOLDT und STINTZING: Handbuch der gesamten Therapie, Bd. 6, 5. Aufl., S. 256–353. Jena: G. Fischer 1914

117) De la prophylaxie et de la thérapie des adhérences péritonéales au moyen de l'introduction de fer dans l'intestin et de l'emploi de l'électroaimant. Arch. d'électric. méd., Bordeaux, 24 (1914) 131–138

118) Über postoperative und spontane Adhäsionen in der Bauchhöhle. Zbl. Chir. 41 (1914) 99–104

119) Zur Indikationsstellung der operativen Behandlung des Ulcus kallosum ventriculi. Zbl. Chir. 41 (1914) 1065–1067

120) Ein Kranker mit operativer Mobilisierung des ankylosierten linken Hüftgelenkes. Münch. med. Wschr. 61 (1914) 567

121) Weitere Erfahrungen über die operative Mobilisierung ankylosierter Gelenke mit Berücksichtigung der späteren Schicksale der Arthroplastik. Dtsch. Zschr. Chir. 129 (1914) 341–463, 479

122) Schilddrüsenüberpflanzung. Dtsch. med. Wschr. 40 (1914) 988

123) Weitere Erfahrungen über die Mobilisierung ankylosierter Gelenke. Verh. Dtsch. Ges. Chir. 43, 2. Teil (1914) 827–842, (Diskuss. 1. Teil, 164–169), (1914) Arch. klin. Chir. 106 (1914) 235–250

124) Über den Magendarmelektromagneten und seine Anwendung. Bemerkungen über die Prinzipien der Adhäsionsprophylaxe. Verh. Dtsch. Ges. Chir. 43, 2. Teil (1914) 749–795, Arch. klin. Chir. 106 (1914) 125–171

125) Zur Frage der Schilddrüsentransplantation. Verh. Dtsch. Ges. Chir. 43, 2. Teil, (1914) 678–684, 1914 Arch. klin. Chir. 106 (1914) 16–30

126) Ulcus ventriculi und duodeni. Referat vor dem 4. Kongreß der Int. Ges. Chir., Brüssel, 1914

127) Ein Vorschlag zur Behandlung der Bauchschüsse im Kriege. Münch. med. Wschr. 61 (1914) 1825

128) Thrombose des Sinus cavernosus. Münch. med. Wschr. 62 (1915) 987

129) Über Gasphlegmone im Kriege. (1. Mitteilung) Münch. med. Wschr. 62 (1915) 57–58

130) Operativ mobilisierte Kniegelenke bewähren sich auch im Kriege. Münch. med. Wschr. 62, 130, Feldärztl. Beil., 1. Hälfte, 1915

131) Schußfrakturen. Münch. med. Wschr. 62 (1915) 605–608

132) Arm- und Beinschußbrüche, Gelenkschüsse, Gelenkeiterungen. – Kriegschirurgentagung Brüssel 1915. Münch. med. Wschr. 62 (1915) 605–607, Berl. klin. Wschr. 52 (1915) 594–596, Beitr. klin. Chir. 96 (1915) 529–555

133) Über die blutige Gelenkmobilisierung in der Kriegschirurgie. Wien. med. Wschr. 65 (1915) 1101–1108

134) Über die Anwendung starker Elektromagnete in der praktischen Medizin. Die Naturwissenschaft 3 (1915) 391–394

135) Gelenkverletzungen, Gelenkeiterungen und ihre Behandlung. Beitr. klin. Chir. (Kriegschir. Hefte), 96 (1915) 529–538, Münch. med. Wschr. 62 (1915) 1241–1245, 1282–1286, 1321–1326

136) Erfahrungen über Schädelschüsse. Jahreskurse ärztl. Fortb. 6, H. 12 (1915) 1–42

137) Plastik am Schildknorpel zur Behebung der Folgen einseitiger Stimmbandlähmung. Dtsch. med. Wschr. 41 (1915) 1265–1270

138) Über Gasphlegmone. (2. Mitteilung) Med. Klin. 12 (1916) 442–444

139) Verlauf und Behandlung von Gelenkeiterungen, Technik zur Eröffnung und Drainage. Dtsch. Zschr. Chir. 139 (1916) 1–64

140) Absetzung und Auslösung von Arm und Bein in Rücksicht auf die Folgen. Münch. med. Wschr. 63 (1916) 873–875, Bruns' Beitr. klin. Chir. 101 (1916) 123–195

141) Amputationsplastik des Vorderarms für aktive Bewegung einer Handprothese. Münch. med. Wschr. 63 (1916) 356

142) Meningitis serosa bei und nach Schädelverletzungen. Med. Klin. 12 (1916) 841, 869

143) Erfahrungen über Schädelschüsse. Münch. med. Wschr. 63 (1916) 243

144) Anleitung zur frühzeitigen Erkennung der Krebskrankheit. PAYR und RUPPRECHT, Leipzig: S. Hirzel 1917

145) Hollundermarkröhrchen zur Drainage von Hirnabszessen. Dtsch. med. Wschr. 43 (1917) 481

146) Präparat eines ungewöhnlich großen Magenpolypen. Münch. med. Wschr. 64 (1917) 325

147) Über Wesen und Ursachen der Versteifung des Kniegelenkes nach langdauernder Ruhigstellung und neue Wege zu ihrer Behandlung. Münch. med. Wschr. 64 (1917) 673, 710, 720

148) Fall von großem zentralem Sarkom des unteren Femurendes. Münch. med. Wschr. 64 (1917) 325

149) Zur Eröffnung und Drainage der hinteren Kapseltasche bei Kniegelenkseiterungen. Zbl. Chir. 44 (1917) 617–624

150) Eine vollständige Lähmung des Nervus peroneus. Münch. med. Wschr. 64 (1917) 1275

151) Über ein einfaches und schonendes Verfahren zur beliebigen und breiten Eröffnung des Kniegelenkes. Zbl. Chir. 44 (1917) 921–926, Münch. med. Wschr. 65 (1918) 196

152) Fall von erfolgreicher Exstirpation einer ungewöhnlich großen, völlig endothorakal liegenden Struma. Münch. med. Wschr. 64 (1917) 324

153) Fall von antethorakaler Oesophagusplastik. Münch. med. Wschr. 64 (1917) 783

154) Demonstration von zwei Soldaten mit Schädelschüssen. Münch. med. Wschr. 64 (1917) 324

155) Zur operativen Behandlung von Kniegelenkssteife nach langdauernder Ruhigstellung. Zbl. Chir. 44 (1917) 809–816
156) Mobilisierung des knöchern versteiften Ellbogengelenkes. Münch. med. Wschr. 64 (1917) 1275
157) Über Verlauf, Verhütung und Behandlung von Gelenkeiterungen. Jahreskurse ärztl. Fortb. 8, H.12 (1917) 3–49
158) Die Bedeutung „fixierter Koloptose" für die hintere Gastroenterostomie. Zbl. Chir. 45 (1918) 661–665
159) Über Wiederbildung von Gelenken, ihre Erscheinungsformen und Ursachen; funktionelle Anpassung, Regeneration. Dtsch. med. Wschr. 44 (1918) 844–874
160) Pyosalpinx mit Darmkomplikationen. Münch. med. Wschr. 65 (1918) 857
161) Zur operativen Behandlung der fixierten „Doppelflintenstenose" an der Flexura coli sinistra (Kolonwinkelsenkung); zugleich ein Eingriff gegen bestimmte Formen chronischer Obstipation. Dtsch. Zschr. Chir. 45 (1918) 446–449, Münch. med. Wschr. 65 (1918) 857
162) THEODOR KOCHER (Nekrolog). Ergeb. Chir. u. Orthop. V–VII (1918)
163) Fall von Radikaloperation wegen Ulcus pepticum jejuni nach Gastroenterostomie. Münch. med. Wschr. 65 (1918) 856
164) Erkrankungen der Gelenke. WULLSTEIN und WILMS: Lehrbuch der Chirurgie, Bd. 3, 6. Aufl., 454–588, Jena: Fischer 1919
165) Über Nachoperationen an Amputationsstümpfen. – Ersatzglieder und Arbeitshilfen für Kriegsbeschädigte und Unfallverletzte. Berlin 1919, S.164–201
166) Über Erfahrungen mit dem medialen S-Schnitt zur schonenden und doch übersichtlichen Eröffnung des Kniegelenkes (38 Fälle). Zbl. Chir. 46 (1919) 770–777
167) Über ein neues Verfahren zur Nachbehandlung von THIERSCHs Transplantationen. Münch. med. Wschr. 66 (1919) 761
168) Differentialdiagnose von Uretersteinen. Münch. med. Wschr. 66 (1919) 1276
169) Erweiterung der Anzeigestellung für blutige Mobilisierung versteifter Gelenke. Zbl. Chir. 46 (1919) 746–749
170) Elfjähriger Dauererfolg einer Ventrikeldrainage bei Hydrocephalus. Med. Klin. 15 (1919) 1247–1251
171) Analyse des Begriffes „Insufficientia vertebrae" (SCHANZ), Konstitutionspathologie der Wirbelsäule, zur Mechanik des Wirbelsäulentraumas. Arch. klin. Chir. 113 (1919–20) 645–698
172) Zehn Jahre Arthroplastik. Zbl. Chir. 47 (1920) 313–323
173) Über die STEINACHsche Verjüngungsoperation. Zbl. Chir. 47 (1920) 1130–1139
174) Einfacher Weg zum Trigeminusaste zur Anaesthesie und Alkoholinjektion bei Neuralgie. Zbl. Chir. 47 (1920) 1226
175) Meissel und Messerschliff für Knochenplastik. Zbl. Chir. 47 (1920) 1261–1263
176) Über Zelluloidplastik bei Schädeldefekt, Bildung von „Gleitgewebe". Zbl. Chir. 47 (1920) 1362–1365
177) Obstipationsursachen und -formen (Konstitutionspathologie und Eingeweidesenkung), über die Anzeigestellung zur Operation bei Obstipation. Verh. Dtsch. Ges. Chir. 44 (1920) 237–305, Arch. klin. Chir. 114 (1920) 894–962
178) Mobilisierung aller drei großen versteiften Gelenke der linken unteren Extremität. Münch. med. Wschr. 68 (1920) 705, Arch. klin. Chir. 114 (1920) 878–893

179) Erfolgreiche Mobilisierung der drei großen versteiften Gelenke an einer unteren Gliedmaße. – Demonstration zu einer Arthroplastik. Verh. Dtsch. Ges. Chir. 44 (1920) 221–236

180) Normales und krankhaftes Altern von Mensch und Tier. Die Umschau, Frankfurt/M. und Leipzig, 25 (1921) 2–6

181) Eingeweidesenkung und Konstitution. Zbl. Chir. 48 (1921) 106–111

182) Über Ursachen, Diagnose und Behandlungsplan der Trigeminusneuralgie. Münch. med. Wschr. 68 (1921) 1039–1042

183) Konstitutionspathologie und Chirurgie. Verh. Dtsch. Ges. Chir. 45 (1921) 140–167

184) Die Geschwülste des Magens als Gegenstand chirurgischer Behandlung (Mit HOHLBAUM) KRAUS und BRUGSCH: Spezielle Pathologie und Therapie innerer Krankheiten, V. Bd., 1. Teil, 1237–1302, 1921

185) Die Binnenverletzungen des Kniegelenkes. Münch. med. Wschr. 68 (1921) 1122–1124

186) Praktische Erfahrungen mit der Pepsin-Pregl-Lösung zur Narbenerweichung und Wiederbildung von Gleitgewebe. Arch. klin. Chir. 121 (1922) 780–830

187) Praktische Erfahrungen mit der Pepsin-Pregl-Lösung. Dtsch. med. Wschr. 58 (1922) 715

188) Über eine keimfreie kolloidale Pepsinlösung zur Narbenerweichung, Verhütung und Lösung von Verwachsungen. Dtsch. med. Wschr. 48 (1922) 613

189) Phenolkampher in der Gelenkchirurgie. Zbl. Chir. 49 (1922) 1018–1021

190) Pepsin und Trypsin zur Narbenerweichung. Zbl. Chir. 49 (1922) 1024–1027

191) Der frische Schädelschuß. PAYR und FRANZ: Handbuch der ärztlichen Erfahrungen im Weltkriege, Leipzig: J. A. Barth 1922

192) Erfahrungen mit der Pepsin-Pregl-Lösung bei Behandlung inoperabler bösartiger Geschwülste. Münch. med. Wschr. 69 (1922) 1330–1333

193) Über unangenehme Erfahrungen mit dem neuen „vergällten" Alkohol zur Händedesinfektion. Dtsch. med. Wschr. 48 (1922) 1572

194) Altes und Neues zur Unterscheidung von Ulcustumor und Krebs am Magen. Zbl. Chir. 49 (1922) 1706–1712

195) Die operative Behandlung (Ignipunktur) mancher Fälle polyzystischer Nierendegeneration; Bemerkungen zur Pathologie und Klinik. Zschr. urolog. Chir. 12 (1923) 254–268

196) Über einige wenig beachtete Fehler in der Asepsis. Zbl. Chir. 50 (1923) 1601–1607

197) Über Regeneration mit besonderer Berücksichtigung der Gleitapparate. Münch. med. Wschr. 70 (1923) 1333, 1365

198) Biologisches zur Entstehung, Rückbildung und Vorbeuge von Bauchfellverwachsungen. Zbl. Chir. 51 (1924) 718–727

199) Die Entlastung der gedrosselten Vena magna cerebri (GALENI); ein neuer Heilplan zur Bekämpfung von Hirndruck, Stauungspapille, Hydrocephalus. Zbl. Chir. 51 (1924) 28–35

200) Autobiographie. Die Medizin der Gegenwart in Selbstdarstellungen. ERWIN PAYR. S. 121–164, Leipzig: Felix Meiner 1924, 2. Aufl. 1930

201) Zur Biologie der Narbe und ihrer Schicksale. – Vorstellungen über die Wirkung der Pepsinbehandlung. Zbl. Chir. 51 (1924) 1112–1119

202) Operative Strahlenbehandlung der Hirngeschwülste. ZWEIFEL und PAYR: Klinik der bösartigen Geschwülste. Bd. 1, 399–438, Leipzig: S. Hirzel 1924

203) Über Pylorusmuskeldurchschneidung (extramuköse Pylorotomie) spastischer Zustände. Zbl. Chir. 51 (1924) 2407–2416

204) Exstirpation eines großen primären Plattenepithelkrebses der Lunge. Bemerkungen über präcanceröse Zustände an den Lungen, Trommelschlegelfinger und Brustwandbeziehungen der Lungengeschwülste. Arch. klin. Chir. 133 (1924) 700–728

205) Der halbe LANGENBECK als muskelschonende Zugangsoperation für gewisse Eingriffe an Schulter und Hüftgelenk. Arch. klin. Chir. 132 (1924) 487–502

206) Drittmalige erfolgreiche Gelenkplastik an einem Kniegelenk. Arch. klin. Chir. 133 (1924) 34–39

207) Anzeigestellung und Behandlung bei Hirngeschwülsten. Jahreskurse ärztl. Fortb. 15 (1924) H.12, 1–35

208) Zu Geheimrat Professor TILLMANNs 80. Geburtstag. Dtsch. med. Wschr. 60 (1924) 1517

209) Klinisches zur Arthritis deformans. Münch. med. Wschr. 82 (1925) 116

210) Zum Tode ADOLF VON STRÜMPELLs. Med. Klin. 11 (1925) 189

211) FRIEDRICH TRENDELENBURG. Münch. med. Wschr. 72 (1925) 568–569

212) Die Behandlung des Magenkrebses (Sarkom), ihre Anzeigestellung. ZWEIFEL und PAYR: Die Klinik der bösartigen Geschwülste. Bd. II, 160–263, Leipzig: S. Hirzel 1925

213) Freilegung des Ductus choledochus bei Rezidivoperationen nach Cholezystektomie. Zbl. Chir. 52 (1925) 1986–1990

214) Hallux valgus und Konstitutionspathologie. Zbl. Chir. 52 (1925) 2289–2291

215) Therapie der primären und sekundären Arthritis deformans, zur Konstitutionspathologie der Gelenke. Zbl. Chir. 52 (1925) 2363–2370

216) Erfahrungen mit der Pyloromyotomie. Arch. klin. Chir. 138 (1925) 639–671

217) Obstipationsproblem und Chirurgie. Verh. Ges. Verdauungs- u. Stoffw.krkh., Wien, 141–174 (Diskuss. 180–185) 1925

218) Zur Hallux-valgus-Operation und Therapie der Arthritis deformans. Zbl. Chir. 52 (1925) 2292–2296, 2930 (Erwiderung von HOFFMANN: 2931)

219) Therapie der primären und sekundären Arthritis deformans, Konstitutionspathologie der Gelenke. Bruns' Beitr. klin. Chir. 136 (1926) 260–329

220) Entwicklung, Gegenwart und Zukunft der Gelenkchirurgie. Zbl. Chir. 53 (1926) 842–851

221) Chirurgische Erkrankungen der Schilddrüse. (Mit LADWIG) HOCHENEGG und PAYR: Lehrbuch der speziellen Chirurgie. S. 602–689. Berlin-Wien: Urban & Schwarzenberg 1926

222) Allgemein-chirurgische Pathologie des Schädels und seines Inhaltes. Hirnerschütterung, Hirnquetschung, Hirndruck, Hirngeschwülste. (Mit SONNTAG) HOCHENEGG und PAYR: Lehrbuch der speziellen Chirurgie. S. 1–141. Berlin-Wien: Urban & Schwarzenberg 1926

223) Plastik an Kugelgelenken. Arch. klin. Chir. 142 (1926) 728–771 (Diskuss. 132)

224) Appendizitis, diagnostische und therapeutische Irrtümer und deren Verhütung. Chirurgie, Heft 8, 51–180. Leipzig: Thieme 1926

225) Der Fetthängebauch. – Vortrag vor der Medizinischen Gesellschaft zu Leipzig. Münch. med. Wschr. 73 (1926) 1462

226) Referat über G. HAUSER: Die peptischen Schädigungen des Magens, des Duodenums und der Speiseröhre und das peptische postoperative Jejunalgeschwür. Zbl. Chir. 53 (1926) 2872–2874

227) F. MARCHAND zum 80. Geburtstag. Klin. Wschr. 5 (1926) 2046–2047

228) Über die sogenannte primär chronische, klinisch anfallsfreie Appendizitis. – Die Gelegenheitsappendektomie. Med. Klin. 22 (1926) 1471. Dtsch. Zschr. Chir. 200 (1927) 307–363. Dtsch. med. Wschr. 52 (1926) 1579

229) Über die Eingeweidesenkung. KIRSCHNER und NORDMANN: Die Chirurgie, eine zusammenfassende Darstellung der allgemeinen und speziellen Chirurgie. Berlin–Wien: Urban & Schwarzenberg 5 (1927) 1181–1240

230) Der heutige Stand der Gelenkchirurgie. Arch. klin. Chir. 148 (1927) 404–521. Med. Klin. 23 (1927) 888

231) Ein ganz ungewöhnlicher Fall von Ileus mit dreifachem Darmverschluß. Klin. Wschr. 6 (1927) 427

232) Zur Behandlung inoperabler Fälle von Prostatahypertrophie (und Karzinom) mit der Pepsin-Pregl-Lösung. Zbl. Chir. 54 (1927) 1858

233) Über die eisenharte Struma nach RIEDEL. Bericht über die Internationale Kropfkonferenz vom 24.–26.8.1927 in Bern (1928) 113–115

234) Über die chronische Infektarthritis und ihre chirurgische Behandlung. – Einspritzungsverfahren, Synovektomie. Zschr. klin. Med. 108 (1928) 4–32

235) Chirurgische Behandlung der Verletzungen und Erkrankungen des Halses. PENT-ZOLDT und STINTZING und GULEKE: Handbuch der gesamten Therapie. 6. Bd., 6. Aufl. S. 297–396, Jena: G. Fischer 1928

236) Die Erkrankungen der Schilddrüse. PENTZOLDT und STINTZING und GULEKE: Handbuch der gesamten Therapie. 6. Bd., 6. Aufl S. 396–438. Jena: G. Fischer 1928

237) BASEDOWsche Krankheit. PENTZOLDT und STINTZING und GULEKE: Handbuch der gesamten Therapie. 6. Bd., 6. Aufl., S. 439–465. Jena: G. Fischer 1928

238) Plastischer erfolgreicher Ersatz aller vier Augenlider. Arch. klin. Chir. 152 (1928) 532–540

239) Das „Patellarspiel" und seine Bedeutung für die Pathologie des Kniegelenkes. – I. Teil. Der Chirurg 2, H. 1 (1928) 7–14

240) Das Patellarspiel und seine Bedeutung für die Pathologie des Kniegelenkes (Schluß). – Ein Beitrag zur normalen und pathologischen Physiologie desselben. Der Chirurg 2, H. 2 (1928) 66–76

241) Über Erkennung und Behandlung der ruhenden Infektion. (Mit beonderer Berücksichtigung des Skeletts und der Gelenkversteifungen). Arch. klin. Chir. 153 (1928) 515–549

242) Das Kropfproblem. Jahreskurse ärztl. Fortb. 19 (1928) H. 12, 1–22

243) Eröffnungsrede und Geschäftsbericht des Vorsitzenden der 53. Tagung der Dtsch. Ges. Chir. Arch. klin. Chir. 157 (1929) 1–20

244) Wie können wir die Operationssterblichkeit des Morbus BASEDOW verringern, die Dauererfolge verbessern? Zbl. Chir. 56 (1929) 834–844

245) Der Einfluß THEODOR BILLROTHs auf die deutsche Chirurgie. – Gedenkrede zur Wiederkehr des 100. Geburtstages am 26.4.1929; gehalten auf der 53. Tagung der Dtsch. Ges. Chir. am 3.4.1929. Münch. med. Wschr. 76 (1929) 695–697

246) Die chirurgische Behandlung chronischer Gelenkerkrankungen (Einspritzung in die Gelenke, operative Eingriffe). – Rheumaprobleme. Ges. Vorträge, gehalten auf dem 1. Ärztekurs des Rheuma-Forschungs-Institutes am Landesbad der Rheinprovinz in Aachen am 18./20. 10. 1928, S. 97–117. Leipzig: Georg Thieme 1929

247) Über Thromboseembolie. Münch. med. Wschr. 76 (1929) 1574

248) Obstipation, Eingeweidesenkung und Bauchfellverwachsungen in ihren Beziehungen zur Trinkkur und in ihrer Anzeigestellung für die zu wählende Behandlung. Internat. ärztl. Fortb. Kurs, Karlsbad (1929) 129–158

249) Gelenkerkrankungen vom chirurgischen Standpunkt. Neue Dtsch. Klin. 4 (1930) 1–40

250) Die chirurgische Behandlung des Kardiospasmus. (Diskuss. zu STARCK: Kardiospasmus) Verh. Ges. Verdauungs- u. Stoffw.krkh. 1929. S. 180–185, 197. Leipzig: Georg Thieme 1930

251) Gedanken und Beobachtungen über die Thrombo-Emboliefrage. – Anregung zu einer Sammelforschung. Zbl. Chir. 57 (1930) 961–979

252) Über das Schicksal einer vor 20 Jahren erfolgreich ausgeführten Kniegelenksplastik. Dtsch. Zschr. Chir. 225 (1930) 464–469

253) Schonende Technik bei Gelenkoperationen an Hand einiger Beispiele. Dtsch. Zschr. Chir. 227 (1930) 386–398

254) Einige seltenere Gelenkfälle. – Vortrag zur 54. Tagung der Dtsch. Ges. Chir. Arch. klin. Chir. 162 (1930) 124–128. Zbl. Chir. 57 (1930) 1515

255) Nachruf auf PAUL FRANGENHEIM. Münch. med. Wschr. 77 (1930) 2114–2115

256) Neuere und bewährte Methoden zur Erschließung der Gelenke. Zbl. Chir. 58 (1931) 906–912

257) Nachruf auf Professor JOSEF HERTLE (Graz). Münch. med. Wschr. 78 (1931) 1268

258) Fall von operativ geheiltem Milzabszeß. – Vortrag vor der Med. Ges. Leipzig am 12. 5. 1931. Münch. med. Wschr. 78 (1931) 1372

259) Über die Drosselung der Milzarterie mit Faszie bei übergroßen oder nicht exstirpierbaren Milzgeschwülsten. Arch. klin. Chir. 167 (1931) 512–539

260) Gelenk-„Sperren" und „Ankylosen"; über die „Schultersteifen" verschiedener Ursache und die sogenannte „Periarthritis humeroscapularis", ihre Behandlung. Zbl. Chir. 58 (1931) 2993–3003

261) Anaesthesie für Oberbauchoperationen durch Pantocainfüllung der Bursa omentalis. (Eine vorläufige Mitteilung). Dtsch. Zschr. Chir. 234 (1931) 130–136 (BIER – Festschrift)

262) Über den Einfluß der Tuberculose-Lehre ROBERT KOCHs auf die Chirurgie. – Eine pathologisch-biologische Betrachtung. Dtsch. med. Wschr. 58 (1932) 481–487

263) Zur Begriffsbestimmung und Sichtung der Betriebsstörungen der Gelenke; Ankylosen, Gelenksperren, Kontrakturen, Teilregenerat. Zschr. orthop. Chir. 56 (1932) 537–541

264) Zur Ehrenrettung des Phenolkamphers. Der Chirurg 4, H. 17 (1932) 695–696

265) Über das Schicksal von vier Fällen von Drosselung der Milzarterie mit Faszie. Arch. klin. Chir. 173 (1932) 480–487

266) Der Phenolkampher schädigt bei richtiger Zusammensetzung und Anwendungsart in der Gelenkbehandlung den Knorpel nicht. Zbl. Chir. 59 (1932) 2737–2746

267) Frühdiagnose des Krebses. – Dünndarm und Dickdarm. PAYR und RUPPRECHT: Anleitung zur frühzeitigen Erkennung und Bekämpfung der Krebskrankheit. S. 74–106. Leipzig: S. Hirzel 1932

268) Nachruf auf Geheimrat HERMANN KÜTTNER. Zbl. Chir. 59 (1932) 2866–2870. Münch. med. Wschr. 79 (1932) 2087–2089. Ergebn. Chir. u. Orthop. 26, V–VI (1933)

269) Die kinetische Kette. – Tonuspathologie. Acta chir. Scand., Stockholm, 72, I–VI (1932), 318–330

270) Zur Diagnose und Behandlung der Aktinomykose. – Autovakzine-Therapie. Münch. med. Wschr. 80 (1933) 1001–1003

271) Besprechung von ERNST V.BERGMANNs funktioneller Pathologie. – Eine klinische Sammlung von Ergebnissen und Anschauungen einer Arbeitsrichtung. Der Chirurg 5 (1933) 655–656

272) Aus dem Lehrbetrieb eines chirurgischen Klinikers; Gedanken und Meinungen. Arch. klin. Chir. 176 (1933) 559–567

273) Folgen atypischer stumpfer Kniegelenkverletzungen (chronische Synoritis). Arch. klin. Chir. 176 (1933) 550–558

274) Großer Gesäßmuskel und chronische Hüftgelenkserkrankung. Arch. klin. Chir. 177 (1933) 390–399

275) Über die Behandlung der gewohnheitsmäßigen oder „rückfälligen" Verrenkung der Kniescheibe. – Plastische Verlagerung des Vastus lateralis auf Rectus und Vastus medialis. Zbl. Chir. 61 (1934) 1554–1559

276) LUDWIG VON STUBENRAUCH zum 70. Geburtstage. Münch. med. Wschr. 82 (1935) 877–879. Der Chirurg 7 (1935) 391–392

277) Über Ozonbehandlung in der Chirurgie. Münch. med. Wschr. 82 (1935) 857–860

278) Über Ozonbehandlung in der Chirurgie. Arch. klin. Chir. 183 (1935) 220–291

279) Was kann und muß der allgemeine Praktiker im Kampfe gegen den Krebs tun, bis ein Genie oder ein Zufall die letzten Ursachen der Bösartigkeit der Geschwülste findet? Münch. med. Wschr. 82 (1935) 1855–1858

280) Die kinetische Kette. Wien. klin. Wschr. 48 (1935) 1626

281) „Kallusbildung". Wien. klin. Wschr. 48 (1935) 1625

282) Über die operative Wiederherstellung des zerrissenen Kniestreckapparates (Quadricepssehne und Kniescheibenband, mit besonderer Berücksichtigung veralteter Fälle. Klinische Diagnose, unblutige Behandlung). Münch. med. Wschr. 83 (1936) 1–6

283) Über Gelenkplastiken bei postgonorrhoischen Ankylosen. – Zugleich Vorwort zur Arbeit des Herrn Dr. ESSBACH. Dtsch. Zschr. Chir. 246 (1936) 249–254

284) Erfahrungen an 152 mit Pepsin-Pregl-Lösung behandelten Fällen von Vergrößerung der Vorsteherdrüse. Zschr. Urol. 30 (1936) 96

285) Die Aufgaben des praktischen Arztes im Kampf gegen den Krebs. Die Umschau, Frankfurt/M.-Leipzig, 40 (1936) 241–242

286) Pepsin-Pregl-Lösung zur Behandlung für große Operationen ungeeigneter Vergrößerung der Vorsteherdrüse; Anzeigestellung für die verfügbaren Methoden. – Bericht über 152 Fälle. Münch. med. Wschr. 83 (1936) 381–385

287) Zur Meniscusfrage. – Vor- und Nacherkrankung des Gelenkes. – Sportunfall, Berufsschadenfolge. Zbl. Chir. 63 (1936) 976–980

288) KARL NICOLADONI. Der Chirurg 8 (1936) 325–331

289) FRIEDRICH KRAUS (1858–1936) als Mensch, als Arzt, in seiner Einstellung zur Chirurgie. Med. Welt 10 (1936) 542–543

290) Über das fernere Schicksal vor 10, 20 und 30 Jahren operierter Krebsfälle ohne Rückfall. Arch. klin. Chir. 186 (1936) 216–223

291) Zur 50. Jahresfeier der BASSINIschen Operation. Universität Padua. Sonderdruck 1936

292) Über die Formen und Ursachen der sekundären Wachstumsstörungen der Gliedmaßen bei Schädigungen im Kindesalter. Sonderdruck 1939 (ohne weitere Fundstellenangaben)

293) Über die Fußrolle, ein einfaches und wirksames Verfahren zur Vorbeuge und zur Behandlung krankhafter Zustände an den Beinen, zur Erholung ermüdeter Füße. Münch. med. Wschr. 86 (1939) 580–581

294) Über die Kaffeekohle bei Krankheiten des Magen-Darm-Kanales und der Galle. Münch. med. Wschr. 86 (1939) 527–529

295) THEODOR KRÖGERs „Kleine Madonna", Erzählung. Münch. med. Wschr. 86 (1939) 550

296) Frühsymptome bei Arthrosis deformans im Vergleich zu jenen bei Infektarthritis. – Einfache Maßnahmen zur Vorbeuge und Frühbehandlung. Münch. med. Wschr. 86 (1939) 1060

297) Altes und Neues über Arthrosis deformans und Infektarthritis, die kinetische Kette. (Kongreßbericht, 63. Tagung Dtsch. Ges. Chir., 1939). Arch. klin. Chir. 196 (1939) 677–699

298) „BENNETsche Fraktur", Schienenverband. Arch. klin. Chir. 196, I. Teil (1939) 162–165

299) JAMES HARPOLEs „Am Puls des Lebens. – Blätter aus dem Tagebuch eines Arztes". (Rezension) Münch. med. Wschr. 86 (1939) 1359

300) Kinetische Kette, Tonuspathologie und Gelenkkrankheiten. – Rheumaproblem. Münch. med. Wschr. 86 (1939) 1496–1501

301) Acetylcholin, ein wirksames Mittel zur Behandlung von Arthrosis deformans, von Muskelhärten, zur Belebung von gelähmten Muskeln. Münch. med. Wschr. 87 (1940) 7–11

302) Der Fettkopf oder der Speckkopf (Fettrundkopf). Eine Beobachtung in Marienbad. Münch. med. Wschr. 87 (1940) 118–119

303) Die für den Wundschluß „vorsorglich" gelegte Silberdrahtnaht. Ihre Vorzüge gegenüber der verzögerten oder sekundären Naht und dem Heftplasterzug. Zbl. Chir. 62 (1940) 1958–1961

304) Zur Behandlung und Heilung von polyarticulären, völlig unbrauchbaren Krüppelhänden und schwersten Deformitäten an anderen Gliedmaßen. Arch. klin. Chir. 200 (1940) 527–545

305) Nichtauswertbarkeit der Hautschrift bei gewissen Schädelverletzungen. Astereognosia dermographica. Münch. med. Wschr. 88 (1941) 378

306) Professor Dr. ALFONS KORTZEBORN (Nekrolog). Arch. klin. Chir. 203 (1942) 1–2

307) Behandlung von Gelenkversteifungen. – Rheumaprobleme. HOCHREIN: Rheumatische Erkrankungen, Entstehung und Behandlung. S. 177–180. Dresden-Leipzig: Th. Steinkopf 1943

308) Kontraktur, Tonus und Seele. Münch. med. Wschr. 90 (1943) 626

309) Martin Kirschner zum Gedenken. Ergebn. Chir. u. Orthop. 34 (1943) 1–2
310) Die Pepsin-Pregl-Lösung (Presojod pepsinatum einproz. nach Payr), eine keimfreie, kolloidale Jodlösung für zahlreiche Zwecke in der Heilkunde. Münch. med.
Wschr. 91 (1944) 97–98
311) Die subcutane Tenotomie. Der Chirurg 17/18 (1946) 135–136
312) Die Bechterew-Strümpellsche Krankheit. Der Chirurg 17/18 (1946) 26–27
313) Ein einfaches Verfahren, um den ersten Einstich bei Einspritzungen schmerzlos
zu gestalten. Der Chirurg 17/18 (1947) 265
314) Warum ist die Bechterew-Strümpell-Mariesche Krankheit fast ausschließlich
auf das männliche Geschlecht beschränkt? Zbl. Chir. 72 (1947) 241–250
315) Carl Thiersch zu seinem 50-jährigen Todestag am 28.4.1945. Zbl. Chir. 72
(1947) 353–360

Bücher

1) Hochenegg, Julius von und Erwin Payr:
Lehrbuch der speziellen Chirurgie und Operationslehre, begründet von E. Albert.
Berlin-Wien: Urban & Schwarzenberg, 1. Aufl. 1918, 2. Aufl. 1927
2) Payr, Erwin und Carl Franz:
Handbuch der ärztlichen Erfahrungen im Weltkriege. Leipzig: J. A. Barth 1922
3) Payr, Erwin:
Der frische Schädelschuß. Leipzig: J. A. Barth 1922
4) Zweifel, Paul und Erwin Payr:
Die Klinik der bösartigen Geschwülste. Leipzig: S. Hirzel 1924
5) Kleinschmidt, Otto und Erwin Payr: Diagnostische und therapeutische Irrtümer und deren Verhütung. Leipzig: G. Thieme 1926
6) Payr, Erwin und Rupprecht:
Anleitung zur frühzeitigen Erkennung und Bekämpfung der Krebskrankheiten.
Leipzig: S. Hirzel 1932
7) Payr, Erwin: Gelenksteifen und Gelenkplastik. I. Band. Berlin: J. Springer 1934

Die vorstehende Zusammenstellung von Payrs wissenschaftlichen Veröffentlichungen
wurde mit geringen Änderungen entnommen aus: A. Gaentsch: Erwin Payr.
Inaug. Diss. Köln 1970

Lebensdaten Erwin Payrs

1871   17.02. in Innsbruck geboren.
         Vater: Dr. CARL PAYR (1837–1907), Sekretär der Handelskammer, später Professor der Staatsrechnungswissenschaft
         Mutter: ANNA PAYR geb. SAUTER (1828–1908)
         Geschwister: CAROLINE (1864–1929), LEOPOLDINE (1866–1945) und TONI (1867–1874)

1889   Beginn des Medizinstudiums in Innsbruck

1892/93 Medizinstudium für ein Jahr in Wien

1894   Studienabschluß in Innsbruck

1895   Volontär an der II. Medizinischen Klinik der Universität Wien (E. V. NEUSSER)
         Operationszögling an der I. Chirurgischen Klinik der Universität Wien (E. ALBERT)

1897   Assistent am Pathologisch-anatomischen Institut Wien (A. WEICHSELBAUM)
         1. Assistent an der Chirurgischen Universitätsklinik Graz (C. NICOLADONI)

1899   Habilitation in Graz

1901   Eheschließung mit HELENE STEINER (1876–1952)

1902   Ernennung zum außerordentlichen Professor
         Geburt der Tochter ANNA MARIA († 1979)
         Tod des Klinikchefs C. NICOLADONI. Kommissarischer Klinikleiter

1903   Ausscheiden aus der Klinik. Privat- und belegärztliche Tätigkeit.
         Geburt des Sohnes BERNHARD († 1945)

1907   Leiter der chirurgisch-gynäkologischen Abteilung am Stadtkrankenhaus Graz.
         Übernahme des Ordinariats für Chirurgie an der Universität Greifswald

1910   Übernahme des Ordinariats für Chirurgie an der Universität Königsberg

1911   Übernahme des Ordinariats für Chirurgie an der Universität Leipzig

1914/16 Beratender Chirurg des 19. Armeekorps in Belgien und Nordfrankreich

1917/18 Dekan der Medizinischen Fakultät Leipzig

1929   Präsident der Deutschen Gesellschaft für Chirurgie

1933   Kurzzeitige Amtsenthebung als Klinikdirektor durch die Nationalsozialisten

1937   Emeritierung
         Belegarzt in verschiedenen Privatkliniken

1939/41 Beratender Chirurg der Wehrmacht im Heimatgebiet

1940   Ehrenmitglied der Deutschen Gesellschaft für Chirurgie

1945   Ausbombung
         Evakuierung für mehrere Monate nach Markranstädt bei Leipzig

1946   Schenkelhalsbruch
         06.04. Tod an Lungenentzündung in Leipzig

Personenverzeichnis

Zentralblatt für Chirurgie

Herausgeber: Heinz Pichlmaier, Köln; Albrecht Encke, Frankfurt/ Main; Eduard H. Farthmann, Freiburg i.Br.
Redaktionssekretär: Reinhart T. Grundmann, Melsungen

Das **Zentralblatt für Chirurgie**, gegründet 1874, ist die zweitälteste deutschsprachige chirurgische Zeitschrift. Unter der Leitung von H. Pichlmaier, A. Encke und E.H. Farthmann bietet das **Zentralblatt für Chirurgie** monatlich einen aktuellen und vielseitigen Überblick über alle Bereiche der Chirurgie.

Prägnante Originalarbeiten zeigen den Standard der chirurgischen Forschung, Übersichten und Kasuistiken sowie aktuelle Beiträge aus den Nachbarfächern dienen der Fortbildung einer breiten Leserschaft aus chirurgischer Klinik und Praxis. Gutachten und Rechtsentscheidungen, die die tägliche Arbeit des Chirurgen betreffen, informieren über die aktuelle Rechtslage. Die historische Rubrik "Bibliothek des Chirurgen" erinnert an die Traditionen der Chirurgie; Buchbesprechungen sowie Tagungsberichte runden die Information ab.

 Johann Ambrosius Barth
Leipzig · Berlin · Heidelberg
Im Weiher 10 · D-69121 Heidelberg